高等职业教育"十四五"系列教材

高等职业教育土建类专业"互联网+"数字化创新教材

工程力学

肖盛莲　邓　蓉　主编

杨转运　主审

中国建筑工业出版社

图书在版编目（CIP）数据

工程力学 / 肖盛莲，邓蓉主编. — 北京：中国建
筑工业出版社，2023.9（2025.8 重印）
高等职业教育"十四五"系列教材　高等职业教育土
建类专业"互联网＋"数字化创新教材
ISBN 978-7-112-29027-7

Ⅰ. ①工…　Ⅱ. ①肖…②邓…　Ⅲ. ①工程力学-高
等职业教育-教材　Ⅳ. ①TB12

中国国家版本馆 CIP 数据核字（2023）第 147906 号

　　本书依据国家职业教育教学标准编写，包括静力学、运动学、动力学以及材料力学四部分学习内容，主要内容包括：静力学基础、平面力系、点的运动和刚体的基本运动、点的合成运动、刚体的平面运动、动力学、轴向拉伸与压缩及剪切与挤压、扭转、弯曲强度和刚度、组合变形、压杆稳定。全书共由 11 个项目组成，其中有 * 号者可作为选讲或自学内容。

　　本书特色为：精选内容、适度够用、资源丰富，融入思政小课堂，方便教学，尤其适应培养技术技能人才的需要。

　　本书适应高等职业院校机械设计制造类、机电设备类、自动化类等专业中少学时（60～120 学时）的课程设置，可作为以上专业的课程教材，也可作为相关专业的技术人员参考用书。

　　为便于本课程教学，作者自制免费课件，索取方式为：1. 邮箱 jckj@cabp.com.cn；2. 电话（010）58337285；3. 建工书院 http://edu.cabplink.com。

责任编辑：刘平平　李　阳
责任校对：姜小莲
校对整理：张惠雯

高等职业教育"十四五"系列教材
高等职业教育土建类专业"互联网＋"数字化创新教材

工程力学

肖盛莲　邓　蓉　主编
杨转运　主审

*

中国建筑工业出版社出版、发行（北京海淀三里河路 9 号）
各地新华书店、建筑书店经销
北京鸿文瀚海文化传媒有限公司制版
建工社（河北）印刷有限公司印刷

*

开本：787 毫米×1092 毫米　1/16　印张：16¾　字数：415 千字
2023 年 8 月第一版　2025 年 8 月第三次印刷
定价：49.00 元（赠教师课件）
ISBN 978-7-112-29027-7
（41703）

前　言

为适应产业升级和经济结构调整不断加快的需要，主动适应"互联网＋"发展新形势，本书根据教育部《高等学校理工科非力学专业力学基础课程教学基本要求》编写，遵循教材体现正确导向、适度够用、理论联系实际等原则，以完善教育教学标准为基础，体现现代职业教育特色。

在内容选取上，本书从生活实例与简单的工程实际问题引出抽象的力学概念、定理等，简化部分复杂公式的推导过程，突出定理、规律及公式的理解与应用。全书内容精简、实用性强，按现行规范统一相关力学名词术语，理论阐述清楚，概念明确，例题解答过程简洁、清晰，用"特别提示"、双色印刷等方式突出重难点知识。在每一个学习任务前创设问题情境，通过设置生活、工程中常见的力学问题，激发学生探究问题兴趣。

本书充分考虑从事机械设计制造类、机电设备类、自动化类等专业相关工作应具有的力学基础知识及应用技能需求，在教材对应位置以二维码形式呈现思政微课、动画等信息化资源，实现教学资源与教学内容的有效对接，帮助学生掌握重点知识、理解难点知识，为培养工程逻辑思维与职业素养打下基础。

本书由四川建筑职业技术学院肖盛莲、邓蓉任主编，赵朝前、史筱红、蔡娥、艾秋池为参编。绪论、项目7及项目8由肖盛莲编写，项目1、4、6及项目9由邓蓉编写，项目11由赵朝前编写，项目2、附录由史筱红编写，项目5、10由蔡娥编写，项目3由艾秋池编写。高级工程师郑玉祥参与了部分章节的编写及提供工程案例等素材。邓蓉、史筱红、周英提供了思政微课。

杨转运教授担任本书的主审，他对本书作了认真细致的审阅。本书在编写过程中得到中国建筑工业出版社相关人员的大力支持，在此一并表示衷心感谢。

限于编者水平有限，书中难免存在不足之处，欢迎读者批评指正。

目　录

模块 3　材料力学

绪论

一、工程力学的研究对象及任务

在人类的生活和生产实践中，无论对生产工具、生活工具，还是工程机械、土木工程结构等，都要求它们安全耐用、使用方便、投入少、造价低，要达到这些要求就需要多方面的科学知识和技能，工程力学就是其中最主要的理论基础知识之一。

工程力学是研究物体静力平衡条件、机械运动规律及构件承载能力的一门学科，其基本原理和结论广泛应用于工程技术。工程力学从研究构件的受力分析入手，对构件进行运动和动力分析，进一步研究构件在力作用下的变形和破坏规律，为工程构件的设计、制造、安装和施工提供可靠的理论依据和科学的计算方法，确保工程构件安全适用、经济合理。

例如，工程中常见的起重机，设计时要对各构件在静力平衡状态下进行受力分析，确定每个构件的受力情况，研究力系作用下必须满足的平衡条件。当起重机工作时，各构件处于运动状态，需对构件进行运动分析和动力分析，寻找其规律及内在联系，这些问题属于研究物体机械运动所涉及的内容。为保证起重机安全正常工作，要求各构件不发生断裂、不产生过大变形和不丧失稳定性，则必须根据构件的受力情况，为构件选择适宜的材料、设计合理的截面形状和尺寸，这些问题则是属于研究构件承载能力方面的内容。

本书主要包括刚体静力平衡分析、运动学、动力学以及构件的承载能力分析等主要内容。平衡是指物体相对于地球静止或作匀速直线运动的状态。机械运动是指物体在空间的位置和形状随时间而变化的规律；而构件承载能力则是指机械零件和结构构件在正常使用情况下安全可靠地承担外荷载作用的能力，它包括了变形固体的强度、刚度和稳定性三个方面。强度是指构件抵抗荷载作用不破坏的能力；刚度是指构件抵抗荷载作用不发生变形的能力；稳定性则是指构件抵抗荷载作用具有保持其原有直线平衡状态的能力。

在实际的力学问题中，常常需要抓住一些带有本质性的主要因素，略去一些次要因素，从而抽象成力学模型作为研究对象。如当物体的运动范围比它自身的尺寸大得多或只研究物体的受力情况时，可以把物体看作只有一定质量而无形状、大小的质点；当物体在力的作用下产生变形时，如果这种变形在所研究的问题中可以不考虑或暂时不考虑，则可以把它看作不发生变形的刚体；当物体的变形不能忽略时，必须将物体看作变形固体，简称变形体。再则，任何物体都可以看作是由若干质点组成的，这种质点的集合称为质点系。因此，工程力学研究的对象通常抽象为质点、刚体或变形体。

二、变形固体的基本假设

在理论研究和分析中，往往需要忽略次要因素，对变形固体材料进行假设。在实际工程中，不会因为这些假设影响构件的正常使用和安全。

1. 均匀连续性假设

按近代物理学的理论，组成固体的各种微粒之间存在空隙，且其结构和性质也不是均匀一致。如金属是结晶物质，具有晶体结构；混凝土是由水泥、石子和沙等组成，这些组成物质之间存在空隙。但在力学中研究的物体比这些微粒大得多，故可以认为，变形固体的物质毫无空隙地、均匀地充满在整个几何容积内。

根据这一假设，可以将从小尺寸构件试验研究中得到的性质用于大尺寸构件中去。

2. 各向同性假设

在结晶体物质中，每个晶粒在不同的方向有不同的性质，故单晶体的性质是有方向性的。但一般物体的体积远大于单个晶粒的体积，无数晶粒在物体内错综复杂地排列着，材料在各个方向的性质必然一致。故可将金属一类材料认为是各向同性材料。

非晶体材料，一般都是各向同性的，可以认为如塑胶、玻璃和浇筑密实的混凝土都是各向同性材料。

有些材料仅在某一方向上有相同的性质，称为单向同性材料，如各种轧制的钢板、冷拉钢丝和纤维整齐的木材等；也有各向异性的材料，如纤维纠结、杂乱无章的木材、冷扭的钢丝、胶合板和纺织品等。本书主要研究各向同性材料。

3. 小变形条件

结构或构件在荷载等因素作用下，产生的变形与原尺寸相比是极其微小的。为了简化计算，在某些具体问题计算中可忽略不计，即外荷载的大小、方向、作用点在变形前后都一样，仍用原尺寸进行计算，从而可以用叠加法计算内力和变形，这样可大大简化计算工作。本书仅研究构件在弹性范围内的小变形问题。

三、工程力学的基本概念及相关名词术语

1. 杆件的几何特征

工程力学研究的主要构件大多为杆件，即纵向（长度方向）尺寸远大于横向（垂直于长度方向）尺寸的构件，且多数杆件抽象为等截面的直线杆，简称为直杆。梁、柱和传动轴等均可抽象为直杆。

直杆的主要几何因素为横截面、斜截面、形心、轴线、水平对称轴、竖向对称轴、水平对称平面和竖向对称平面等。无论是直杆还是曲杆，其轴线与横截面总是相互垂直的。

2. 内力的概念

（1）内力

物体的内力一般是指物体内部各质点之间的相互作用力。在没有外力作用的情况下，

物体内部各质点之间均处于平衡状态，各质点之间保持一定的相对位置，从而使物体维持一定的几何形状。由此可见，一个完全不受外力作用的物体也是具有内力的。

当物体受外力作用而变形时，内部质点间的相对距离发生了改变，从而引起内力的改变，即产生了"附加内力"，也称"内力变化量"。这种物体内部各部分之间由于外力作用而引起的内力变化量，简称为**内力**。这种内力随外力的变化而变化，达到某一极限值时，构件就会产生破坏。

（2）截面法求内力

为了求解强度问题，需要分析受力杆件中的内力并确定其大小，可以采用截面法。杆件内部之间的相互作用力总是成对存在的，为了计算内力，可以先假想地用一平面将构件在需求内力的截面处"切开"，将构件分成两部分，这样就可以将构件的这两部分在"切开"处相互作用的内力以外力的形式暴露出来，然后再用静力平衡条件求出"切开"处截面上的内力。这种方法称为**截面法**。

截面法的基本步骤为：

（1）假想截开——在需求内力的截面处，假想地用一平面将杆件切成两部分；

（2）取脱离体——留下一部分，弃去另一部分，并以内力代替弃去部分对留下部分的作用，画出其受力图；

（3）静力平衡——对留下部分建立平衡方程，从而可确定所求内力的大小和方向。

如图 0-1（a）所示的杆件在外力作用下处于平衡。为了求出任一横截面 $m\text{-}m$ 上的内力，可在 $m\text{-}m$ 处用一个假想的截面把杆件断开，分成左、右两个部分，任取一部分作为脱离体。例如，取左边部分为脱离体，并将右边部分对左边部分的作用以截面上的内力来代替，由于构件在外力作用下处于平衡，从中截取的任一部分在外力和内力的作用下，也必然处于平衡状态。分布于各点的内力最终可以简化为主矢和主矩，用 F 和 M 表示，如图 0-1（b）所示。工程技术中有意义的是内力的主矢和主矩在确定坐标轴上的六个分量，即内力分量（图 0-1c），它们分别为：轴力 F_N、剪力 F_{sy}、F_{sz}，扭矩 M_x，弯矩 M_y、M_z。

3. 应力的概念

两根材料相同而粗细不同的杆件，在承受相同荷载时，随着荷载的逐渐增大，较细的那根杆件就会先发生破坏。这就是说，虽然两根杆件中的内力相同，但是由于两根杆件横截面面积不同，导致两杆横截面上内力的分布集度也不同。我们把内力的集度称为应力。

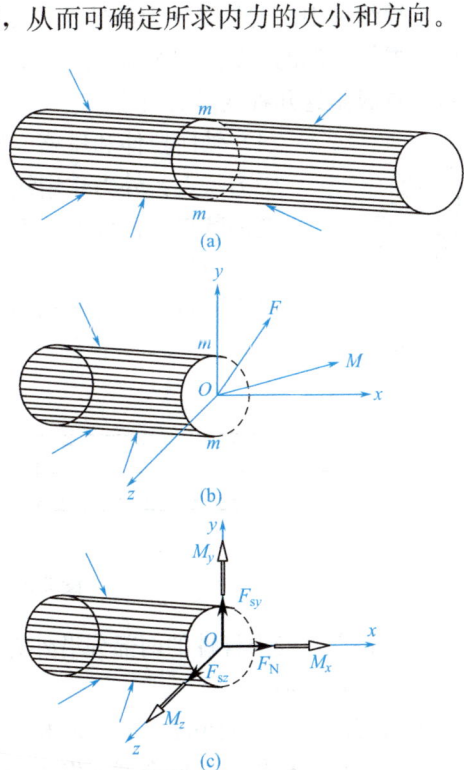

图 0-1 截面法求内力

如图 0-2（a）所示，围绕 M 点取出微小面积 ΔA 进行研究，设 ΔF 是作用在这一微

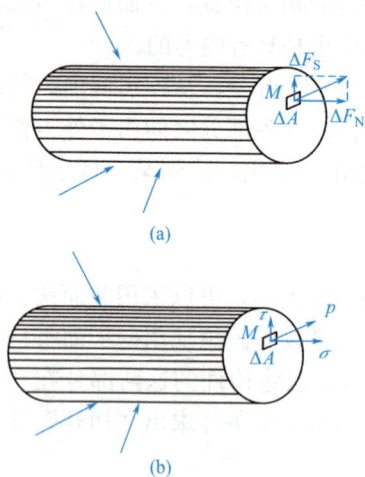

图 0-2 横截面上的应力

小面积 ΔA 上的内力，可将 ΔF 分解为垂直于截面的内力 ΔF_N 和与截面相切的内力 ΔF_S。

ΔF 在微小面积上的平均应力为 $p_m = \Delta F / \Delta A$，当 ΔA 趋于 0 时，p_m 的极限值 p 就是 M 点的内力分布集度，称为总应力，可用下式表示：

$$p = \lim \Delta F / \Delta A = dF / dA$$

同样，内力分量 ΔF_N 和 ΔF_S 在 M 点上引起的应力称为正应力和切应力，分别记作 σ 和 τ（图 0-2b）。受力杆件内某截面上 M 点处的正应力 σ 和切应力 τ 分别用下式表示：

$$\sigma = \lim \Delta F_N / \Delta A = dF_N / dA$$

$$\tau = \lim \Delta F_S / \Delta A = dF_S / dA$$

在国际单位制中，应力的单位是 Pa（帕斯卡）：$1\text{Pa} = 1\text{N/m}^2$，工程中常用的应力单位还有 MPa（兆帕）、GPa（吉帕）。$1\text{MPa} = 1\text{N/mm}^2 = 10^6 \text{Pa}$，$1\text{GPa} = 10^9 \text{Pa}$。

4. 杆件变形的基本形式

工程结构中的构件受外力的情况较复杂，杆件在不同形式的荷载作用下变形形式是不同的。根据长期的实践和试验总结，可以将杆件的变形归结为四种基本变形，其他复杂变形可以看成是这几种变形的组合。

（1）轴向拉伸和压缩变形

受力特点：外力作用线与杆轴线重合（图 0-3）。

变形特点：杆件的长度沿杆轴线方向伸长或缩短。

（2）剪切变形

受力特点：一对大小相等、方向相反、作用线垂直于杆轴线相距很近的外力（图 0-4）。

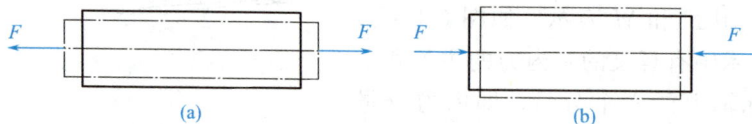

图 0-3 轴向拉伸和压缩

变形特点：受力杆件的两部分沿外力作用方向发生相对错动。

（3）扭转变形

受力特点：一对大小相等、转向相反、作用面垂直于杆轴线的外力偶（图 0-5）。

变形特点：杆件任意两个截面发生绕杆件轴线的相对转动。

（4）弯曲变形

受力特点：垂直于杆件轴线的横向力或作用于杆件轴线平面内的外力偶（图 0-6）。

变形特点：杆件的轴线由直线变为微弯曲线。

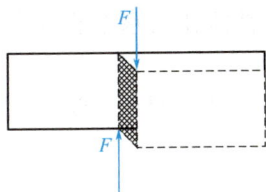

图 0-4　剪切

图 0-5　扭转

图 0-6　弯曲

四、学习工程力学的意义及学习方法

　　工程力学的形成与发展与生产发展和技术进步密切相关。它既是一门基础学科，也是一门能直接用于实际工程的技术学科。工程力学是力学的一门分支课程，其主要学习方法包括理论分析、实验分析和计算分析，这三种研究方法是相辅相成、相互关联的。在学习过程中，掌握传统的理论分析和实验分析非常重要。作为专业基础课程，工程力学起着承前启后的桥梁作用；从认识世界的方式看，力学在从抽象思维方式向解决工程实际问题的方式转变过程中起着重要作用。

　　工程力学来源于实践，又对实践起指导作用。因此，进行现场观察和实验是认识力学规律的重要环节。学习本课程时，要求大量地观察实际生活中的力学现象，并学会用力学基本知识去解释这些现象。要利用我们原有的直接经验与感性认识对所学的理论进行检验、分析。对于正在学习工程力学课程的学生，应掌握下面的学习方法：

　　（1）工程力学系统性较强，各部分有较紧密的联系，学习中要循序渐进，及时解决不清楚的问题，培养学习的兴趣，提升学习的信心。

　　（2）要注意深入体会和理解基本概念、基本理论和基本方法，不能满足于背公式、记结论。应加强理论分析和工程实践相结合，注意分析问题的思路和解决问题的方法，重视计算分析能力和创新能力的培养。

　　（3）课前应预习，做到听课时有重点；课后要及时复习，加深对新学内容的理解；在复习理解的基础上，通过练习掌握重难点知识。练习是运用基本理论解决实际问题的一种基本训练，要在理解概念与掌握公式的基础上进行。

　　综上所述，作为未来的工程技术人员，不仅要学好工程力学的理论知识，还要掌握工程力学的研究方法，培养分析问题和解决问题的能力，提高科学素养和力学素养，努力实现知识、能力和素质的协调发展。

习　题 🔍

　　0-1　完成下列填空。

　　（1）工程中所设计的构件承载能力应满足三个方面为：_____、_____、_____。

　　（2）构件在外力作用下，抵抗_____的能力称为强度，抵抗_____的能力称为刚度，维持_____的能力称为稳定性。

（3）为简化材料力学的分析和计算，对变形固体的材料主要性能作的基本假设有三个：_____、_____、_____。

（4）杆件在外力作用下，其内部各部分间产生的_____称为内力。材料力学中求内力的基本方法是_____。

（5）截面法求内力的三个步骤为：_____、_____、_____。

（6）应力的概念是指分布内力系在某点的_____，应力的常用单位为_____或_____。

（7）杆件在外力作用下的变形有四种基本形式，分别为：_____、_____、_____、_____。

0-2　判断下列说法正误。

（1）构件的强度、刚度、稳定性与其所用材料的力学性质有关，而材料的力学性质试验又是通过试验测定的。　　　　　　　　　　　　　　　　　　　（　　）

（2）杆件整体平衡时局部不一定平衡。　　　　　　　　　　　　　　　（　　）

（3）截面法是分析应力的基本方法。　　　　　　　　　　　　　　　　（　　）

（4）截面法求内力时，内力的方向需与外力平衡。　　　　　　　　　　（　　）

（5）在载荷作用下，构件截面上某点处分布内力的集度，称为该点的应力。（　　）

0-3　工程构件要正常安全的工作，必须满足一定的条件。下列除（　　）项，其他各项是必须满足的条件。

A. 强度条件　　　　　B. 刚度条件　　　　　C. 稳定性条件　　　　D. 硬度条件

0-4　下列关于内力的说法正确的是（　　）。①内力是成对出现，大小相同，方向相反；②内力是连续分布的；③求内力的基本方法是截面法。

A. ①②　　　　　　　B. ①②③　　　　　　C. ②③　　　　　　　D. 均不正确

0-5　下列说法正确的是（　　）。

A. 内力是应力的代数和　　　　　　　　　B. 应力的单位是 N

C. 应力是内力的平均值　　　　　　　　　D. 应力是内力的集度

0-6　认为材料沿各个不同方向的力学性质均相同，这个假设为（　　）。

A. 均匀性假设　　　　　　　　　　　　　B. 连续性假设

C. 各向同性假设　　　　　　　　　　　　D. 小变形假设

0-7　工程力学研究的主要内容有哪些？

0-8　杆件的基本变形形式有哪些？受力特点有什么不同？

静力学

模块1

项目1

Chapter 01

静力学基础

你知道吗?

力与物体平衡之间有怎样的关系?

什么是力对物体的运动效应?

静力学是研究物体受力及平衡一般规律的科学。

静力学基础主要研究静力学基本概念和基本理论,其主要内容包括静力学公理、力的投影和力矩的概念、约束的性质、静定结构的受力分析等问题。

静力学中所指的物体都是**刚体。在力的作用下物体变形很小时,物体可以抽象为刚体。刚体是理想化的力学模型**。刚体在力的作用下,内部任意两点之间的距离始终保持不变。刚体可以是单个工程构件,也可以是工程结构整体。静力学的研究对象为刚体,又称刚体静力学,是研究变形体力学的基础。

学习目标

1. 知识目标

(1)掌握力、力的投影和力矩的基本概念及性质。

(2)掌握静力学基本公理及其推论。

(3)掌握工程中常见的约束及其约束力性质。

2. 能力目标

(1)熟练掌握画物体受力图的步骤和方法。

(2)掌握约束的简化分析、绘制结构计算简图的方法。

3. 素质目标

(1)通过规范画受力图培养严谨细致的科学态度以及工程逻辑思维。

(2)通过分析结构的计算简图树立辩证唯物主义观点。

任务 1　基本概念及静力学公理

一、基本概念

1. 力的概念

力是物体间相互的机械作用。物体在力的作用下会发生两种效应：一是使物体运动状态发生变化，称为力的外效应或运动效应；二是使物体产生变形，称为力的内效应或变形效应。

力对物体的作用效应取决于力的三要素：大小、方向和作用点。只有三要素完全相同的力，对物体的作用效应才相同，称为等效力。

力具有大小和方向，表明力是矢量。本书用黑斜体字母 F 表示力矢，用普通字母 F 表示该矢量的大小。通常用一条有向线段来表示力的三要素，如图 1-1 所示。

线段的长度按一定的比例尺表示力的大小；线段的方位和箭头指向表示力的方向；线段的起点（或终点）表示力的作用点。通过力的作用点沿力的方位所画的直线，称为力的作用线。

图 1-1　力的图示

书写时，为简便起见，常在普通字母 F 上方加一带箭头的力 F 横线表示力矢（图 1-1），如 $\vec{F}$、$\vec{F}_\mathrm{N}$。在国际单位制中，力的单位是牛顿（N）或千牛顿（kN）。

2. 力系的概念

力系是指作用于物体上的一群力。工程中常见的力系，按其作用线所在的位置可以分为平面力系和空间力系；按其作用线的相互关系可以分为共线力系、平行力系、汇交力系和一般力系等。

分别作用于同一物体的两组力系，若它们对该物体的作用效果完全相同，则这两组力系互为等效力系。

若力系与一个力等效，则该力称为力系的合力，力系中的各力称为合力的分力。若力系可以用其合力代替，称为力系的合成；反之，一个力用其分力代替，称为力的分解。若用一个简单力系等效地替换一个复杂力系，则称为力系的简化。

平衡是指物体相对于惯性参考系（如地面）保持静止或作匀速直线运动。平衡是物体运动的一种特殊形式。要使物体处于平衡状态，就必须使作用于物体上的力系满足一定的条件，这些条件称为力系的平衡条件，使物体处于平衡状态的力系称为平衡力系。

物体在各种力系作用下的平衡条件在工程中有着广泛的应用，它是设计构件、结构和

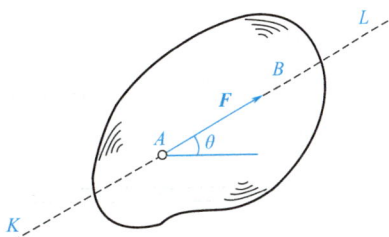

2.
思政小课
堂-力与
平衡

机械零件时静力计算的基础。

问题 1-1 关于力的概念，下列说法不正确的是（　　）。

A. 力是物体间的相互作用　　　B. 力的作用效果仅取决于力的大小和方向

C. 力是矢量　　　D. 力可以使物体运动状态变化或使物体产生变形

二、静力学公理及其推论

公理是人们在长期的生活和生产实践中的经验总结，并为客观实际所证实的最普遍的规律。静力学公理是研究力系简化和力系平衡条件的依据。

公理 1　二力平衡公理

作用在刚体上的两个力 $\boldsymbol{F}_1$、$\boldsymbol{F}_2$，使刚体保持平衡的必要和充分条件是这两个力大小相等、方向相反，且在同一直线上（图 1-2）。即

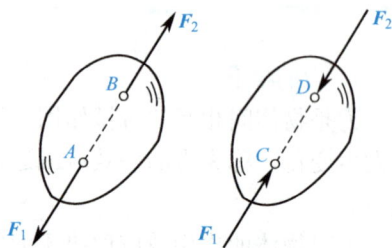

图 1-2　二力平衡公理

$$\boldsymbol{F}_1 = -\boldsymbol{F}_2$$

【特别提示】这个公理说明了刚体在两个力作用下处于平衡状态时所必须满足的条件。此公理仅适用于刚体，对刚体而言是充要条件，但对于变形体而言只是必要而非充分条件，例如，绳索受两个等值、反向、共线的压力作用时就不能平衡，如图 1-3 所示。

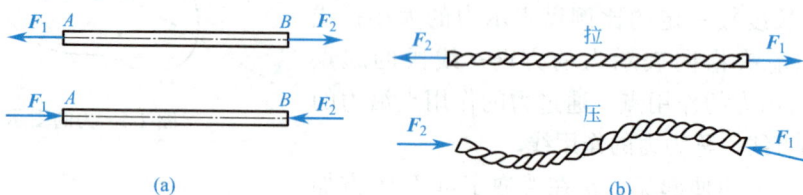

(a)　　　　　　　　　　　　　　(b)

图 1-3　二力平衡公理适用条件

工程中将只受两个力的作用而处于平衡状态的构件称为二力杆件或**二力杆**。二力杆所受的两个力方向必沿着二力作用点的连线，且两者等值、反向。静力学中所指的物体都是刚体，其形状对计算结果没有影响，因此不论其形状如何，只要其只受两个力作用而处于平衡状态一般均可看作二力杆。工程中也常把二力杆作为一种约束，二力杆可以是直杆、折杆，也可以是曲杆，还可以是任意形状的刚体。如图 1-4 所示结构中，不计杆件自重时，构件 BC 为二力杆。

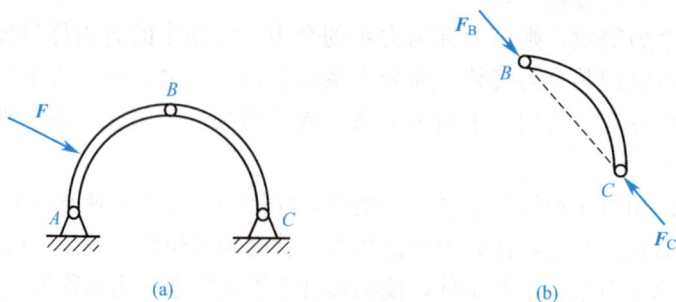

(a)　　　　　　　　　　　　　　(b)

图 1-4　二力构件

问题 1-2　多个力作用在同一物体上，若其中两个力 F_1 和 F_2 满足 $F_1 = -F_2$，则表明（　　）。

A. 物体必处于平衡

B. 大小相等，方向相同

C. 大小相等，方向相反，但不一定平衡

D. 物体必不平衡

问题 1-3　关于二力杆，下列说法错误的是（　　）。

A. 只受两个力作用且处于平衡状态的杆件称为二力杆

B. 二力杆受到的两个力一定等值、反向

C. 二力杆受到的两个力不一定等值、反向

D. 二力杆通常不考虑重力

公理 2　加减平衡力系公理

在已知力系上加上或减去任意的平衡力系，并不改变原力系对刚体的作用。

利用公理 2 可进行力系的等效变换，常用来简化已知力系和推导其他定理。

推论 1　力的可传性

作用于刚体上某点的力，可以沿着它的作用线移到刚体内任意一点，并不改变该力对刚体的作用。

证明：如图 1-5（a）所示，刚体上 A 点作用一力 F，根据加减平衡力系公理，在力 F 作用线上任一点 B 加上一个平衡力系（F_1、F_2），且使 $F_1 = F_2 = F$（图 1-5b）。由于力 F 与 F_1 等值、反向、共线，形成一个新的平衡力系，由加减平衡力系公理，减去平衡力系（F_1、F），最后刚体上只有力 F_2 的作用，等效于将 A 点作用力 F 沿其作用线滑移到任一点 B 处（图 1-5c）。

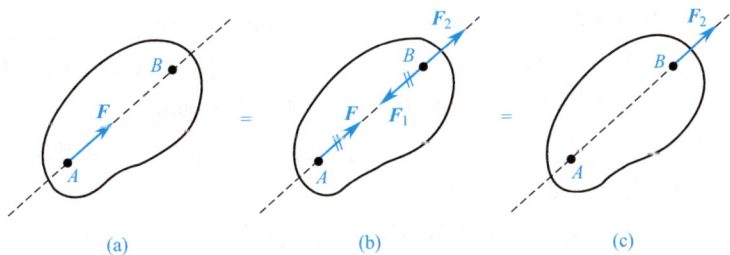

（a）　　　　　　　（b）　　　　　　　（c）

图 1-5　力的可传性

由力的可传性原理可知，作用于刚体上的力的三要素可改为：力的大小、方向和作用线。因此，作用于刚体上的力是滑移矢量。

【特别提示】加减平衡力公理及其推论只适用于同一刚体，不适用于变形体。

公理 3　力的平行四边形法则

作用在物体上同一点的两个力，可以合成为作用于该点的一个合力。合力的大小和方向由以这两个力为邻边构成的平行四边形的对角线确定（图 1-6）。

以 F_R 表示合力，则合力矢 F_R 等于这两个分力矢 F_1、F_2 的几何和，即

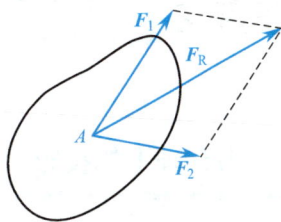

$$F_R = F_1 + F_2$$

图 1-6　平行四边形法则

推论2　三力平衡汇交定理

作用在刚体上不平行的三力平衡的必要条件是：此三力共面且汇交于同一点。

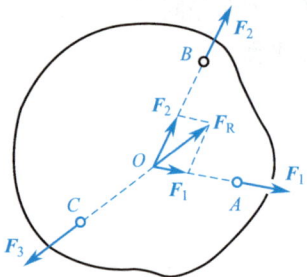

图1-7　三力平衡汇交定理

证明：设在刚体上 A、B、C 三点分别作用有力 F_1、F_2、F_3（图1-7），其中 F_1 和 F_2 的作用线相交于 O 点，刚体在此三力作用下平衡。由力的可传性，将力 F_1 和 F_2 分别从 A 点和 B 点滑移到 O 点，由力的平行四边形法则，将这两个力合成为 F_R。显然刚体在 F_R 和 F_3 作用下平衡。由二力平衡公理得知，F_R 和 F_3 必共线，即 F_3 的作用线必过 O 点。由于 F_1、F_2、F_R 共面，故 F_1、F_2、F_3 也必共面。

【特别提示】三力平衡汇交定理只说明了不平行的三力平衡的必要条件，而不是充分条件，常根据它确定刚体在不平行的三力平衡时其中某一未知力的作用线。

公理4　作用和反作用定律

两个物体间相互作用的力，总是同时存在，并且必定大小相等、方向相反且沿着同一直线，分别作用在两个相互作用的物体上。作用和反作用定律阐明了相互作用力总是成对出现，且性质完全相同。

公理5　刚化原理

变形体在某一力系作用下处于平衡，如将此变形体刚化为刚体，其平衡状态保持不变。

刚化原理说明刚体的平衡条件是变形体平衡条件的必要条件，它提供了把变形体看成刚体的条件。

问题1-4　力的平行四边形公理中的两个分力和它们的合力的作用范围是（　　）。

A. 必须在同一个物体的同一点上
B. 可以在同一物体的不同点上
C. 可以在物体系统的不同物体上
D. 可以在两个物体的不同点上

问题1-5　关于加减平衡力系公理的内容，下列说法正确的是（　　）。

A. 原力系只能是平衡力系
B. 原力系只能是非平衡力系
C. 原力系可以是任意力系
D. 加入或减去平衡力系后，新力系与原力系对物体的运动效果不同

问题1-6　说出下列表达式的意义与区别。

（1）$F_1 = F_2$ 和 $F_1 = -F_2$

（2）$F_3 = F_1 + F_2$ 和 $F_3 = F_1 - F_2$

任务2　力的投影

一、力在轴上的投影

如图1-8所示，从力矢 F 的始端 A 和末端 B 分别向 x 轴（i 为 x 轴的轴向单位矢量）

引垂线，得到垂足 a、b，线段 ab 即为力 $\boldsymbol{F}$ 在 x 轴的投影。规定当由力 $\boldsymbol{F}$ 的始端垂足 a 到末端垂足 b 的指向与 x 轴一致时，投影 F_x 取正号，反之取负。若力 $\boldsymbol{F}$ 与 x 轴正向间的夹角为 α，则有

$$F_x = \pm F \cos\alpha$$

即力在某轴上的投影等于力的大小乘以力与该轴正向间夹角的余弦，故力在轴上的投影是代数量。在实际运用时，通常取力与轴间锐角计算投影的大小，通过直接观察来判断投影的正负。

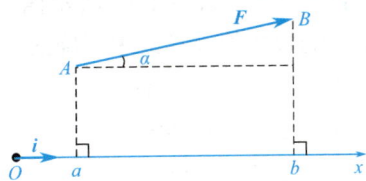

图 1-8　力在轴上的投影

二、力在平面直角坐标轴上的投影

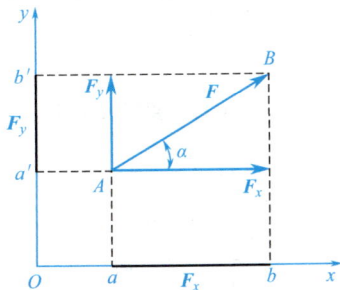

图 1-9　力在平面直角
坐标轴上的投影

如图 1-9 所示，过力 $\boldsymbol{F}$ 的起点 A 和终点 B 分别作坐标轴的垂线，所得垂足 a 和 b、a' 和 b' 之间的线段长度分别为力 $\boldsymbol{F}$ 在 x、y 轴上投影的大小，分别用 F_x、F_y 表示。

由投影的几何关系可得出投影值的计算公式为：

$$F_x = \pm F \cos\alpha$$
$$F_y = \pm F \sin\alpha$$

式中，α 为力 $\boldsymbol{F}$ 与 x 轴所夹的锐角。由上式可知，力与坐标轴垂直时，力在该轴上的投影为零；力与坐标轴平行时，力在该轴上投影的绝对值与该力的大小相等。

若已知力 $\boldsymbol{F}$ 在 x、y 轴上的投影 F_x、F_y，则可由投影的几何关系确定该力的大小和方向：

$$F = \sqrt{F_x^2 + F_y^2}$$
$$\alpha = \mathrm{acrtan} \frac{|F_y|}{|F_x|}$$

【特别提示】投影和分力的区别：力 $\boldsymbol{F}$ 在轴上的投影是代数量，而力 $\boldsymbol{F}$ 沿轴方向的分量是矢量。

当力 $\boldsymbol{F}$ 沿正交的 x、y 轴分解为两个分力 F_x 和 F_y 时，分力的大小等于力 $\boldsymbol{F}$ 在这两轴上的投影 F_x、F_y 的绝对值；当 x、y 轴相互不垂直时，则沿轴的分力大小将不等于力在该轴上的投影绝对值。另外，由力的投影 F_x、F_y 只能确定力 $\boldsymbol{F}$ 的大小和方向，不能确定力的作用点；由分力能完全确定力的大小、方向和作用点。

问题 1-7　关于力的投影，下列说法错误的是（　　）。

A. 力与坐标轴垂直时，力在该轴上的投影为零

B. 力与坐标轴平行时，力在该轴上的投影为零

C. 力的投影是代数量

D. 力平行移动时，在坐标轴上的投影不变

问题 1-8 如图 1-10 所示四个力 F_1、F_2、F_3、F_4，它们在 x 轴上的投影的计算式中正确的是 （　　　）。

A. $F_{1x}=-F_1\sin\alpha_1$

B. $F_{2x}=-F_2\cos\alpha_2$

C. $F_{3x}=F_3\cos\alpha_3$

D. $F_{4x}=-F_4\sin\alpha_4$

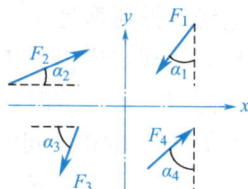

图 1-10 问题 1-8 图

*三、力在空间直角坐标轴上的投影

1. 直接投影法

如图 1-11 所示，已知力 F 与各坐标轴正向间的夹角分别为 α、β、γ（称为力 F 的三个方向角）。则力 F 在空间直角坐标轴上的投影为

$$\left.\begin{array}{l} F_x=F\cos\alpha \\ F_y=F\cos\beta \\ F_z=F\cos\gamma \end{array}\right\}$$

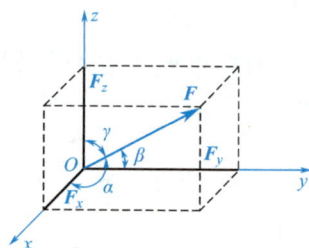

图 1-11 直接投影法

2. 间接投影法

如图 1-12 所示，当力 F 与坐标轴 Ox、Oy 间的夹角不易确定时，若已知力 F 与 Oxy 平面的夹角 θ，可以先把力 F 投影到坐标平面 Oxy 上，得到**力 F_{xy}**（F_{xy} 与 x 轴正向间的夹角为 φ），然后再把 F_{xy} 投影到 x、y 轴上，得到力 F 在空间直角坐标轴上的投影为

$$\left.\begin{array}{l} F_x=F\cos\theta\cos\varphi \\ F_y=F\cos\theta\sin\varphi \\ F_z=F\sin\theta \end{array}\right\}$$

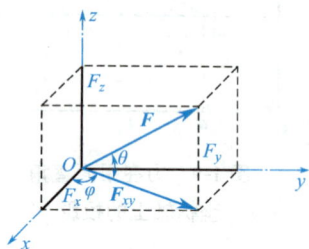

图 1-12 间接投影法

问题 1-9 如图 1-13 所示空间力 F 在 x、y、z 三轴上的投影分别为_____、_____、_____。

问题 1-10 如图 1-14 所示，已知在边长为 a 的正六面体上有 $F_1=6$kN，$F_2=4$kN，$F_3=2$kN，则力在坐标轴上的投影 $F_{1x}=$_____；$F_{2y}=$_____；$F_{3z}=$_____。

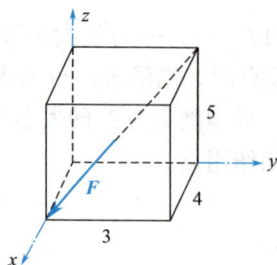

图 1-13 问题 1-9 图

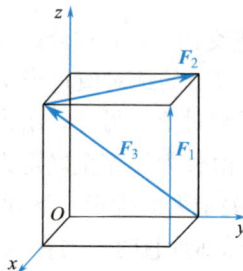

图 1-14 问题 1-10 图

任务 3　平面力对点的矩

从实践经验中可以体会到，力对物体的作用不仅能使物体移动，还能使物体产生转动。例如，用手推门时门会发生转动，雨篷在力的作用下会倾覆。力使物体移动的效应由力矢决定，力使物体转动的效应用力矩来度量。

1. 力矩的定义

现以拧螺栓的扳手为例。如图 1-15 所示，力 F 使扳手绕螺栓中心 O 转动。实践表明，转动效应不仅与力的大小成正比，还与该力的作用线到点 O 的垂直距离 d 成正比。当改变力 F 的指向时，扳手的转向也随之改变。因此，可以用力 F 与 O 点到 F 作用线的垂直距离 d 的乘积来度量力对物体绕点 O 转动的效应，称为平面力 F 对 O 点的矩，简称力矩。

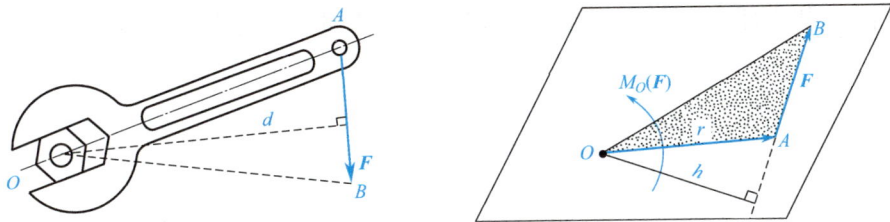

图 1-15　力矩的定义

图 1-15 中点 O 称为矩心，矩心 O 到力 F 的作用线的垂直距离 d 称为力臂。通常规定：使物体沿逆时针方向转动的力矩为正，使物体沿顺时针方向转动的力矩为负。在平面问题中，力对点之矩只取决于力矩的大小和转向，因此，平面力矩是代数量，用 $M_O(F)$ 表示，即：

$$M_O(F) = \pm Fd$$

国际单位制中，力矩的常用单位是 N·m 或 kN·m。

【特别提示】 同一个力对不同点的矩是不同的，求力矩时必须指明矩心。

由力矩的定义可知，力矩具有以下性质：

(1) 当力 F 的大小等于零，或力的作用线通过矩心时，力矩等于零。

(2) 当力沿作用线移动时，不会改变力对某点的矩。

力 F 对 O 点的矩的大小在数值上等于以力 F 为底边，矩心 O 为顶点所构成的三角形 OAB 面积的两倍，即

$$M_O(F) = \pm Fd = \pm 2A_{\triangle OAB}$$

问题 1-11　下列说法中不正确的是（　　）。

A. 力对物体的转动效应由力矩度量

B. 力对点之矩的值与矩心的位置有关

C. 力通过某点时，力对该点的矩为 0

D. 力矩和力都是矢量

问题 1-12 图 1-16 中力 F 对 O 点力矩为零的是（　　）。

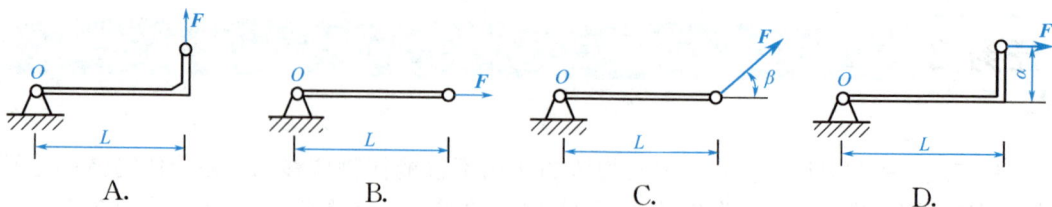

图 1-16　问题 1-12 图

问题 1-13 如图 1-17 所示悬臂梁集中荷载对 B 点的力矩大小为（　　）。

A. $-8\text{kN}\cdot\text{m}$　　　　B. $8\text{kN}\cdot\text{m}$　　　　C. $-2\text{kN}\cdot\text{m}$　　　　D. $2\text{kN}\cdot\text{m}$

2. 合力矩定理和力矩的解析式

如果力系有合力 F_R，则合力对某点的矩等于各分力对同一点的力矩之和。即

$$M_O(F_R)=\sum M_O(F_i)$$

根据合力矩定理，如图 1-18 所示，可得到平面力对点之矩的解析式：

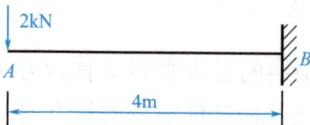

图 1-17　问题 1-13 图

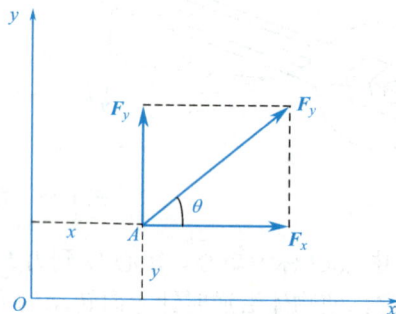

图 1-18　合力矩定理

$$M_O(F)=M_O(F_x)+M_O(F_y)=F_y\cdot x-F_x\cdot y$$

【例 1-1】 计算图 1-19 中作用在 A 处的力 F 对 B 点的力矩。

【解】 F 对 B 点取矩时力臂不易找出，可将 F 分解成互相垂直的两个分力 F_x、F_y，它们对 B 点的力矩分别为

$$M_B(F_x)=F\cos45°\cdot0=0$$

$$M_B(F_y)=F\sin45°\cdot l=4\times\frac{\sqrt{2}}{2}\times4=8\sqrt{2}\,\text{kN}$$

故

$$M_B(F)=M_B(F_y)$$

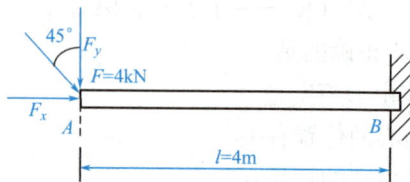

图 1-19　例 1-1 图

问题 1-14　图 1-20 所示简支梁受到的集中力对 A 点的力矩为（　　）。

A. 16kN·m　　　　B. −16kN·m　　　　C. 8kN·m　　　　D. −8kN·m

问题 1-15　如图 1-21 所示为用小手锤拔起钉子的两种加力方式。两种情形下加在手柄上的力 F 的数值都等于 100N，手柄的长度 $l=200$mm。试求：两种情况下，力 F 对点 O 的力矩。

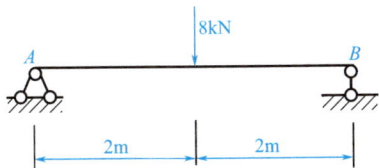

图 1-20　问题 1-14 图　　　　　　　图 1-21　问题 1-15 图

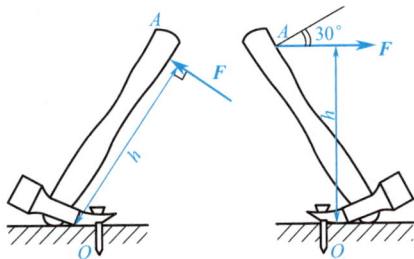

任务 4　荷载和约束力

一、荷载

无论是研究静力学问题还是动力学问题，都需要分析所研究的物体受到哪些力作用。在工程力学中，作用在物体上的力一般分为两类：一类是使物体运动或使物体有运动趋势的主动力，例如重力、风压力等；另一类是阻碍物体运动或运动趋势的约束力，如柱对屋架的支承力、连接构件的螺栓对构件的力等。

1. 集中荷载

通常把作用在结构上的主动力称为荷载。作用在结构上的荷载一般都分布在一定的面积上。当分布面积远小于结构的尺寸时，可认为荷载作用在结构的一点上，称为集中荷载，例如汽车通过轮胎作用在桥面上的力（图 1-22a），集中荷载通常用 F 表示。

2. 分布荷载

分布荷载是指满布在结构某一表面上的荷载，可以分为均布荷载和非均布荷载两种。当荷载分布于某一体积上时，称为体荷载，如物体的重力；当荷载分布于某一面积上时，称为面荷载，如风、雪、水、汽等对物体的压力；当荷载沿长度方向均匀分布时，可简化为线均匀分布荷载，又称线均布荷载，线均布荷载通常用分布集度 q 表示，例如梁的自重以每米长度重力表示（图 1-22b），常用单位是 N/m 或 kN/m。图 1-22（c）所示为一蓄满水的水池，壁板受到的水压力与水深成正比，荷载连续作用且呈三角形分布规律，称为非均布荷载。

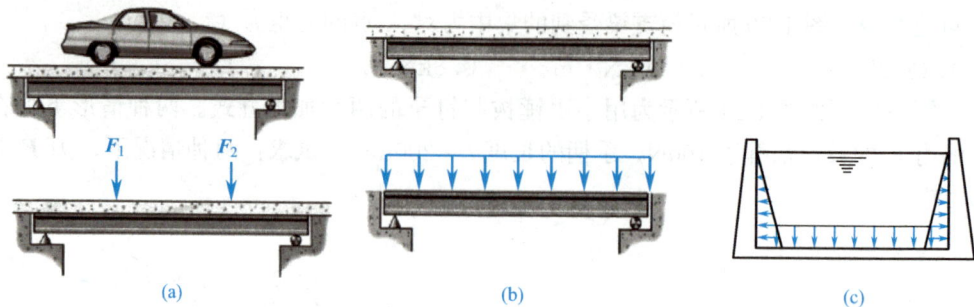

图 1-22 集中荷载和分布荷载

二、约束

工程结构中，构件总是以一定的形式与周围其他构件相互连接，例如汽车受到地面的限制，使其只能沿路面运动；转轴受到轴承的限制，使其只能绕轴心转动；屋架受到立柱的限制，使其在空间平衡。

汽车、轴承、屋架等物体在某些方向的运动受到周围物体的限制，这些限制称为约束。约束限制了物体可能产生的某种运动，因此约束有力作用于物体，称为约束力。约束力是由主动力的作用所引起的，因此也称为被动力，它是随主动力的改变而变化的。约束力总是作用在被约束物体与约束物体的接触处，其方向也总是与约束所能限制的运动或运动趋势的方向相反。

三、工程中常见的约束

1. 柔索约束

由柔软且不计自重的绳索、胶带及链条等所构成的约束统称为柔索约束。这类约束的特点是只限制物体沿着柔索伸长方向的运动，故柔索对物体的约束力应沿柔索的中心线且为拉力，常用符号 F_T 表示，如图 1-23 所示。

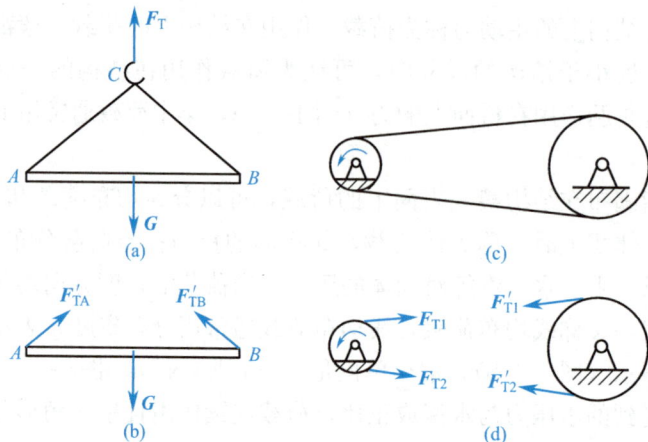

图 1-23 柔索约束

【特别提示】当柔索绕过轮子时，可假想在柔索的直线部分处截开柔索，将与轮接触的柔索和轮子一起作为研究对象，作用于轮子的柔索拉力即沿轮缘的切线方向。

2. 光滑接触面约束

当两物体直接接触并可忽略接触处的摩擦时，如支持物体的固定面（图 1-24a），齿合齿轮的齿面（图 1-24b）、机床中的导轨等，都属于光滑接触面约束。这类约束只能限制物体在接触点沿接触面的公法线方向的运动，不能限制物体沿接触面切线方向的运动，故约束力必过接触点且沿接触面法向并指向被约束物体，这类约束称为法向约束力，通常用符号 F_N 表示，如图 1-24 中所示小球受到曲面的支持力、相互配合的齿轮轮齿之间相互的压力。

图 1-24　光滑接触面约束

3. 光滑铰链约束

这类约束主要有向心轴承、圆柱铰链和固定铰链支座。

（1）向心轴承

如图 1-25（a）所示为向心轴承（也称为径向轴承）装置。轴可在孔内任意转动，也可以沿着孔的中心线移动，但轴承阻碍轴沿径向向外的位移。当轴和轴承在任意接触点 A 光滑接触时，即为轴承孔和一个轴（圆柱体）的接触，轴承对轴的约束力 F_A 作用在接触点 A，且沿公法线指向轴心。向心轴承对轴的约束力的方向随着轴和孔的接触点的位置发生改变，约束力的方向预先不能确定，通常可以用通过轴心的两个大小未知的相互正交分力 F_{Ax}、F_{Ay} 表示，如图 1-25（b）、（c）所示。

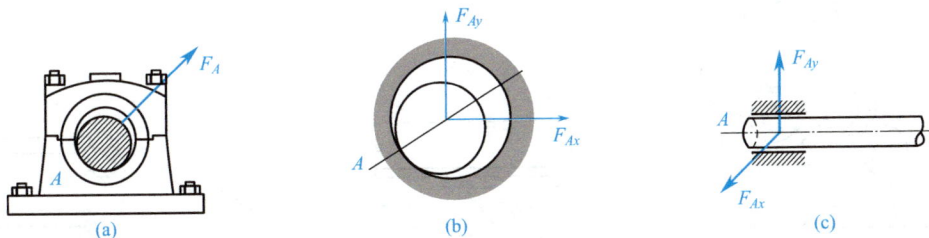

图 1-25　向心轴承

（2）光滑圆柱铰链

铰链连接是工程中常见的连接形式。两个物体分别被钻上直径相同的圆孔并用销钉连接起来，不计销钉与销钉孔之间的摩擦，这类约束称为光滑圆柱铰链约束，简称铰链约束（图 1-26a）。圆柱销钉只限制两构件的相对移动，不限制两构件的相对转动（图 1-26b）。铰链的约束力作用在与销钉轴线垂直的平面内，并通过销钉中心。忽略摩擦力，铰链连接

处杆件销孔与销钉形成光滑面约束。该约束力作用在接触点，沿接触点的公法线指向受力物体（图1-26c）。由于接触点的位置未知，该约束力的方向并不能预先确定，工程中常用通过铰链中心的互相正交的分力 F_{Ax} 和 F_{Ay} 表示（图1-26d）。当分力 F_{Ax} 和 F_{Ay} 大小确定后，约束反力的大小和方向就相应地确定了。

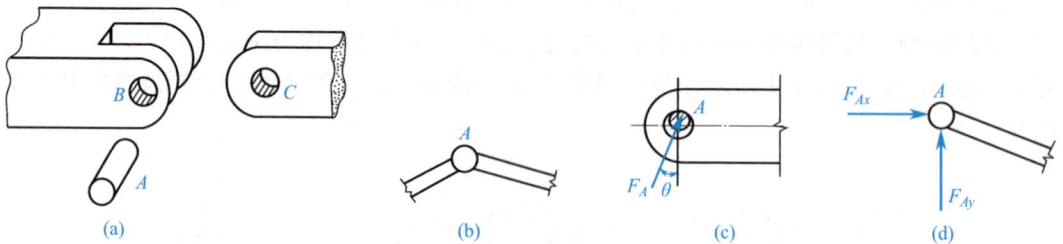

(a)　　　　(b)　　　　(c)　　　　(d)

图 1-26　光滑圆柱铰链

（3）固定铰支座

将结构物或构件连接在墙、柱、基础等支承物上的装置称为支座。用光滑圆柱铰链把结构物或构件与支承底板连接，并将底板固定在支承物上构成的支座称为固定铰支座，其构造示意图如图1-27（a）所示。为避免在构件上穿孔而影响构件的强度，通常在构件上固结另一穿孔的物体称为上摇座，将底板称为下摇座，如图1-27（b）所示。支座固定在地面，支座本身有销孔，构件端部有销孔，利用销钉将支座与构件连接，使构件只能绕销钉的轴线转动。构件的销孔和支座的销孔与销钉接触，由于接触点的位置未知，该约束力的方向并不能预先确定，该约束力常用通过铰链中心的两个相互正交的分力 F_{Ax}、F_{Ay} 表示（图1-27c），固定铰支座的常见计算简图如图1-27（d）所示。

【特别提示】向心轴承、圆柱铰链和固定铰链支座的具体结构虽然不同，但约束的性质是相同的，这类约束的特点是只限制物体在垂直于销钉轴线的平面内沿任意方向的相对移动，但不能限制物体绕销钉轴线的相对转动和沿其轴线的相对滑动。这类约束的约束力一般用两个大小未知的正交分力 F_{Ax}、F_{Ay} 表示。

(a)　　　　(b)　　　　(c)　　　　(d)

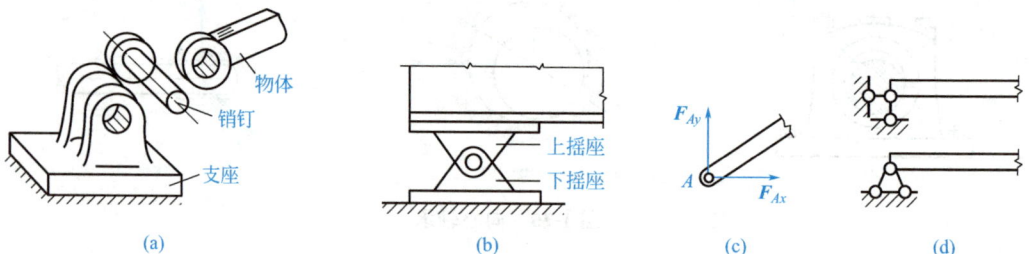

图 1-27　固定铰支座

（4）可动铰支座

若在固定铰支座的底座与支承物体之间安装几个辊轴，可构成滚动支座，又称为可动铰支座、辊轴支座（图1-28a）。这种支座可以沿支承面移动，允许它绕销钉轴的转动和沿支承面的移动，允许由于温度变化而引起结构或构件的自由伸长或缩短。但这种约束阻止与销钉连接处的结构或构件沿垂直于支承面方向的移动，其约束力通过铰链中心，垂直于支承面，方向可能指向或背向支承面（图 1-28e）。可动铰支座的常见计算简图如图 1-28（b）、（c）、（d）所示。

6.
可动铰
支座

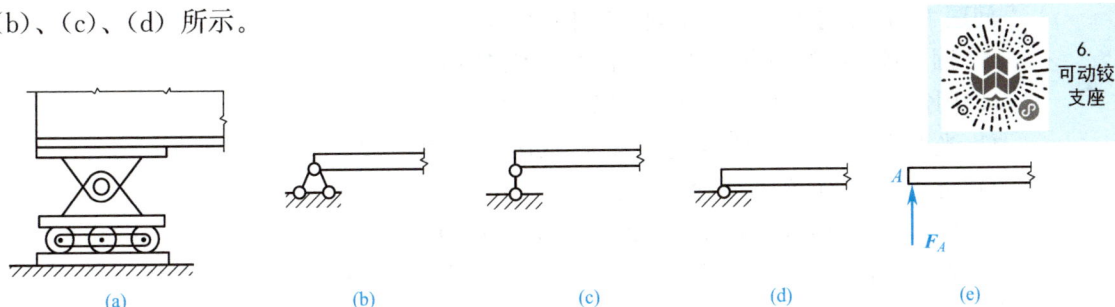

图 1-28　可动铰支座

大型屋架、桥梁等结构在荷载、温度等影响下发生变形时，可能将绕其端部略有转动，且两端之间的距离也将略有改变，故通常一端采用固定铰支座，另一端采用可动铰支座来支承，这种支承方式称为简支。

（5）固定端支座

固定端支座也是工程结构中常见的约束。如图 1-29（a）所示，钢筋混凝土框架结构中，阳台梁呈悬挑形式，它的一端悬空，另一端与框架结构现浇后固定在一起，框架结构限制了阳台梁沿任何方向的移动，同时也限制阳台梁的转动。这种约束称为固定端支座。图 1-29（b）为固定端支座的计算简图。固定端支座的约束反力分布比较复杂，在平面问题中，通常可简化为阻止移动的两个约束力，即 F_{Ax} 和 F_{Ay}，还有阻止转动的约束力偶 M_A（图 1-29c）。

7.
简支梁桥
的支座

问题 1-16　关于约束，下列说法不正确的是（　　）。

A. 约束是限制物体运动的物体

B. 约束力的方向与限制运动的方向相同

C. 绳索悬挂灯，绳索对灯的约束力方向是竖直向上的

D. 约束力是被动力

8.
思政小课
堂-约束：
固定端
支座

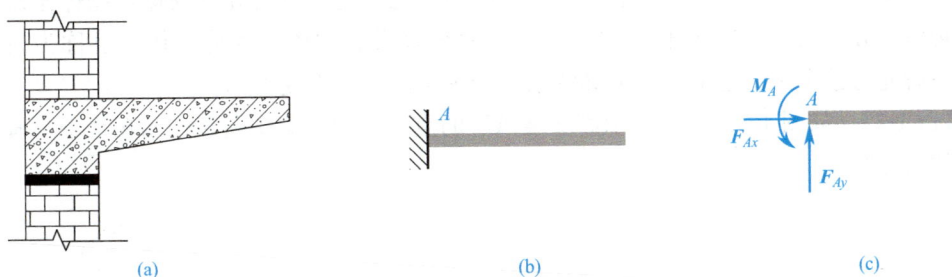

图 1-29　固定端支座

问题 1-17　关于支座，下列说法正确的是（　　）。

A. 可动铰支座的约束力方向只能垂直于支承面向上

B. 固定铰支座的约束力通过销钉中心，常用两个互相正交的未知力表示

C. 固定端支座只限制构件的移动

D. 圆柱铰链约束的性质与径向轴承不同

问题 1-18 关于约束力，下列说法正确的是（　　）。

A. 固定铰支座的约束力限制构件的移动和转动

B. 固定端支座的约束力通常有两个未知数 F_x、F_y

C. 光滑接触面约束的约束力垂直于公切线且背离物体

D. 可动铰支座的约束力通常有 1 个

问题 1-19 门窗常用的合页，属于下列哪种约束？（　　）

A. 圆柱铰链　　　　　　　　　　　　B. 固定铰支座

C. 可动铰支座　　　　　　　　　　　D. 固定端支座

问题 1-20 钢筋混凝土柱插入基础部分足够深，且用混凝土将柱与基础浇筑在一起，属于下列哪种约束？（　　）

A. 固定铰支座　　　　　　　　　　　B. 圆柱铰链

C. 可动铰支座　　　　　　　　　　　D. 固定端支座

问题 1-21 为避免因温度变化引起的后果，大型钢梁、钢筋混凝土桥梁的伸缩缝处的梁端的支座通常为（　　）。

A. 固定铰支座　　　　　　　　　　　B. 可动铰支座

C. 固定端支座　　　　　　　　　　　D. 都可以

任务 5　物体的受力分析

由于作用在物体上的力将对物体产生一定的运动效应，在研究物体运动或平衡时，必须考虑物体的受力情况，并明确其中哪些力是已知的，哪些力是未知的。这一过程称为对物体进行受力分析。

为了便于分析，并能清晰地表示物体的受力情况，需要将研究的物体或物体系统从周围的物体中分离出来，称为解除约束。把解除约束后的物体称为分离体，也称为研究对象。在研究对象上画出全部主动力和约束力的示意图，称为受力图。

【例 1-2】　如图 1-30（a）所示简支梁 AB 的重力可视为集中荷载作用在跨中，画出简支梁的受力图。

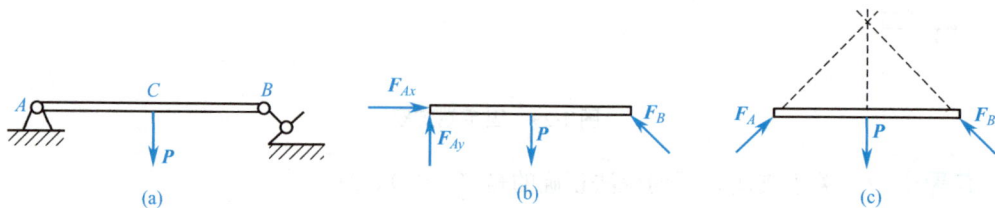

图 1-30　例 1-2 图

【解】　分离出 AB 梁，画出主动力 P，根据约束性质可知，B 处是可动铰支座约束，梁受到的约束力垂直于支承面，用 F_B 表示。A 处为固定铰支座，此处的约束反力可表示为相互垂直的分力 F_{Ax}、F_{Ay}（图 1-30b）。根据三力平衡汇交定理，AB 梁的受力图也可以用图 1-30（c）表示。

【例 1-3】　如图 1-31（a）所示重 G 的管子用自重不计的板 AB 和绳子 BC 支承于铅垂墙上。板在 A 端受到固定铰支座的约束。所有接触面均光滑，试分别画出管子 O 及板 AB 的受力图。

【解】　先取管子为分离体。它所受的主动力为重力 G，管子与墙、板分别在 D、E 两点接触，为光滑接触面约束，约束力 F_D、F_E 均沿接触面的公法线且它们的作用线均通过管子截面中心 O 并指向管子（图 1-31b）。

再取 AB 板为分离体。AB 板受到管子在 E 点给它的压力 F_E'，即 F_E 的反作用力，二者等值、反向且共线。AB 板所受的约束力为 B 处绳子对它的拉力 F_T 和 A 处固定铰支座提供的力 F_A。由于板 AB 在 F_E'、F_T 和 F_A 三力共同作用下处于平衡，因此由三力平衡汇交定理可知，三力的作用线应汇交于一点。因此，用虚线延长 F_E' 与 F_T 的作用线，标出它们的交点 H 后，连接 A、H 两点的直线即为约束力 F_A 的作用线（图 1-31c）。

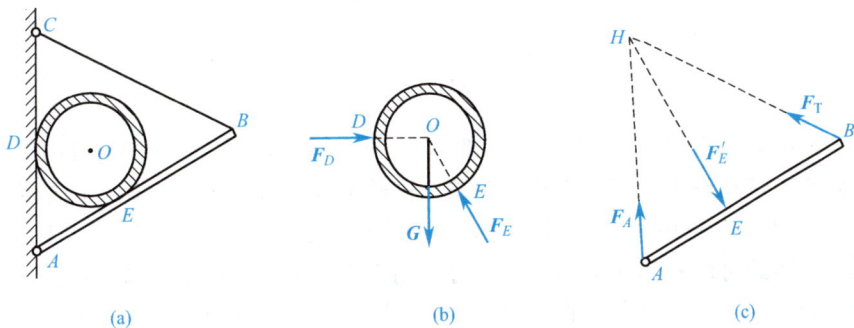

图 1-31　例 1-3 图

【特别提示】　由于板 AB 在 F_E'、F_T 和 F_A 三个不平行的力共同作用下平衡，F_E' 与 F_T 的方向确定，它们的合力与 F_A 等值、反向，因此 F_A 的指向应如图 1-31（c）所示。利用三力平衡汇交定理画未知方向的第三个力时，确定作用线以后其方向也可以任意假定。

【例 1-4】　如图 1-32（a）所示系统由两根杆组成，不计两杆自重，画出两杆受力图。

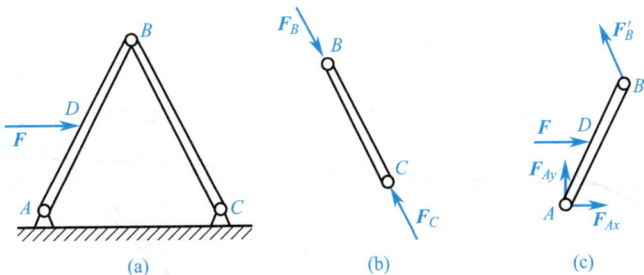

图 1-32　例 1-4 图

【解】 由于 BC 杆仅两端受铰链约束作用，是二力杆，因此先画 BC 杆的受力图。B、C 两点铰链的力沿着两点连线，大小相等、方向相反、可假设受拉或受压（图中假设为受压），如图 1-32（b）所示。AB 杆除受主动力 F 外，AB 杆与 BC 杆在 B 点受力应满足作用与反作用力定律，即大小相等、方向相反。A 处为固定铰支座，其约束反力可表示成两个相互正交的分力。

【特别提示】若未先判断 BC 杆为二力杆，AB 杆上 B 点的受力方向就不能确定，因此受力分析时应先判断二力杆。二力杆是只在两个力作用下平衡的构件，通常二力杆都不考虑重力。

【例 1-5】 如图 1-33 所示为一传动装置，试分别画出电动机支架 A 与传动机支架 B 的受力图。

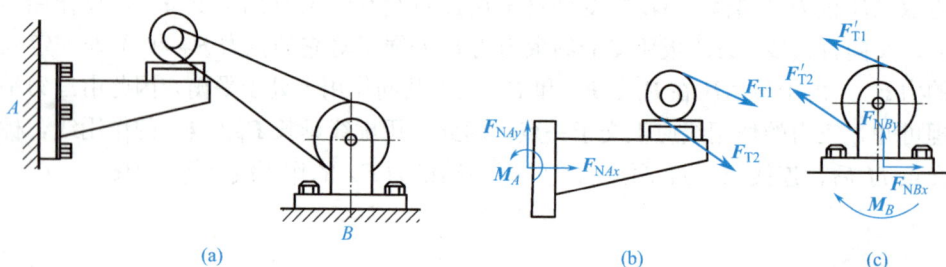

图 1-33 例 1-5 图

【解】 画电动机支架 A 与传动机支架 B 的受力图时，需在传送带直线部分处截开，将与轮接触的皮带和轮子一起作为研究对象，这样可以不考虑皮带与轮子间的内力。电动机与支架 A 作为一个整体时，它们之间的相互作用力也是内力。支架 A、B 均用螺栓与支承面固定，因此可以看作固定端支座，可以用正交约束力与约束力偶表示其约束作用。

问题 1-22 例 1-2 中简支梁的自重若视为线均布荷载，试画出它的受力图。

问题 1-23 画出如图 1-34 所示支架结构以下三种情况下两杆的受力图。

（1）F 作用在 AC 上时；

（2）F 作用在 BC 上时；

（3）F 作用在结点 C 上时。

问题 1-24 如图 1-35 所示，梁 AB 的 B 端安装着重为 P 的电动机，并用直杆 CD 支撑。若 A、C、D 三处均为光滑圆柱铰链连接，不计梁和直杆的重量，试画出梁 AB（连电动机）的受力图。

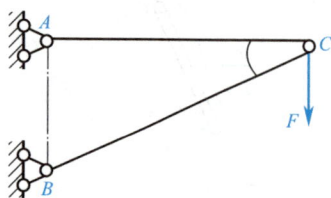

图 1-34 问题 1-23 图

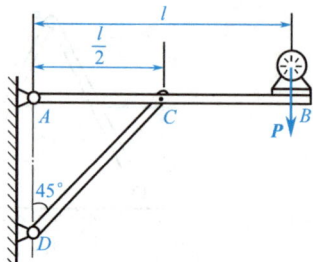

图 1-35 问题 1-24 图

任务 6　**结构的计算简图**

实际的工程结构，其构造、受力等往往比较复杂。因此，对任何实际结构进行力学分析计算时，都要将实际结构抽象成为力学模型，并按一定的原则进行简化，这种简化了的图形称为计算简图。计算简图是力学计算的基础，将一个实际问题简化为计算简图时，需抓住主要因素，忽略次要因素，从多方面进行抽象化处理。现阶段工程结构一般可从结构体系、荷载和支座三个方面进行简化，简化应主要遵循下列两个原则：

（1）忽略次要因素，尽可能地反映实际结构的主要受力特征；

（2）尽量简化力学计算，但计算结果要有足够的精确度。

1. 结构体系的简化

一般结构实际上都是空间结构，各部分相互连接成为一个空间整体，但在多数情况下，常可以忽略一些次要的空间约束而将实际结构分解为平面结构，使计算得以简化。

结构体系的简化主要包括杆件的简化和结点的简化。

（1）杆件的简化

由于杆件的截面尺寸通常比长度小得多，因此在计算简图中杆件用其轴线表示，杆件之间的连接用结点表示，杆长用结点间的距离表示。

（2）结点的简化

在结构中，杆件与杆件相互连接处称为结点。各杆之间连接的形式是多种多样的，特别是材料不同会使得连接方式有较大的差异，但在计算简图中，常简化为两种理想的连接方式，即铰结点和刚结点。

① 铰结点。如图 1-36（a）所示木屋架的端结点，在外力作用下，两杆在连接处不能相对移动，但可发生微小的相对转动，工程中将这种连接方式简化为铰结点，其特征是相互连接的杆件在铰结点处不能相对移动，但可相对转动，即可传递力但不能传递力矩。在工程实际中，完全用理想铰来连接杆件的实例较少，但从结点的构造来分析，把它们近似地看成铰结点所造成的误差并不显著。

② 刚结点。如图 1-36（b）所示为某钢筋混凝土框架顶层的构造，图中的梁和柱的混凝土为整体浇筑，梁和柱的钢筋为互相搭接，梁和柱在结点处不可能发生相对移动和转动，工程中将这种连接方式简化为刚结点，其特征是当结构发生变形时，结点处各杆端之间无相对移动，刚性夹角保持不变，结点处既可传递力也可以传递力矩。

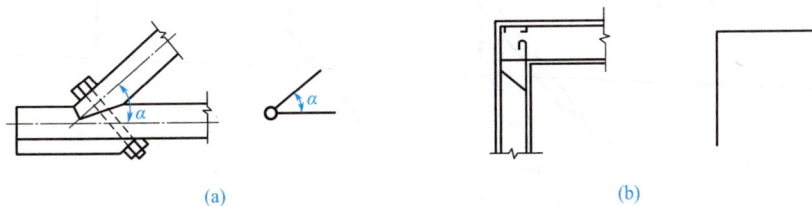

(a)　　　　　　　　　　　　　(b)

图 1-36　铰结点和刚结点

2. 荷载与支座的简化

在工程实际中，荷载的分类方式有多种。在现阶段力学计算中，通常可将荷载作用在杆轴上，根据其分布情况简化为集中荷载和分布荷载。支座是指结构与基础或其他支承构件之间的连接构造，它的作用是使基础或其他支承构件与结构连接起来，达到支承结构的目的。对于支座，可以根据其实际构造和约束情况进行恰当的简化。下面举例来说明结构计算简图的取法。

如图 1-37（a）所示，一根两端支承在墙上的吊车横梁，由于为等截面直梁，因此可用梁的轴线代替梁。吊车横梁的自重沿梁长均匀分布，因此可以看作线均布荷载。当起吊重物时，可看作集中力作用在梁上。为选择比较符合实际情况的支座，还需分析梁的变形情况。因为横梁支承在吊车梁上，其两端均不可能产生垂直向下的移动，梁发生弯曲变形时，两端能够产生微小转动，整个梁不可能在水平方向移动；但在温度变化时，梁端能够产生热胀冷缩。考虑以上变形特点，可将横梁一端的约束设置为固定铰支座，另一端的约束设置为可动铰支座，左端的固定铰支座限制了梁在水平方向的整体移动；右端的活动铰支座允许梁在水平方向的温度变形。这样就得到了吊车横梁的计算简图，如图 1-37（b）所示。

9. 吊车横梁

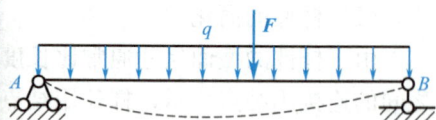

(a)　　　　　　　　　　　　　　　　(b)

图 1-37　吊车横梁的计算简图

【特别提示】在工程实际情况中，物体之间的相互接触或约束通常较复杂。绘制力学计算简图时，可能会有多种实际结构简化为同一个力学模型，也可能一个实际结构会简化成多种力学模型。

图 1-38（a）中计算简图所表达的力学模型可以针对三种实际结构，因此画出了 **F** 分别作用于 BC、AC 和 C 结点三种情况下的受力图。

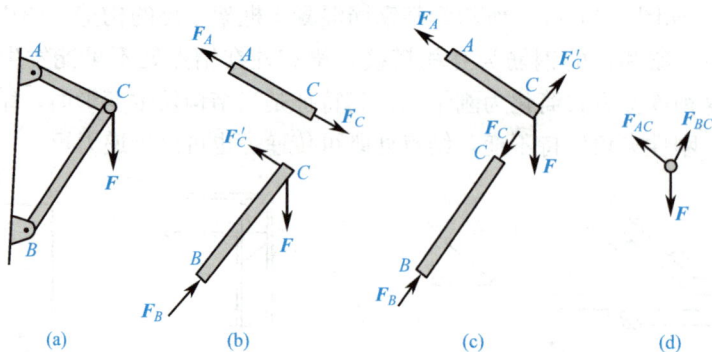

(a)　　　　　　(b)　　　　　　(c)　　　　　　(d)

图 1-38　支架结构的计算简图

　　将实际结构简化为力学计算简图是进行力学分析与计算的重要环节，计算简图的恰当选取直接影响力学计算工作量的大小与分析结构与实际间的差异。

习　题 🔍

1-1　判断下列说法正误。

(1) 力一定都是成对出现的。　　　　　　　　　　　　　　　　　　　（　　）

(2) 只有当力作用在不考虑变形的物体上时，二力平衡公理才成立。　（　　）

(3) 力的可传性适用于一切物体。　　　　　　　　　　　　　　　　　（　　）

(4) 光滑接触面约束的约束力指向被约束的物体。　　　　　　　　　　（　　）

(5) 圆柱铰链能限制物体绕销钉转动。　　　　　　　　　　　　　　　（　　）

(6) 受力图上需要画出周围物体对分离体的全部作用力。　　　　　　　（　　）

(7) 力矩是度量力对刚体转动效应的物理量。　　　　　　　　　　　　（　　）

(8) 当力沿作用线移动时，会改变力对某点的矩。　　　　　　　　　　（　　）

1-2　关于刚体，下列说法正确的是（　　　）。

A. 所有物体都可以看成是刚体　　　　B. 二力杆通常可以看成是刚体

C. 刚体在力的作用下不会发生变形　　D. 刚体和变形体都是理想模型

1-3　若要将作用力沿其作用线移动到其他点而不改变它的作用，则其移动范围（　　　）。

A. 必须在同一物体内　　　　　　　　B. 可以在不同物体上

C. 可以在同一物体系统上　　　　　　D. 可以在同一个变形体内

1-4　如图 1-39 所示为三角形支架结构的力学简图，下列说法不正确的是（　　　）。

A. C 处为光滑圆柱铰链

B. 不考虑自重，杆 AC 和 BC 都可以看成是二力杆

C. 当 F 作用在 AC 的 C 点时，AC 杆也为二力杆

D. 该力学简图表达的力学模型可以针对多种实际结构

1-5　如图 1-40 所示为三铰拱结构的力学简图，下列说法不正确的是（　　　）。

A. 仅受两个力作用且处于平衡状态的杆件称为二力杆

B. 图中 BC 部分可以看作二力杆

C. 二力杆受到的两个力不一定等值、反向

D. 二力杆通常不考虑重力

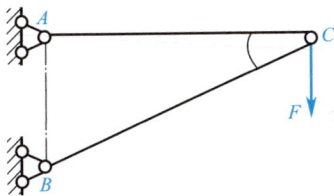

图 1-39　习题 1-4 图

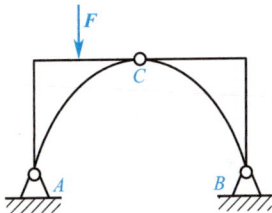

图 1-40　习题 1-5 图

1-6　如图 1-41 所示四个力 $\boldsymbol{F}_1$、$\boldsymbol{F}_2$、$\boldsymbol{F}_3$、$\boldsymbol{F}_4$，关于它们在坐标轴上投影，下列说法不正确的是（　　）。

A. 在 x 轴上投影为正值的有 2 个

B. $\boldsymbol{F}_2$ 在 x 坐标轴上的投影为 $F_2\cos\alpha_2$

C. $\boldsymbol{F}_4$ 在 y 坐标轴上的投影为 $-F_4\sin\alpha_4$

D. 在 y 轴上投影为正值的有 2 个

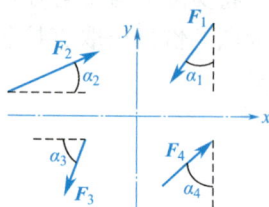

图 1-41　习题 1-6 图

1-7　画出图 1-42 所示 AB 构件的受力图，假设所有接触面都是光滑的，除注明者外自重不计。

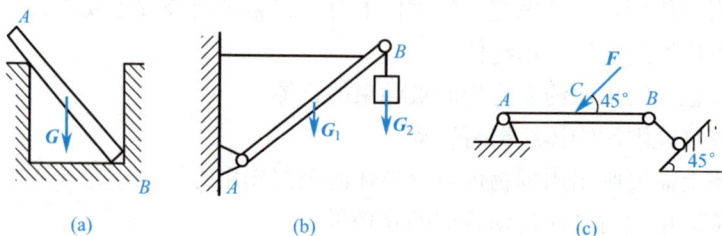

(a)　　　　　　(b)　　　　　　(c)

图 1-42　习题 1-7 图

1-8　画出图 1-43 所示结构中各杆的受力图，假设所有接触面都是光滑的，除注明者外自重不计。

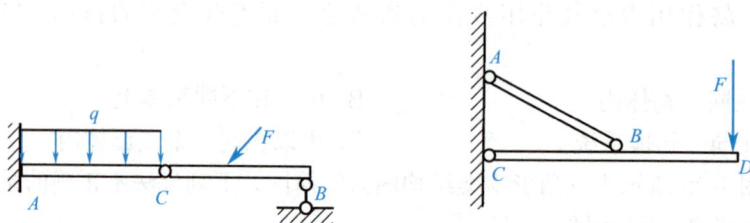

图 1-43　习题 1-8 图

1-9　如图 1-44 所示圆柱直齿轮的齿面受一啮合角 $\alpha = 20°$ 的法向压力 $F_\mathrm{n} = 1\mathrm{kN}$ 的作用，齿面分度圆直径 $d = 80\mathrm{mm}$。试计算力对轴心 O 的力矩。

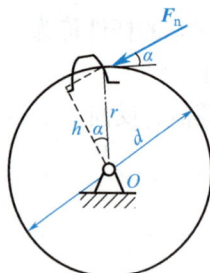

图 1-44　习题 1-9 图

项目2

Chapter 02

平面力系

你知道吗?

构件或结构平衡的工程意义是什么?

构件或结构在荷载作用下平衡的条件是什么?

作用于刚体上的力系,如果各力的作用线位于同一平面内,此力系称为**平面力系**。在平面力系中,按照各力作用线分布特征,通常可分为平面汇交力系、平面力偶系、平面一般力系。

许多实际工程的受力虽然复杂,但是通过合理的分析和简化,在一定条件下可转化为平面力系问题。平面力系是工程中最常见的力系。本项目将讨论平面力系中各力系的简化与平衡问题。

学习目标

1. 知识目标

(1) 掌握力的平移定理。

(2) 掌握平面一般力系的简化方法。

(3) 掌握平面力系的平衡方程。

2. 能力目标

(1) 运用平面汇交力系的平衡条件计算简单支架结构的受力。

(2) 运用平面力偶系的合成与平衡条件计算结构的反力。

(3) 运用平面一般力系的平衡条件计算梁式构件的约束反力。

3. 素质目标

(1) 通过掌握平面力系作用下的平衡条件树立辩证唯物主义世界观。

(2) 通过分析工程中的平衡问题培养安全责任意识。

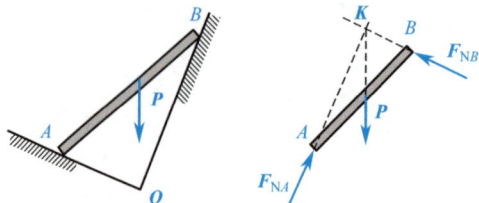

任务 1 平面汇交力系的平衡

在平面力系中，各力的作用线汇交于一点的力系称为**平面汇交力系**。如图 2-1 所示，均质杆 AB 重为 P，两端置于相互垂直的两斜面上保持静止平衡。以杆件 AB 为研究对象，受到重力 P、两斜面约束力 F_{NA} 和 F_{NB} 的作用。三个力的作用线在同一平面内，并汇交于 K 点，构成了平面汇交力系。

图 2-1 置于斜面上的均质杆

一、平面汇交力系的几何法

1. 平面汇交力系合成的几何法

利用平行四边形法则或三角形法则可以求两个作用线汇交于一点的力的合力，当平面汇交力系中有 n 个力时，可以逐次使用平行四边形法则或三角形法则求其合力，这种求合力的方法称为几何法，也称为图解法。下面举例说明。

刚体受一平面汇交力系 F_1、F_2、F_3 和 F_4 作用，力的作用线汇交于 O 点，求该力系的合力。根据力的可传性，将各力沿其作用线移至点 O，力的大小及方向如图 2-2（a）所示。逐次利用力的三角形法则，求 F_1 与 F_2 的合力 F_{R1}，再求 F_{R1} 与 F_3 的合力 F_{R2}，最后求 F_{R2} 与 F_4 的合力 F_R，F_R 便是此平面汇交力系的合力，如图 2-2（b）所示。

为了简便，作图过程中，力 F_{R1}，F_{R2} 可不必画出，各分力矢首尾相接，直接画出一条矢量折线，如图 2-2（c）所示，从第一个力矢 F_1 的起点 O 向最后一个力矢 F_4 的终点 E 作一个矢量，以使折线封闭成为一个力多边形，则由 O 点指向 E 点的封闭边 AE 就代表了该力系的合力 F_R 的大小和方向，合力的作用线通过原力系的汇交点。

上述求四个力所组成的平面汇交力系的合力所作的多边形称为力多边形，这种求合力的方法称为力多边形法则。

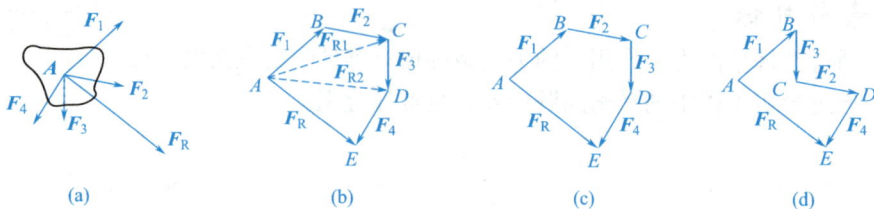

（a）   （b）   （c）   （d）

图 2-2 力多边形法则

在利用力多边形法则求平面汇交力系的合力时，根据矢量相加的交换律，任意变换各分力矢的作图次序，可得到形状不同的力多边形，但其合力矢仍然不变，如图 2-2（d）所示。

综上所述，可得结论：平面汇交力系合成的结果是一个合力矢，其大小和方向由力多边形的封闭边来表示，其作用线通过各力作用线的汇交点。即合力矢等于各分力矢的矢量和。设平面汇交力系包含 n 个力，以 $\boldsymbol{F}_R$ 表示它们的合力矢，则有

$$\boldsymbol{F}_R = \boldsymbol{F}_1 + \boldsymbol{F}_2 + \cdots + \boldsymbol{F}_n = \sum_{i=1}^{n} \boldsymbol{F}_i$$

一般可以略去求和符号中的 $i=1$，n。上式可以简写为

$$\boldsymbol{F}_R = \boldsymbol{F}_1 + \boldsymbol{F}_2 + \cdots + \boldsymbol{F}_n = \sum \boldsymbol{F}_i \tag{2-1}$$

【特别提示】力多边形的封闭边表示合力的大小和方向，合力的作用线通过力系的汇交点。在作力多边形时，若按照不同的顺序画各分力，得到的力多边形不同，但合力矢量相同，即合成结果与各力的绘制顺序无关。

2. 平面汇交力系平衡的几何条件

平面汇交力系合成的结果是一个合力矢。即汇交系与其合力等效。因此物体在平面汇交力系作用下平衡的充分和必要条件是力系的合力大小为零，即用矢量式表示为：

$$\sum \boldsymbol{F}_i = 0 \tag{2-2}$$

在几何法中，平面汇交力系的合力是由力多边形的封闭边来表示的。当平面汇交力系平衡时，其合力为零，则力多边形的封闭边长度为零，即力多边形中第一个力的起点与最后一个力的终点重合，此时的力多边形称为封闭的力多边形。因此，平面汇交力系平衡的充分必要条件是：该力系的力多边形自行封闭。这是平面汇交力系平衡的几何条件。

用几何法求平面汇交力系平衡问题时，先按比例画出封闭的力多边形，然后量得所要求的未知量的长度，再按比例换算出结果；或可根据图形的几何关系，用三角公式计算出要求的未知量。

【例 2-1】　如图 2-3（a）所示，杆件 AC 和杆件 BC 不计自重，在 C 处铰接，$F = 20\text{kN}$，求各杆件所受的力。

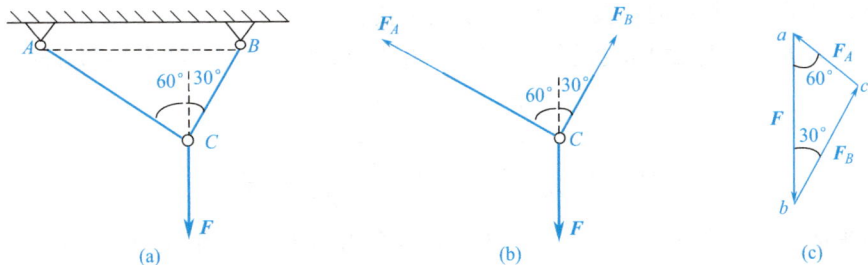

图 2-3　例 2-1 图

【解】　选取系统为研究对象。杆件 AC 和杆件 BC 不计自重，为二力杆，假设都受拉力作用。系统受到作用线汇交于 C 点的 $\boldsymbol{F}_A$、$\boldsymbol{F}_B$、$\boldsymbol{F}$ 三个力的作用保持平衡，受力图如图 2-3（b）所示。根据平面汇交力系平衡的几何条件，这三个力组成一个封闭的力三角形。作矢量 ab 等于 $\boldsymbol{F}$（$F=20\text{kN}$），过 a、b 两点分别作 $\boldsymbol{F}_A$、$\boldsymbol{F}_B$ 的平行线，两线相交于点 c，

得到力多边形 abc，各力首尾相接。bc 和 ca 分别表示 F_B 和 F_A 的大小和方向，量出它们的长度，按比例换算得 F_A 和 F_B 的大小：

$$F_A = 10\text{kN}, \quad F_B = 17.32\text{kN}$$

【特别提示】利用几何法求解平面汇交力系平衡问题时，封闭的力多边形中反映了未知力的真实方向。

问题 2-1　作用于同一平面内的三个力使刚体平衡，三个力的作用线分布有何特点？

问题 2-2　四个力组成平面汇交力系，作出力多边形如图 2-4 所示，其中符合 $F_4 = F_1 + F_2 + F_3$ 关系式的是（　　）。

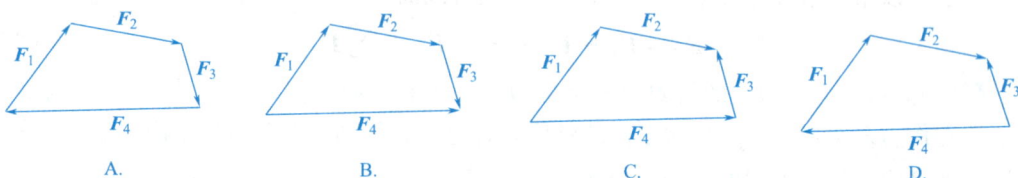

图 2-4　问题 2-2 图

二、平面汇交力系的解析法

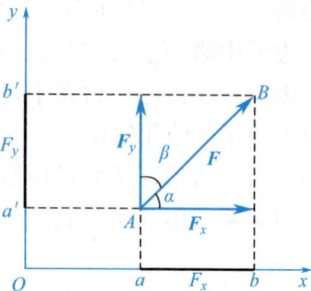

图 2-5　力在直角坐标轴上的投影

1. 平面汇交力系的合成

解析法是建立坐标系，在坐标系里用矢量投影研究问题的基本方法。前面介绍了力在直角坐标轴上的投影的概念，如图 2-5 所示，力 F 在 x、y 轴上的投影分别为

$$\left.\begin{array}{l} F_x = F\cos\alpha \\ F_y = F\cos\beta \end{array}\right\} \tag{2-3}$$

式中，α 和 β 为力 F 与 x 和 y 轴正向间的夹角。

力在坐标轴上的投影是代数量，其正负号的规定为：从起点 A 的投影 a（或 a'）到终点 B 的投影 b（或 b'）的指向与坐标轴的正向相同时，投影为正；反之为负。

若已知力 F 在坐标轴上的投影 F_x、F_y，由图 2-5 可求出该力的大小和方向，即

$$F = \sqrt{F_x^2 + F_y^2} \tag{2-4}$$

$$\cos\alpha = \frac{F_x}{\sqrt{F_x^2 + F_y^2}}, \quad \cos\beta = \frac{F_y}{\sqrt{F_x^2 + F_y^2}} \tag{2-5}$$

设有平面汇交力系（F_1，F_2，…，F_n），其合力为 F_R。以汇交点为坐标原点，建立直角坐标系 Oxy，则合力 F_R 在坐标轴上的投影 F_{Rx}、F_{Ry} 与各分力在坐标轴上的投影满足下式：

$$\left.\begin{array}{l} F_{Rx} = F_{1x} + F_{2x} + \cdots + F_{nx} = \sum F_x \\ F_{Ry} = F_{1y} + F_{2y} + \cdots + F_{ny} = \sum F_y \end{array}\right\} \tag{2-6}$$

式（2-6）即为合力投影定理，即合力在任一轴上的投影等于各分力在同一轴上投影

的代数和。

　　求出合力 $\boldsymbol{F}_R$ 的投影 $\boldsymbol{F}_{Rx}$ 及 $\boldsymbol{F}_{Ry}$ 后，可按式（2-7）求出合力 $\boldsymbol{F}_R$ 的大小及方向：

$$\left.\begin{aligned} F_R &= \sqrt{F_{Rx}^2 + F_{Ry}^2} = \sqrt{\left(\sum F_x\right)^2 + \left(\sum F_y\right)^2} \\ \cos\alpha &= \frac{F_{Rx}}{F_R} = \frac{\sum F_x}{F_R}, \quad \cos\beta = \frac{F_{Ry}}{F_R} = \frac{\sum F_y}{F_R} \end{aligned}\right\} \quad (2\text{-}7)$$

这就是平面汇交力系求合力的解析法公式。

【例 2-2】　如图 2-6 所示，平面汇交力系由 $\boldsymbol{F}_1$、$\boldsymbol{F}_2$、$\boldsymbol{F}_3$ 三个力组成，其中 $F_1=100\text{N}$，$F_2=50\text{N}$，$F_3=60\text{N}$，求此力系的合力。

【解】　（1）建立 xOy 直角坐标系。分别求出三个力在 x 轴和 y 轴上投影的代数和。

$$\begin{aligned} F_{Rx} &= F_{1x} + F_{2x} + F_{3x} \\ &= F_1\cos45° - F_2\cos60° + F_3\cos30° \\ &= 100 \times 0.707 - 50 \times 0.5 + 60 \times 0.866 \\ &= 97.66\text{N} \end{aligned}$$

$$\begin{aligned} F_{Ry} &= F_{1y} + F_{2y} + F_{3y} \\ &= F_1\sin45° + F_2\sin60° - F_3\sin30° \\ &= 100 \times 0.707 + 50 \times 0.866 - 60 \times 0.5 \\ &= 84\text{N} \end{aligned}$$

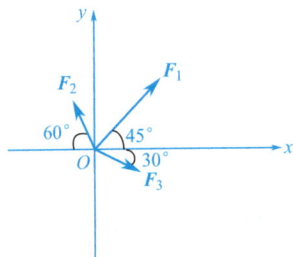

图 2-6　例 2-2 图

（2）求合力。

$$F_R = \sqrt{F_{Rx}^2 + F_{Ry}^2} = \sqrt{97.66^2 + 84^2} = 128.8\text{N}$$

$$\tan\alpha = \frac{F_{Ry}}{F_{Rx}} = \frac{84}{97.66} = 0.86$$

$$\alpha = 41°$$

α 为合力 $\boldsymbol{F}_R$ 与 x 轴的夹角。

2. 平面汇交力系的平衡方程

若作用于物体上的平面汇交力系的合力等于零，则物体处于平衡状态。

由 $F_R = \sqrt{F_{Rx}^2 + F_{Ry}^2} = 0$ 可得，F_{Rx} 和 F_{Ry} 必须同时为零。

$$\left.\begin{aligned} F_{Rx} &= \sum F_x = 0 \\ F_{Ry} &= \sum F_y = 0 \end{aligned}\right\}$$

即

$$\left.\begin{aligned} \sum F_x &= 0 \\ \sum F_y &= 0 \end{aligned}\right\} \quad (2\text{-}8)$$

　　式（2-8）为平面汇交力系的平衡方程。它表明平面汇交力系平衡的充分和必要解析条件是：**力系中各力在两个坐标轴上投影的代数和分别等于零**。两个独立的平衡方程，可以求解两个未知量。

【例2-3】 杆件 AC 和杆件 BC 不计自重，在 C 处铰接，$F=20\text{kN}$，用解析法求各杆件所受的力。

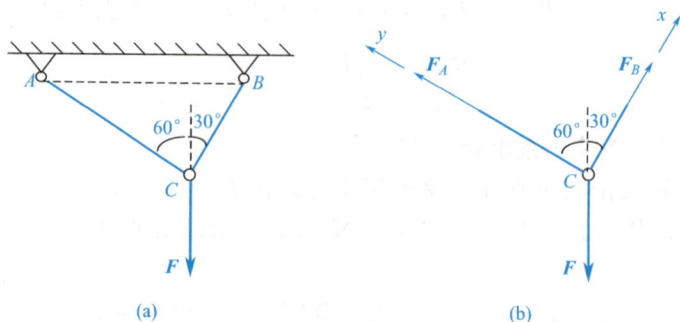

图 2-7　例 2-5 图

【解】 （1）选取系统为研究对象画受力图。杆件 AC 和杆件 BC 不计自重，为二力杆，假设都受拉力作用。系统受到作用线汇交于 C 点的 $\boldsymbol{F}_A$、$\boldsymbol{F}_B$、$\boldsymbol{F}$ 三个力的作用保持平衡，受力如图 2-7（b）所示。

（2）列平衡方程。为避免联立方程，应将坐标轴选取在与未知力垂直的方向上。以 C 为坐标原点，x 轴、y 轴分别沿 $\boldsymbol{F}_B$、$\boldsymbol{F}_A$ 的作用线，列平衡方程：

$$\sum F_x = 0, \quad F_B - F\cos30° = 0$$

$$\sum F_y = 0, \quad F_A - F\sin30° = 0$$

（3）求解方程。代入数据，分别解得

$$F_A = 10\text{kN}, \quad F_B = 17.32\text{kN}$$

F_A 和 F_B 均为正值，说明假设的方向与实际方向相同，两根杆均受到拉力作用。

问题 2-3　如图 2-8 所示支架结构，$F=8\text{kN}$ 作用在铰结点 A 处。试分析：

（1）当 F 作用在铰结点 A 处时，两杆均为_____。

（2）画出结点的受力图，用解析法求两杆受到的力。

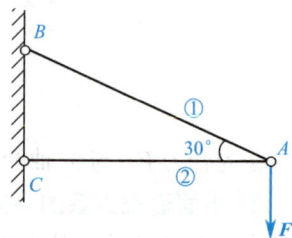

图 2-8　问题 2-3 图

任务 2　平面力偶系的合成与平衡

1. 力偶与力偶矩

当两个等值、反向、平行的力同时作用于物体时，会使物体产生转动效应。例如钳工用丝锥攻螺纹（图 2-9a），司机用双手转动方向盘（图 2-9b）以及日常生活中人们用手拧水龙头等都属于这种情况。

力学上将两个大小相等，方向相反且不共线的平行力组成的力系称为力偶，记作 $(\boldsymbol{F}', \boldsymbol{F})$。力偶的两力作用线间的垂直距离称为**力偶臂**，两个力作用线所在的平面称为**力**

偶的作用面，力偶使物体转动的方向称为**力偶的转向**。

【特别提示】力偶的作用是改变物体的转动效应，是两个力组成的特殊力系，不能合成为一个力；而力的作用是改变物体的移动效应。因此，力和力偶是静力学的两个基本要素。力只能用力来平衡，力偶只能用力偶来平衡。

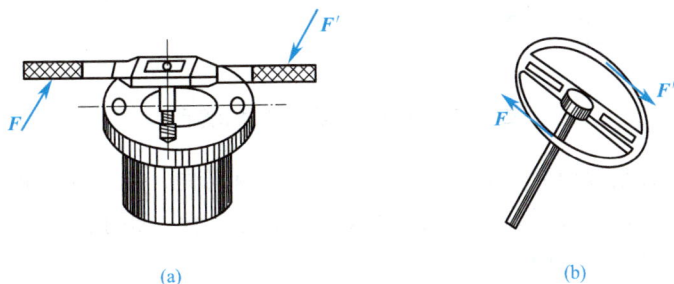

(a)   (b)

图 2-9   力偶

由实践可知，力偶对物体的转动效应与组成力偶的力的大小，力偶臂的长度成正比，同时还与顺时针或逆时针的转动方向有关。在平面问题中，用力偶中力的大小与力偶臂长度的乘积，并冠以适当的正负号所得的代数量来度量力偶对物体的转动效应，称为力偶矩。通常用 $M(\boldsymbol{F}，\boldsymbol{F}')$ 或 M 来表示，即：

$$M(\boldsymbol{F}，\boldsymbol{F}')=\pm Fd \tag{2-9}$$

力偶矩的正负号规定为：力偶使物体逆时针转动时，力偶矩为正；反之为负。力偶矩的单位是 N·m 或 kN·m。

如果力偶的作用平面不同，即使力偶矩相等，对物体的转动效应也不同。因此，**力偶的三要素**为力偶矩的大小、力偶的转向及力偶的作用面。

力偶对其作用面内的任一点之矩，恒等于该力偶的力偶矩，而与矩心的位置无关。

设有一力偶（$\boldsymbol{F}，\boldsymbol{F}'$）作用于某物体上，力偶臂为 d，如图 2-10 所示。在其作用面内任取一点 O 为矩心，设 O 点到 $\boldsymbol{F}'$ 作用线的距离为 x，则该力偶对 O 点之矩为

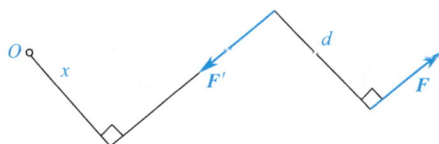

图 2-10   力偶矩

$$M_O(\boldsymbol{F})+M_O(\boldsymbol{F}')=F(x+d)-F'x=Fd$$

2. 平面力偶的基本性质

（1）力偶可在其作用面内任意移转，而不改变它对刚体的转动效应，即力偶对刚体的转动效应与它在作用面内的位置无关。如图 2-11（a）所示，作用于方向盘上的两组力偶（$\boldsymbol{F}_1，\boldsymbol{F}_1'$）和（$\boldsymbol{F}_2，\boldsymbol{F}_2'$），只要两组力偶的力偶矩相等，作用位置即使不同，方向盘的转动效应也是相同的。

（2）只要保持力偶矩的大小和力偶的转向不变，可以同时改变力偶中力的大小和力偶臂的长短，而不改变力偶对刚体的作用。如图 2-11（b）所示，攻螺纹时，分别作用在螺纹杠上的力偶（$\boldsymbol{F}_1，\boldsymbol{F}_1'$）和（$\boldsymbol{F}_2，\boldsymbol{F}_2'$），虽然 $d_1 \neq d_2$，$F_1 \neq F_2$，但是只要力偶矩 $F_1 d_1 = F_2 d_2$，攻丝效果就是相同的。

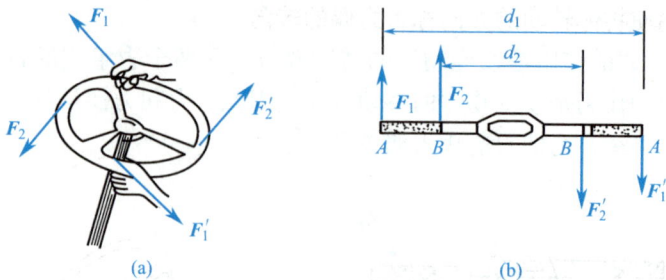

图 2-11　方向盘、丝锥受力示意图

在研究力偶的转动效应时，只需考虑力偶的大小和转向，因此在工程中可用一段带箭头的弧线表示力偶，箭头表示转向，M_e 表示力偶矩的大小，如图 2-12 所示。

3. 平面力偶系的合成和平衡条件

作用在同一平面内的两个或两个以上的力偶称为**平面力偶系**。

（1）平面力偶系的合成

作用在同一物体上的多个力偶合成的结果是一个合力偶，其合力偶矩等于各分力偶矩的代数和，即：

$$M = M_1 + M_2 + \cdots + M_n = \sum M \qquad (2\text{-}10)$$

（2）平面力偶系的平衡

平面力偶系平衡的充分必要条件是：力偶系的合力偶矩为零，即

$$\sum M = 0 \qquad (2\text{-}11)$$

【例 2-4】 如图 2-12（a）所示外伸梁，梁的自重不计，在梁上作用为力偶，力偶矩 $M_1 = -60\text{kN} \cdot \text{m}$，$M_2 = 40\text{kN} \cdot \text{m}$，试求 A、B 处支座反力。

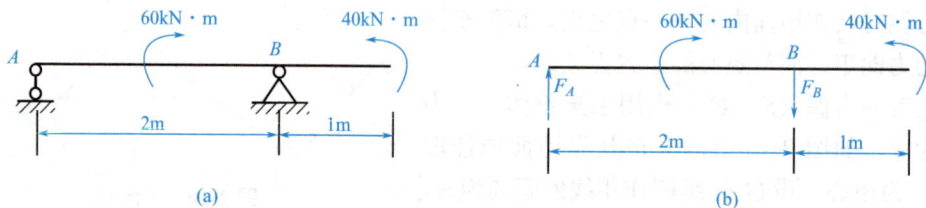

图 2-12　例 2-4 图

【解】

（1）选取外伸梁为研究对象。

（2）画受力图。主动力为作用于梁上的两个已知力偶。A 处为可动铰支座，约束力 F_A 的作用线垂直于支承面；B 处为固定铰支座，提供的约束力为 F_B。因梁上只受两个已知力偶的作用，根据力偶只能和力偶平衡可知，F_A 与 F_B 组成一个力偶，F_B 的方向也只能沿着竖直方向。外伸梁的受力图如图 2-12（b）所示。

（3）列平衡方程。

$$\sum M = 0, \quad -F_A \times 2 - 60 + 40 = 0$$

得：

$$F_A = -10\text{kN}(\downarrow) \qquad F_B = -10\text{kN}(\uparrow)$$

任务 3　平面一般力系的简化

平面一般力系是指力系中所有力的作用线处于同一平面内,各力的作用线不会汇交于一点,也不会相互平行。经过简化,平面一般力系可以用简单力系等效代替,称为平面一般力系的简化。在力系的简化过程中,需要应用力的平移定理。

1. 力的平移定理

如图 2-13 (a) 所示,设力 F 作用于刚体上的 A 点。在不改变作用效应的前提下,将力 F 移动到刚体上的任一点 O,可在 O 点加一对平衡力 F'、F'',并使 $F' = -F'' = F$(图 2-13b)。显然,根据加减平衡力系公理可知,由 F、F'、F'' 三个力构成的力系与原力 F 等效。由于力系中的力 F 与 F'' 组成了一个力偶,其力偶矩为 $M = Fd = M_O(F)$。这样,就把作用于 A 点的力平行移动到任一点 O,但同时必须附加一个力偶,如图 2-13 (c) 所示。**由此可得力的平移定理:作用于刚体上的力可平行移动到该刚体上的任一指定点,但必须同时附加一个力偶,此附加力偶的矩等于原力对指定点之矩。**

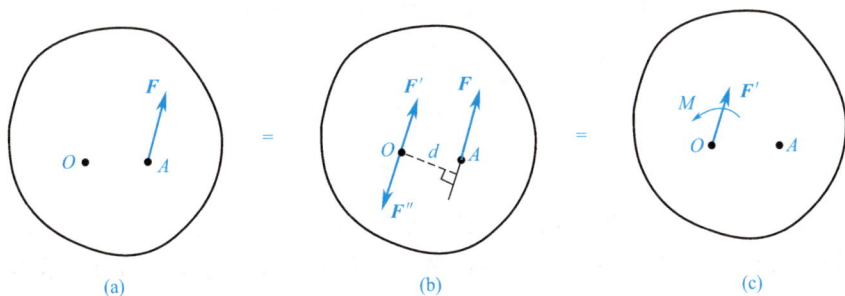

图 2-13　力的平移定理

【特别提示】力的可传性是力的平移定理的特殊情况。力的平移定理表明,一个力可与同一平面内的一个力和一个力偶等效。反之,作用在同一平面内的一个力和一个力偶必定可以合成为一个合力。

2. 平面一般力系的简化

设刚体受一平面一般力系 F_1,F_2,$\cdots$,F_n 作用,如图 2-14 (a) 所示。在力系的作用面内任选一点 O,称为简化中心。应用力的平移定理,将各力平移至 O 点,同时附加相应的力偶,便可得到一个平面汇交力系 F_1',F_2',$\cdots$,F_n' 和一个平面力偶系 M_1、M_2、$\cdots$、M_n,如图 2-14 (b) 所示。根据力的平移定理可知:

$$F_1' = F_1, \quad F_2' = F_2, \quad \cdots, \quad F_n' = F_n$$

$$M_1 = M_O(F_1), \quad M_2 = M_O(F_2), \quad \cdots, \quad M_n = M_O(F_n)$$

平面汇交力系 F_1',F_2',$\cdots$,F_n' 又可合成为作用于 O 点一个合力 F_R',即

$$F_R' = F_1' + F_2' + \cdots + F_n' = \sum F'$$

注意到:
$$F_1' = F_1, \quad F_2' = F_2, \quad \cdots, \quad F_n' = F_n$$

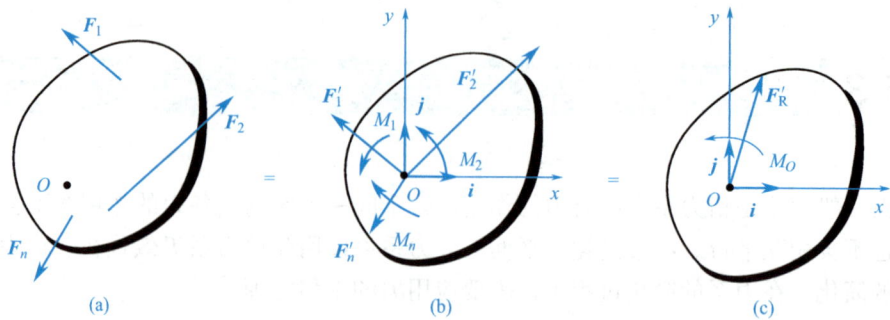

图 2-14　平面一般力系向任一点简化

因此有

$$F'_R = F_1 + F_2 + \cdots + F_n = \sum F \tag{2-12}$$

F'_R 等于原力系各力的矢量和，称为原力系的**主矢**。用解析法可求出主矢 F'_R 的大小和方向，通过 O 点建立 Oxy 直角坐标系，如图 2-14（c）所示。利用合力投影定理，得

$$\left.\begin{aligned}
F'_{Rx} &= F_{1x} + F_{2x} + \cdots + F_{nx} = \sum F_x \\
F'_{Ry} &= F_{1y} + F_{2y} + \cdots + F_{ny} = \sum F_y \\
F'_R &= \sqrt{\left(\sum F_x\right)^2 + \left(\sum F_y\right)^2} \\
\tan\alpha &= \left|\frac{\sum F_y}{\sum F_x}\right|
\end{aligned}\right\} \tag{2-13}$$

式中：F'_{Rx}，F'_{Ry} 分别为主矢在 x 轴和 y 轴上的投影，α 为主矢与 x 轴正向之间的夹角。

附加的力偶系 M_1、M_2、$\cdots$、M_n 可按平面力偶系合成的方法，将其合成为一个合力偶，合力偶矩为

$$M_O = M_1 + M_2 + \cdots + M_n$$

因各力平移时所附加的力偶矩分别为原力对简化中心 O 之矩，即

$$M_O = M_O(F_1) + M_O(F_2) + \cdots + M_O(F_n) = \sum M_O(F_i) \tag{2-14}$$

式中：M_O 称为原力系对简化中心 O 点的主矩，等于原力系中各力对简化中心之矩的代数和。

由此可见，平面一般力系向作用面内任一点简化，一般可得到一个力和一个力偶。此力作用在简化中心，称为原力系的主矢，它等于力系中各力的矢量和，其大小和方向与简化中心无关；此力偶矩称为原力系对简化中心的主矩，它等于原力系中各力对简化中心之矩的代数和，其值一般与简化中心位置有关。

3. 简化结果分析

平面一般力系向作用平面内任一点简化，一般可得到一个力和一个力偶，下面根据主矢和主矩是否为零讨论平面一般力系合成的最后结果。

（1）$F'_R = 0$、$M_O \neq 0$。此时，原力系合成为一个力偶，合力偶矩等于主矩。因为力偶对于平面内任意一点的矩都相同，所以力系向哪一点简化都是同一个力偶，与简化中心的

位置无关。

（2）$\boldsymbol{F}_{R}' \neq 0$、$M_O = 0$。此时，原力系合成为一个合力，合力的大小、方向与主矢相同，合力的作用线通过简化中心。

（3）$\boldsymbol{F}_{R}' \neq 0$、$M_O \neq 0$。此时，原力系合成为一个合力。现将矩为 M_O 的力偶用两个等值、反向的平行力 $\boldsymbol{F}_{R}'$ 和 $\boldsymbol{F}_{R}''$ 来替换，且 $\boldsymbol{F}_{R}' = \boldsymbol{F}_{R} = -\boldsymbol{F}_{R}''$，如图 2-15（a）、（b）所示。于是，$\boldsymbol{F}_{R}'$ 与 $\boldsymbol{F}_{R}''$ 为一对平衡力，根据加减平衡力系原理，可将这对平衡力消去，从而把原力系简化为一个作用线过 O' 点的合力 $\boldsymbol{F}_{R}$（图 2-15c）。合力 $\boldsymbol{F}_{R}$ 的大小、方向与主矢相同，合力的作用线不通过简化中心。合力的作用线在 O 点的哪一侧，需根据主矢和主矩的方向确定。O 点到合力作用线的距离 d 为

$$d = \frac{|M_O|}{F_R}$$

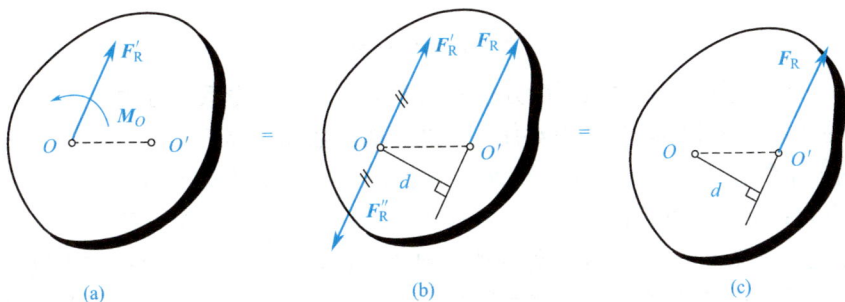

图 2-15　力的平移定理的应用

由图 2-15（c）可以看出，平面一般力系的合力 $\boldsymbol{F}_{R}$ 对 O 点之矩为

$$M_O(\boldsymbol{F}_{R}) = F_R d$$

因

$$F_R d = F_R' d = M_O = \sum M_O(\boldsymbol{F})$$

故

$$M_O(\boldsymbol{F}_{R}) = \sum M_O(\boldsymbol{F}) \tag{2-15}$$

由于简化中心 O 是任意选取的，故上式具有普遍意义。于是可得到平面一般力系的合力矩定理：平面一般力系的合力对其作用面内任一点之矩等于力系中各力对同一点之矩的代数和。利用该定理，可以简化某些情况下的力矩计算，还可以确定平面力系合力作用线的位置。

（4）$\boldsymbol{F}_{R}' = 0$、$M_O = 0$。此时，原力系平衡。

问题 2-4　正方形板 $ABCD$ 的边长为 a，沿四条边分别作用力 F_1、F_2、F_3、F_4，且各力大小均为 F，如图 2-16 所示。则此力系向点 A 简化的主矢大小为＿＿＿＿，主矩大小为＿＿＿＿，转向为＿＿＿＿。

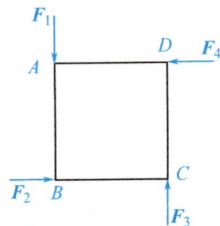

图 2-16　问题 2-4 图

任务 4 平面一般力系的平衡条件及其应用

1. 平面一般力系平衡方程的基本形式

平面一般力系向平面内任一点简化后，若主矢和主矩同时为零，则力系平衡。平面一般力系平衡的充分必要条件是：力系的主矢和对任一点的主矩都为零，即：

$$F'_R = 0, \quad M_O = 0$$

由式（2-13）和式（2-14）可得

即

$$\left. \begin{array}{l} \sum F_x = 0 \\ \sum F_y = 0 \\ \sum M_O(F_i) = 0 \end{array} \right\} \tag{2-16}$$

式（2-16）是平面一般力系平衡方程的基本形式，表明力系中各力在两个直角坐标轴上的投影的代数和等于零，且各力对任一点之矩的代数和也等于零。

【特别提示】在式（2-16）中，前两个方程说明力系对物体无任何方向的平移作用，称为投影方程；第三个方程说明力系对物体无转动作用，称为力矩方程。

【例 2-5】 如图 2-17（a）所示外伸梁，自重不计，计算 A、B 处的支座反力。

【解】 取梁 AC 为研究对象，受力图如图 2-17（b）所示，以 A 为原点，建立直角坐标系，列平衡方程：

$$\sum F_x = 0 \qquad F_{Ax} = 0$$

$$\sum M_A(\boldsymbol{F}) = 0 \qquad F_B \times 4 - 4 \times 6 = 0 \qquad F_B = 6\text{kN}(\uparrow)$$

$$\sum F_y = 0 \qquad F_{Ay} + F_B - 4 = 0 \qquad F_{Ay} = -2\text{kN}(\downarrow)$$

【特别提示】计算结果是正值，表明实际方向与假设方向相同；是负值，表明实际方向与假设方向相反。

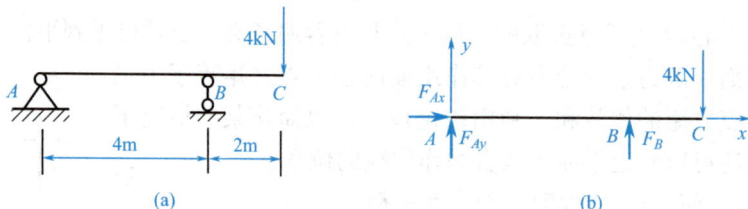

图 2-17 例 2-5 图

14.
思政小课
堂—悬臂构
件的平衡

【例 2-6】 如图 2-18（a）所示悬臂梁，自重不计，计算 A 处的支座反力。

【解】 取梁 AB 为研究对象，受力图如图 2-18（b）所示，以 A 为原点，建立直角坐标系，列平衡方程：

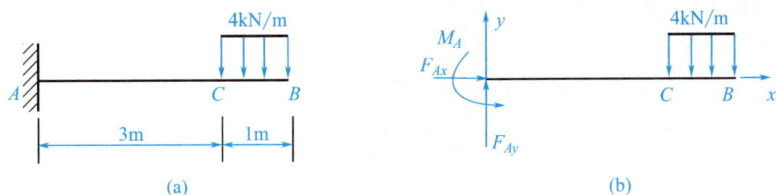

图 2-18　例 2-6 图

$$\sum F_x = 0 \qquad F_{Ax} = 0$$

$$\sum F_y = 0 \qquad F_{Ay} - 4 \times 1 = 0 \qquad F_{Ay} = 4\text{kN}(\uparrow)$$

$$\sum M_A(\boldsymbol{F}) = 0 \qquad M_A - 4 \times 1 \times 3.5 = 0 \qquad M_A = 14\text{kN} \cdot \text{m}(逆时针)$$

问题 2-5　如图 2-19 所示简支梁，自重不计，回答下列问题。

（1）A 支座称为_____，限制梁在 A 端的_____，不限制梁在 A 端的_____。

（2）B 支座称为_____，提供_____个约束力，限制梁在 B 端沿_____方向的线位移。

（3）在如图 2-20 所示的直角坐标系中画出梁的受力图。

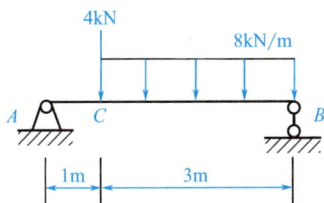

图 2-19　问题 2-5 图（一）

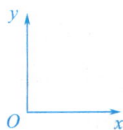

图 2-20　问题 2-5 图（二）

（4）列出梁的平衡方程

$$\sum F_x = 0:\underline{\hspace{8cm}}。$$

$$\sum F_y = 0:\underline{\hspace{8cm}}。$$

$$\sum M_A(\boldsymbol{F}) = 0:\underline{\hspace{7cm}}。$$

（5）解平衡方程计算 A，B 处的约束反力。

$F_{Ax} = $_____；$F_{Ay} = $_____；$F_B = $_____。

2. 平面一般力系平衡方程的其他形式

平面一般力系的平衡方程除了式（2-16）所示的基本形式外，还有二矩式方程和三矩式方程。

（1）二矩式方程

$$\left. \begin{array}{l} \sum F_x = 0 \\ \sum M_A(\boldsymbol{F}) = 0 \\ \sum M_B(\boldsymbol{F}) = 0 \end{array} \right\} \tag{2-17}$$

式中，x 轴不能与 A、B 两点的连线垂直。

（2）三矩式方程

若两个投影方程全部用力矩方程代替，则有

$$\left.\begin{array}{l} \sum M_A(\boldsymbol{F})=0 \\ \sum M_B(\boldsymbol{F})=0 \\ \sum M_C(\boldsymbol{F})=0 \end{array}\right\} \tag{2-18}$$

式中，A、B、C 三点不共线。

式（2-16）～式（2-18）应选哪一组方程求解，要根据具体条件确定。

【例 2-7】 如图 2-21（a）所示外伸梁，自重不计，试用二矩式方程计算 A、B 处的支座反力。

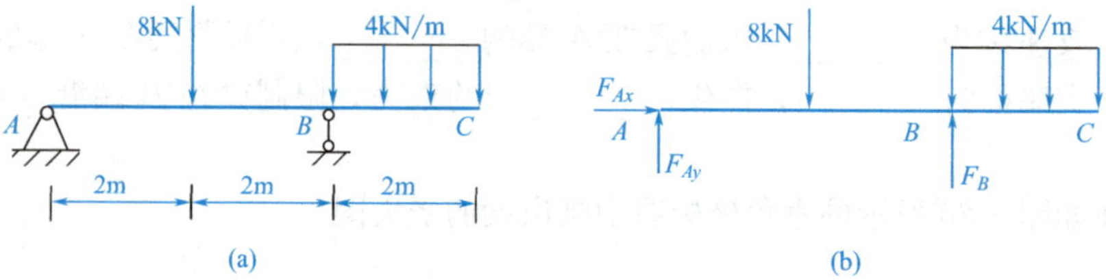

图 2-21 例 2-7 图

【解】 （1）取梁 AC 为研究对象，受力图如图 2-21（b）所示。

（2）列平衡方程求解。

$\sum F_x=0$ $\qquad$ $F_{Ax}=0$

$\sum M_A(\boldsymbol{F})=0$ $\qquad$ $F_B \times 4-8 \times 2-4 \times 2 \times 5=0$ $\qquad$ $F_B=14\text{kN}(\uparrow)$

$\sum M_B(\boldsymbol{F})=0$ $\qquad$ $-F_{Ay} \times 4+8 \times 2-4 \times 2 \times 1=0$ $F_{Ay}=2\text{kN}(\uparrow)$

校核：$\sum F_y=14+2-8-4 \times 2=0$

【例 2-8】 如图 2-21（a）所示简支刚架，自重不计，试计算 A、B 处的支座反力。

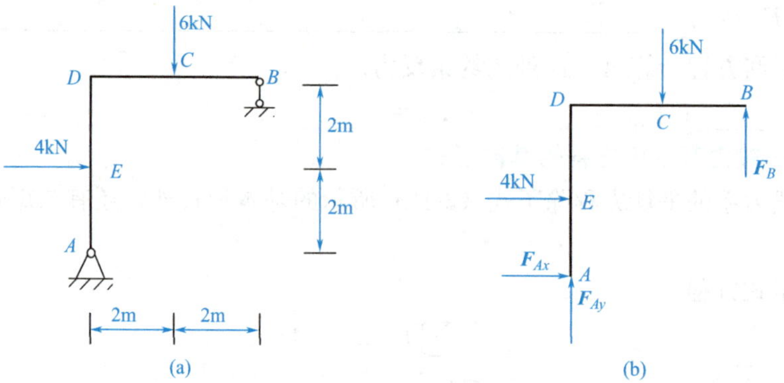

图 2-22 例 2-8 图

【解】　（1）取刚架为研究对象，受力图如图 2-22（b）所示。

（2）列平衡方程求解。

$$\sum F_x = 0 \qquad F_{Ax} + 4 = 0 \qquad\qquad F_{Ax} = -4\text{kN}(\leftarrow)$$

$$\sum M_A(\boldsymbol{F}) = 0 \quad F_B \times 4 - 6 \times 2 - 4 \times 2 = 0 \qquad F_B = 5\text{kN}(\uparrow)$$

$$\sum M_B(\boldsymbol{F}) = 0 \quad -F_{Ay} \times 4 + F_{Ax} \times 4 + 4 \times 2 + 6 \times 2 = 0 \qquad F_{Ay} = 1\text{kN}(\uparrow)$$

【特别提示】选取适当的坐标轴和力矩中心，可以减少每个平衡方程中未知量的数目。坐标轴应当与尽可能多的未知力相垂直，矩心应尽量取在多个未知力的交点上。在计算某些问题时，采用力矩方程往往比投影方程更简便。

对于受平面一般力系作用的单个刚体的平衡问题，只能列出三个独立的平衡方程，求解三个未知量。

问题 2-6　如图 2-23 所示外伸梁，自重不计，回答下列问题。

（1）画出梁的受力图。

（2）采用二矩式列平衡方程。

$$\sum M_B = 0:\ \underline{\hspace{6cm}}。$$

$$\sum M_C = 0:\ \underline{\hspace{6cm}}。$$

$$\sum F_x = 0:\ \underline{\hspace{6cm}}。$$

图 2-25　问题 2-7 图

（3）解平衡方程计算约束反力。

$F_{Bx} = \underline{\hspace{2cm}}$；$F_{By} = \underline{\hspace{2cm}}$；$F_C = \underline{\hspace{2cm}}$。

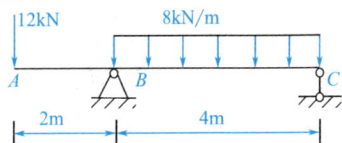

3. 平面一般力系的特殊情况

平面平行力系是指各力作用线在同一平面上且相互平行的力系，如图 2-24 所示。

它是平面一般力系的一种特殊情况。取 Oy 轴与力系中的各力平行，则各力在 x 轴上的投影恒为零，故平面平行力系的独立的平衡方程数目只有两个，即为

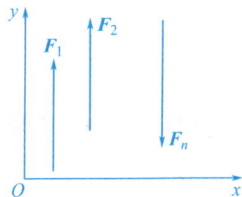

图 2-24　平面平行力系

$$\left.\begin{array}{l} \sum F_y = 0 \\ \sum M_O(\boldsymbol{F}_i) = 0 \end{array}\right\} \qquad (2\text{-}19)$$

或写为二矩式：

$$\left.\begin{array}{l} \sum M_A(\boldsymbol{F}_i) = 0 \\ \sum M_B(\boldsymbol{F}_i) = 0 \end{array}\right\} \qquad (2\text{-}20)$$

式中：A、B 两点的连线不与各力作用线平行。

【例 2-9】　图 2-25 所示为塔式起重机。已知轨距 $b = 4\text{m}$，机身重 $W = 260\text{kN}$，其作用线到右轨的距离 $e = 1.5\text{m}$，起重机平衡重 $F_Q = 80\text{kN}$，其作用线到左轨的距离 $a = 6\text{m}$，荷载 $\boldsymbol{F}$ 的作用线到右轨的距离 $l = 12\text{m}$。（1）试证明空载（$F = 0$）时起重机是否会向左倾倒？（2）试求出起重机不向右倾倒的最大荷载 $\boldsymbol{F}$。

【解】 选取起重机为研究对象，起重机不慎翻倒时，作用于起重机上的主动力 $\boldsymbol{W}$、$\boldsymbol{F}$、$\boldsymbol{F}_Q$ 及约束力 $\boldsymbol{F}_A$ 和 $\boldsymbol{F}_B$，它们组成一个平面平行力系（图 2-25）。

（1）使起重机不向左倒的条件是 $F_B \geqslant 0$。当空载（$F=0$）时，列出平衡方程

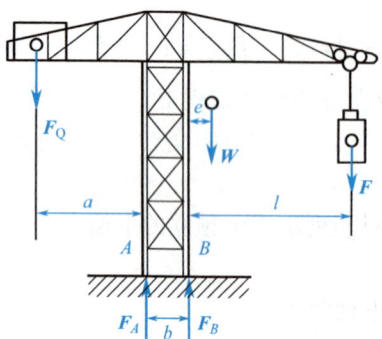

图 2-25　例 2-9 图

$$\sum M_A = 0, \quad F_Q \cdot a + F_B \cdot b - W(e+b) = 0$$

得

$$F_B = \frac{1}{b}\left[W(e+b) - F_Q \cdot a\right]$$
$$= \frac{1}{4}\left[260(1.5+4) - 80 \times 6\right]$$
$$= 237.5 \mathrm{kN} > 0$$

所以起重机不会向左倾倒。

（2）使起重机不向右倾倒的条件是 $F_A \geqslant 0$。当有荷载 F 时，列出平衡方程

$$\sum M_B = 0, \quad F_Q(a+b) - F_A \cdot b - W \cdot e - F \cdot l = 0$$

得

$$F_A = \frac{1}{b}\left[F_Q(a+b) - W \cdot e - F \cdot l\right]$$

欲使 $F_A \geqslant 0$，则需 $F_Q(a+b) - W \cdot e - F \cdot l \geqslant 0$，即

$$F \leqslant \frac{1}{l}\left[F_Q(a+b) - W \cdot e\right]$$
$$= \frac{1}{12}\left[80 \times (6+4) - 260 \times 1.5\right]$$
$$= 34.17 \mathrm{kN}$$

故起重机不向右倾倒的最大荷载 $F=34.17\mathrm{kN}$。

任务 5　物体系统的平衡

前面研究了平面力系单个物体的平衡问题，但是在工程结构中常需研究由若干个物体通过一定的约束组成的物体系统的平衡问题，物体系统的平衡是指组成系统的每一个物体及系统整体都处于平衡状态。

在研究物体系统的平衡问题时，不仅要分析外界物体对这个系统的作用力，同时还应分析系统内部物体之间的相互作用力。通常将系统以外的物体对这个系统的作用力称为**外力**，系统内各物体之间的相互作用力称为**内力**。

当物体系统平衡时，组成该系统的每个物体都处于平衡状态，可以选取整个物体系统作为研究对象，也可以选取物体系统中某个部分（一个物体或几个物体的组合）作为研究对象。对于每一个研究对象一般可列出 3 个独立的平衡方程。如果该物体系统有 n 个物

体，则可列出 $3n$ 个独立的平衡方程，求出 $3n$ 个未知量。但是，如果系统中的物体受平面汇交力系或平面平行力系的作用，则独立的平衡方程将相应减少，而所能求的未知量数目也相应减少。若用平衡方程能求出物体系统的全部约束力，则该物体系统称为静定的物体系统。

下面举例说明求解静定物体系统平衡问题的方法。

【例 2-10】 如图 2-26（a）所示静定多跨梁，计算 A、B、D 处的约束反力。

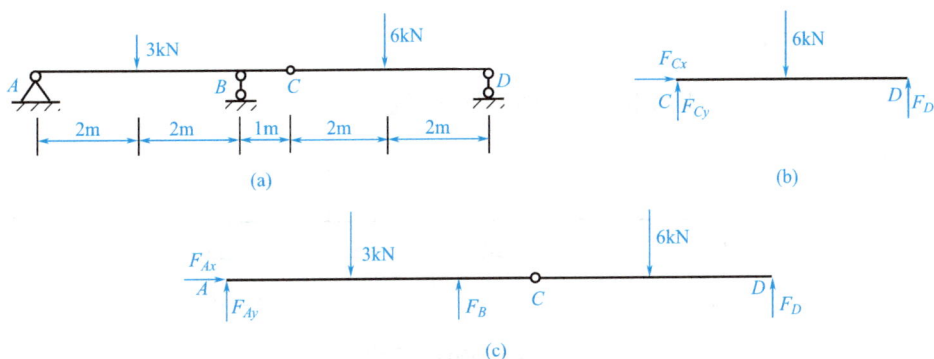

图 2-26　例 2-10 图

【解】 若选整体为研究对象，未知力有 4 个，超出平衡方程个数，故先取 CD 为研究对象，画受力图，如图 2-26（b）所示，列力矩方程可求出 F_D。

$$\sum M_C(\boldsymbol{F})=0 \qquad -6\times 2+F_D\times 4=0 \qquad F_D=3\text{kN}(\uparrow)$$

再取整体为研究对象，画出整体受力图，如图 2-26（c）所示。

$$\sum M_A(\boldsymbol{F})=0 \qquad -3\times 2+F_B\times 4-6\times 7+F_D\times 9=0 \qquad F_B=5.25\text{kN}(\uparrow)$$

$$\sum F_x=0 \qquad F_{Ax}=0$$

$$\sum F_y=0 \qquad F_{Ay}-3+F_B-6+F_D=0 \qquad F_{Ay}=0.75\text{kN}(\uparrow)$$

【例 2-11】 所示滑道连杆机构，在滑道连杆上作用着水平力 F。已知 $OA=l$，滑道倾角为 β，机构重力和各处摩擦均不计。求当机构平衡时，作用在曲柄 OA 上的力偶矩 M 与角 θ 之间的关系。

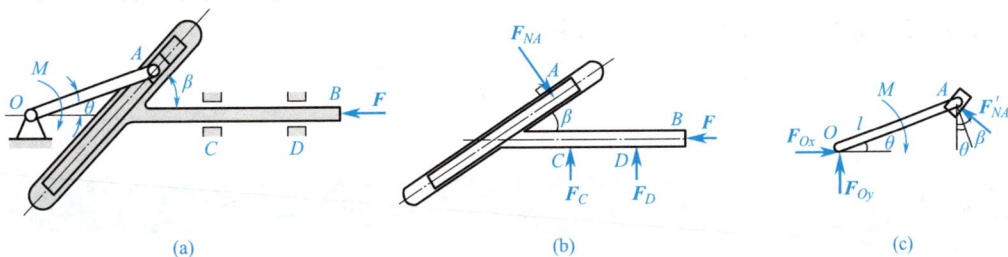

图 2-27　例 2-11 图

【解】（1）取滑道连杆为研究对象，受力如图 2-27（b）所示。

根据平面一般力系的平衡条件，列方程

$$\sum F_y = 0, \quad F_{NA} \cdot \sin\beta - F = 0$$

解得 $F_{NA} = \dfrac{F}{\sin\beta}$

（2）取曲柄 OA 及滑块 A 为研究对象，受力如图 2-27（c）所示。根据平面一般力系的平衡条件，列方程

$$\sum M_O = 0, \quad -M + F'_{NA} \cdot l \cdot \cos(\beta - \theta) = 0$$

解得 $M = F \cdot l \dfrac{\cos(\beta - \theta)}{\sin\beta}$

问题 2-7 如图 2-28 所示组合梁，回答下列问题。

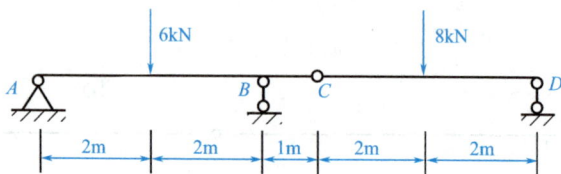

图 2-28 问题 2-7 图

（1）C 处的约束称为_____，限制梁在 C 处的_____，不限制梁在 C 处的_____。

（2）分别画出 AC 和 CD 的受力图。

（3）题（2）中一共有_____个未知力，物体系统中一共有_____个构件，每个构件有_____个独立的平衡方程，一共可以列出_____个独立的平衡方程，未知力的数目等于独立方程的数目，是静定问题。

（4）以 CD 为研究对象，求 D 支座的反力，列平衡方程。

$\sum M_C(\boldsymbol{F}) = 0$：_____，$F_D =$ _____。

（5）以整体为研究对象，列平衡方程。

$\sum F_x = 0$：_____。

$\sum M_A(\boldsymbol{F}) = 0$：_____。

$\sum F_y = 0$：_____。

（6）解平衡方程计算 A，B 处的约束反力。

$F_{Ax} =$ _____；$F_{Ay} =$ _____；$F_B =$ _____。

任务6　摩擦与考虑摩擦时的平衡问题

摩擦是一种普遍存在的现象。当摩擦力对物体的平衡或运动起着重要作用时，必须计入其影响。例如，机床上的夹具依靠摩擦力来锁紧工件，机械中利用摩擦来传动或制动等。按照接触物体之间可能会相对滑动或相对滚动，摩擦分为滑动摩擦和滚动摩擦。本书

只介绍滑动摩擦的情况。

一、滑动摩擦

1. 静滑动摩擦力

当两个物体在它们粗糙的接触面有相对滑动趋势而尚未滑动时产生的摩擦力称为**静滑动摩擦力**，简称**静摩擦力**。

如图 2-29（a）所示，当拉力 F 由零逐渐增大但不很大时，物体不会向右滑动。这是因为沿接触面物体受到了阻碍其滑动的静摩擦力 F_s（图 2-29b）的限制，而使物体保持静止。由平衡条件可知，F_s 的大小与拉力 F 的大小相同。

如果拉力 F 继续增大，在一定范围内，物体仍继续保持静止。这表明在此范围内

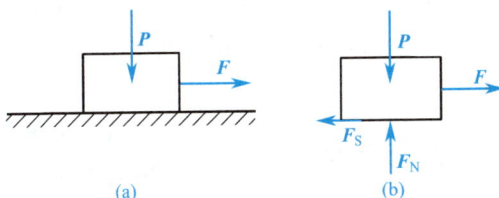

图 2-29　静滑动摩擦力

静摩擦力 F_s 随拉力的增加而不断增大。可见静摩擦力随主动力而变化，它的大小由平衡条件来确定，方向与物体相对滑动趋势的方向相反。

2. 最大静滑动摩擦力

摩擦力 F_s 不可能随拉力增大而无限增大，当拉力达到某一数值时，物体处于将要滑动而尚未滑动的临界状态，此时，静摩擦力达到最大值，称为**最大静滑动摩擦力**，简称**最大静摩擦力**，以 F_{max} 表示。

大量试验表明，**最大静摩擦力的大小与接触面上法向约束力的大小成正比，方向与相对滑动趋势的方向相反**，即

$$F_{max} = f_s \times F_N \tag{2-21}$$

这就是**库仑摩擦定律**。式中比例常数 f_s 称为**静摩擦因数**，它是一无量纲的量。其大小与两接触物体的材料以及表面情况（粗糙度、干湿度、温度等）有关，通常认为与接触面积的大小无关，一般可用实验测定。常用的静摩擦因数列入表 2-1 中。

常见材料的摩擦因数　　　　　　　　　　　　　　　表 2-1

材料名称	静摩擦因数 f_s		动摩擦因数 f	
	无润滑剂	有润滑剂	无润滑剂	有润滑剂
钢-钢	0.15	0.1～0.12	0.15	0.05～0.10
钢-铸铁	0.30		0.18	0.05～0.15
钢-青铜	0.15	0.1～0.15	0.15	0.1～0.15
钢-软钢			0.2	0.1～0.2
铸铁-铸铁		0.18	0.15	0.07～0.12
皮革-铸铁	0.4	0.15	0.6	0.15
木材-木材	0.4～0.6	0.1	0.2～0.5	0.07～0.15

3. 动滑动摩擦力

当物体所受拉力的数值超过 F_{max} 时，物体就要滑动，这时的摩擦力称为**动滑动摩擦力**，简称为**动摩擦力**。

实验表明，动摩擦力的方向与物体相对滑动方向相反，大小也与接触面正压力 F_N 的大小成正比，即

$$F = f \times F_N \tag{2-22}$$

式中，比例常数 f 称为**动滑动摩擦因数**，简称**动摩擦因数**。它除了与接触面的材料以及表面情况等因素有关外，还与物体间的相对滑动速度有关。对于大多数材料，在开始滑动后的一定范围内，f 随相对速度的增大而减小。动摩擦因数 f 用试验方法测定，在一般情况下 $f < f_s$。

4. 摩擦角和自锁现象

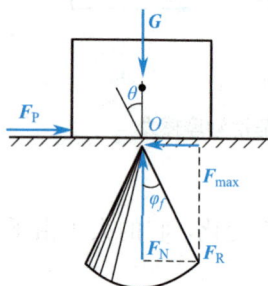

图 2-30　摩擦角

粗糙表面对物体的全约束力 F_R 为物体受到的法向约束力 F_N 和切向静摩擦力 F 的合力。当摩擦力达到最大值时，全约束力与接触面法线之间的夹角也达到最大值 φ_f，称为**摩擦角**，由图 2-30 可得

$$\tan\varphi_f = \frac{F_{max}}{F_N} = \frac{f_s F_N}{F_N} = f_s \tag{2-23}$$

即**摩擦角的正切等于静摩擦因数**。

当物体滑动趋势方向变化时，全约束力极限位置可画出一个锥面，称为**摩擦锥**。若各方向上静摩擦因数相同，则摩擦锥是以 $2\varphi_f$ 为顶角的正圆锥。

5. 自锁条件

因为静摩擦力总是小于或等于最大静摩擦力，因而全约束力与接触面法线间的夹角 φ 也总是小于或等于摩擦角 φ_f，全约束力的作用线只能在摩擦角或摩擦锥所限定的范围之内变化。

如果把作用于物体上的所有主动力合成为一合力 F_A，它与接触面法线间的夹角为 θ，如图 2-31（a）所示。当物体平衡时，由平衡条件可知，F_A 与 F_R 必定在一条直线上。也就是说，作用于物体的主动力合力，不论其多么大，只要其作用线与接触面法线间的夹角 θ 小于或等于摩擦角 φ_f，物体必保持静止。这种物体依靠摩擦总能静止而与主动力大小无关的现象称为**自锁**。若主动力合力与接触面法线间的夹角 θ 大于摩擦角 φ_f，如图 2-31（b）所示，不管其多小，主动力合力 F_A 也不可能与 F_R 共线，物体就不可能平衡。

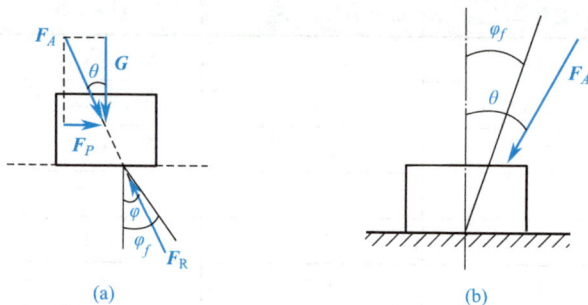

(a)　　　　　　　　　　　　(b)

图 2-31　自锁

自锁现象在工程中有重要的应用。例如，用螺旋千斤顶顶起重物就是利用自锁使重物不致因重力的作用而下落。

二、考虑摩擦时物体的平衡

受到摩擦作用的物体在外力作用下保持平衡，除了要满足静力平衡方程外，还必须注意：(1) 画受力图时，必须考虑接触处摩擦力沿切向方向。(2) 要严格区分物体是处于非临界还是临界平衡状态。(3) 静摩擦力的值随主动力而变化，求出的值可以是一个变化的范围。

【例 2-12】 如图 2-32 所示物体重为 P，放在倾角为 θ 的斜面上，它与斜面间的摩擦因数为 f_s，且倾角 θ 大于摩擦角 φ_f，当物体处于平衡时，试求水平力 F_1 的大小。

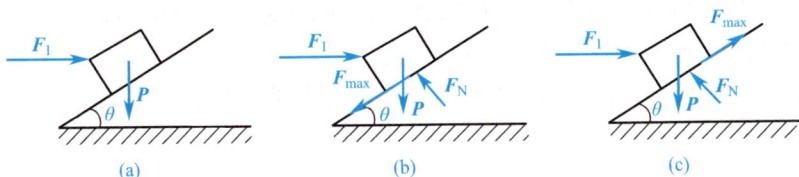

图 2-32 例 2-12 图

【解】 物体放在斜面上可能向上滑也可能向下滑，最大水平力 F_1 对应于物块处于上滑的临界平衡状态，此时摩擦力沿斜面向下。最小水平力 F_1 对应于物块处于下滑的临界平衡状态，此时摩擦力沿斜面向上。

(1) 取物块为研究对象，计算最大值 F_{1max}，受力图如图 2-32 (b) 所示。

根据平衡方程，有

$$\sum F_x = 0 \qquad F_1\cos\theta - P\sin\theta - F_{max} = 0$$

$$\sum F_y = 0 \qquad F_N - F_1\sin\theta - P\cos\theta = 0$$

由摩擦定律有

$$F_{max} = f_s \times F_N$$

联立以上三式求解得：

$$F_{1max} = P\,\frac{\sin\theta + f_s\cos\theta}{\cos\theta - f_s\sin\theta}$$

(2) F_1 的最小值为 F_{1min}，受力图如图 2-32 (c) 所示。

根据平衡方程，有

$$\sum F_x = 0 \qquad F_1\cos\theta - P\sin\theta + F'_{max} = 0$$

$$\sum F_y = 0 \qquad F'_N - F_1\sin\theta - P\cos\theta = 0$$

由摩擦定律有 $F'_{max} = f_s \times F'_N$

联立以上三式求解得：

$$F_{1min} = P\,\frac{\sin\theta - f_s\cos\theta}{\cos\theta + f_s\sin\theta}$$

故物体处于平衡时，F_1 应满足：

$$P\frac{\sin\theta - f_s\cos\theta}{\cos\theta + f_s\sin\theta} \leqslant F_1 \leqslant P\frac{\sin\theta + f_s\cos\theta}{\cos\theta - f_s\sin\theta}$$

习 题 🔍

2-1 如图 2-33 所示，已知 $F_1 = F_2 = 100N$，$F_3 = 150N$，$F_4 = 200N$，计算图示各力在 x 轴和 y 轴上的投影的代数和。

2-2 如图 2-34 所示，x 轴与 y 轴的夹角为 $60°$，力 F 与 x 轴的夹角为 $30°$，$F = 1000N$。求：（1）力 $\boldsymbol{F}$ 在 x 轴上的投影 F_x。

（2）若将力 $\boldsymbol{F}$ 分解为沿 x 方向和 y 方向的分力，求 $\boldsymbol{F}_y$ 的大小。

2-3 如图 2-35 所示，一个固定在房顶上的圆环受到三个拉力的作用。已知 $F_1 = 2kN$，$F_2 = 6kN$，$F_3 = 4kN$，求此三力的合力。

2-4 如图 2-36 所示，杆件 AC 和杆件 BC 不计自重，在 C 处铰接，$F = 20kN$，求各杆件所受的力。

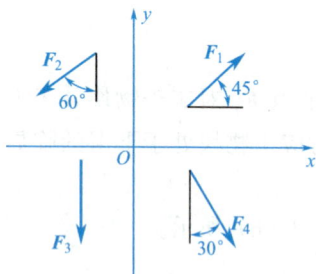
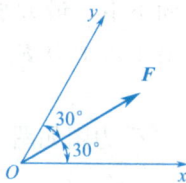
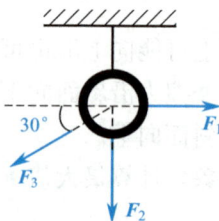
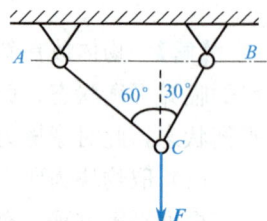

图 2-33 习题 2-1 图　　图 2-34 习题 2-2 图　图 2-35 习题 2-3 图　　图 2-36 习题 2-4 图

2-5 求图 2-37 所示各梁的支座反力。

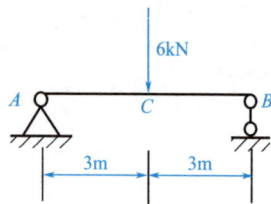
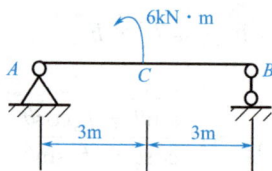
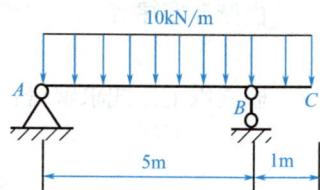

(a)　　　　　　　　　(b)　　　　　　　　　(c)

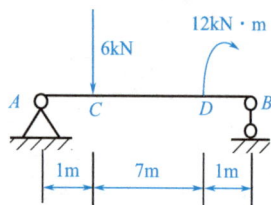
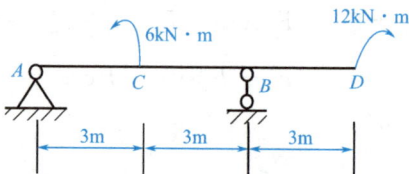
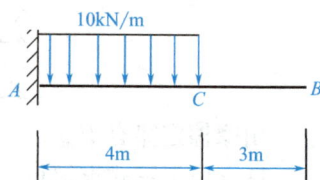

(d)　　　　　　　　　(e)　　　　　　　　　(f)

图 2-37 习题 2-5 图

2-6 求图 2-38 所示各多跨静定梁的支座反力。

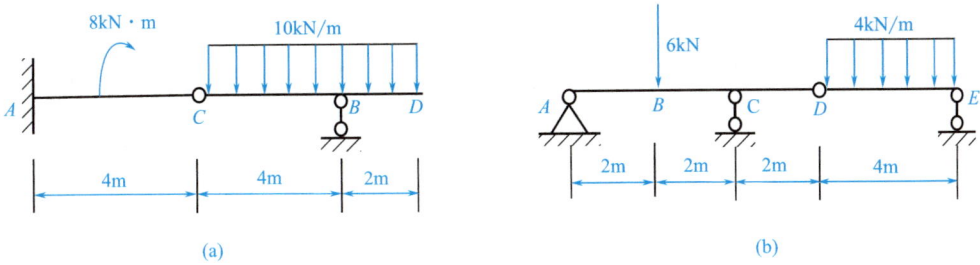

图 2-38 习题 2-6 图

2-7 求图 2-39 所示结构中 AC 和 BC 两杆所受的力。各杆自重均不计。

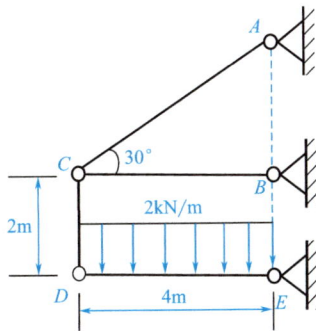

图 2-39 习题 2-7 图

2-8 如图 2-40 所示，梯子 AB 长为 $2a$，重为 G，其一端放在水平地面上，另一端靠在铅垂墙面上，接触面的摩擦角均为 φ_{m}。求梯子平衡时，它与地面的夹角 α 的值。设梯子重量沿其长度均匀分布。

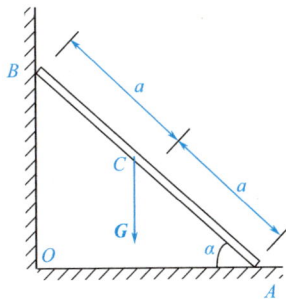

图 2-40 习题 2-8 图

模块2 运动学与动力学

Chapter 03

项目3

点的运动和刚体的基本运动

你知道吗?

物体机械运动的几何特征之间有怎样的关系?

如何描述定轴转动刚体上各点的运动?

运动学是研究物体机械运动的几何特征的科学。

运动学从几何角度研究物体的机械运动,即只研究物体机械运动的几何特征(轨迹、位移、运动方程、速度、加速度等),而不考虑引起物体机械运动的原因。

运动学把所研究的物体抽象为点和刚体两种力学模型。点是指不考虑几何维度和质量,仅在空间占有位置的几何点;刚体是指由无数个点组成的不变形系统。因此,运动学在研究过程中不涉及作用在物体上的力和物体自身的物理性质,运动学在实际工程中具有广泛的应用。例如,在机械设计中,首先要对机构的运动进行分析,使各构件的运动关系满足机械正常运转和实际工作的需要。在结构设计中,也必须运用运动学知识,对结构进行几何组成分析,确保结构的几何不变性。

学习目标

1. 知识目标

(1)掌握描述点的运动的三种方法。

(2)掌握刚体的平移和定轴转动的特征。

(3)掌握定轴转动刚体上点的速度和加速度的计算。

2. 能力目标

(1)熟练掌握点的运动方程、速度和加速度的矢量表达式和解析式。

(2)会描述刚体的平移和定轴转动的特征。

(3)能用合适的方法描述点的运动,会熟练求解定轴转动刚体上点的速度和加速度。

3. 素质目标

(1)通过分析速度与加速度的微分关系,认识力学与数学的紧密联系。

(2)通过比较不同方法描述点的运动的异同,树立全面辩证的科学观点。

点的运动

用矢量表示动点在参考系中的位置、速度和加速度随时间变化规律的方法称为矢量法。

一、矢量法

1. 运动方程

研究点的运动，首先需要选择合适的参考系，然后确定运动过程中点的空间位置随时间变化的规律。在给定参考系中，描述点的空间位置随时间变化规律的数学表达式称为**点的运动方程**。

如图 3-1 所示，设动点 P 在空间作曲线运动，任选一固定点 O 作为参考点，则动点 P 在任一瞬时的位置，可用其位置矢量即 $r = \overline{OP}$ 唯一确定。称 r 为动点 P 相对于固定点 O 的位置矢径，简称**矢径**。

显然，动点 P 的位置与矢径 r 存在一一对应的关系。动点 P 运动时，矢径 r 的大小和方向随时间 t 而变化，是时间 t 的单值连续矢量函数，即

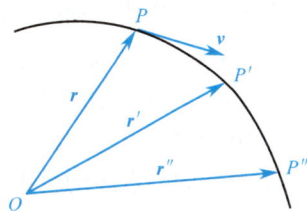

图 3-1　点的矢径

$$r = r(t) \tag{3-1}$$

上式称为**点的矢量形式的运动方程**，它表明了点的空间位置随时间变化的规律。

动点 P 在运动过程中，其矢径 r 的末端在空间描出的一条连续曲线称为矢径端迹。显然，矢径端迹就是动点的**轨迹**。

2. 速度

由物理学可知，动点的速度等于其矢径对时间的一阶导数，即

$$v = \frac{\mathrm{d}r}{\mathrm{d}t} = \dot{r} \tag{3-2}$$

点的速度是矢量，其大小等于速度矢 v 的模，表示动点在瞬时 t 运动的快慢程度，其方向沿轨迹在点 P 处的切线并指向动点前进的一方（图 3-1）。因此，速度是描述动点运动快慢和方向的物理量。在国际单位制中，速度的单位为 m/s。

将动点在连续不同瞬时的速度矢量 v、v'、v''，都平行移动到同一原点 O，其速度矢端点在空间描出的一条连续曲线，称为**速度矢端曲线**（图 3-2）。

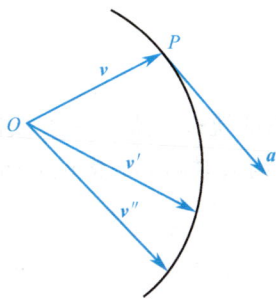

图 3-2　点的速度

3. 加速度

动点的加速度等于其速度矢量对时间的一阶导数，或等于其矢径对时间的二阶导数，即

$$a = \frac{d\boldsymbol{v}}{dt} = \dot{\boldsymbol{v}} = \ddot{\boldsymbol{r}} \tag{3-3}$$

加速度也是矢量，其大小等于加速度矢 a 的模，表示速率变化的快慢，方向恒指向轨迹凹的一侧或沿速度矢端曲线的切线方向（图 3-2）。因此，加速度是描述动点速度大小和方向变化的物理量。在国际单位制中，加速度的单位为 m/s^2。

问题 1-1 下面哪项不是运动学的研究对象？（   ）

A. 物体运动的轨迹   B. 物体运动的运动方程

C. 物体运动的速度和加速度   D. 物体运动规律与力的关系

问题 1-2 对于人造卫星，在研究轨道问题时，通常将其抽象为以下哪种力学模型？（   ）

A. 点   B. 刚体

C. 以上都可以   D. 以上都不行

问题 1-3 下列说法不正确的是（   ）。

A. 矢径是时间的单值连续函数   B. 动点的瞬时速度是矢量

C. 速度只描述运动的快慢   D. 加速度描述速度大小和方向的变化

问题 1-4 下列关于动点 M 的加速度矢 a 的方向说法正确的是（   ）。

A. 恒指向动点运动轨迹凹的一侧，或沿速度矢端曲线在相应点 M 切线方向

B. 恒指向动点运动轨迹凸的一侧，或沿速度矢端曲线在相应点 M 切线方向

C. 恒指向动点运动轨迹凹的一侧，或沿速度矢端曲线在相应点 M 法线方向

D. 恒指向动点运动轨迹凸的一侧，或沿速度矢端曲线在相应点 M 法线方向

二、直角坐标法

用直角坐标及其对时间的导数表示动点在参考系中的位置、速度和加速度随时间变化规律的方法称为直角坐标法。直角坐标法是常用的方法，特别是当点的运动轨迹未知时。

1. 运动方程

通过固定点 O 建立一直角坐标系 $Oxyz$（图 3-3），则动点 P 在任一瞬时的位置可以用它的坐标 x，y，z 唯一确定。点 P 运动时，其坐标 x，y，z 都随时间 t 而变化，是时间 t 的单值连续函数，即

$$\left.\begin{array}{l} x = x(t) \\ y = y(t) \\ z = z(t) \end{array}\right\} \tag{3-4}$$

式（3-4）称为点的直角坐标形式的运动方程。

由于运动方程决定了点 P 在空间的位置，因而也可以确定点的轨迹。式（3-4）实际上就是以时间 t 为参变量的动点轨迹的参数方程。从运动方程中消去时间 t，得出两个柱面方程，即

$$\left.\begin{array}{l} F_1(x,\ y) = 0 \\ F_2(y,\ z) = 0 \end{array}\right\} \tag{3-5}$$

这两个柱面的交线就确定了点 P 的运动轨迹（图 3-4）。所以，式（3-5）也就是点 P

的轨迹方程。

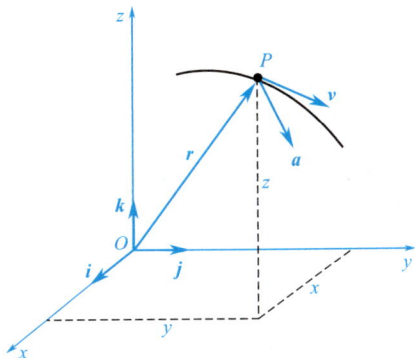

图 3-3　直角坐标法

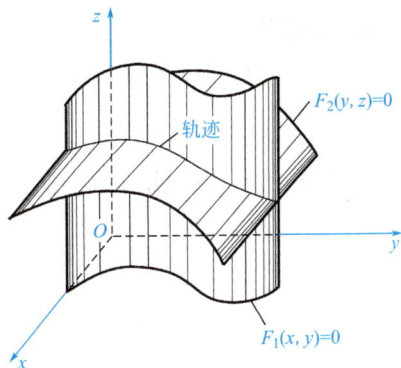

图 3-4　点的运动轨迹

由于动点的空间位置既可用矢径 r 表示，也可用直角坐标 x、y、z 表示（图 3-3）。当矢径的原点和直角坐标系原点重合时，坐标 x、y、z 分别为矢径 r 在各对应坐标轴上的投影。所以，矢径 r 可用沿直角坐标轴的分解式表示。若以 i，j，k 分别表示沿坐标轴 Ox，Oy，Oz 的单位矢量，则矢径 r 为

$$r = x\boldsymbol{i} + y\boldsymbol{j} + z\boldsymbol{k} \tag{3-6}$$

于是，矢径 r 的大小和方向余弦为

$$\left. \begin{aligned} r = |\boldsymbol{r}| = \sqrt{x^2 + y^2 + z^2} \\ \cos(\boldsymbol{r},\ \boldsymbol{i}) = \frac{x}{r},\ \cos(\boldsymbol{r},\ \boldsymbol{j}) = \frac{y}{r},\ \cos(\boldsymbol{r},\ \boldsymbol{k}) = \frac{z}{r} \end{aligned} \right\} \tag{3-7}$$

2. 速度

由于直角坐标系 $Oxyz$ 是固定的，所以 i，j，k 是大小、方向均不随时间变化的常矢量。将式（3-6）两端对时间 t 求一阶导数，可得动点的速度

$$\boldsymbol{v} = \frac{\mathrm{d}\boldsymbol{r}}{\mathrm{d}t} = \frac{\mathrm{d}x}{\mathrm{d}t}\boldsymbol{i} + \frac{\mathrm{d}y}{\mathrm{d}t}\boldsymbol{j} + \frac{\mathrm{d}z}{\mathrm{d}t}\boldsymbol{k} = \dot{x}\boldsymbol{i} + \dot{y}\boldsymbol{j} + \dot{z}\boldsymbol{k} \tag{3-8}$$

若以 v_x，v_y，v_z 分别表示速度 v 在直角坐标轴 x、y、z 上的投影。则有

$$\boldsymbol{v} = v_x\boldsymbol{i} + v_y\boldsymbol{j} + v_z\boldsymbol{k} \tag{3-9}$$

显然

$$\left. \begin{aligned} v_x &= \frac{\mathrm{d}x}{\mathrm{d}t} = \dot{x} \\ v_y &= \frac{\mathrm{d}y}{\mathrm{d}t} = \dot{y} \\ v_z &= \frac{\mathrm{d}z}{\mathrm{d}t} = \dot{z} \end{aligned} \right\} \tag{3-10}$$

即动点的速度在直角坐标轴上的投影等于动点的各对应坐标变量对时间的一阶导数。由速度 v 在直角坐标轴上的投影可求出其大小和方向，即

$$v = \sqrt{v_x^2 + v_y^2 + v_z^2} = \sqrt{\dot{x}^2 + \dot{y}^2 + \dot{z}^2}$$

$$\cos(\boldsymbol{v}, \boldsymbol{i}) = \frac{v_x}{v}, \quad \cos(\boldsymbol{v}, \boldsymbol{j}) = \frac{v_y}{v}, \quad \cos(\boldsymbol{v}, \boldsymbol{k}) = \frac{v_z}{v} \tag{3-11}$$

3. 加速度

将式（3-9）两端对时间 t 求一阶导数，得

$$\boldsymbol{a} = \frac{\mathrm{d}}{\mathrm{d}t}(v_x\boldsymbol{i} + v_y\boldsymbol{j} + v_z\boldsymbol{k}) = \dot{v}_x\boldsymbol{i} + \dot{v}_y\boldsymbol{j} + \dot{v}_z\boldsymbol{k} \tag{3-12}$$

若以 a_x，a_y，a_z 分别表示速度 $\boldsymbol{a}$ 在直角坐标轴 x、y、z 上的投影。则有

$$\boldsymbol{a} = a_x\boldsymbol{i} + a_y\boldsymbol{j} + a_z\boldsymbol{k} \tag{3-13}$$

显然

$$\left.\begin{aligned} a_x &= \frac{\mathrm{d}v_x}{\mathrm{d}t} = \dot{v}_x = \ddot{x} \\ a_y &= \frac{\mathrm{d}v_y}{\mathrm{d}t} = \dot{v}_y = \ddot{y} \\ a_z &= \frac{\mathrm{d}v_z}{\mathrm{d}t} = \dot{v}_z = \ddot{z} \end{aligned}\right\} \tag{3-14}$$

即动点的加速度在直角坐标轴上的投影等于动点的速度在对应坐标轴上的投影对时间的一阶导数或等于动点的对应坐标变量对时间的二阶导数。由加速度 $\boldsymbol{a}$ 在直角坐标轴上的投影可求出其大小和方向，即

$$\left.\begin{aligned} a &= \sqrt{a_x^2 + a_y^2 + a_z^2} = \sqrt{\ddot{x}^2 + \ddot{y}^2 + \ddot{z}^2} \\ \cos(\boldsymbol{a}, \boldsymbol{i}) &= \frac{a_x}{a}, \quad \cos(\boldsymbol{a}, \boldsymbol{j}) = \frac{a_x}{a}, \quad \cos(\boldsymbol{a}, \boldsymbol{k}) = \frac{a_z}{a} \end{aligned}\right\} \tag{3-15}$$

以上根据动点的空间曲线运动规律推导出了计算动点的运动轨迹、速度、加速度的公式。

动点作平面曲线运动时，只需以曲线所在平面为 Oxy 坐标面，此时上述各式中 z、$\dot{z}$、$\ddot{z}$ 恒为零。

【特别提示】动点作直线运动时，只需以该直线为 Ox 轴，此时 y、$\dot{y}$、$\ddot{y}$ 和 z、$\dot{z}$、$\ddot{z}$ 恒为零，则上述各式也均能适用。故直线运动是曲线运动中的特例。

16.
曲柄连杆
机构

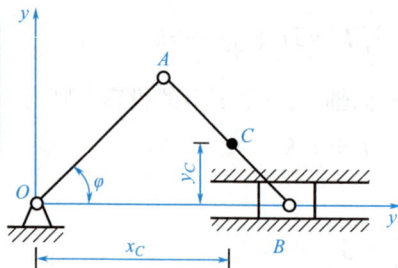

图 3-5　例 3-1 图

【例 3-1】 曲柄连杆机构如图 3-5 所示，曲柄 OA 绕 O 轴以 $\varphi = \omega t$ 的规律转动（ω 为已知常数），并通过连杆 AB 带动滑块 B 在水平滑道内滑动。设连杆 AB 与曲柄 OA 的长度相等，即 $OA = AB = l$，运动开始时曲柄在水平向右位置，试求连杆 AB 中点 C 的轨迹、速度和加速度。

【解】 以连杆 AB 上 C 点为动点，选取直角坐标系 Oxy，先建立 C 点的运动方程，然后确定 C 点的轨迹、速度和加速度。

（1）求 C 点的轨迹

$$\left.\begin{aligned} x_C &= OA\cos\varphi + AC\cos\varphi = \frac{3l}{2}\cos\omega t \\ y_C &= BC\sin\varphi = \frac{l}{2}\sin\omega t \end{aligned}\right\} \tag{a}$$

式（a）为点 C 的直角坐标形式的运动方程，将式（a）中参数 t 消去，得

$$\left(\frac{x_C}{3l/2}\right)^2 + \left(\frac{y_C}{l/2}\right)^2 = 1 \qquad\text{(b)}$$

式（b）为连杆 AB 中点 C 的轨迹方程，所以 C 点的轨迹为一椭圆。

（2）求 C 点的速度

式（a）对时间 t 求一阶导数，得 C 点的速度在各坐标轴上的投影为

$$\left.\begin{aligned} v_{Cx} &= \dot{x}_C = -\frac{3l}{2}\omega\sin\omega t \\ v_{Cy} &= \dot{y}_C = \frac{l}{2}\omega\cos\omega t \end{aligned}\right\} \qquad\text{(c)}$$

故 C 点的速度大小为

$$v_C = \sqrt{v_{Cx}^2 + v_{Cy}^2} = (l\omega/2)\sqrt{9\sin^2\omega t + \cos^2\omega t}$$

其方向余弦为

$$\left.\begin{aligned} \cos(\boldsymbol{v}_C,\ \boldsymbol{i}) &= \frac{v_{Cx}}{v_C} = \frac{-3\sin\omega t}{\sqrt{9\sin^2\omega t + \cos^2\omega t}} \\ \cos(\boldsymbol{v}_C,\ \boldsymbol{j}) &= \frac{v_{Cy}}{v_C} = \frac{\cos\omega t}{\sqrt{9\sin^2\omega t + \cos^2\omega t}} \end{aligned}\right\} \qquad\text{(d)}$$

（3）求 C 点的加速度

式（c）对时间 t 求一阶导数，得 C 点的加速度在各坐标轴上的投影为

$$\left.\begin{aligned} a_{Cx} &= \dot{v}_{Cx} = -\frac{3l}{2}\omega^2\cos\omega t \\ a_{Cy} &= \dot{v}_{Cy} = -\frac{l}{2}\omega^2\sin\omega t \end{aligned}\right\} \qquad\text{(e)}$$

故 C 点的加速度大小为

$$a_C = \sqrt{a_{Cx}^2 + a_{Cy}^2} = (l\omega^2/2)\sqrt{9\cos^2\omega t + \sin^2\omega t}$$

其方向余弦为

$$\left.\begin{aligned} \cos(\boldsymbol{a}_C,\ \boldsymbol{i}) &= \frac{a_{Cx}}{a_C} = \frac{-3\cos\omega t}{\sqrt{9\sin^2\omega t + \cos^2\omega t}} \\ \cos(\boldsymbol{a}_C,\ \boldsymbol{j}) &= \frac{a_{Cy}}{a_C} = \frac{-\sin\omega t}{\sqrt{9\sin^2\omega t + \cos^2\omega t}} \end{aligned}\right\}$$

问题 1-5 已知动点的运动方程 $x = r\cos\omega t$、$y = r\sin\omega t$，点的轨迹方程为（　　）。

A. $x^2 + y^2 = r$
B. $x^2 + y^2 = r^2$
C. $x^2 + y^2 = r^2\omega$
D. $x^2 + y^2 = r^2\omega^2$

问题 1-6 已知动点的运动方程为 $x = 4t$，$y = t^2 - t$，则当 $t = 2s$ 时，该点（　　）。

A. $v = 5\text{m/s}$，$a = 2\text{m/s}^2$
B. $v = 4\text{m/s}$，$a = 2\text{m/s}^2$
C. $v = 5\text{m/s}$，$a = 4\text{m/s}^2$
D. $v = 4\text{m/s}$，$a = 4\text{m/s}^2$

问题 1-7 已知点的运动方程为 $x = 2t^2 + 4$，$y = 3t^2 - 3$，其轨迹方程为（　　）。

A. $3x + 4y - 36 = 0$
B. $2x - 2y - 24 = 0$
C. $3x - 2y - 18 = 0$
D. $2x - 4y - 36 = 0$

三、自然法

利用点的运动轨迹建立弧坐标及自然轴系，并用它们来描述和分析点的运动的方法称为自然法。自然法主要适用于当动点的运动轨迹已知时的情形。

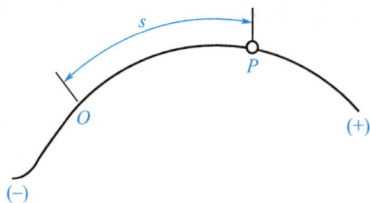

图 3-6 弧坐标

1. 点的运动方程

设动点 P 沿已知轨迹曲线运动（图 3-6），在轨迹曲线上任取一点 O 为参考点，并沿轨迹规定正负方向，则点 P 在某瞬时的位置，可由参考点 O 到点 P 的一段弧长 $\overset{\frown}{OP}$ 确定，并根据动点在参考点 O 的哪一侧加上相应的正负号。这种带有正负号的弧长称为动点 P 的**弧坐标**，用 s 表示。当点 P 运动时，其弧坐标 s 随时间 t 而变化，是时间 t 的单值连续函数，即

$$s = s(t) \tag{3-16}$$

式（3-16）描述了动点 P 在已知轨迹上的位置随时间 t 的变化规律，称为点的**弧坐标形式的运动方程**。

2. 自然轴系

用自然法研究动点的速度和加速度，将采用自然轴系。下面介绍已知空间曲线上任一点 P 处的自然轴系。

如图 3-7 所示，当动点轨迹是平面曲线时，其所在的平面就称为动点的**密切面**，当轨迹是空间曲线时，可形象地认为动点 P 附近无限小的轨迹微段近似为平面曲线，其所在平面即为点 P 处的密切面。通过点 P 可作出相互垂直的三条直线：切线、主法线（均位于密切面内）以及副法线（垂直于密切面）。沿这三个方向的单位矢分别记作 $\boldsymbol{\tau}$、$\boldsymbol{n}$、$\boldsymbol{b}$，其中 $\boldsymbol{\tau}$ 指向弧坐标的正向，$\boldsymbol{n}$ 指向轨迹曲线的曲率中心，而 $\boldsymbol{b}$ 沿副法线，由 $\boldsymbol{b} = \boldsymbol{\tau} \times \boldsymbol{n}$ 确定，以动点 P 为原点，由该点切线、主法线和副法线所组成的正交轴系，称为点 P 处的**自然轴系**。自然轴系就是弧坐标的坐标系。

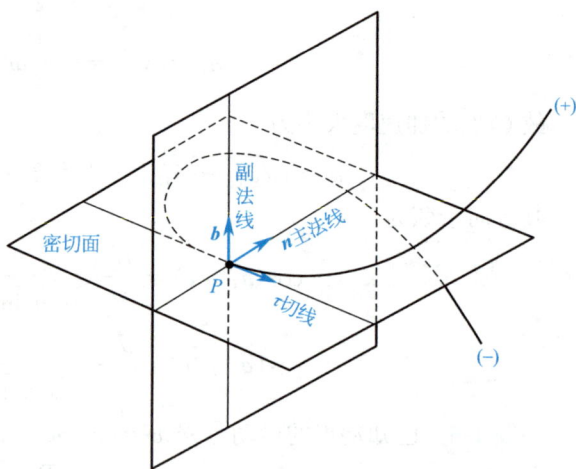

图 3-7 自然轴系

【特别提示】随着动点 P 在轨迹上运动，$\boldsymbol{\tau}$、$\boldsymbol{n}$、$\boldsymbol{b}$ 大小虽不变，但其方向均不断随点在曲线上的位置而改变，故自然轴系的方向随动点位置的变化而改变，自然坐标系是游动坐标系。

3. 速度

由物理学知识可知，动点 P 的速度的大小等于弧坐标对时间的一阶导数，速度方向沿该点轨迹的切线方向，即

$$v = v\boldsymbol{\tau} = \dot{s}\boldsymbol{\tau} \tag{3-17}$$

式中，v 称为速度代数量，是速度 v 在动点所在位置处曲线切线轴上的投影。当 $v>0$ 时，速度 v 的方向与 $\boldsymbol{\tau}$ 的方向一致，即动点沿轨迹正向运动；当 $v<0$ 时，速度 v 的方向与 $\boldsymbol{\tau}$ 的方向相反，即动点沿轨迹负向运动。

4. 加速度

若动点轨迹是平面曲线，动点加速度等于切向加速度与法向加速度的矢量和（图 3-8），即

$$\boldsymbol{a} = \boldsymbol{a}_t + \boldsymbol{a}_n = \frac{\mathrm{d}v}{\mathrm{d}t}\boldsymbol{\tau} + \frac{v^2}{\rho}\boldsymbol{n} \tag{3-18}$$

式中，ρ 是该点处轨迹的曲率半径。若轨迹是空间曲线，则可形象地认为动点附近无限小的轨迹微段近似为平面曲线，上式仍然成立，即加速度矢量 $\boldsymbol{a}$ 在点 P 处的密切面内。将式（3-18）用弧坐标对时间的导数来表示，得

图 3-8　点的加速度

$$\boldsymbol{a} = \boldsymbol{a}_t + \boldsymbol{a}_n = \ddot{s}\boldsymbol{\tau} + \frac{\dot{s}^2}{\rho}\boldsymbol{n} \tag{3-19}$$

上式第一项为**切向加速度**，反映了速度大小的变化率，其方向沿切线单位矢 $\boldsymbol{\tau}$，指向根据 $\ddot{s}$ 的正负而定；第二项为**法向加速度**，反映了速度方向的变化率，其方向沿主法线，始终指向曲率中心。由此可知，加速度在副法线方向的投影为零。

显然，动点的全加速度 $\boldsymbol{a}$ 大小和方向为

$$\left. \begin{array}{l} a = \sqrt{a_t^2 + a_n^2} \\ \tan\theta = \dfrac{|a_t|}{a_n} \end{array} \right\} \tag{3-20}$$

式中，θ 为加速度 $\boldsymbol{a}$ 与法向加速度 $\boldsymbol{a}_n$ 之间所夹的锐角，即 $0 \leqslant \theta \leqslant \dfrac{\pi}{2}$。可见，加速度 $\boldsymbol{a}$ 位于密切面内，且指向轨迹凹的一侧或沿切线方向。

【特别提示】当动点 P 作曲线运动时，加速度 $\boldsymbol{a}$ 的方向一般与速度 v 的方向不同，当加速度 $\boldsymbol{a}$ 与速度 v 成锐角时，动点作加速运动（图 3-9a）；成钝角时，动点作减速运动（图 3-9b）；成直角时，动点的速率不变（图 3-9c）。

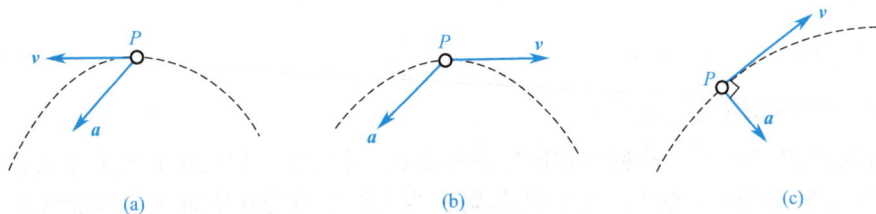

(a)	(b)	(c)

图 3-9　点作曲线运动

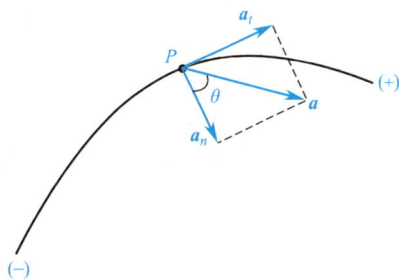

5. 几种特殊情况

（1）匀变速曲线运动

动点作匀变速曲线运动时，$a_t =$ 常量，从而

$$\left.\begin{array}{l} v = v_0 + a_t t \\[2mm] s = s_0 + v_0 t + \dfrac{1}{2} a_t t^2 \\[2mm] v^2 = v_0^2 + 2a_t (s - s_0) \\[2mm] \boldsymbol{a} = \boldsymbol{a}_t + \boldsymbol{a}_n = \dot{v}\boldsymbol{\tau} + \dfrac{v^2}{\rho}\boldsymbol{n} \end{array}\right\} \tag{3-21}$$

式中，v_0 和 s_0 分别为动点在初瞬时的速度代数量和弧坐标。

（2）匀速曲线运动

动点作匀速曲线运动时，$v =$ 常量，从而 $a_t = 0$，故

$$\left.\begin{array}{l} s = s_0 + vt \\[2mm] \boldsymbol{a} = \boldsymbol{a}_n = \dfrac{v^2}{\rho}\boldsymbol{n} \end{array}\right\} \tag{3-22}$$

可见动点作匀速曲线运动时，其加速度并不等于零。

（3）直线运动

动点作直线运动时，$\rho = \infty$，从而 $a_n = 0$，故

$$\boldsymbol{a} = \boldsymbol{a}_t = \dot{v}\boldsymbol{\tau} \tag{3-23}$$

【例 3-2】 列车沿半径为 $R = 500\mathrm{m}$ 的圆弧轨道作匀加速运动，如初速度为零，经过 $100\mathrm{s}$ 后，速度达到 $54\mathrm{km/h}$，求起点和末点的加速度。

【解】 由于列车沿圆弧轨道作匀加速运动，故 $a_t =$ 常量，根据题意 $\rho = R = 500\mathrm{m}$，$v_0 = 0$，$t = 100\mathrm{s}$，$v = 54\mathrm{km/h} = 15\mathrm{m/s}$。

根据公式：$v = v_0 + a_t t$ $15 = 0 + a_t \times 100$ 解得 $a_t = 0.15\mathrm{m/s^2}$

（1）起点加速度

起点：$a_t = 0.15\mathrm{m/s^2}$ $v_0 = 0$ $a_n = \dfrac{v_0^2}{\rho} = 0$

加速度大小：$a = \sqrt{a_t^2 + a_n^2} = \sqrt{0.15^2 + 0^2} = 0.15\mathrm{m/s^2}$

加速度方向：沿 $\boldsymbol{a}_t$ 的方向，即沿 $\boldsymbol{\tau}$ 的方向。

（2）末点加速度

末点：$a_t = 0.15\mathrm{m/s^2}$ $v = 15\mathrm{m/s}$ $a_n = \dfrac{v^2}{\rho} = \dfrac{15^2}{500} = 0.45\mathrm{m/s^2}$

加速度大小：$a = \sqrt{a_t^2 + a_n^2} = \sqrt{0.15^2 + 0.45^2} = 0.474\mathrm{m/s^2}$

加速度方向：$\tan(\boldsymbol{a}，\boldsymbol{a}_n) = \dfrac{|a_t|}{a_n} = \dfrac{0.15}{0.45} = \dfrac{1}{3}$

问题 1-8 下列说法错误的是（   ）。

A. 次法线单位矢量 $\boldsymbol{b}$ 指向与切向单位矢量 $\boldsymbol{\tau}$、主法线单位矢量 $\boldsymbol{n}$ 成右手关系

B. 以点 M 为原点，切线、主法线和副法线为轴组成的正交轴系称为曲线在点 M 处的自然轴系

C. 自然轴系是随点在曲线上的位置而变化的游动坐标系

D. 自然法适用于点的运动轨迹未知时的情形

问题 1-9　下列说法正确的是（　　）。

A. 动点作圆周运动时的加速度指向圆心

B. 匀速圆周运动的加速度为恒量

C. 只有法向加速度的运动一定是圆周运动

D. 只有切向加速度的运动一定是直线运动

问题 1-10　一个动点在做圆周运动，则有（　　）。

A. 切向加速度一定改变，法向加速度也改变

B. 切向加速度可能不变，法向加速度一定改变

C. 切向加速度可能不变，法向加速度不变

D. 切向加速度一定改变，法向加速度不变

问题 1-11　点在作圆周运动时，若已知法向加速度增大，则由法向加速度和速度的关系可知，速度（　　）。

A. 也增大　　　　　　　　　　　B. 应减小

C. 不一定增大　　　　　　　　　D. 无法确定

问题 1-12　一动点作平面曲线运动，若其速率不变，则其速度矢量与加速度矢量（　　）。

A. 平行　　　　　　　　　　　　B. 夹角随时间变化

C. 垂直　　　　　　　　　　　　D. 不能确定

任务 2　刚体的平行移动

前面主要研究点的运动，但在工程实际中遇到的却往往是物体的运动，例如曲柄连杆机构中的曲柄或连杆的运动，机械内轴的转动，机床上工作台的移动等。这些物体都可看作是由无数的点组合而成的，可抽象为刚体。刚体主要有两种基本形式的运动：平行移动（平移）和绕定轴的转动（转动）。它们是工程实际中常见的运动形式，也是研究刚体复杂形式运动的基础。

一、刚体平行移动的概念

刚体在运动过程中，若其上任一直线始终保持与原来的位置平行，这种刚体运动称为平行移动，简称**平移**。刚体平移在工程实际中是常见的，例如内燃机汽缸中活塞的运动、液压升降台中台面 AB 的运动（图 3-10a）、蒸汽机车平行杆 ABC 的运动（图 3-10b）以及机床工作台的运动等。

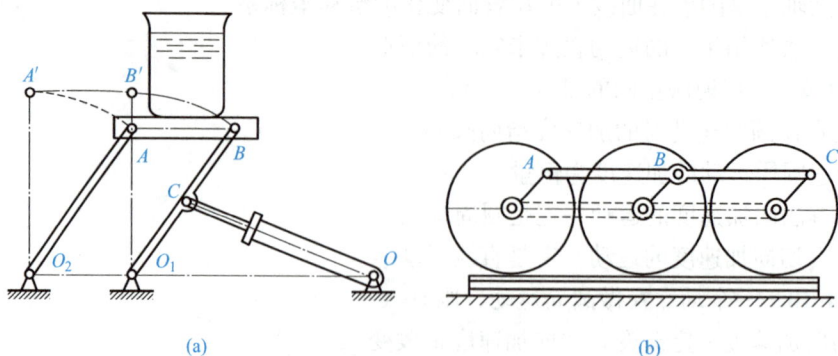

(a)

(b)

图 3-10　刚体的平面运动

二、刚体平行移动的特点

由于刚体内任意两点 A、B 之间的距离不能改变，又当刚体平移时两点间的连线 AB 始终与原来位置保持平行，故 A、B 两点运动轨迹的形状完全相同，并且两轨迹上对应点的切线互相平行（图 3-11）。刚体平移时 $ABB'A'$ 构成平行四边形，即在相同的时间间隔 Δt 内，A 点的位移 $\Delta \boldsymbol{r}_A$ 必等于 B 点的位移 $\Delta \boldsymbol{r}_B$，即

$$\Delta \boldsymbol{r}_A = \Delta \boldsymbol{r}_B$$

由此可知：

$$\boldsymbol{v}_A = \boldsymbol{v}_B$$

此外，还可得到：$\boldsymbol{a}_A = \boldsymbol{a}_B$

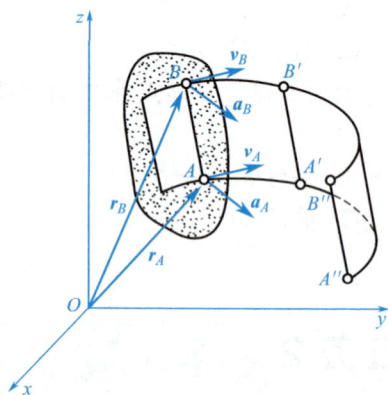

图 3-11　刚体平移的特点

因为 A、B 两点是任意选取的，故有下述结论：**平行移动刚体内各点的轨迹形状相同，且在每一瞬时各点的速度相同，各点的加速度也相同。**

由此可见，只要知道平行移动刚体内任一点的运动，就可以知道整个刚体的运动。所以，平移刚体的运动完全可以归结为**点的运动**来研究，因而前面研究点的运动的方法和结论都适用于平移刚体。

【特别提示】平移刚体上点的运动轨迹，可能是直线，也可能是平面曲线，还有可能是空间曲线。

【例 3-3】　曲柄导杆机构如图 3-12 所示，当曲柄 OM 绕固定轴 O 转动时，通过滑块 M 带动 T 形导杆而使其上、下运动。设曲柄以 $\varphi = \omega t$ 绕 O 轴转动，其中 ω 是常量，曲柄长 $OM = r$。求此导杆在任一瞬时的速度和加速度。

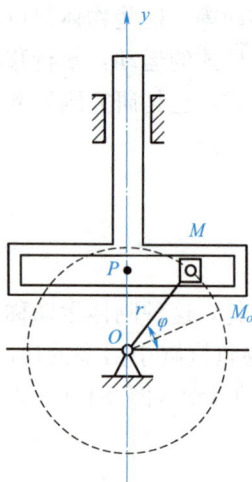

图 3-12　例 3-3 图

【解】　T 形导杆的上下往复运动属于刚体的平移，故导杆上

任一点的运动可代表导杆的运动，取滑槽中间的 P 点来代表，P 是曲柄的销钉 M 在 y 轴上的投影。

（1）运动方程

$$\left.\begin{array}{l} x = 0 \\ y = r\sin\varphi = r\sin\omega t \end{array}\right\}$$

（2）速度

$$v = \dot{y} = \omega r\cos\omega t$$

（3）加速度

$$a = \ddot{y} = -\omega^2 r\sin\omega t = -\omega^2 y$$

P 点的速度和加速度即为 T 形导杆平移时的速度和加速度。

问题 1-13　刚体两种基本形式的运动分别为（　　）。

A. 平行移动和平面运动　　　　　　　B. 平行移动和绕定轴转动

C. 绕定轴转动和平面运动　　　　　　D. 平面运动和空间运动

问题 1-14　刚体平移是指在运动过程中，刚体内任一直线段始终与它最初的位置（　　）。

A. 垂直　　　　　B. 成锐角　　　　　C. 成钝角　　　　　D. 平行

问题 1-15　平移刚体上点的运动轨迹（　　）。

A. 必为直线　　　　　　　　　　　　B. 必为平面曲线

C. 不可能是空间曲线　　　　　　　　D. 可能是空间曲线

问题 1-16　刚体运动时，其上有两条相交直线始终与各自初始位置保持平行，则该运动为（　　）。

A. 绕定轴转动　　　　　　　　　　　B. 平行移动

C. 平移或转动　　　　　　　　　　　D. 既不是平移也不是转动

问题 1-17　刚体运动时，其上任意不在一条直线上的三点始终作直线运动，则该运动为（　　）。

A. 平行移动　　　　　　　　　　　　B. 绕定轴转动

C. 平移或转动　　　　　　　　　　　D. 既不是平移也不是转动

问题 1-18　刚体运动时，其上各点的速度大小、速度方向始终相同，则该运动为（　　）。

A. 平移或转动　　　　　　　　　　　B. 既不是平移也不是转动

C. 平行移动　　　　　　　　　　　　D. 绕定轴转动

任务 3　定轴转动刚体内各点的速度和加速度

在工程实际中绕固定轴转动的物体很多，如飞轮、电动机的转子、卷扬机的鼓轮、齿轮和定滑轮等都是绕定轴转动刚体的实例。这些刚体的运动具有一个共同的特征，即运动时刚体内或其延伸部分有一条直线始终固定不动，其余各点分别以它到该固定直线的垂直距离为半径作圆周运动。刚体的这种运动称为**绕定轴转动**，简称转动。这条固定不动的直线称为刚体的**转轴**或**轴线**，简称**轴**。

一、刚体绕定轴的转动

1. 转动方程

为确定转动刚体在任一瞬时的位置，取固定轴 Oz 为转轴，过 Oz 作一固定平面 I 和另一与刚体固连、随刚体一起转动的动平面 II（图 3-13）。刚体相对于固定平面转动的位置，可用动平面 II 与固定平面 I 之间的夹角 φ 来确定。角 φ 给定后，刚体的位置也就给定了，夹角 φ 称为刚体的**转角**。转角 φ 是代数量，习惯上规定从轴 Oz 的正端向点 O 看去，由固定平面 I 逆时针量得的角 φ 为正；顺时针量得的角 φ 为负，其单位是 rad（弧度）。当刚体转动时，转角 φ 随时间 t 而改变，是时间 t 的单值连续函数，即

$$\varphi = \varphi(t) \tag{3-24}$$

这个方程称为刚体绕定轴转动的**运动方程**。

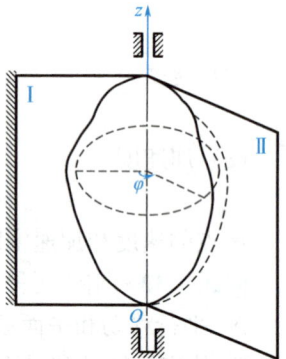

图 3-13　刚体的定轴转动

2. 角速度与转速

（1）角速度

用转角 φ 对于时间 t 的变化率来度量刚体转动的快慢和转向，称为刚体在瞬时 t 的瞬时角速度，简称**角速度**，用 ω 表示为

$$\omega = \frac{\mathrm{d}\varphi}{\mathrm{d}t} = \dot\varphi \tag{3-25}$$

即刚体转动的瞬时角速度等于转角对时间的一阶导数，单位为 rad/s。从转轴正端向负端看去，刚体逆时针转动时，$\mathrm{d}\varphi > 0$，ω 为正；反之，$\mathrm{d}\varphi < 0$，ω 为负。

（2）角速度与转速

刚体转动的快慢常用**转速**来度量，转速即为每分钟内所转过的转数，以 n 表示，单位为 r/min（转/分）。ω 与 n 的换算关系为

$$\omega = \frac{2\pi n}{60} = \frac{\pi n}{30} \tag{3-26}$$

如果刚体转动时其角速度不变，即 ω 为常量，则称为匀速转动。机器中的转动部件或零件，一般都在匀速转动情况下工作。例如车床主轴的转速为 12.5～1200r/min。

如果刚体转动时其角速度随时间而改变，则称为变速转动。例如，当钢丝绳卷筒在启动和停车的过程中，就作变速转动。

3. 角加速度

用角速度对时间的变化率来度量角速度变化的快慢，称为瞬时角加速度，简称角加速度，用 α 表示为

$$\alpha = \frac{\mathrm{d}\omega}{\mathrm{d}t} = \frac{\mathrm{d}^2\varphi}{\mathrm{d}t^2} = \ddot\varphi \tag{3-27}$$

即刚体转动的角加速度等于角速度对时间的一阶导数或转角对时间的二阶导数，单位为 rad/s²。角加速度也是代数量，若 α 与 ω 同号，刚体将越转越快，即作加速转动；若 α

与 ω 异号，刚体将越转越慢，即作减速转动。

问题 1-19　某瞬时定轴转动刚体的角速度 ω 和角加速度 α 都是代数量，则下列说法正确的是（　　）。

A. 当 $\omega<0$，$\alpha>0$ 时，刚体作减速运动

B. 当 $\alpha>0$ 时，刚体作加速转动

C. 只要 $\alpha<0$，则刚体必作减速运动

D. 当 $\omega<0$，$\alpha<0$，则刚体作减速运动

问题 1-20　电动机由静止开始匀加速转动，在 $t=20$s 时，其转速 $n=360$r/min，则在此 20s 内转过的转数为（　　）。

A. 20 转　　　　　B. 30 转　　　　　C. 60 转　　　　　D. 90 转

【例 3-4】　如图 3-14 所示为发动机转子转动的示意图。已知启动过程中转子的转动方程为 $\varphi=t^3$（φ 以 rad 计，t 以 s 计）。试计算转子在 4s 内转过的圈数和 $t=2$s 时转子的角速度和角加速度。

【解】　由转子的转动方程 $\varphi=t^3$ 可知，$t=0$s 时，$\varphi_0=0$。

转子在 4s 内转过的角度为

$$\varphi-\varphi_0=t^3-0=4^3-0=64\text{rad}$$

转子转过的圈数为

$$N=\frac{\varphi-\varphi_0}{2\pi}=\frac{32}{\pi}=10.19$$

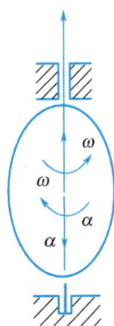

图 3-14　例 3-4 图

由式（3-25）得转子的角速度为　　　$\omega=\dfrac{\mathrm{d}\varphi}{\mathrm{d}t}=3t^2$

由式（3-27）得转子的角加速度为　　　$\alpha=\dfrac{\mathrm{d}\omega}{\mathrm{d}t}=6t$

当 $t=2$s 时　转子的角速度为　　　$\omega=3t^2=12\text{rad/s}$

转子的角加速度为　　　$\alpha=6t=12\text{rad/s}^2$

问题 1-21　工程上常用转速表示刚体转动的快慢程度，用 n 来进行表示，单位为（r/min），则角速度 ω 与转速 n 的关系是（　　）。

A. $\dfrac{n\pi}{30}$　　　　B. $\dfrac{2n\pi}{30}$　　　　C. $\dfrac{n\pi}{180}$　　　　D. $\dfrac{n\pi}{60}$

问题 1-22　时钟上秒针转动的角速度为（　　）rad/s。

A. $\dfrac{\pi}{60}$　　　　B. $\dfrac{\pi}{30}$　　　　C. $\dfrac{\pi}{1800}$　　　　D. 2π

二、转动刚体内各点的速度和加速度

在工程实际中，往往需要计算定轴转动刚体内某点的速度和加速度。例如，在车床上切削工件时，需要知道工件上与刀尖相接触点的速度，即切削速度；又如两个相互啮合的传动齿轮，在两节圆相切处速度应相同，而节圆切点的速度又与它们各自所属的齿轮的角速度有一定关系，由此即可找出两个啮合齿轮的角速度之间的关系。

定轴转动刚体内任一点均作圆周运动，且圆心位于转轴上，而半径则等于该点到转轴

的垂直距离。由于运动的轨迹已知，因此可利用自然法研究转动刚体内任一点的运动。

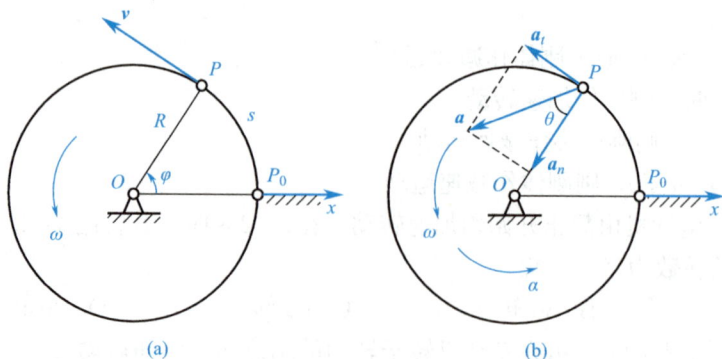

图 3-15　点的速度和加速度

1. 弧坐标

设在定轴转动刚体内任取一点 P，该点到转轴的距离为 R。点 P 在通过该点并垂直于转轴的平面内运动，运动轨迹是以转轴与平面的交点 O 为圆心，以 R 为半径的圆周。当刚体转过角 φ 时，由图 3-15（a）可见，若以 $\varphi=0$ 时点 P 的初始位置 P_0 为原点，则由自然法可得点 P 的弧坐标 s 与角 φ 的关系为

$$s = R\varphi \tag{3-28}$$

2. 速度

在任一瞬时，点 P 速度的大小为

$$v = \dot{s} = R\dot{\varphi} = R\omega \tag{3-29}$$

上式表明，转动刚体内任一点速度的大小等于刚体角速度的大小与该点到转轴的距离的乘积。速度的方向沿轨迹的切线，即垂直于半径 OP，指向与 ω 的转向一致，如图 3-15（a）所示。

3. 加速度

（1）切向加速度 $\boldsymbol{a}_{\mathrm{t}}$

在任一瞬时，点 P 的切向加速度 $\boldsymbol{a}_{\mathrm{t}}$ 的大小为

$$a_{\mathrm{t}} = \frac{\mathrm{d}v}{\mathrm{d}t} = R\alpha \tag{3-30}$$

上式表明，转动刚体内任一点切向加速度的大小等于刚体角加速度的大小与该点到转轴的距离的乘积。切向加速度的方向沿轨迹的切线，垂直于 OP，指向由 α 的转向确定，如图 3-16（b）所示。

当 α 与 ω 同号，即刚体加速转动时，$\boldsymbol{a}_{\mathrm{t}}$ 与 $\boldsymbol{v}$ 同向（图 3-16a）；反之，当 α 与 ω 异号，即刚体减速转动时，$\boldsymbol{a}_{\mathrm{t}}$ 与 $\boldsymbol{v}$ 反向（图 3-16b）。

（2）法向加速度 $\boldsymbol{a}_{\mathrm{n}}$

在任一瞬时，点 P 的法向加速度 $\boldsymbol{a}_{\mathrm{n}}$ 的大小为

$$a_{\mathrm{n}} = \frac{v^2}{\rho} = \frac{(R\omega)^2}{R} = R\omega^2 \tag{3-31}$$

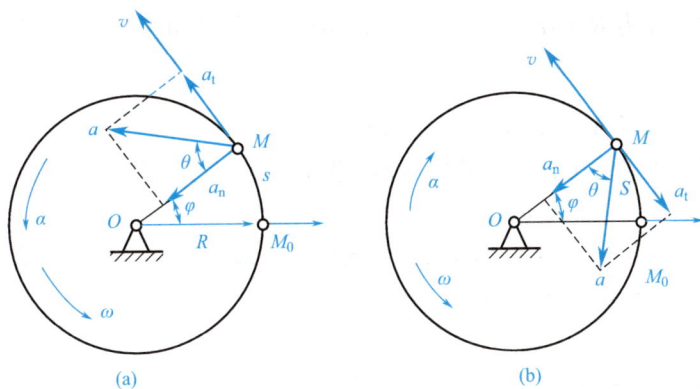

图 3-16　加速和减速转动

上式表明，转动刚体内任一点的法向加速度的大小等于刚体角速度的平方与该点到转轴的距离的乘积。法向加速度的方向沿半径 PO，始终指向转轴 O，如图 3-16（b）所示。

（3）全加速度 a

点 P 的全加速度 a 的大小及方向，如图 3-16（b）所示为

$$\left.\begin{array}{l} a=\sqrt{a_t^2+a_n^2}=R\sqrt{\alpha^2+\omega^4} \\ \tan\theta=\dfrac{|a_t|}{a_n}=\dfrac{|\alpha|}{\omega^2} \end{array}\right\} \tag{3-32}$$

4. 速度和加速度分布

在任一瞬时，刚体转动的角速度 ω 和角加速度 α 均有其确定的值，故由式（3-29）和式（3-32）可知：

（1）在任一瞬时，转动刚体内任一点的速度和加速度与该点到转轴的垂直距离 R 成正比，即转动刚体中与转轴垂直的平面内，通过转轴的任一直线上的各个点，在同一瞬时的速度和加速度按线性规律分布，如图 3-17（a）所示。

（2）在任一瞬时，刚体内所有各点的全加速度 a 的方向与该点轨迹半径 R 的夹角 θ 都具有相同的值，且小于 $90°$，而与该点的位置无关，如图 3-17（b）所示。

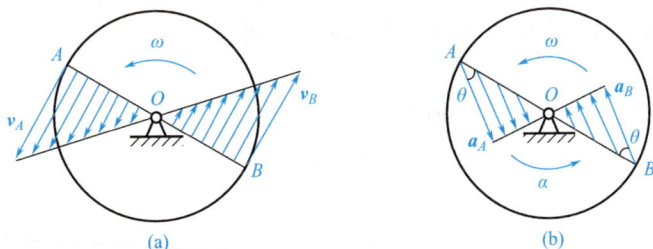

图 3-17　速度和加速度分布规律

【例 3-5】　直径 $d=32\text{cm}$ 的飞轮以匀转速 $n=1500\text{r/min}$ 转动。求轮缘上一点的速度和加速度。

【解】 飞轮半径为 $R = d/2 = 16\text{cm} = 0.16\text{m}$，飞轮的角速度为 $\omega = \dfrac{n\pi}{30} = 50\pi\text{rad/s}$。

（1）速度

速度的大小：$v = R\omega = 0.16 \times 50\pi = 8\pi\text{m/s}$

速度的方向：沿轮缘上该点的切线方向，其指向与轮子的转向一致。

（2）加速度

切向加速度：飞轮以 $\omega = 50\pi\text{rad/s}$ 匀转速转动，故 $\alpha = \dot\omega = 0$，$a_t = R\alpha = 0$

法向加速度：$a_n = R\omega^2 = 0.16 \times (50\pi)^2 = 400\pi^2\text{m/s}^2$

加速度的大小：$a = \sqrt{a_t^2 + a_n^2} = \sqrt{0 + a_n^2} = a_n = 400\pi^2\text{m/s}^2$

加速度的方向：沿过该点的半径且指向轴心。

三*、定轴轮系的传动比

在工程中，常采用齿轮传动达到改变转速的目的。若齿轮传动系统中各齿轮的轴线都是固定的，称为**定轴轮系**。而由一对啮合的齿轮组成的传动系统是其最简单的形式。

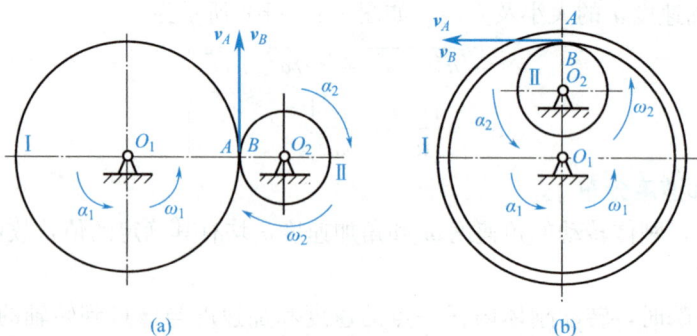

图 3-18　定轴轮系

设外啮合（图 3-18a）或内啮合（图 3-18b）的两个齿轮各绕定轴 O_1 和 O_2 转动。已知其主动轮 I 的角速度为 ω_1，节圆半径为 r_1，齿数为 z_1；从动轮 II 的角速度、节圆半径和齿数分别为 ω_2，r_2，z_2。齿轮传动时，两轮的节圆相切，只滚动无相对滑动，即作纯滚动。故两轮在啮合点速度的大小和方向均相同，即有

$$v_A = v_B$$

由于 $v_A = r_1\omega_1$，$v_B = r_2\omega_2$，则有

$$r_1\omega_1 = r_2\omega_2$$

即有

$$\frac{\omega_1}{\omega_2} = \frac{r_2}{r_1}$$

因为一对啮合齿轮在节圆处的齿距相等，其齿数与节圆半径成正比，所以上式可表示为

$$\frac{\omega_1}{\omega_2} = \frac{r_2}{r_1} = \frac{z_2}{z_1} \tag{3-33}$$

即相互啮合的一对定轴齿轮的角速度的大小与两齿轮的节圆半径或齿数成反比。

在机械工程中，把主动轮与从动轮角速度的比值称为**传动比**，并用带有角标的符号表示为

$$i_{1,2} = \pm \frac{\omega_1}{\omega_2} = \pm \frac{r_2}{r_1} = \pm \frac{z_2}{z_1} \tag{3-34}$$

式中正号表示两轮的转向相同（内啮合），负号表示转向相反（外啮合）。

问题 1-23　刚体作定轴转动时（　　）。

A. 其上各点的轨迹必定为一圆

B. 某瞬时其上任意两点的法向加速度大小与它们到转轴的垂直距离成反比

C. 某瞬时其上任意两点的加速度方向相互平行

D. 某瞬时在与转轴垂直的直线上的各点的加速度方向互相平行

问题 1-24　刚体作定轴转动时，下列说法正确的是（　　）。

A. 其上各点的轨迹不可能都是圆弧

B. 某瞬时其上任意两点的速度大小与它们到转轴的垂直距离成正比

C. 某瞬时其上任意两点的速度方向都互相平行

D. 某瞬时在与转轴垂直的直线上的各点的加速度方向都互不平行

问题 1-25　刚体作定轴转动时，其上某点 A 到转轴的距离为 R，为求出刚体上任一点 B（到转轴的距离已知）某瞬时加速度的大小，以下四组条件，哪一个是不充分的？（　　）

A. 已知点 A 的法向加速度和该点 B 的速度

B. 已知点 A 的切向加速度和法向加速度

C. 已知点 A 的速度和该点 B 的全加速度的方向

D. 已知点 A 的法向加速度和该点 B 的全加速度的方向

习　题

3-1　关于动点 M 的速度矢 v，下列说法错误的是（　　）。

A. 动点的速度矢 v 等于它的矢径 r 对时间的一阶导数

B. 动点的速度矢 v 的大小表明动点在瞬时运动的快慢，国际单位为 m/s

C. 动点的速度矢 v 的方向沿运动轨迹在点 M 处的切线并指向动点前进一方

D. 动点的速度矢 v 的方向沿运动轨迹在点 M 处的法线并指向动点前进一方

3-2　点运动方程 $x = 2\cos 2t^2$、$y = 2\sin 2t^2$，当 $t = 0$ 时该点（　　）。

A. 速度为 8m/s，加速度为 8m/s² 　　B. 速度为 0m/s，加速度为 0m/s²

C. 速度为 0m/s，加速度为 4m/s² 　　D. 速度为 0m/s，加速度为 8m/s²

3-3　质点沿曲线 $s = a\sin\omega t$ 运动，其中 ω 为常数。则质点的速度大小和切向加速度大小为（　　）。

A. $v = a\omega\cos\omega t$，$a = -a\omega^2\sin\omega t$ 　　B. $v = a\omega\sin\omega t$，$a = -a\omega^2\sin\omega t$

C. $v = a\cos\omega t$，$a = -a\sin\omega t$ 　　D. $v = \omega\cos\omega t$，$a = \omega^2\sin\omega t$

3-4　刚体绕定轴转动时，下列说法正确的是（　　）。

A. 当 $\alpha > 0$ 时为加速转动，当 $\alpha < 0$ 时为减速转动

B. 当转角 $\varphi > 0$ 时，角速度 ω 为正

C. 当角速度 $\omega > 0$ 时，角加速度 α 为正

D. 当 ω 和 α 同号时为加速转动，当 ω 和 α 异号时为减速转动

3-5 两齿轮啮合传动时，角速度的大小 ω 与节圆半径 r 或齿数 z 的关系，下列说法正确的是（　　）。

A. $\dfrac{\omega_1}{\omega_2} = \dfrac{r_1}{r_2}$ B. $\dfrac{\omega_1}{\omega_2} = \dfrac{z_1}{z_2}$

C. $\dfrac{\omega_1}{\omega_2} = \dfrac{r_2^2}{r_1^2}$ D. $\dfrac{\omega_1}{\omega_2} = \dfrac{r_2}{r_1}$

3-6 判断下列说法正误。

(1) 自然轴系是固定不变的坐标系。　　　　　　　　　　　　　　　　　　　　　　（　　）

(2) 在自然坐标系中，如果速度大小 $v =$ 常数，则加速度为零。　　　　　　　　　（　　）

(3) 平移刚体的运动完全可以归结为点的运动来研究。　　　　　　　　　　　　　（　　）

(4) 定轴转动刚体上与转动轴平行的任一直线上的各点加速度的大小相等，而且方向也相同。　　　　　　　　　　　　　　　　　　　　　　　　　　　　　　　　　　　　（　　）

(5) 两个作定轴转动的刚体，若其角加速度始终相等，则其转动方程相同。　　　（　　）

(6) 两齿轮啮合传动时，两齿轮上接触点的速度相同，加速度也相同。　　　　　（　　）

3-7 如图 3-19 所示尺规各杆，长为 $OA = AB = 200\text{mm}$，$CD = DE = AC = AE = 50\text{mm}$。若杆 OA 以等角速度 $\omega = \dfrac{\pi}{5}\text{rad/s}$ 绕 O 轴转动，并且当运动开始时，杆 OA 水平向右。试求尺上点 D 的运动方程与轨迹。

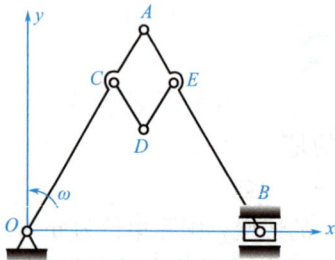

图 3-19　习题 3-7 图　　　　　　　　　　　图 3-20　习题 3-8 图

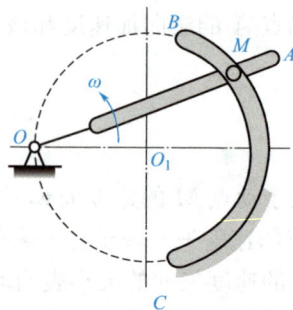

3-8 如图 3-20 所示摇杆滑道机构中的滑块 M 同时在固定的圆弧槽 BC 和摇杆 OA 的滑道中滑动。若弧 BC 的半径为 R，摇杆 OA 的轴 O 在弧 BC 的圆周上。摇杆绕 O 轴以等角速度 ω 转动，当运动开始时，摇杆在水平位置。试用自然法求出点 M 的运动方程、速度和加速度。

3-9 如图 3-21 所示的机构，连杆绕定轴转动，从而带动平台 AB 运动，已知连杆长 l，夹角 $\varphi = \varphi_0 \sin\dfrac{\pi}{4}t$，当 $t = 2\text{s}$ 时，试求 M 点的速度大小和加速度大小。

3-10 如图 3-22 所示液压缸的柱塞伸臂时，通过销钉 A 可带动具有滑槽的曲柄 OD 绕 O 轴转动。已知柱塞以匀速度 $v = 2\text{m/s}$ 沿其轴线向上运动，则当 $\theta = 30°$ 时，试求曲柄 OD 的角加速度。

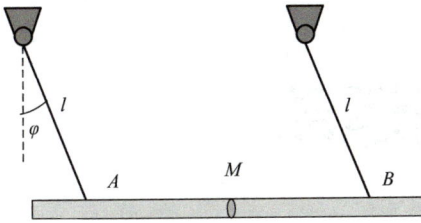

图 3-21　习题 3-9 图

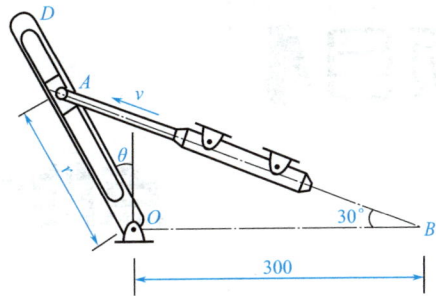

图 3-22　习题 3-10 图

项目4

Chapter 04

点的合成运动

你知道吗?

如何描述物体或机构上某一点在特定位置时瞬间的运动情况?

项目3讨论了点的运动描述方法和刚体的简单运动,都是相对于一个参考系的运动。工程中,常常需要同时用两个不同的参考系去描述同一个点的运动情况。运动的合成与分解的方法是分析物体与机构上某一点在特点位置时瞬间的运动情况的基本方法,重点分析运动中某一瞬时点的速度和加速度合成的规律。

学习目标

1. 知识目标

(1) 理解动点的绝对运动、相对运动和牵连运动的含义。

(2) 理解点的速度合成定理的内容。

(3) 理解牵连运动为平移时点的加速度合成定理的内容。

2. 能力目标

(1) 会分析工程案例中动点的绝对运动、相对运动和牵连运动及其对应的速度。

(2) 会运用点的速度合成定理画速度的矢量关系图。

(3) 会运用牵连运动为平移时点的加速度合成定理画加速度的矢量关系图。

3. 素质目标

通过分析速度和加速度的方向,培养规范画图的习惯以及严谨细致的科学态度。

任务 1　点的合成运动的概念

在日常生活或工程实际中，往往需要研究同一物体相对两个不同参考系的运动情况。同一个物体对于不同的参考系，所表现的运动特征不同但又有关联。例如，无风下雨时，对于地面上的观察者来说，雨滴的运动是铅垂向下的；但是对于正在行驶的车上的观察者来说，雨滴便是倾斜向后的。

如图 4-1 所示为一沿直线轨道滚动的车轮，研究轮缘上点 M 的运动，若人站在地面上，则观察到点 M 的轨迹是旋轮线；若人站在车上，则观察到点 M 的轨迹是一个圆。

图 4-1　车轮上动点的运动

通常将所研究的点 M 称为动点；将固定在地球上的坐标系称为静参考系或静系，以 $Oxyz$ 表示；将固结在相对于地球运动的参考体上的坐标系，称为动参考系或动系，如固结在行驶的车上的参考系，以 $O'x'y'z$ 表示。

为了区别动点对于不同参考系的运动，定义动点相对于静参考系的运动为绝对运动，动点相对于动参考系的运动为相对运动，动参考系相对于静参考系的运动为牵连运动。在上例中，若将行驶的车取为动参考系，则雨滴相对于地面的铅直线运动是绝对运动，相对于车沿着与铅直线成 α 角的直线运动是相对运动；车轮上的动点 M 相对于地面的旋轮线运动是绝对运动，相对于车的圆周运动是相对运动。

动点相对于静参考系的运动轨迹和相对于动参考系的运动轨迹分别称为绝对轨迹和相对轨迹。动点相对于静参考系的位移、速度、加速度分别称为绝对位移、绝对速度和绝对加速度。动点相对于动参考系的位移、速度、加速度分别称为相对位移、相对速度和相对加速度。

显然，若车身不动，则无论是地面上的观察者还是车上的观察者，所看到的 M 点的运动轨迹都是相同的，即动点 M 相对于静参考系的运动和相对于动参考系的运动是相同的。可见，车身相对于地面的运动牵连了动点 M。这种使动点受到牵连的运动，称为牵连运动，如图 4-1 中车相对地面的直线平移。一般情况下，牵连运动就是动参考系相对于静参考系的运动。某瞬时动参考系上与动点相重合的点称为该瞬时动点的**牵连点**。牵连点是动参考系上的点，其位置具有瞬时性。

【特别提示】动点的绝对运动、相对运动是点的运动，它可以是直线运动或者是曲线运动；由于动坐标系固结于动参考体，因此动坐标系的运动就是与它相固结的动参考体的运动，因而牵连运动就可以是平移、定轴转动或是其他更为复杂的刚体运动。

需要特别强调的是，由于动参考系的运动是刚体的运动而不是点的运动，所以在某瞬时，动点的牵连运动是指动参考系上与动点相重合的那一点"牵连"着动点的运动。因此，把某一瞬时动参考系上与动点相重合的那一点称为牵连点，动点的牵连速度是就是牵连点随动参考系一起运动的速度。

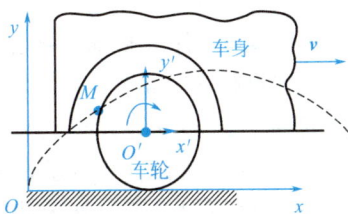

从上述可知，绝对运动可以看成是由相对运动与牵连运动复合而成，故点的合成运动也称为复合运动。反之，也可以把一个复合运动分解成为相对运动与牵连运动，这就是运动的合成与分解。研究点的合成运动，就是要研究绝对、相对、牵连这三种运动之间的关系，也就是如何由已知动点的相对运动和牵连运动求出其绝对运动，或者将已知的绝对运动分解为相对运动和牵连运动。

【特别提示】

（1）机械中两构件在传递运动时，常以点相接触，其中有的点始终处于接触位置，称为常接触点，一般常接触点为动点，即动点在运动物体上的位置是相对不变的。

（2）动点和动参考系不能选在同一物体上，即动点和动参考系必须有相对运动，且动点的相对运动轨迹应简单。

问题 4-1 什么是动点的绝对运动、相对运动与牵连运动，它们之间有什么关系？

问题 4-2 什么是动点的牵连速度？

问题 4-3 如图 4-2 所示，AO 管绕 O 轴作逆时针转动，管内一动点 M 同时沿管向外运动。试分析动点 M 的三种运动。

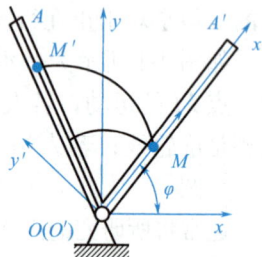

图 4-2　问题 4-3 图

任务 2　点的速度合成定理

动点对于静参考系的速度，称为动点的绝对速度，用 v_a 表示。动点对于动参考系的速度，称为动点的相对速度，用 v_r 表示。牵连点相对于静参考系的速度，称为动点的牵连速度，用 v_e 表示。根据点的合成运动的分析（推导从略），可以得到动点的绝对速度 v_a、相对速度 v_r 和牵连速度 v_e 三者之间的关系，即

$$v_a = v_e + v_r \tag{4-1}$$

式（4-1）称为点的速度合成定理，也叫点的速度合成矢量方程。它表明在任一瞬时，动点的绝对速度等于牵连速度与相对速度的矢量和。也就是说，动点的绝对速度可由牵连速度与相对速度所构成的平行四边形的对角线来确定。这个平行四边形称为速度平行四边形。

【特别提示】点的速度合成定理适用于牵连运动是任何运动的情况，即动参考系可作平移、转动或其他任何较复杂的运动。

在应用速度合成定理解决具体问题时，应注意：①正确选取动点及动参考系；②分析三种运动及三种速度（大小和方向）；③根据速度合成定理并结合各速度的已知条件作出速度平行四边形，然后用几何法或解析法求解未知量。

现举例说明点的速度合成定理的应用。

【例 4-1】 如图 4-3 所示凸轮顶杆机构，凸轮沿水平面向右运动，推动铅垂顶杆 AB 沿滑槽上、下运动。已知凸轮半径为 R，平移速度为 v，OA 与水平线的夹角为 φ。试求图示位置时顶杆 AB 的移动速度。

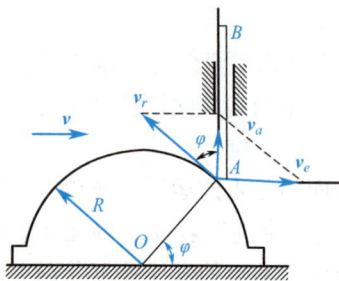

图 4-3　例 4-1 图

【解】 （1）选取动点及动参考系

凸轮与顶杆在点 A 处相接触，顶杆上 AB 的 A 点为常接触点，因此选取顶杆上 A 点为动点；动参考系固结在凸轮上，静参考系固结在地面上。这样动点 A 相对于动系凸轮的相对运动轨迹即为凸轮的外轮廓曲线。

（2）运动与速度分析

动点的绝对运动为铅垂直线运动，动点的相对运动为沿凸轮边缘的圆弧线运动，牵连运动为凸轮的水平平移，其上各点的速度都相同，因此牵连点轨迹为水平直线，牵连速度方向水平向右，其大小为 $v_e = v$。绝对速度的方向沿铅垂线，其大小即为待求的杆 AB 的移动速度；相对速度的方位沿圆弧的切线大小，其大小未知。根据速度合成定理 $v_a = v_r + v_e$，作动点的速度平行四边形（v_a 为对角线），如图 4-3 所示。

（3）由速度合成定理求 v_a

由图中几何关系可得 $v_a = v_e \cot\varphi = v\cot\varphi$

由于顶杆为平移，故 v_a 为顶杆的速度，其大小为 $v_{AB} = v_a = v\cot\varphi$。

【例 4-2】 如图 4-4 所示曲柄摇杆机构中，曲柄 $O_1A = r$ 以角速度 ω_1 转动，通过滑块 A 带动摇杆 O_2B 绕 O_2 往复摆动。当曲柄水平时，摇杆与垂线 O_1O_2 的夹角为 θ。求图示瞬时摇杆 O_2B 的角速度。

【解】 （1）选取动点和动参考系

两杆在点 A 处相接触，OA_1 的 A 点为常接触点，因此选取 OA_1 的 A 为动点，动参考系固结在摇杆 O_2B 上。

（2）运动与速度分析

动点 A 的绝对运动为绕 O_1 的圆周运动，绝对速度 v_a，方向垂直于 O_1A 向上。动点 A 的相对运动为沿 O_2B 的直线运动，相对速度 v_r 沿直线 O_2B，大小未知。牵连运动为 O_2B 的定轴转动，牵连点为该瞬时 O_2B 上的 A，牵连速度 v_e 方向垂直于 O_2B，其大小为 $v_e = \omega_2 O_2A$。

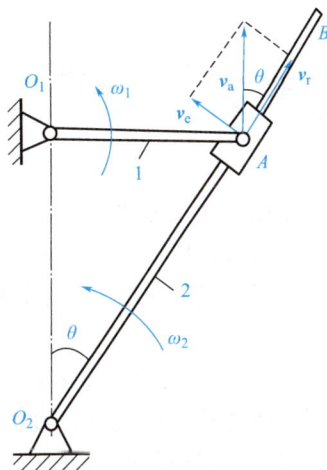

图 4-4 例 4-2 图

根据速度合成定理 $v_a = v_r + v_e$，作动点的速度平行四边形（v_a 为对角线），如图 4-4 所示。

（3）由速度合成定理求 v_a

由图中几何关系可得 $v_e = v_a \sin\theta = r\omega_1 \sin\theta = O_2A \cdot \omega_2$

又有 $v_e = O_2A \cdot \omega_2 = \dfrac{r}{\sin\theta} \cdot \omega_2$

解得 O_2B 的角速度为 $\omega_2 = \omega_1 \sin^2\theta$

ω_2 的转向为逆时针。

问题 4-4 图 4-4 中，若 $O_1O_2 = l = \sqrt{3}r$，求图示瞬时摆杆 O_2B 的角速度。

问题 4-5 某人骑自行车以速率 v 向正西方行驶，遇到由北向南刮的风，设风速大小也为 v，则他感到风是吹来的方向为（　　）。

A. 东北方向　　　　　　　　　B. 西北方向

C. 东南方向　　　　　　　　　D. 西南方向

问题 4-6 回答下列问题

(1) 什么是牵连速度？是否动参考系中任何一点的速度就是牵连速度？

(2) 某瞬时动点的绝对速度为零，是否动点的相对速度及牵连速度均为零？为什么？

问题 4-7 如图 4-5 所示，曲柄 OA 长 0.4m，以等角速度 $\omega=0.5\text{rad/s}$ 绕 O 轴逆时针转向转动。由于曲柄的 A 端推动水平板 B，而使滑杆 C 沿铅直方向上升。

试分析：

(1) 动点为 _____。

(2) 动系为 _____。

(3) 绝对运动为 _____。

(4) 相对运动为 _____。

(5) 牵连运动为 _____。

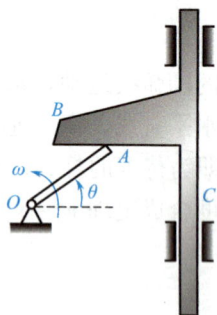

图 4-5 问题 4-7 图

(6) 当曲柄与水平线间的夹角 $\theta=30°$ 时，求滑杆 C 的速度。

任务 3 牵连运动是平移时点的加速度合成定理

在点的合成运动中，点的速度合成定理对于任何形式的牵连运动都是适用的，但加速度之间的关系比较复杂，对于牵连运动为平移或定轴转动两种不同的形式，所得结论在形式上不同。当牵连运动是平移时，点的加速度合成定理为：

$$a_a = a_e + a_r \tag{4-2}$$

式（4-2）表示牵连运动为平移时，动点在某瞬时的绝对加速度等于牵连加速度与相对加速度的矢量和。它也满足平行四边形合成法则，即绝对加速度可由相对加速度和牵连加速度所构成的平行四边形的对角线来确定。求解未知加速度时，也需要作出加速度平行四边形矢量图。

【特别提示】4-2 式仅适用于牵连运动是平移时点的加速度合成。当牵连运动是定轴转动时，点的加速度合成定理的表达式有另外的形式。

现举例牵说明连运动为平移时点的加速度合成定理的应用。

【例 4-3】 如图 4-6 所示，曲柄 OA 以匀角速度 ω 绕定轴 O 转动，T 字形杆 BC 沿水平方向往复平移，滑块 A 在铅直槽 DE 内运动，$OA=r$，曲柄 OA 与水平线夹角为 $\varphi=\omega t$，试求图示瞬时杆 BC 的速度及加速度。

【解】 滑块 A 为动点，动系固结在 T 字形杆 BC 上。动点 A 的绝对运动是曲柄 OA 绕轴 O 的定轴转动；

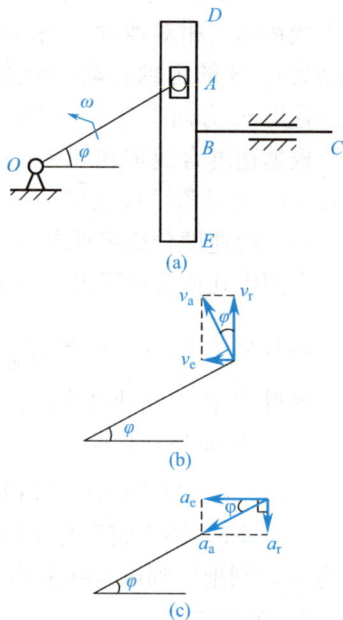

图 4-6 例 4-3 图

相对运动为滑块 A 在铅直槽 DE 内的直线运动；牵连运动为 T 字形杆 BC 沿水平方向的往复平移。

（1）求杆 BC 的速度

作速度的平行四边形，如图 4-6（a）所示。动点 A 的绝对速度为

$$v_a = r\omega$$

杆 BC 的速度为
$$v_{BC} = v_e = v_a\sin\varphi = r\omega\sin\omega t$$

（2）求杆 BC 的加速度

作加速度的平行四边形，如图 4-6（b）所示。动点 A 的绝对加速度为 $a_a = r\omega^2$

杆 BC 的加速度为 $a_{BC} = a_e = a_a\cos\varphi = r\omega^2\cos\omega t$

【例 4-4】 如图 4-7（a）所示，半径为 R 的半圆形凸轮 D 以等速 v_0 水平向右运动，带动从动杆 AB 沿铅直方向上升，求 $\varphi = 30°$ 时杆 AB 相对于凸轮的速度和加速度。

【解】 杆 AB 的顶点 A 为动点，动系固结于凸轮。由于杆 AB 作铅直方向的平移，因此杆 AB 的顶点 A 的运动与杆 AB 相同，其绝对运动为上下直线运动，相对运动为沿凸轮圆弧曲线，牵连运动为凸轮水平直线平移，因此牵连速度 $v_e = v_0$。

（1）AB 相对于凸轮的速度

作速度的平行四边形，如图 4-7（b）所示。

因 $v_e = v_0$，从速度分析中得 $v_r = \dfrac{v_e}{\cos 30°} = \dfrac{2\sqrt{3}\,v_e}{3}$

（2）AB 相对于凸轮的加速度

作加速度的平行四边形，如图 4-7（b）所示。

因 $v_0 =$ 常量，故

$$a_e = 0$$

$$a_r^n = \frac{v_r^2}{R} = \frac{4v_0^2}{3R}$$

根据 $\boldsymbol{a}_a = \boldsymbol{a}_e + \boldsymbol{a}_r$ 得

$$\boldsymbol{a}_a = \boldsymbol{a}_r = \boldsymbol{a}_r^n + \boldsymbol{a}_r^t$$

从加速度分析中得 AB 相对于凸轮的加速度为

$$a_r = a_a = \frac{a_r^n}{\cos\varphi} = \frac{8\sqrt{3}\,v_0^2}{9R}$$

问题 4-8 关于速度合成定理和加速度合成定理，下列说法不正确的是（　　）。

A. 绝对速度等于牵连速度与相对速度的矢量和

B. 仅速度合成定理适用于任何形式的牵连运动

C. 仅加速度合成定理适用于任何形式的牵连运动

D. 都满足平行四边形法则

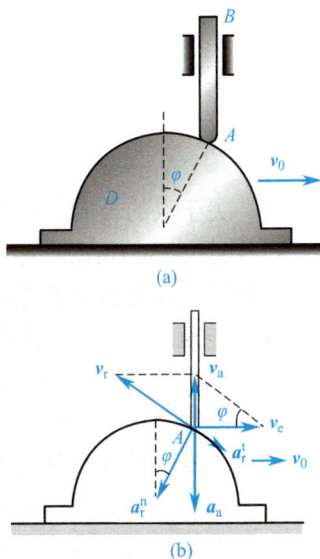

（a）

（b）

图 4-7　例 4-4 图

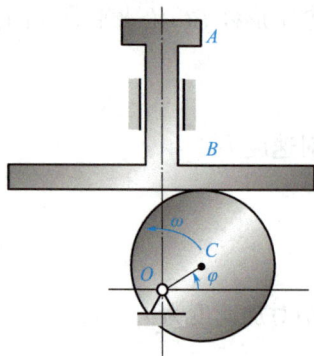

图 4-8　问题 4-9 图

问题 4-9　如图 4-8 所示为平底顶杆凸轮机构，顶杆 AB 可沿导轨上下移动，偏心圆盘绕轴 O 转动，轴 O 位于顶杆轴线上。工作时顶杆的平底始终接触凸轮表面。该凸轮半径为 R，偏心距 OC = e，凸轮绕轴 O 转动的角速度为 ω，OC 与水平线夹角 φ。若以偏心圆盘的轮心为动点，试分析：

（1）动系为＿＿＿＿＿＿＿＿。

（2）绝对运动为＿＿＿＿＿＿＿＿。

（3）相对运动为＿＿＿＿＿＿＿＿。

（4）牵连运动为＿＿＿＿＿＿＿＿。

（5）求当 φ＝0°时，顶杆的速度和加速度。

习　题

4-1　关于点的合成运动中，下列说法正确的是（　　）。

A. 牵连运动是指动点相对动参考系的运动

B. 相对运动是指动参考系相对于静参考系的运动

C. 牵连速度和牵连加速度是指动参考系对静参考系的速度和加速度

D. 牵连速度和牵连加速度是该瞬时动系上与动点重合的点的速度和加速度

4-2　点的合成运动中速度合成定理的速度四边形中（　　）。

A. 绝对速度为牵连速度和相对速度所组成的平行四边形的对角线

B. 牵连速度为绝对速度和相对速度所组成的平行四边形的对角线

C. 相对速度为牵连速度和绝对速度所组成的平行四边形的对角线

D. 相对速度一定比牵连速度和绝对速度小

4-3　关于点的合成运动，下列说法不正确的是（　　）。

A. 点的合成运动可以看成是相对运动与牵连运动的合成

B. 车轮上的动点的绝对运动是相对于地面的运动

C. 车轮上的动点的相对运动是相对于车厢的运动

D. 动点和动系可以在同一运动的物体上

4-4　如图 4-9 所示杆 OA 长 l，由推杆推动而在图面内绕点 O 转动。假定推杆的速度为 v，其弯头高为 a。求杆端 A 的速度的大小（表示为推杆至点 O 的速度 x 的函数）。

4-5　如图 4-10 所示机构中，已知 AB＝a＝200mm，AC 定轴转动的角速度 ω₁＝3rad/s。求图示位置时杆 BC 的角速度。

4-6　如图 4-11 所示铰接四边形机构中，$O_1A = O_2B = 200$ mm，$O_1O_2 = AB$，杆 O_1A 以等角速度 ω＝2rad/s 绕 O_1 轴转动。杆 AB 上有一套筒 C，此筒与杆 CD 相铰接。机构的各部件都在同一铅垂面内。求当 φ＝60°时，杆 CD 的速度和加速度。

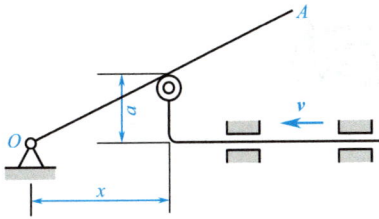

图 4-9 习题 4-4 图

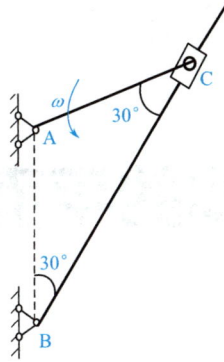

图 4-10 习题 4-5 图

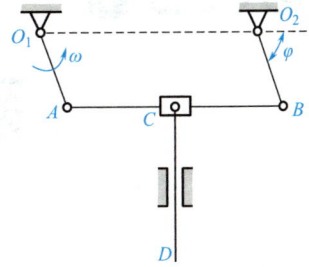

图 4-11 习题 4-6 图

Chapter 05

项目 **5**

刚体的平面运动

你知道吗?

行驶中的汽车车轮上的各点的速度和加速度有怎样的分布规律?

刚体的平面运动是一种较复杂的运动,但它也是工程中较常见的一种刚体运动。它可以看成平移与转动的合成,也可以看作绕不断运动的轴的转动。本项目将分析刚体平面运动的分解,平面运动刚体的角速度、角加速度,以及平面运动刚体上各点的速度和加速度。

学习目标

1. 知识目标

(1) 理解刚体平面运动的含义、特征及分解方法。

(2) 理解基点法求点的速度的原理及步骤。

(3) 理解瞬心法求点的速度的原理及步骤。

2. 能力目标

(1) 会运用基点法分析刚体的平面运动,并求解相应运动量。

(2) 会运用瞬心法分析刚体平面运动中的纯滚动。

3. 素质目标

通过分析工程中刚体的运动,培养规范画图的习惯以及严谨细致的科学态度。

任务 1　刚体平面运动的概述和运动分解

　　工程中某些机械构件的运动，如曲柄连杆机构中连杆 AB 的运动（图 5-1a）、行星齿轮机构中行星轮 B 的运动（图 5-1b），这些刚体的运动既不是平移也不是定轴转动，但它们的运动具有一个共同的特征，即在运动过程中，刚体总是保持在它自身原来所在的平面内，或者说刚体内各点至某一固定平面的距离始终保持不变。刚体这种形式的运动称为平面平行运动，简称平面运动。平面运动刚体上的各点都在平行于某一固定平面的平面内运动。

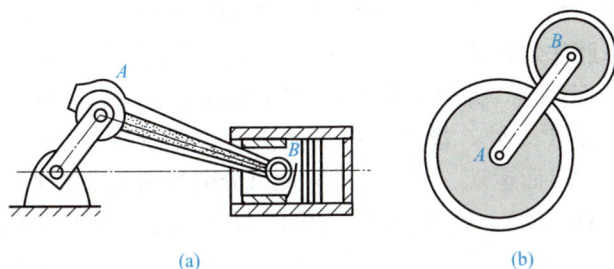

(a)　　　　　　　　(b)

图 5-1　平面运动实例

　　如图 5-2 所示，当刚体作平面运动时，刚体上所有与空间某固定平面 P_0 距离相等的点所构成的平面图形 S 保持在它自身所在的平面 P 内运动，且平面 P 与 P_0 平行；同时，刚体上所有与此平面图形 S 相垂直的直线段（如 M_1M_2）均做平移。由此可得结论：刚体的平面运动可简化为平面图形在其自身平面内的运动。

　　为了研究平面图形 S 在它自身所在的平面 P 内的运动，可在平面 P 上建立静坐标系 $O_0x_0y_0$（图 5-3）。在任一瞬时，平面图形 S 的位置可由其上任选的直线段 OM 的位置所确定。因此，只要知道了点 O 的坐标 x_O、y_O 以及线段 OM 与 x_0 轴之间的夹角 φ，即可确定平面图形 S 的位置。O 点称为基点。

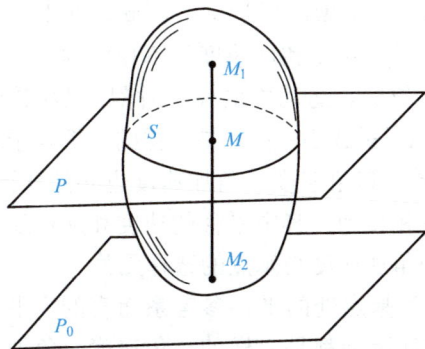

图 5-2　平面运动的简化

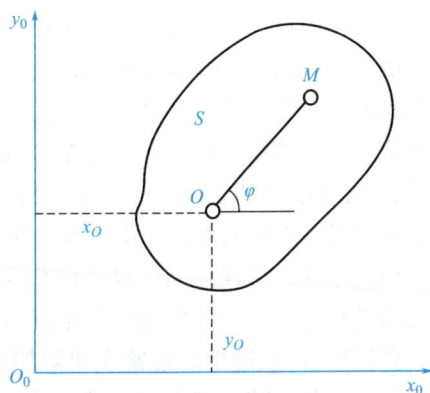

图 5-3　平面图形

当刚体做平面运动时，x_O、y_O 和 φ 均随时间而不断变化，它们都是时间 t 的单值连续函数，即

$$\left.\begin{array}{l} x_O = f_1(t) \\ y_O = f_2(t) \\ \varphi = f_3(t) \end{array}\right\}\tag{5-1}$$

式（5-1）是平面图形的运动方程，也就是刚体平面运动的运动方程。若已知方程（5-1），则图形在任意瞬时的位置也就完全确定了。

由图 5-3 可以看出，若平面图形上的点 O 固定不动，即当 x_O、y_O 都为常量时，则图形绕点 O 作定轴转动；若平面图形不转动，即当角 φ 为常量时，则线段 OM 的方向始终保持不变，图形在平面内作平移，这是图形运动的两种特殊情形。可见，在一般情形下，图形的运动可看成是平移和转动的合成运动。

以沿直线路面滚动的车轮为例，车轮相对于地面作平面运动（图 5-4）。若在车厢里观察，则车轮相对于车厢作定轴转动，而车厢相对于地面作平移。根据合成运动的概念，若将定系 $O_0x_0y_0$ 与地面固连，并取动系 Oxy 与车厢固结在一起并随车厢作平移，其原点取在车厢与轮心的连接点 O 处，选择点 O 为基点。这样，Oxy 为平移坐标系。在任意瞬时，车轮相对于静系的平面运动（绝对运动）便可分解为随系的平移（牵连运动）和相对于动系的转动（相对运动）。这种分解运动的方法可用于任何平面图形的平面运动。在图形上任取一点 O 作为基点，并以它为原点假想地固结上平移坐标系 Oxy。于是，图形的平面运动可分解为随同基点的牵连平移和绕基点的相对转动。

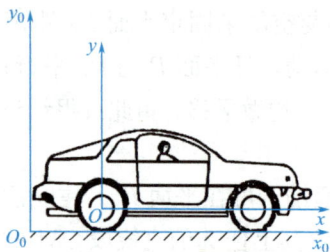

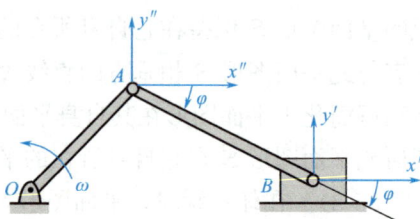

图 5-4　车轮的运动　　　　图 5-5　连杆的平面运动

研究平面运动时，可以选择不同的点作为基点。一般平面图形上各点的运动情况是不相同的，例如图 5-5 所示连杆上的点 B 做直线运动，点 A 做圆周运动。因此，在平面图形上选取不同的基点，其动参考系的平移是不一样的，其速度和加速度是不相同的。由图还可以看出，如果运动起始时 OA 和 AB 都位于水平位置，运动中的任一时刻，AB 连线绕点 A 或绕点 B 的转角，相对于各自的平移参考系 $Ax''y''$ 或 $Bx'y'$ 都是一样的，都等于相对于固定参考系的转角 φ。由于任一时刻的转角相同，其角速度、角加速度也必然相同。于是可得结论：平面运动可取任意基点而分解为平移和转动，其中平移的速度和加速度与基点的选择有关，而平面图形绕基点转动的角速度和角加速度与基点的选择无关。

【特别提示】这里的角速度和角加速度是相对于各基点处的平移参考系而言的。平面图形相对于各平移参考系（包括固定参考系），其转动运动都是一样的，角速度、角加速度都是共同的，因此无需标明绕哪一点转动或选哪一点为基点。

问题 5-1   如图 5-6 所示机构中做平面运动的构件为（   ）。

    A. 杆 AB、杆 BD、盘 C

    B. 杆 AB、杆 BD、杆 DE

    C. 杆 AB、杆 BD

    D. 盘 C 和滑块 B

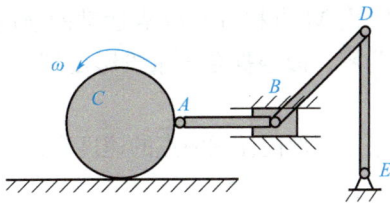

图 5-6   问题 5-1 图

问题 5-2   做平面运动的刚体以不同的基点固结平移坐标系，刚体上各点（动点）的牵连速度和牵连加速度是否相同？

问题 5-3   做平面运动的刚体相对于不同基点的平移坐标系，其角速度和角加速度是否相同？

任务 2   求平面图形内各点速度的基点法

由前面的分析可知，任何平面图形的运动可分解为两个运动：（1）牵连运动，即随基点 O 的平移；（2）相对运动，即绕基点 O 的转动。于是，平面图形内任一点 M 的运动也是两个运动的合成，因此可用速度合成定理来求它的速度，这种方法称为基点法。

如图 5-7 所示，因为牵连运动是平移，所以点 M 的牵连速度等于基点的速度 v_O。又因为点 M 的相对运动是以点 O 为圆心的圆周运动，所以点 M 的相对速度就是平面图形绕点 O 转动时点 M 的速度，以 v_{MO} 表示，它垂直于 OM 而朝向图形的转动方向，大小为

$$v_{MO} = OM \cdot \omega \tag{5-2}$$

式中 ω 是平面图形角速度的绝对值。以速度 v_O 和 v_{MO} 为边作平行四边形，于是，点 M 的绝对速度就由这个平行四边形的对角线表示，即

$$v_M = v_e + v_r = v_O + v_{MO} \tag{5-3}$$

式（5-3）是平面图形内任意点 M 的速度分解式。由此式可知：平面图形内任一点的速度等于基点的速度与该点相对于基点做圆周运动的速度的矢量和。由于基点的选择是任意的，所以式（5-3）指明了平面图形内任意两点的速度之间的基本关系。根据此式，可做出平面图形内直线 OM 上各点速度的分布图，如图 5-8 所示。

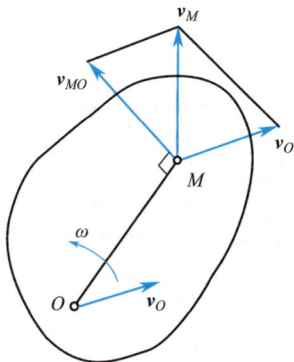

图 5-7   基点法

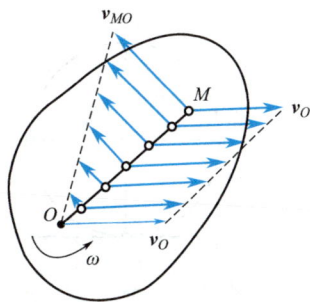

图 5-8   速度分布规律

由 M 点相对于 O 点运动的速度 v_{MO} 垂直于此两点的连线 OM，因此它在 OM 上的投影为零。故根据合矢量投影定理将式（5-3）中各项同时投影到连线 OM 上，则有

$$(v_M)_{OM} = (v_O)_{OM}$$

即平面图形内任意两点的速度在此两点连线上的投影相等，这称为速度投影定理，如图 5-9 所示。

问题 5-4 如图 5-10 所示，平面图形上两点 A、B 的速度方向可能是这样的吗？为什么？

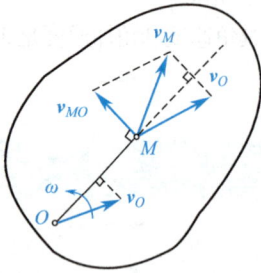

图 5-9 速度投影定理

图 5-10 问题 5-4 图

【例 5-1】 椭圆规机构如图 5-11 所示。已知连杆 AB 的长度 $l = 20\text{cm}$，滑块 A 的速度 $v_A = 10\text{cm/s}$，求连杆与水平方向夹角为 30°时，滑块 B 的速度。

【解】 AB 作平面运动，以 A 为基点，分析 B 点的速度。

$$v_B = v_A + v_{BA}$$

由图中几何关系得：$v_B = \cot 30° \cdot v_A = 10\sqrt{3}\,\text{cm/s}$

$$v_{BA} = \frac{v_A}{\sin 30°} = 20\text{cm/s} \qquad \omega = \frac{v_{BA}}{l} = \frac{20}{20} = 1\text{rad/s}$$

方向如图 5-11 所示。

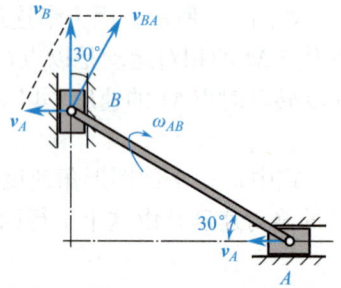

图 5-11 椭圆尺规机构

【例 5-2】 如图 5-12（a）所示，半径为 $r = 750\text{mm}$ 的车轮，以转速 $n = 60\text{r/min}$ 沿直线路面作纯滚动。求轮心 O 和轮缘上两点 A、B 的速度。

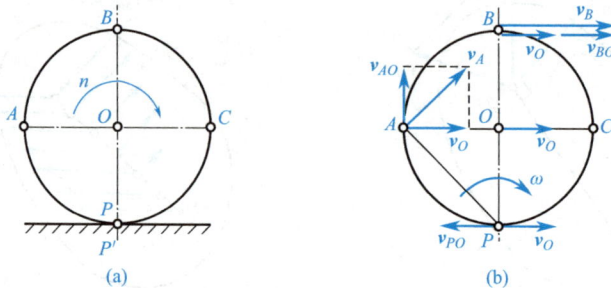

（a）   （b）

图 5-12 例 5-2 图

【解】　车轮做平面运动，以轮心 O 为基点。由于车轮沿直线路面作纯滚动，即相对于地面没有滑动，因此车轮与地面的接触点 P 的速度 $v_p = v_{po} + v_o = 0$，所以 v_{po} 与 v_o 的大小相等，方向相反，如图 5-12（b）。

$$\omega = \frac{n \cdot 2\pi}{60} = \frac{60 \times 2\pi}{60} = 2\pi \text{rad/s}$$

$$v_o = v_{po} = OP \cdot \omega = r\omega = 750 \times 2\pi \approx 4712.39 \text{mm/s} = 4.71 \text{m/s}$$

（1）A 点速度

$$v_A = v_O + v_{AO}, \quad v_{AO} = OA \cdot \omega = r\omega = 4.71 \text{m/s},$$

$$v_A = \frac{v_{AO}}{\cos 45°} \approx 6.66 \text{m/s}$$

v_A 与 v_{AO} 夹角为 $45°$，如图 5-12（b）所示。

（2）B 点速度

$v_B = v_O + v_{BO}$，$v_{BO} = OB \cdot \omega = r\omega = 4.71 \text{m/s}$，由图 5-12（b）可知，$v_{BO}$ 与 v_{AO} 大小相等，方向相同，故 $v_B = v_O + v_{BO} = 2 \times 4.71 = 9.42 \text{m/s}$。

问题 5-5　如图 5-13 所示，已知椭圆规尺的 A、B 两点在某瞬时的速度，以下速度平行四边形，不正确的是（　　）。

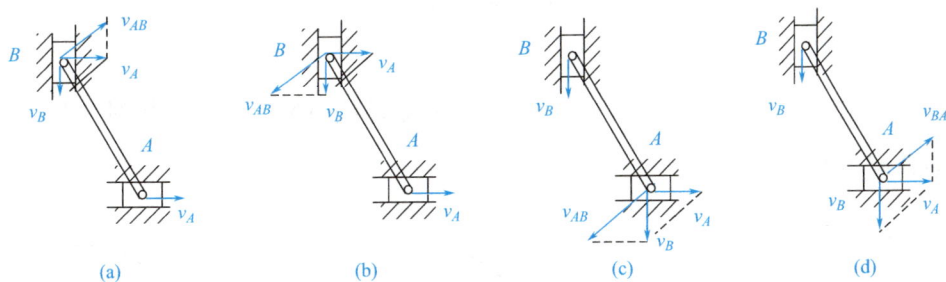

(a)　　　　　　(b)　　　　　　(c)　　　　　　(d)

图 5-13　问题 5-5 图

问题 5-6　如图 5-14 所示曲柄连杆机构，此瞬时，$\phi = 60°$，$\varphi = 30°$，$v_B = 4 \text{m/s}$，则 v_A 的大小为（　　）。

A. 3.46m/s

B. 4m/s

C. 0

D. 2m/s

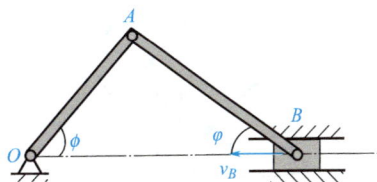

图 5-14　问题 5-6 图

问题 5-7　如图 5-15 中曲柄连杆机构，此瞬时，$\phi = 60°$，$\varphi = 30°$，$v_B = 4 \text{m/s}$，则 v_A 的方向为（　　）

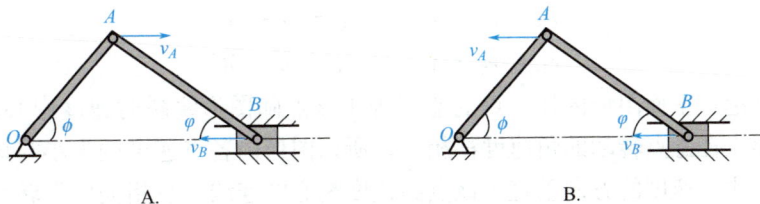

A.　　　　　　　　　　　　B.

图 5-15　问题 5-7 图（一）

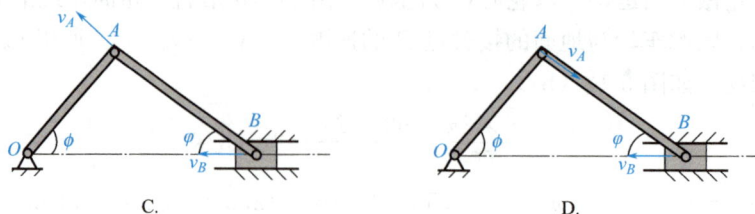

图 5-15　问题 5-7 图（二）

任务 3　瞬心法求平面图形内各点速度

一般情况，在每一瞬时，平面图形上都唯一地存在一个速度为零的点。这个点称为瞬时速度中心，或简称为速度瞬心。如图 5-16 所示平面图形 S，角速度为 ω，图形上点 A 的速度为 v_A，取点 A 为基点。在 v_A 的垂线上取一点 C，则点 C 的速度

$$v_C = v_A + v_{CA}$$
$$v_C = v_A - \omega \cdot AC$$

如果取 $AC = \dfrac{v_A}{\omega}$，则 $v_C = v_A - \omega \cdot \dfrac{v_A}{\omega} = 0$，即在垂线 AN 上总可以找到一点 C，此瞬时 C 点速度为零。

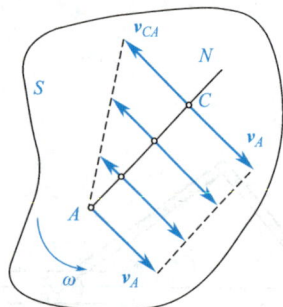

图 5-16　速度瞬心

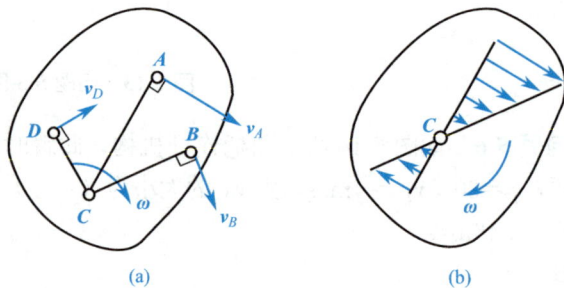

图 5-17　速度分布规律

如图 5-17（a）所示若以瞬心 C 为基点，则点 A、B、D 的速度为

$$v_A = v_C + v_{AC} = v_{AC} = \omega \cdot AC$$
$$v_B = v_C + v_{BC} = v_{BC} = \omega \cdot BC$$
$$v_D = v_C + v_{DC} = v_{DC} = \omega \cdot DC$$

由此得结论：平面图形内任一点的速度等于该点随图形绕瞬时速度中心转动的速度。由于平面图形绕任意点转动的角速度都相等，所以图形内各点速度的大小与该点到速度瞬心的距离成正比。速度的方向垂直于该点到速度瞬心的连线，且指向图形转动的一方，如图 5-17（b）所示，故平面图形的运动可看成为绕速度瞬心的瞬时转动。

【特别提示】刚体作平面运动时，一般情况下在每一瞬时，图形内必有一点成为速度瞬心；但是，在不同的瞬时，速度瞬心在图形内的位置是不同的。

综上所述可知，如果已知平面图形在某一瞬时的速度瞬心位置和角速度，则在该瞬时，图形内任一点的速度可以完全确定。在解题时，根据机构的几何条件，确定速度瞬心位置的方法有下列几种：

（1）平面图形沿一固定表面作无滑动的滚动（纯滚动），如图 5-18（a）所示。图形与固定面的接触点 C 就是图形的速度瞬心，因为在这一瞬时，点 C 相对于固定面的速度为零，所以它的绝对速度等于零。如车轮滚动的过程中，轮缘上的各点相继与地面接触而成为车轮在不同时刻的速度瞬心。

（2）若已知图形内任意两点 A 和 B 的速度的方向，速度瞬心 C 的位置必在每一点速度的垂线上，如图 5-18（b）所示。

（3）若已知图形上两点 A 和 B 的速度相互平行，且速度的方向垂直于两点的连线 AB。当 v_A 和 v_B 同向时，图形的速度瞬心在 AB 的延长线上（图 5-18c）；当 v_A 和 v_B 反向时，图形的速度瞬心 C 在 A、B 两点之间，（图 5-18d）。

（4）某一瞬时，图形上 A、B 两点的速度相等，即 $v_A = v_B$ 时，图形的速度瞬心的位置将在无穷远处，如图 5-18（e）所示。在该瞬时，图形上各点的速度分布如同图形作平移的情形一样，即各点的速度都相同，故称瞬时平移。

【特别提示】瞬时平移时各点的速度虽然相同，但加速度不同，因为下一瞬时各点的速度不一定相同。这是瞬时平移与平移的不同之处。

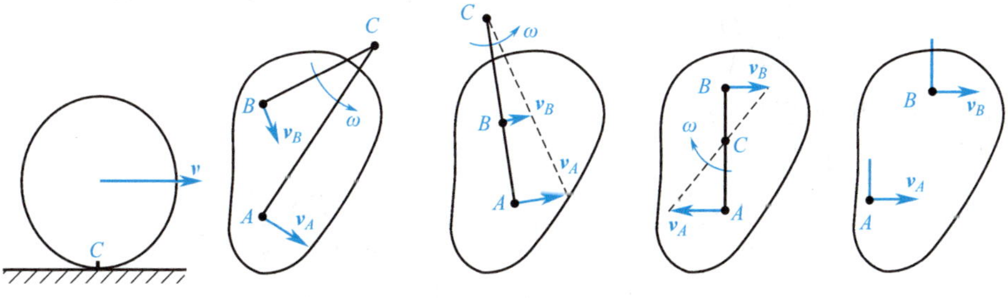

图 5-18 速度瞬心的确定

问题 5-8 速度瞬时中心是指（   ）。

A. 质心的速度　　　　　　　　　　B. 速度最大的点

C. 速度恒为零的点　　　　　　　　D. 某瞬时速度为零的点

问题 5-9 如图 5-19 所示一圆柱体沿地面作无滑动的滚动，此圆柱的速度瞬心是（   ）。

A. A 点

B. B 点

C. C 点

D. D 点

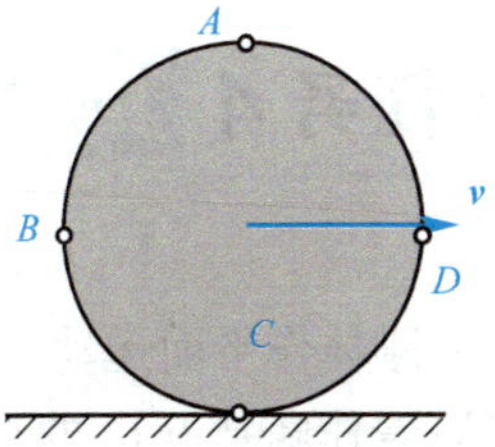

图 5-19 问题 5-9 图

【例 5-3】 如图 5-20 所示，半径为 R 的车轮，沿直线轨道作无滑动的滚动，已知轮心 O 以匀速 v_O 前进。用瞬心法求解轮缘上 B 点的速度。

【解】 车轮做平面运动，只滚动而无滑动，其速度瞬心在与地面相接触的 C 点处。利用已知速度 $v_O = \omega \cdot OC$，可求得车轮的角速度为

$$\omega = \frac{v_O}{OC} = \frac{v_O}{R} \text{（顺时针）}$$

车轮上点 B 的速度垂直于连线 CB，大小为 $v_B = \omega \cdot BC = \frac{v_O}{R} \cdot \sqrt{2}R = \sqrt{2}v_O$。

方向如图 5-20 所示。

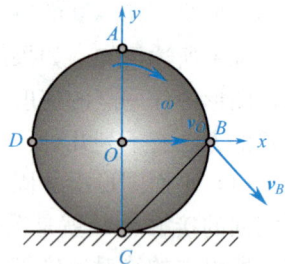

图 5-20　车轮的平面运动

【例 5-4】 如图 5-21 所示曲柄连杆滑块机构。已知：曲柄长 $OA = r$，连杆长 $AB = l$，曲柄以匀角速度 ω 转动。当曲柄的转角 $\varphi = \omega t$，杆 AB 与水平线间的夹角为 ψ 时，用瞬心法求滑块 B 的速度 v_B 和连杆 AB 的角速度 ω_{AB}。

【解】 连杆 AB 做平面运动，分别过两点 A、B 作 v_A 和 v_B 的垂线，两垂线的交点 C 为杆 AB 的速度瞬心。由于 A 点的速度可表示为

$$v_A = \omega \cdot OA = \omega_{AB} \cdot CA$$

可得做平面运动的杆 AB 的角速度

$$\omega_{AB} = \frac{\omega \cdot OA}{CA} = \frac{\omega r}{CA}$$

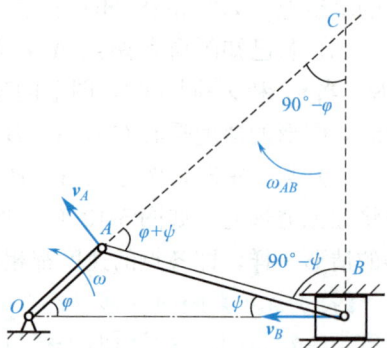

图 5-21　例 5-4 图

这样，滑块 B 的速度可表示为 $v_B = \omega_{AB} \cdot CB$

由正弦定理，可知

$$\frac{AB}{\sin(90° - \varphi)} = \frac{CA}{\sin(90° - \psi)} = \frac{CB}{\sin(\varphi + \psi)}$$

即

$$CA = \frac{\cos\psi}{\cos\varphi}l, \quad CB = \frac{\sin(\varphi + \psi)}{\cos\varphi}l$$

代入可得

$$\omega_{AB} = \frac{\omega r}{CA} = \frac{\omega r \cos\varphi}{\cos\psi l}$$

$$v_B = \omega_{AB} \cdot CB = \frac{\omega r \cos\varphi}{\cos\psi l} \times \frac{\sin(\varphi + \psi)l}{\cos\varphi} = \frac{\omega r \sin(\varphi + \psi)}{\cos\psi}$$

*任务 4　用基点法求平面图形内各点的加速度

刚体作平面运动，若某一瞬时的角速度为 ω，角加速度为 α，则其上任意一点的运动，可以看作随基点 O 的平移（牵连运动）和以 ω、α 绕基点 O 的相对转动（相对运动）。牵连运动为平移时的加速度可以用加速度合成定理求出。如图 5-22 所示，因为牵连运动为

平移，点 A 的绝对加速度等于牵连加速度与相对加速度的矢量和。点 A 的牵连加速度等于基点 O 的加速度 a_O；点 A 的相对加速度 a_{AO} 是该点随图形绕基点 O 转动的加速度，可分为切向加速度与法向加速度两部分。于是用基点法求点的加速度合成公式

$$a_A = a_O + a_{AO} = a_O + a_{AO}^\tau + a_{AO}^n \qquad (5\text{-}4)$$

即平面图形上任一点的加速度等于基点加速度与该点相对基点作圆周运动的切向加速度和法向加速度的矢量和。用式（5-4）求平面图形上各点加速度的方法称为基点法。

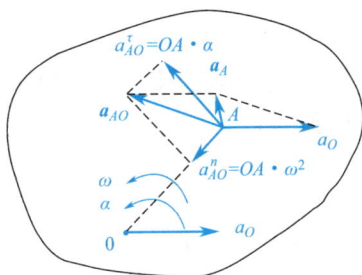

图 5-22　基点法求加速度

式（5-4）中，a_{AO}^τ 为点 A 绕基点 O 转动的切向加速度，方向与 OA 垂直，大小为

$$a_{AO}^\tau = OA \cdot \alpha$$

式中，α 为平面图形的角加速度。a_{AO}^n 为点 A 绕基点 O 转动的法向加速度，指向基点 O，大小为

$$a_{AO}^n = OA \cdot \omega^2$$

式中，ω 为平面图形的角速度，α 为角加速度。

【特别提示】式（5-4）为平面内的矢量等式，通常可向两个正交的坐标轴投影，得到两个代数方程，用以求解两个未知量。

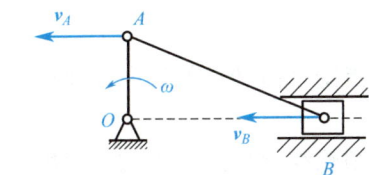

图 5-23　问题 5-10 图

问题 5-10　如图 5-23 所示，某瞬时 AB 杆上 A、B 两点的速度相等，下面说法不正确的是（　　）。

A. 此瞬时，平面图形的运动称为瞬时平移

B. 以 A 为基点，B 的牵连加速度等于 A 的加速度

C. 此瞬时 AB 杆各点速度相同

D. 此瞬时 AB 杆各点加速度相同

【例 5-5】　如图 5-24（a）所示，车轮在地面上滚动而无滑动，已知轮心 O 在图示瞬时的速度为 v_O，加速度为 a_O，轮子的半径为 r。试求轮缘与地面接触点 P 的加速度。

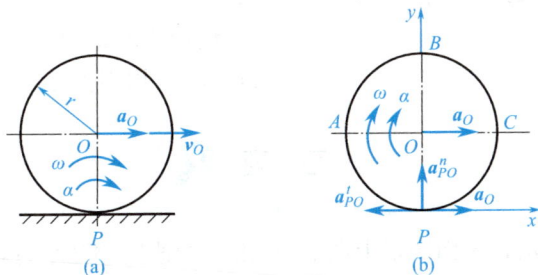

图 5-24　例 5-5 图

【解】　车轮在地面上滚动而无滑动，车轮和地面的接触点 P 为其速度瞬心。根据瞬心法，轮心 O 的速度可表示为 $v_O = OP \cdot \omega$，所以车轮的角速度为

$$\omega = \frac{v_O}{OP} = \frac{v_O}{r}$$

车轮的角加速度 α 等于角速度对时间的一阶导数。上式对任何瞬时均成立，故可对时间求导，得

$$\alpha = \frac{d\omega}{dt} = \frac{d}{dt}\left(\frac{v_O}{r}\right)$$

因为 r 是常量，于是有

$$\alpha = \frac{d}{dt}\left(\frac{v_O}{r}\right) = \frac{1}{r}\frac{dv_O}{dt}$$

因为轮心 O 作直线运动，所以它的速度 v_O 对时间的一阶导数等于这一点的加速度 a_O。于是

$$\alpha = \frac{a_O}{r}$$

以轮心 O 为基点，分析点 P 的加速度，由加速度合成定理 $a_P = a_O + a_{PO} = a_O + a_{PO}^{\tau} + a_{PO}^n$，画点 P 的加速度合成图，如图 5-24（b）所示，其中 $a_{PO}^{\tau} = OP \cdot \alpha = r \cdot \frac{a_O}{r} = a_O$，

$a_{PO}^n = OP \cdot \omega^2 = r \cdot \left(\frac{v_O}{r}\right)^2 = \frac{v_O^2}{r}$，由图可知 a_{PO}^{τ} 与 a_O 大小相等，方向相反，所以

$$a_P = a_{PO}^n = \frac{v_O^2}{r}$$

其方向垂直向上，由此可知，速度瞬心 P 的加速度不等于零。

问题 5-11　下列说法正确的是（　　）。

A. 平面图形内任一点的加速度等于基点的加速度与该点随基点转动的切向加速度和法向加速度的矢量和

B. 圆轮沿直线轨道做纯滚动，只要轮心做匀速运动，则轮缘上任意一点的加速度的方向均指向轮心

C. 车轮沿直线做纯滚动，速度瞬心的加速度等于零

D. 平面图形内任一点随基点转动的切向加速度方向指向基点

问题 5-12　某一瞬时，作平面运动的平面图形内任意两点的加速度在此两点连线上投影相等，则可以判定该瞬时平面图形的（　　）。

A. 角速度 $\omega = 0$　　　　　　　　　B. 角加速度 $\alpha = 0$

C. ω、α 同时为 0　　　　　　　　D. ω、α 均不为 0

习　题

5-1　如图 5-25 所示，平面图形上两点 A 和 B 的速度相互平行，并且速度的方向垂直于两点的连线 AB，下面说法正确的是（　　）。

A. C 点速度为零

B. $\dfrac{v_A}{v_B} = \dfrac{CB}{CA}$

C. 此时平面图形的速度瞬心在无穷远处

D. 此时平面图形无速度瞬心

5-2　如图 5-26 所示，已知平面图形上两点 A 和 B 的速度相互平行，并且速度的方向垂直于两点的连线 AB，下面说法正确的是（　　）。

A. C 点速度不为零

B. $\dfrac{v_A}{v_B} = \dfrac{CA}{CB}$

C. 此时平面图形的速度瞬心在无穷远处

D. 此时平面图形无速度瞬心

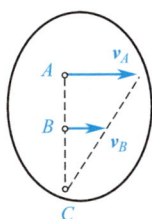
图 5-25　习题 5-1 图

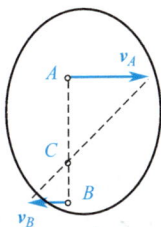
图 5-26　习题 5-2 图

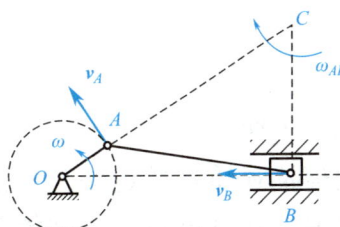
图 5-27　习题 5-3 图

5-3　如图 5-27 所示，已知平面图形内任意两点 A 和 B 的某瞬时速度的方向，且 v_A 不平行于 v_B，速度瞬心是（　　）。

A. A 点　　　　　B. B 点　　　　　C. C 点　　　　　D. O 点

5-4　试证明：当角速度等于零时，平面图形上两点的加速度在此两点的连线上的投影相等。

5-5　如图 5-28 所示椭圆规尺 AB 由曲柄 OC 带动，曲柄以角速度 ω 绕 O 轴匀速转动，如 $OC = BC = AC = r$，并取 C 为基点，求椭圆规尺 AB 的平面运动方程。

5-6　曲柄连杆滑块机构如图 5-29 所示。已知曲柄长 $OA = r$，连杆长 $AB = l$，曲柄以匀角速度 ω 转动。当曲柄的转角 $\varphi = \omega t$ 时，试求滑块 B 的速度 v_B 和连杆 AB 的角速度 ω_{AB}。

5-7　四连杆机构如图 5-30 所示。已知曲柄长 $AB = 200\text{mm}$，以 $n = 50\text{r/min}$ 作匀速转动。摇杆长 $CD = 400\text{mm}$。当机构在图示位置时，求此时连杆 BC 和摇杆 CD 的角加速度。

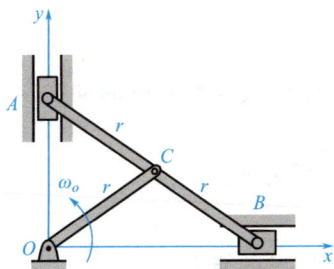
图 5-28　题 5-5 图

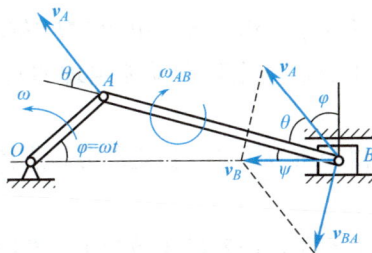
图 5-29　题 5-6 图

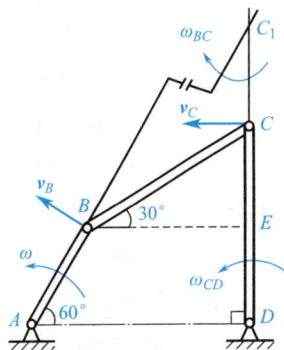
图 5-30　习题 5-7 图

项目6

Chapter 06

动力学

你知道吗?

如何描述质点的运动与质点系质心的运动?

如何描述刚体运动的动能和力的功之间的关系?

动力学研究作用于物体的力与物体运动之间的关系,建立物体机械运动的普遍规律。动力学中物体的抽象模型有质点和质点系。质点是具有一定质量而几何形状和尺寸大小可以忽略不计的理想模型。如果物体的形状和大小在所研究的问题中不可忽略,则物体可抽象为质点系。刚体是质点系的一种特殊情形,其中任意两个质点间的距离保持不变,也称为不变的刚体。刚体作平移时,因刚体内各点的运动情况完全相同,也可以不考虑这个刚体的形状和大小,而将它抽象为一个质点来研究。

动力学可分为质点动力学和质点系动力学,前者是后者的基础。

学习目标

1. 知识目标

(1) 理解质点的动力学基本方程的微分表达式。

(2) 掌握动量定理、质心运动定理和动能定理的内容和表达式。

(3) 理解转动惯量的定义,理解刚体绕定轴转动动力学方程的内容和表达式。

2. 能力目标

(1) 会运用质点的动力学基本方程求解简单的动力学问题。

(2) 会利用动量定理、质心运动定理和动能定理的直角坐标形式求解简单的动力学问题。

(3) 会运用动量守恒定律和质心运动守恒定律分析生活及工程实例。

3. 素质目标

(1) 通过分析动力学基本问题,培养运用数学工具解决力学问题的能力。

(2) 通过解决简单的动力学问题,培养抽象思维与严密的逻辑推理能力,养成良好的科学态度。

任务 1　动力学基本方程

一、动力学的基本定律

动力学基本定律是牛顿总结了前人的研究成果，在其著作《自然哲学的数学原理》中提出的三个定律，通常称为**牛顿运动三定律**。动力学基本定律是以质点为研究对象建立起来的，是动力学最基本的定律。

1. 第一定律（惯性定律）

质点如不受外力作用，则始终保持静止或匀速直线运动状态。

这个定律表明任何物体（质点）都具有保持静止或匀速直线运动状态不变的特性，物体的这种特性称为**惯性**，所以第一定律又称惯性定律。第一定律表明力是改变物体运动状态（即获得加速度）的外部原因，质量是物体惯性的唯一度量。

2. 第二定律（力与加速度关系定律）

质点受力作用时，质点的质量与加速度的乘积，等于作用于质点的力的大小，加速度的方向与力的方向相同。即

第二定律也可以表示为 $\dfrac{\mathrm{d}}{\mathrm{d}t}(mv)=\boldsymbol{F}$

$$m\boldsymbol{a}=\boldsymbol{F} \tag{6-1}$$

若质点同时受到几个力作用，则作用于质点上的各力可用合力来代表，即 $\boldsymbol{F}_{\mathrm{R}}=\sum \boldsymbol{F}_i$，设质点的质量为 m，质点的加速度为 $\boldsymbol{a}$，则第二定律可用公式表示为

$$\sum \boldsymbol{F}_i=m\boldsymbol{a} \tag{6-2}$$

式（6-2）给出了质点的质量、力和加速度三者之间的关系，称为质点动力学的基本方程，是建立其他动力学方程的基础。

在国际单位制中，使 1kg 质量的质点产生 $1\mathrm{m/s}^2$ 的加速度所施加的力，定义为 1N，即

$$1\mathrm{N}=1\mathrm{kg}\times 1\mathrm{m/s}^2$$

3. 第三定律（作用与反作用定律）

两物体间的作用力与反作用力总是大小相等、方向相反，沿着同一直线，且同时分别作用在这两个物体上。

该定律不但适用于平衡的物体，也适用于任何运动的物体。

【特别提示】凡牛顿定律成立的参考系，称为惯性参考系。相对于惯性参考系静止或作匀速直线平移的参考系都是惯性参考系，相对于惯性参考系作加速运动或转动的参考系称为非惯性参考系。对于大部分工程实际问题，可以近似地选取固结于地面的坐标系为惯性参考系。

二、质点的运动微分方程

牛顿第二定律给出了解决质点动力学问题的基本方程，若将该式表示为包含质点位置坐标对时间的导数的方程，则称为**质点运动微分方程**。

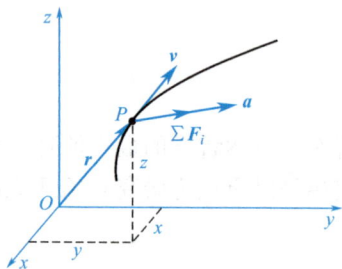

设质点 P 的质量为 m，受合力 $\sum \boldsymbol{F}_i$ 的作用沿空间作曲线运动，质点的矢径为 $\boldsymbol{r}$，如图 6-1 所示。

由运动学知

$$\boldsymbol{a} = \ddot{\boldsymbol{r}} = \frac{\mathrm{d}^2 \boldsymbol{r}}{\mathrm{d}t^2}$$

质点动力学基本方程可写为

$$m \frac{\mathrm{d}^2 \boldsymbol{r}}{\mathrm{d}t^2} = \sum \boldsymbol{F}_i \qquad (6\text{-}3)$$

图 6-1　质点沿空间作曲线运动

上式为矢量形式的质点运动微分方程。

求解动力学问题，通常需要根据运动的特点选择不同形式的参考坐标系。若将式（6-3）投影到直角坐标系 $Oxyz$ 的各坐标轴上，则得

$$m \frac{\mathrm{d}^2 x}{\mathrm{d}t^2} = \sum F_x, m \frac{\mathrm{d}^2 y}{\mathrm{d}t^2} = \sum F_y, m \frac{\mathrm{d}^2 z}{\mathrm{d}t^2} = \sum F_z \qquad (6\text{-}4)$$

式中 $\sum F_x$，$\sum F_y$，$\sum F_z$ 分别为作用在质点 P 上各力在相应的坐标轴上投影的代数和，x，y，z 为矢径 $\boldsymbol{r}$ 在相应坐标轴上的投影。式（6-4）为直角坐标形式的质点运动微分方程。

工程中，若质点 P 的轨迹已知，采用动力学基本方程在自然轴系上的投影较为方便。质点作平面曲线运动时，它在自然坐标系的质点运动的微分方程为

$$ma_\mathrm{t} = \sum F_\mathrm{t}, m \frac{v^2}{\rho} = \sum F_\mathrm{n}, 0 = \sum F_\mathrm{b} \qquad (6\text{-}5)$$

式（6-5）为自然轴系形式的质点运动微分方程。式中 a_t 为加速度在切线上的投影；ρ 为运动轨迹在该点处的曲率半径；v 为质点的运动速度；$\sum F_\mathrm{t}$、$\sum F_\mathrm{n}$、$\sum F_\mathrm{b}$ 为作用于质点的各力在切线、法线及副法线上的投影的代数和。

问题 6-1　牛顿三大定律不包括（　　）。

A. 力与加速度之间的关系定律　　　　　B. 惯性定律

C. 刚化原理　　　　　　　　　　　　　D. 作用与反作用定律

问题 6-2　质点惯性大小的度量是（　　）。

A. 加速度　　　　B. 质量　　　　C. 初速度　　　　D. 几何形状

问题 6-3　若质点受力 $\boldsymbol{F}_1$、$\boldsymbol{F}_2$、$\cdots\boldsymbol{F}_n$ 作用，其合力 $\boldsymbol{F}_\mathrm{R} = \sum \boldsymbol{F}_i$，则（　　）。

A. 质点的运动方向必与 $\boldsymbol{F}_\mathrm{R}$ 的方向相同

B. $\boldsymbol{F}_\mathrm{R}$ 越大，质点的速度 v 必然越大

C. $\boldsymbol{F}_\mathrm{R}$ 越大，质点的加速度 a 必然越大

D. 质点的加速度 a 的方向可能与 $\boldsymbol{F}_\mathrm{R}$ 的方向相同，也可能与 $\boldsymbol{F}_\mathrm{R}$ 的方向不同

三、质点动力学的两类基本问题

1. 第一类基本问题——微分问题

已知质点的运动规律，即已知质点的运动方程，或已知质点在任意瞬时的速度或加速度，求作用在质点上的未知力。

求解第一类基本问题只需对时间求两次导数即可得到质点的加速度，代入适当形式的质点运动微分方程，得到一个代数方程组，即可求解作用于质点的力。

2. 第二类基本问题——积分问题

已知作用在质点上的力，求质点的运动规律。

求解第二类基本问题较复杂，因为作用于质点上的力可能是常力，也可能是变力，而且变力在通常情况下可能是时间的函数，也可能是质点的位置坐标的函数，或者是质点速度的函数，还有可能是上述三种变量的函数。因此，只有当函数关系比较简单时，才能求得微分方程的精确解。当函数关系比较复杂时，求解将非常困难，有时只能求得近似解。

此外，求解微分方程时还将会出现积分常数，这些积分常数与质点运动的初始条件有关，如质点的初始位置和初始速度等。所以，求解这一类问题时，除了要知道作用在质点上的力以外，还必须知道质点运动的初始条件，才能完全确定质点的运动。

需要说明的是：在质点动力学问题中，有一些问题是同时包含着这两类问题的。

【例 6-1】　如图 6-2（a）所示，质量为 m 的物体放在匀速转动的水平转台上，它与转轴的距离为 r，设物体与转台表面的摩擦因数为 f，求当物体不致因转台旋转而滑出时，水平台的最大转速。

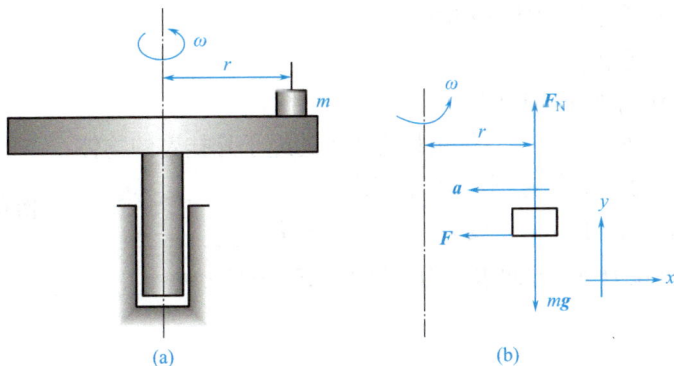

图 6-2　例 6-1 图

【解】　以物体为研究对象，受力分析和运动分析如图所示，当转速最大时，摩擦力达最大，为 $F = f F_N$，法向加速度大小为 $a = r \omega_{max}^2$

将 $\sum F = ma$ 分别向 x 和 y 方向投影，得

$$-F = -ma, \quad F_N - mg = 0$$

联立上式，解得

$$\omega_{max} = \sqrt{\frac{fg}{r}}$$

最大转速为

$$n_{\max} = \frac{30}{\pi}\omega_{\max} = \frac{30}{\pi}\sqrt{\frac{fg}{r}}\ \text{r/min}$$

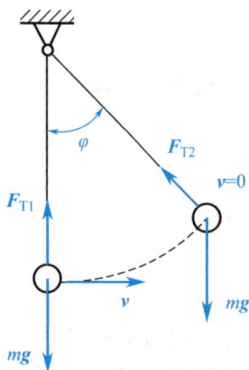

【例 6-2】 如图 6-3 所示，质量为 m 的小球，悬挂于长为 l 的细绳上，绳的质量不计。小球在铅垂面内摆动时，在最低处的速度为 v；摆到最高处时，小球速度为零，绳与铅垂线夹角为 φ，试分别计算小球在最低和最高位置时绳的拉力。

【解】

（1）最低处绳的拉力

$$F_{T1} - mg = ma_n = m\frac{v^2}{\rho} = m\frac{v^2}{l}$$

$$F_{T1} = mg + m\frac{v^2}{l}$$

图 6-3　例 6-2 图

（2）最高处绳的拉力

$$F_{T2} - mg\cos\varphi = ma_n = m\frac{v^2}{l} = 0$$

$$F_{T2} = mg\cos\varphi$$

问题 6-4　质点在力 F 作用下作匀速圆周运动，则该力的方向（　　）。

A. 随时间变化　　　　　　　　　B. 不随时间变化

C. 不能确定　　　　　　　　　　D. 沿轨迹的切线

问题 6-5　两个质量相同的运动质点，它们的初始速度的大小相同，但方向不同。若在任意时刻它们所受力的大小、方向都完全相同。下列说法正确的是（　　）。

A. 任意时刻两质点的速度大小相同

B. 任意时刻两质点的加速度相同

C. 两质点的轨迹相同

D. 两质点的切向加速度相同

问题 6-6　如图 6-4 所示，一个用长度为 l 的绳子悬挂着的物体在水平面内作速率为 v 的匀速圆周运动，则：

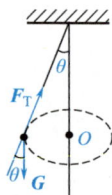

图 6-4　问题 6-6 图

（1）若在铅直方向求合力，则有：$F_T\cos\theta - G = $ _____。

（2）若沿绳子拉力 F_T 方向求合力，则有：$F_T - G\cos\theta = $ _____。

任务 2　动量定理

一、动量

1. 质点的动量

动量是物体机械运动强弱的一种度量。质点的质量 m 与其速度 v 的乘积 mv 称为质点的动量。质点的动量是矢量，其方向与质点的速度方向相同。

在国际单位制中，动量的单位是 kg·m/s。

2. 质点系的动量

质点系内各质点动量的矢量和，称为**质点系的动量**，用 p 表示。设有由 n 个质点组成的质点系，其中第 i 个质点的动量为 $m_i v_i$，则

$$p = \sum m_i v_i \tag{6-6}$$

质心是质点系的质量中心，由重心公式可推得质点系质心坐标的矢量表达式为

$$r_C = \frac{\sum m_i r_i}{m} \tag{6-7}$$

式中 r_C 为质点系质心 C 相对固定点 O 的矢径，m 为质点系的总质量，m_i 为第 i 个质点的质量，r_i 为第 i 个质点相对固定点 O 的矢径。

将式（6-7）对时间求导，得

$$m \frac{\mathrm{d}r_c}{\mathrm{d}t} = \sum m_i \frac{\mathrm{d}r_i}{\mathrm{d}t} = \sum m_i v_i$$

即

$$p = \sum m v_i = m v_c \tag{6-8}$$

上式表明，质点系的动量等于质点系的总质量与质心速度的乘积，其方向与质心速度的方向相同。

【特别提示】对于质量均匀分布的规则刚体，质心即为其几何中心，用式（6-8）计算刚体的动量非常方便。例如质量为 m 的刚体，不管其运动形式如何，若其质心的速度为 v_C，则刚体的动量为 $m v_C$，若其质心的速度为 0，则刚体的动量为 0。

二、质点系的动量定理

设质点系由 n 个质点组成，第 i 个质点的质量为 m_i，速度为 v_i。根据式（6-8），质点系的动量为

$$p = \sum m v_i = m v_c$$

上式两端对时间求导，得

$$\frac{\mathrm{d}p}{\mathrm{d}t} = m a_c$$

结合牛顿第二定律，则有

$$\frac{\mathrm{d}p}{\mathrm{d}t} = \sum F_i^e \tag{6-9}$$

上式称为质点系动量定理的微分形式，即质点动量对时间的导数等于作用于质点系的外力的矢量和。

质点系动量定理为矢量表达式，应用时通常取投影形式。对于直角坐标系，质点系动量定理可写成

$$\frac{\mathrm{d}p_x}{\mathrm{d}t} = \sum F_x^e \qquad \frac{\mathrm{d}p_y}{\mathrm{d}t} = \sum F_y^e \qquad \frac{\mathrm{d}p_z}{\mathrm{d}t} = \sum F_z^e \tag{6-10}$$

【特别提示】由质点系的动量定理可知，只有外力才能改变质点系的动量，内力不能

改变质点系的动量，但内力能改变个别质点的动量。

三、质点系动量守恒定律

质点系动量定理表明，质点系动量的改变只与外力有关，而与内力无关。若外力系的主矢为零，即 $\sum \boldsymbol{F}_i^e = 0$，则动量的变化率为零，$\boldsymbol{p}$ 保持常矢量不变，即

$$\boldsymbol{p} = 常矢量$$

若外力系主矢沿某个方向（如沿 x 轴方向）的投影为零，即 $\sum F_x^e = 0$，动量沿此方向的投影也保持不变，即

$$p_x = 常量$$

上述两个结论称为质点系动量守恒定律。

【特别提示】质点是质点系的特殊情况，质点系的动量定理也同样适用于求解质点的动力学问题。

【例 6-3】 电动机外壳固定在水平基础上，定子和外壳的质量为 m_1，转子质量为 m_2，定子和机壳质心 O_1 位于转轴的中心，由于制造误差，转子质心 O_2 到 O_1 的距离为 e，即偏心距 $O_1O_2 = e$，转子匀速转动的角速度为 ω。求基础的水平及铅直约束力。

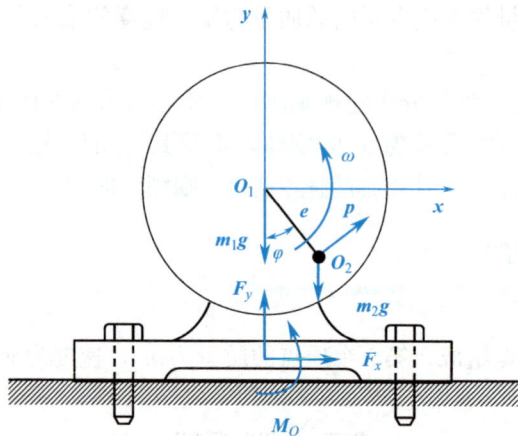

图 6-5　例 6-3 图

【解】 选取电动机外壳、定子及转子组成质点系，受力分析如图所示。

电动机外壳和定子不动，质点系的动量即为转子的动量，其大小为

$$p = m_2 \omega e$$

方向如图所示，设 $t=0$ 时，O_1O_2 铅垂，则转子转动的角度为 $\varphi = \omega t$

由动量定理的投影式，得

$$p_x = m_2 \omega e \cos\omega t, \quad p_x = m_2 \omega e \sin\omega t$$

由动量定理的微分表达式，有

$$\frac{\mathrm{d}p_x}{\mathrm{d}t} = F_x, \quad \frac{\mathrm{d}p_y}{\mathrm{d}t} = F_y - m_1 g - m_2 g$$

解得基础约束力为

$$F_x = -m_2 e\omega^2 \sin\omega t,\quad F_y = (m_1 + m_2)g + m_2 e\omega^2 \cos\omega t$$

由上式可以看出，电机不转时，$F_x = 0$，$F_y = (m_1 + m_2)g$ 称静约束力。由于转子偏心而引起的 x 和 y 方向的附加约束力都是谐变力，电机转动时的约束力称为动约束力，动约束力将会引起电机和基础的振动。

问题 6-7　关于质点系的动量及动量定理，下列说法不正确的是（　　）。

A. 质点系中个各质点动量的矢量和为质点系的动量

B. 质点系的动量等于质点系的质量与质心速度的乘积

C. 均质圆轮绕中心轴转动时其动量不为零

D. 只有外力才能改变质点系的动量

问题 6-8　如图 6-6 所示，质量为 m 的质点以速率 v 绕坐标原点 O 沿逆时针方向作半径为 R 的匀速圆周运动，从点 A（R，0）运动到点 B（0，R）的过程中动量的变化。

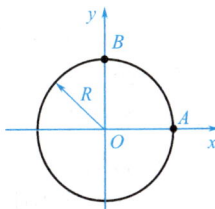

图 6-6　问题 6-8 图

任务 3　质心运动定理

质点系动量等于质点系的质量与其质心速度的乘积，即

$$p = mv_c$$

将上式代入质点系动量定理的微分形式（6-9），得

$$\frac{\mathrm{d}}{\mathrm{d}t}(mv_c) = \sum F_i^e$$

对于质量不变的质点系，由上式可得

$$ma_c = \sum F_i^e \tag{6-11}$$

式（6-11）表明，质点系的总质量与质心加速度的乘积等于作用于质点系外力的矢量和，这个结论称为质心运动定理。

【特别提示】将质心运动定理与质点运动微分方程（或牛顿第二定律）比较，可以看出，它们在形式上相似，因此质点系的质心运动规律可等同于一个质点的运动规律，这个质点集中了整个质点系的质量，且受到作用于质点系全部外力的作用。

一个质点系内各个质点由于内力和外力的作用，它们的运动情况可能很复杂，但质点系质心的运动可能很简单。例如，投掷手榴弹时，各质点的运动情况很复杂，但由于它受到的外力只有重力（忽略空气阻力的作用），它的质心在空中的运动和一个质点被抛出去的运动一样，其轨迹是一条抛物线。

由质心运动定理可知，质点系的内力不影响质心的运动，只有外力才能改变质心的运动。例如，在汽车的发动机中，气体的压力是内力，虽然它是汽车行驶的原动力，但是它不能使汽车质心运动。这种气体压力推动气缸内的活塞，经过一套机构转动主动轮，靠轮与地面的摩擦力推动汽车向前进。

质心运动定理是矢量式，应用时通常取投影形式。

质心运动定理的直角坐标投影式为

$$ma_{cx}=m\frac{\mathrm{d}^2x_c}{\mathrm{d}t^2}=\sum F_x^e,ma_{cy}=m\frac{\mathrm{d}^2y_c}{\mathrm{d}t^2}=\sum F_y^e,ma_{cz}=m\frac{\mathrm{d}^2z_c}{\mathrm{d}t^2}=\sum F_z^e \quad (6\text{-}12)$$

质心运动守恒定律

由质心运动定理可知，若作用于质点系的外力矢量和等于零，则质心作匀速直线运动；若开始静止，则质心位置始终保持不变。若作用于质点系的所有外力在某轴上投影的代数和恒等于零，则质心速度在该轴上的投影保持不变；若开始时速度投影等于零，则质心沿该轴的坐标保持不变。

以上结论称为质心运动守恒定律。

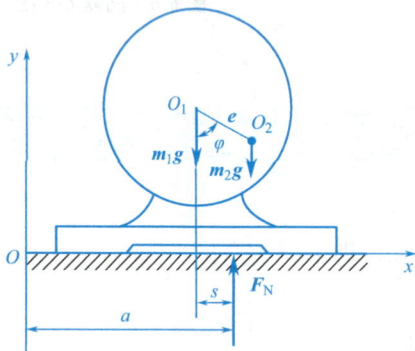

图 6-7　例 6-4 图

【例 6-4】　如图 6-7 所示，设例 6-3 中的电动机未用螺栓固定基础，初始时电动机静止，转子匀速转动的角速度为 ω，各处摩擦不计，求电动机外壳的运动方程。

【解】　选取电动机外壳、定子及转子组成质点系。电动机在水平方向没有受到外力，且初始时静止，因此系统质心坐标 x_C 保持不变，即水平方向质心守恒。

选取如图所示坐标轴。转子在静止时的质心 O_2 在最低点时，设 $x_{C1}=a$。当转子转过角度 φ 时，设定子向左移动距离 s，则系统质心坐标为

$$x_{C2}=\frac{m_1(a-s)+m_2(a+e\sin\varphi-s)}{m_1+m_2}$$

由质心守恒定律，有 $x_{C1}=x_{C2}$，解得
电动机的运动方程为

$$s=\frac{m_2}{m_1+m_2}e\sin\varphi$$

由上式可知，电动机未用螺栓固定基础时，电动机将在水平面上往复运动。

问题 6-9　刚体的质心仅与各质点的（　　）和（　　）有关。

A. 质量大小，分布的相对位置　　　　B. 质量大小，几何形状

C. 质量大小，重量大小　　　　　　　D. 重量大小，几何形状

问题 6-10　下列说法不正确的是（　　）。

A. 质点系的总质量与质心加速度的乘积等于作用于质点系的外力的矢量和

B. 质点系质心运动与质点系内的内力无关，也与外力作用位置无关

C. 质点系质心的运动仅由质点系所受的合外力决定

D. 质点系内的内力可以改变质心的运动

问题 6-11　如果质点系的质心在某轴上的坐标保持不变，则下列说法正确的是（　　）。

A. 作用在质点系上所有外力的矢量和恒等于零

B. 开始时各质点的初速度均必须为零

C. 开始时质点系质心的初速度必须为零

D. 开始时质点系质心的初速度并不一定等于零

问题 6-12 如图 6-8 所示，均质杆 AB，长 l，直立在光滑的水平面上。求它从铅直位置无初速地倒下时，端点 A 相对图 6-8（b）所示坐标系的轨迹。

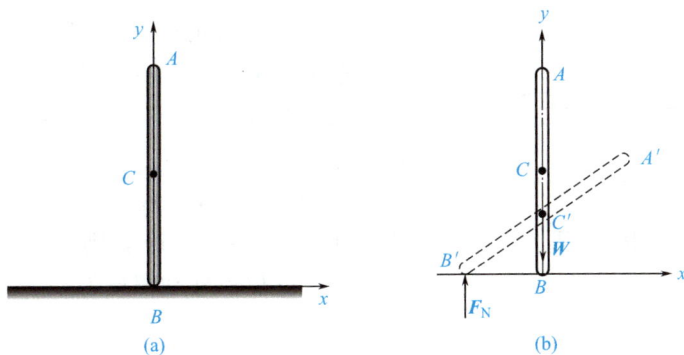

图 6-8 问题 6-12 图

任务 4 刚体绕定轴转动动力学方程

一、刚体对轴的转动惯量

工程实际中，很多问题是与刚体的转动有关的。求解这些问题，要用到表征刚体的力学特征的一个重要物理量——转动惯量。

刚体的转动惯量是刚体转动时惯性大小的量度，刚体对任意轴 z 的转动惯量定义为

$$J_z = \sum m_i r_i^2 \tag{6-13}$$

在国际单位制中，转动惯量的单位是 $kg \cdot m^2$。

式（6-13）表明，刚体的转动惯量不仅与刚体的质量大小有关，而且与质量相对于轴的分布情况有关。一个刚体的各质点离轴越远，它对该轴的转动惯量越大；反之，各质点离轴越近，它对该轴的转动惯量越小。

工程中，常常根据工作需要来选定转动惯量的大小。例如，往复式活塞发动机、冲床和剪床等机器常在转轴上安装一个大飞轮，并使飞轮的质量大部分分布在轮缘（图 6-9）。这样

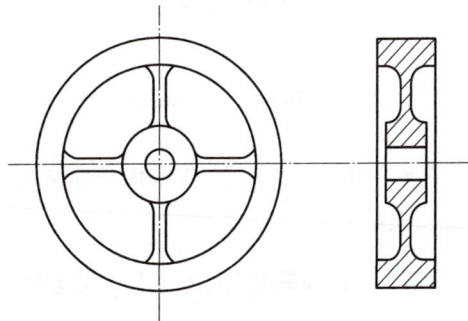

图 6-9 转轴上的飞轮

的飞轮转动惯量大，机器受到冲击时，角加速度小，可以保持比较平稳的运转状态。又如，仪表中的某些零件必须具有较高的灵敏度，这就要求这些零件的转动惯量必须尽可能的小，为此，这些零件用轻金属制成，并且尽量减小体积。

对于简单形状的刚体，若刚体的质量连续分布，则式（6-13）应改写为

$$J_z = \int_m r^2 \, dm \qquad (6\text{-}14)$$

式中 r 为微元质量 dm 到 z 轴的距离。

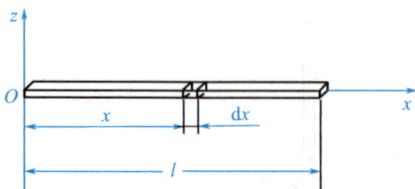

图 6-10　例 6-5 图

【例 6-5】　如图 6-10 所示均质细直杆质量为 m，长为 l，求杆对于垂直于杆轴一端的 z 轴的转动惯量。

【解】　设单位长度的杆质量为 ρ，取杆上微段 dx，其质量 $dm = \rho dx$，则

对于 z 轴的转动惯量为

$$J_z = \int_0^l (\rho dx \cdot x^2) = \rho \frac{l^2}{3}$$

杆的质量 $m = \rho l$，于是

$$J_z = \frac{1}{3} m l^2$$

【例 6-6】　如图 6-11 所示均质薄圆环，已知质量为 m，平均半径为 R，求薄圆环对其中心轴的转动惯量。

【解】　取微元质量 m_i 到中心轴的距离都等于半径 R，所以圆环对中心轴的转动惯量为

$$J_z = \sum m_i r_i^2 = R^2 \sum m_i = mR^2$$

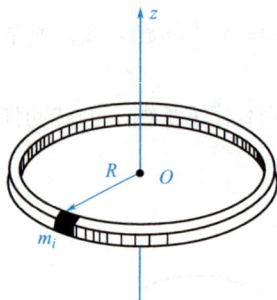

图 6-11　例 6-6 图

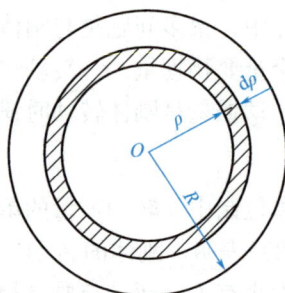

图 6-12　例 6-7 图

【例 6-7】　如图 6-12 所示均质薄圆板，已知质量为 m，半径为 R，求圆板对其中心轴的转动惯量。

【解】　在圆板上取任意半径 ρ 处厚度为 $d\rho$ 的微元圆环，均质圆板单位面积的质量为 $\dfrac{m}{\pi R^2}$，

微元圆环的质量为 $dm = \dfrac{m}{\pi R^2} \cdot 2\pi \rho d\rho$

将其代入式（6-15），得

$$J_z = \int_m r^2 \mathrm{d}m = \int_0^R \rho^2 \frac{m}{\pi R^2} \cdot 2\pi\rho \mathrm{d}x = \frac{1}{2}mR^2$$

问题 6-13　为了使机器运转稳定，常常在主轴上安装一个飞轮，这个飞轮通常边缘较厚、中间较薄且挖有一些空洞，以使其在质量相同的条件下具有（　　）。

A. 较大的转动惯量　　　　　　　　B. 较小的转动惯量

C. 转动惯量为零　　　　　　　　　D. 较大的力偶矩

问题 6-14　对于形状简单且质量连续分布的刚体，其转动惯量公式常用（　　）。

A. $J = 2\int_m r\mathrm{d}m$　　　　　　　　B. $J = \frac{1}{2}\int_m r\mathrm{d}m$

C. $J = \int_m r^2 \mathrm{d}m$　　　　　　　　D. $J = \int_m r^3 \mathrm{d}m$

二、回转半径

工程上在计算刚体的转动惯量时，常应用下面的公式

$$J_z = m\rho_z^2 \qquad (6\text{-}15)$$

其中，m 为整个刚体的质量，ρ_z 称为刚体对 z 轴的回转半径，是反映刚体质量分布状况的物理量，它具有长度的量纲。

【特别提示】回转半径不是刚体某一部分的尺寸，它只是在计算刚体的转动惯量时，在保证刚体对轴的转动惯性不变的前提下，假想地把刚体的全部质量集中在离轴距离为回转半径的某一圆柱面上（或点上），这样在计算刚体对该轴的转动惯量时，就简化为计算这个圆柱面或点对该轴的转动惯量。

表 6-1 列出了常见均质物体的转动惯量及回转半径，以备工程技术人员查阅。

均质物体的转动惯量和回转半径　　表 6-1

物体的形状	简图	转动惯量 J_z	回转半径 ρ_z
细直杆		$\frac{1}{12}ml^2$	$0.289l$
三角形		$\frac{1}{18}m(a^2+b^2-ab)$	$0.236(a^2+b^2-ab)^{1/2}$
矩形板		$\frac{1}{12}ma^2$	$0.289a$

物体的形状	简图	转动惯量 J_z	回转半径 ρ_z
薄圆板		$\dfrac{1}{4}mR^2$	$0.5R$
半圆板		$\dfrac{1}{4}mR^2$	$0.5R$
立方体		$\dfrac{1}{12}m(a^2+b^2)$	$0.289(a^2+b^2)^{1/2}$
薄壁空心球		$\dfrac{2}{3}mR^2$	$0.816R$
实心球		$\dfrac{2}{5}mR^2$	$0.632R$
圆柱体		$\dfrac{1}{2}mR^2$	$0.707R$
		$\dfrac{1}{12}m(l^2+3R^2)$	$0.289(l^2+3R^2)^{1/2}$
空心圆柱		$\dfrac{1}{2}m(r^2+R^2)$	$0.707(r^2+R^2)^{1/2}$
圆环		$m\left(R^2+\dfrac{3}{4}r^2\right)$	$0.5(4R^2+3r^2)^{1/2}$

三、平行轴定理

表 6-1 中仅列出了一些简单形状均质刚体的转动惯量的计算公式。若刚体的转轴不通过刚体的质心，这就需要利用转动惯量的平行轴定理：刚体对任一轴的转动惯量，等于刚体对过质心的平行轴的转动惯量加上刚体的质量与两轴间距离平方的乘积。即

$$J_z = J_c + md^2 \tag{6-16}$$

式中 J_c 为刚体绕通过质心且平行于转轴 z 的轴的转动惯量；m 为刚体质量；d 为转轴 z 与通过质心的平行轴的距离。转动惯量平行轴定理表明，刚体对各平行轴，以通过质心轴的转动惯量最小。

【例 6-8】　如图 6-13 所示，由均质圆盘与均质杆组成的复摆，已知圆盘质量 m，半径 r；杆质量 m，长 $l = 6r$，试求复摆对悬挂轴 O 的转动惯量 J_O。

【解】　杆对悬挂轴 O 的转动惯量：

$$J_{O杆} = \frac{1}{3}ml^2 = \frac{1}{3}m(6r)^2 = 12mr^2$$

圆盘对悬挂轴 O 的转动惯量：

$$J_{O盘} = J_{c_2} + m \cdot (l+r)^2 = \frac{1}{2}mr^2 + m(6r+r)^2 = \frac{99}{2}mr^2$$

图 6-13　例 6-8 图

复摆对悬挂轴 O 的转动惯量 J_O：

$$J_O = J_{O杆} + J_{O盘} = 12mr^2 + \frac{99}{2}mr^2 = \frac{123}{2}mr^2$$

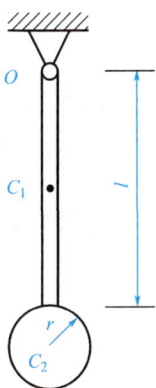

19. 钟摆的摆动

三、刚体定轴转动的动力学基本方程

如图 6-14 所示，设刚体以角速度 ω 绕轴 z 作定轴转动，刚体的角加速度为 α，刚体对轴 z 的转动惯量为 J_z，则刚体对转轴的转动惯量与其角加速度的乘积等于作用在刚体上所有外力对转轴力矩的代数和。即

$$J_z\alpha = \sum M_z(\boldsymbol{F}_i) \tag{6-17}$$

上式也可写成

$$J_z\frac{\mathrm{d}^2\varphi}{\mathrm{d}t^2} = \sum M_z(\boldsymbol{F}_i) \tag{6-18}$$

以上两式为刚体定轴转动的微分方程，也称为刚体定轴转动的动力学基本方程。由式（6-17）可知，刚体绕定轴转动时，其主动力对转轴的矩使刚体转动状态发生变化。力矩大，转动角速度大；若力矩相同，刚体转动惯量大，则角加速度小；反之，角加速度大。可见，刚体转动惯量的大小表明了刚体转动状态改变

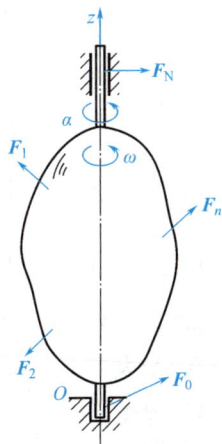

图 6-14　刚体绕定轴转动

的难易程度，进一步表明了转动惯量是刚体转动惯性的度量。

【特别提示】刚体定轴转动的微分方程与质点运动微分方程 $ma = \sum F_i$ 有相似的形式。两式中的物理量有一一对应的关系。质量 m 是质点和平移刚体惯性的度量，而转动惯量 J_z 则是刚体转动惯性的度量。利用刚体定轴转动的微分方程也可以求解两类问题。

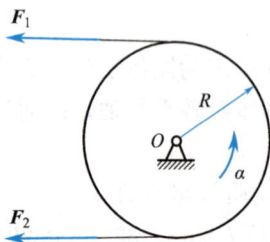

图 6-15　例 6-9 图

【例 6-9】 如图 6-15 所示，已知滑轮的半径为 R，转动惯量为 J，带动滑轮的胶带拉力分别为 F_1 和 F_2。求滑轮的角加速度。

【解】　根据刚体定轴转动的微分方程有

$$J_z\alpha = (F_1 - F_2)R$$

解得

$$\alpha = \frac{(F_1 - F_2)R}{J_z}$$

上式表明，只有当定滑轮为匀速转动（包括静止）或虽非匀速转动，但可以忽略滑轮的转动惯量时，胶带的拉力才是相等的。

问题 6-15　质量为 m 的刚体对通过质心的 z_C 轴和与它平行的 z 轴（两平行轴距离为 d）的转动惯量之间有如下关系，其中正确的是（　　）。

A. $J_z = J_{zC} + md$

B. $J_z = J_{zC} + md^2$

C. $J_z = J_{zC} + 2md^2$

D. $J_z = J_{zC} + \frac{1}{2}md^2$

问题 6-16　图 6-16 示均质等截面直杆，质量为 m，长为 l，已知 $J_z = \frac{1}{3}ml^2$，则 $J_{z'}$ 的计算表达为（　　）。

A. $J_{z'} = J_z + m\left(\frac{3}{4}l\right)^2$

B. $J_{z'} = J_z - m\left(\frac{1}{2}l\right)^2 + m\left(\frac{1}{4}l\right)^2$

C. $J_{z'} = J_z - m\left(\frac{1}{2}l\right)^2$

D. $J_{z'} = J_z - m\left(\frac{1}{2}l\right)^2 + m\left(\frac{3}{4}l\right)^2$

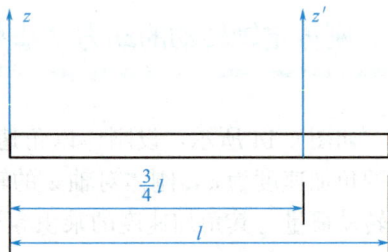

图 6-16　问题 6-16 图

问题 6-17　在一组相互平行的轴中，刚体对过其质心的轴的转动惯量（　　）。

A. 最大　　　　　　　　　B. 最小

C. 为零　　　　　　　　　D. 无法确定

任务 5　动能定理

一、力的功

如图 6-17 所示，大小和方向不变的力 F 作用于物体上，力的作用点沿某直线运动的位移为 s，力 F 在这段时间内所积累的效应用力的功来度量，记为 W，即

$$W = F\cos\theta \cdot s \tag{6-19}$$

式中 θ 为力 F 与直线位移方向之间的夹角。

在国际单位制中，功的单位为 J（焦耳），$1J = 1N \cdot m = 1kg \cdot m^2/s^2$。

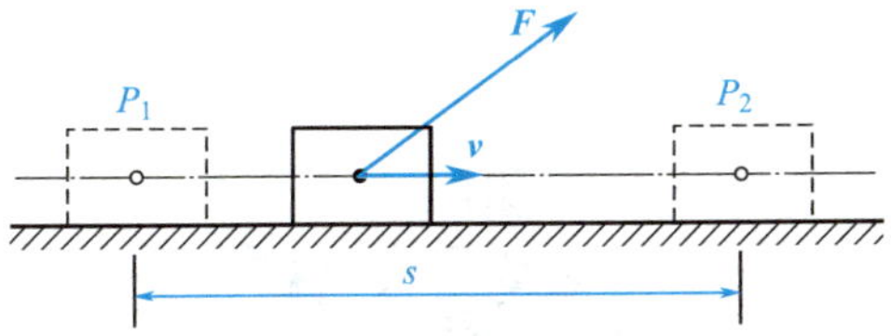

图 6-17　恒力的功

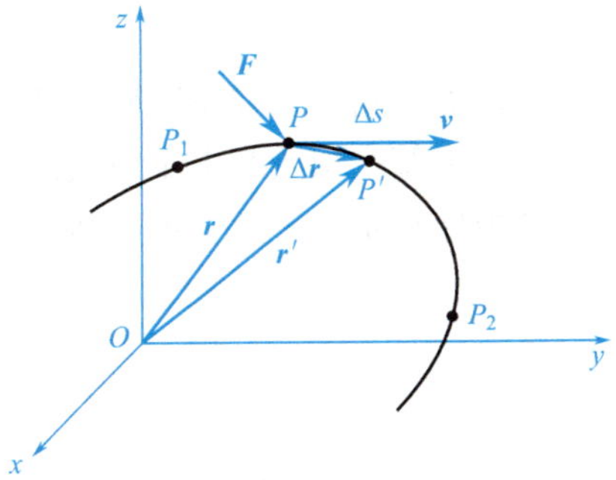

图 6-18　变力的功

如图 6-18 所示，质点 P 在变力 F 作用下作曲线运动。由于质点 P 从 P_1 至 P_2 的运动过程中，力 F 的大小和方向是变化的，不能直接应用式（6-19）计算功。当微小弧段 Δs 足够小时，微段 ds 近似于直线，则可近似地认为力 F 的大小和方向不变，则力 F 在 ds 弧段上所做的功为

$$\delta W = F\cos\theta \cdot ds$$

δW 称为力 F 在 ds 上的元功。因为 $ds = |dr|$，故

$$\delta W = F \cdot dr$$

力 F 在 $P_1 P_2$ 路程上的功就是其在全部路程上元功的总和，即

$$W = \int_{P_1}^{P_2} F \cdot dr \tag{6-20}$$

由上式可知，当力始终与质点位移垂直时，该力不作功。

将　$F = F_x \cdot i + F_y \cdot j + F_z \cdot k$ 及 $dr = dx \cdot i + dy \cdot j + dz \cdot k$ 代入式（6-19），得到作用力 F 从 P_1 到 P_2 的过程中所作的功在直角坐标系中的解析表达式为

$$W = \int_{P_1}^{P_2} (F_x \cdot dx + F_y \cdot dy + F_z \cdot dz) \tag{6-21}$$

利用式（6-20）可以推导出几种常见力所作的功。

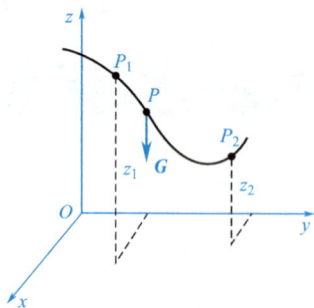

图 6-19 重力的功

（1）质点系重力的功

如图 6-19 所示，质量为 m 的质点 P 沿曲线轨迹由 P_1 运动至 P_2 重力所做的功为

$$W = mg(z_1 - z_2) \tag{6-22}$$

若为质点系在运动，以 z_{C1} 和 z_{C2} 分别表示质点系的质心在位置 1 和位置 2 的坐标，以 m 代表质点系质量，则质点系从位置 1 运动到位置 2 的过程中重力所做的功为

$$W = mg(z_{C1} - z_{C2}) \tag{6-23}$$

当 $z_{C1} > z_{C2}$，即重心降低时重力的功为正，反之为负。

上式表明，重力的功等于质点系的重力与其重心在运动始末位置高度差的乘积，而与质心运动路径无关。

（2）弹性力的功

如图 6-20 所示，若以 δ_1，δ_2 分别表示在初始和终了位置时弹簧的变形，则有

$$W = \frac{k}{2}(\delta_1^2 - \delta_2^2) \tag{6-24}$$

即弹性力的功等于弹簧刚度系数 k 与其在始末位置上变形的平方差乘积的一半。弹性力作功只与弹簧在初始和末了位置的变形量有关而与力作用点的轨迹形状无关。当 $\delta_1 > \delta_2$ 时，弹性力作正功；$\delta_1 < \delta_2$ 时，弹性力做负功。

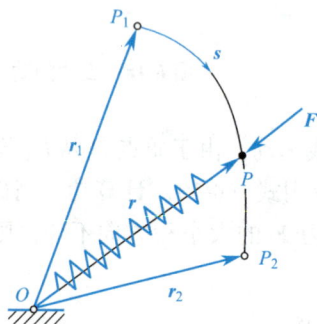

图 6-20 弹性力的功

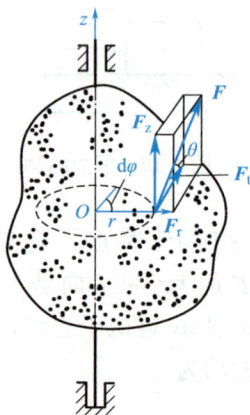

图 6-21 定轴转动刚体上力 F 的功

（3）作用于定轴转动刚体上力的功

如图 6-21 所示，作用于定轴转动刚体上的力 F 对轴 z 之矩 M_z（F）为变量，则力 F 在刚体从角 l_1 到 l_2 转动过程中做的功为

$$W_{12} = \int_{l_1}^{l_2} M_z \mathrm{d}\varphi \tag{6-25}$$

即作用于绕定轴转动刚体上力的功等于该力对转动轴的矩与转角微分 $\mathrm{d}\varphi$ 乘积的积分。

当力 F 对轴 z 之矩为常量时，力 F 在角位移 φ 上所做的功为

$$W = M_z \varphi \tag{6-26}$$

若刚体受到在垂直于转轴平面上的力偶作用，则其力偶矩的功也应用上式计算。

问题 6-18　判断下列说法正误。

（1）功是力在一段路程内所累积的效应的量度。　　　　　　　（　　）

（2）功的单位是 J，1J 等于 1N 的力在 1m 路程上做的功。　　（　　）

（3）力在无限小位移中可视为常力。　　　　　　　　　　　　（　　）

（4）当力始终与质点位移垂直时，该力不做功。　　　　　　　（　　）

（5）质点系重力做功与质心的运动轨迹形状有关。　　　　　　（　　）

（6）弹性力做的功与弹簧在初始和末了位置的变形有关，与轨迹形状有关。（　　）

问题 6-19　如图 6-22 所示一小球绕点 O 在铅直面内作圆周运动。当小球由点 A 运动到点 E 时，若沿圆弧 $ADBE$ 运动，其重力所作的功用 W_1 表示；沿圆弧 ACE 运动，其重力所作的功 W_2 表示，则（　　）。

A. $W_1 > W_2$

B. $W_1 < W_2$

C. $W_1 = W_2$

D. $W_1 = -W_2$

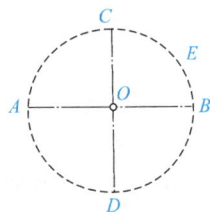

图 6-22　问题 6-19 图

问题 6-20　如图 6-23 所示，圆盘的半径 $r = 0.5$m，可绕水平轴 O 转动。在绕过圆盘的绳上吊有两物块 A、B，质量分别为 $m_A = 3$kg，$m_B = 2$kg。绳与盘之间无相对滑动。在圆盘上作用一力偶，力偶矩按 $M = 4\varphi$ 的规律变化（M 以 N·m 计，φ 以 rad 计）。求由 $\varphi = 0$ 到 $\varphi = 2\pi$ 时，则：

（1）力偶 M 所作的功为 _____。

（2）物块 A、B 重力所作的功之总和为 _____。

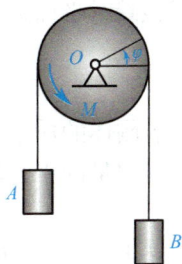

图 6-23　问题 6-20 图

二、质点系的动能

1. 质点的动能

质点的质量 m 与其速度 v 平方的乘积的二分之一定义为质点的动能，即 $\frac{1}{2}mv^2$。

动能是恒为正值的标量，其大小仅取决于质点速度的大小而与方向无关。在国际单位制中，动能的单位是 J。

2. 质点系的动能

设质点系由 n 个质点组成，所有质点的动能总和定义为质点系的动能，记为 T，即

$$T = \frac{1}{2}\sum m_i v_i^2 \tag{6-27}$$

3. 刚体的动能

刚体是由无穷多质点组成的质点系。刚体作不同的运动时，各质点的速度分布不同，刚体的动能应按照刚体的运动形式来计算。

（1）平移刚体的动能

平移的刚体内各点速度相同，可以用质心速度 v_C 表示各点速度，则平移刚体的动

能为

$$T = \sum \frac{1}{2} m_i v_i^2 = \sum \frac{1}{2} m_i v_c^2 = \frac{1}{2} m v_c^2 \tag{6-28}$$

式中 $m = \sum m_i$ 为刚体的质量。

（2）定轴转动刚体的动能

如图 6-24 所示，刚体以角速度 ω 绕固定轴 z 转动，刚体内任一质点的质量为 m_i，到轴 z 的距离为 r_i，该质点速度为 $v_i = r_i \omega$。因此，定轴转动刚体的动能为

$$T = \sum \frac{1}{2} m_i (r_i \omega)^2 = \frac{1}{2} \omega^2 \sum m_i r_i^2 = \frac{1}{2} J_z \omega^2 \tag{6-29}$$

式中 $J_z = \sum m_i r_i^2$ 为刚体对转轴 z 的转动惯量。

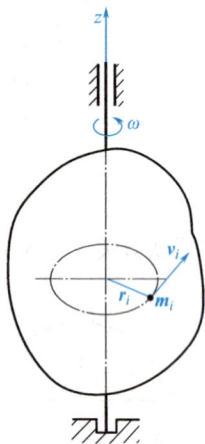

图 6-24 转动刚体的动能

（3）平面运动刚体的动能

如图 6-25 所示，若平面运动刚体的角速度为 ω，点 P 为该瞬时的速度瞬心，刚体对过点 P 且垂直平面图形的瞬时轴的转动惯量为 J_P，由式（6-29）可得该瞬时平面运动刚体的动能为

$$T = \frac{1}{2} J_P \omega^2 \tag{6-30}$$

若刚体的质量为 m，其质心 C 到瞬心 P 的距离为 r_C，则由转动惯量的平行轴定理知

$$J_P = J_C + m r_c^2$$

式中 J_C 为刚体对质心轴的转动惯量。代入式（6-30）可得

$$T = \frac{1}{2} (J_C + m r_c^2) \omega^2 = \frac{1}{2} J_C \omega^2 + \frac{1}{2} m (r_c \omega)^2$$

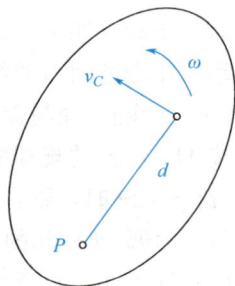

图 6-25 平面运动刚体的动能

由于 $r_c \omega = v_c$，于是有 $\quad T = \frac{1}{2} m v_c^2 + \frac{1}{2} J_C \omega^2 \tag{6-31}$

即平面运动刚体的动能等于随质心平移的动能和绕质心转动的动能之和。

问题 6-21 判断下列说法正误。

（1）质点的动量和动能都是标量。 （ ）

（2）质点的动能等于质点的质量与瞬时速度平方的乘积。 （ ）

（3）质点系动能等于质点系内各质点动能的代数和。 （ ）

（4）平移刚体的动能等于质点系的质量与质心瞬时速度平方的乘积的一半。 （ ）

（5）定轴转动刚体的动能与刚体转动角速度成正比。 （ ）

（6）平面运动刚体的动能等于随质心平移的动能与绕质心转动动能的和。

（ ）

20.
纯滚动

问题 6-22 半径为 R，质量为 m 的匀质圆盘在水平地面上作纯滚动，已知圆盘的角速度为 ω_0，轮心 C 的速度为 v_0，则该瞬时匀质圆盘的动能为（ ）。

A. $\frac{3}{4} m v_0^2$ B. $\frac{3}{2} m v_0^2$ C. $\frac{3}{8} m v_0^2$ D. $\frac{1}{2} m v_0^2$

问题 6-23　半径为 R，质量为 m 的车轮，质量分布在轮缘，在水平面作纯滚动。轮心作直线运动，速度为 v_0，则该瞬时车轮的动能为（　　　）。

A. $\dfrac{3}{4}mv_0^2$　　　　　B. $\dfrac{3}{2}mv_0^2$　　　　　C. mv_0^2　　　　　D. $\dfrac{1}{2}mv_0^2$

三、动能定理

1. 质点的动能定理

设质量为 m 的质点在力 F 作用下作曲线运动，由动力学基本方程，有

$$m\frac{\mathrm{d}\boldsymbol{v}}{\mathrm{d}t}=\boldsymbol{F}$$

等式两边分别点积 $\mathrm{d}\boldsymbol{r}$，得

$$m\frac{\mathrm{d}\boldsymbol{v}}{\mathrm{d}t}\cdot\mathrm{d}\boldsymbol{r}=\boldsymbol{F}\cdot\mathrm{d}\boldsymbol{r} \tag{6-32}$$

式（6-32）左边可写为

$$m\boldsymbol{v}\cdot\mathrm{d}\boldsymbol{v}=\frac{m}{2}\mathrm{d}(\boldsymbol{v}\cdot\boldsymbol{v})=\mathrm{d}\left(\frac{m}{2}\boldsymbol{v}^2\right)$$

右边 $\boldsymbol{F}\cdot\mathrm{d}\boldsymbol{r}=\delta\boldsymbol{W}$ 为力的元功。

式（6-32）可写为

$$\mathrm{d}\left(\frac{1}{2}mv^2\right)=\delta\boldsymbol{W} \tag{6-33}$$

式（6-33）表明，质点动能的增量等于作用在质点上力的元功。这就是质点动能定理的微分形式。

若将式（6-33）沿路径积分，则得

$$\frac{1}{2}mv_2^2-\frac{1}{2}mv_1^2=\boldsymbol{W} \tag{6-34}$$

式（6-33）表明，在某一路程中质点动能的改变量等于作用于质点上的力在同一路程上所作的功。这就是质点动能定理的积分形式。由式（6-34）可知，力作正功，质点动能增加，力作负功，质点动能减小。

2. 质点系的动能定理

质点系内任一质点的质量为 m_i，速度为 $\boldsymbol{v}_i$，根据式（6-33）可写出质点系任一质点的动能定理微分形式，即

$$\mathrm{d}\left(\frac{1}{2}m_iv_i^2\right)=\delta\boldsymbol{W}$$

式中 $\delta\boldsymbol{W}_i$ 为作用于该质点上所有外力和内力在微小路径上所作的元功。

将每个质点所列的方程相加，便可得质点系动能定理微分形式的表达式，即

$$\sum\mathrm{d}\left(\frac{1}{2}m_iv_i^2\right)=\sum\delta\boldsymbol{W}$$

由于 $\sum\mathrm{d}\left(\dfrac{1}{2}m_iv_i^2\right)=\mathrm{d}\sum\left(\dfrac{1}{2}m_iv_i^2\right)=\mathrm{d}T$，于是上式可写成

$$dT = \sum \delta W_i \tag{6-35}$$

式（6-35）表明，质点系动能的微分等于作用于质点系所有外力和内力的元功总和。这就是质点系动能定理的微分形式。

对式（6-35）进行积分，得

$$T_2 - T_1 = \sum W_i \tag{6-36}$$

式中 T_2 和 T_1 分别表示运动终了与初始时质点系的动能。式（6-36）表明在运动过程中，质点系动能的改变等于作用于质点系的所有力所作功的总和。这就是质点系动能定理的积分形式。

【特别提示】质点系的所有力作功是指质点系受到的外力和内力作功的和。应用质点系的动能定理时，应明确所有的作用力作功的情况。应注意，质点系的内力作功之和并不一定等于零，但刚体所有内力作功的和一定等于零。

21.
卷扬机
提升重物

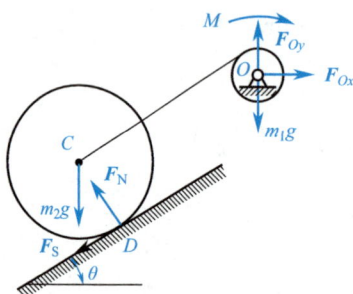

图 6-26　例 6-10 图

【例 6-10】　如图 6-26 所示，鼓轮 O 的半径 R_1、质量 m_1，质量分布在轮缘上，作用在轮上的 M 为常力偶；均质轮 C 的半径 R_2、质量 m_2，鼓轮在 M 作用下将轮 C 由静止沿斜面上拉，轮 C 在斜面上作纯滚动。试求轮心 C 走过路程 S 时的速度。

【解】　（1）运动分析，确定系统初末状态动能。

滑轮作定轴转动，轮 C 作纯滚动（平面运动）

初始静止，初状态动能 $T_1 = 0$
末状态动能

$$T_2 = \frac{1}{2} J_O \omega_1^2 + \frac{1}{2} m_2 v_2^2 + \frac{1}{2} J_C \omega_2^2$$

其中，$J_O = m_1 R_1^2$　$J_C = \frac{1}{2} m_2 R_2^2$　$\omega_1 = \frac{v_C}{R_1}$，$\omega_2 = \frac{v_C}{R_2}$

（2）对滑轮 O 和轮 C 组成的系统进行受力分析，如图 6-26 所示。

（3）作功分析，确定各力作功代数和。

轮 C 受到的法向约束力 F_N 不做功，轮作纯滚动，它与斜面接触处为速度瞬心，速度为零，因此摩擦力不作功，只有轮的重力和滑轮上的力偶作功，总功为

$$W_{12} = M\varphi - m_2 g \sin\theta \cdot S$$

其中

$$\varphi = \frac{S}{R_1}$$

（4）运用质点系的动能定理 $T_2 - T_1 = \sum W_i$，列方程求解

$$\frac{v_C^2}{4}(2m_1 + 3m_2) = M\varphi - m_2 g \sin\theta \cdot S$$

解得：$v_C = 2\sqrt{\dfrac{(M - m_2 g R_1 \sin\theta)S}{R_1(2m_1 + 3m_2)}}$

习 题

6-1 判断下列说法正误。

（1）定轴转动刚体的动能与刚体转动角速度成正比。　　　　　　　（　　）

（2）质点的动能等于质点的质量与瞬时速度平方的乘积。　　　　　（　　）

（3）滑动摩擦力可以作正功。　　　　　　　　　　　　　　　　　（　　）

（4）力作正功，质点动能增加；力作负功，质点动能减小。　　　　（　　）

（5）质点系的内力作功之和不一定等于零。　　　　　　　　　　　（　　）

（6）质点动能定理的微分形式即质点动能的增量等于作用在质点上力的元功。（　　）

（7）质点系动能定理中，动能的改变量为始末位置动能之差。　　　（　　）

（8）动能定理中速度和位移必须相对于同一参考系。　　　　　　　（　　）

（9）动能定理中力作功不包括内力作功。　　　　　　　　　　　　（　　）

（10）应用动能定理时需计入内力作功不为零的功。　　　　　　　（　　）

6-2 一质点在几个外力同时作用下运动，下列说法正确的是（　　　）。

A. 质点的动量改变时，质点的动能一定改变

B. 质点的动能不变时，质点的动量也一定不变

C. 力作正功时，质点的动能一定增加

D. 外力的功为零时，动能的变化一定为零

6-3 如图 6-27 所示圆轮沿粗糙曲面滚动而不滑动。当轮心 C 运动的路程为 S、其位移的大小为 L 时，轮缘上摩擦力 F 所作的功 W_F 为（　　　）。

A. $W_F = FS$　　　　B. $W_F = -FS$　　　　C. $W_F = FL$　　　　D. $W_F = 0$

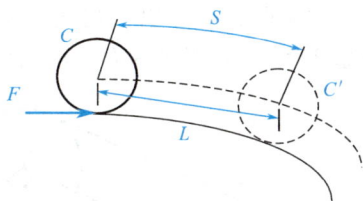

图 6-27　习题 6-3 图　　　　　　　　图 6-28　习题 6-4 图

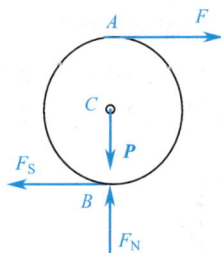

6-4 如图 6-28 所示均质圆盘质量为 m、半径为 R，其外缘上缠绕了很多圈无重细绳，绳头上用水平常力 F 牵引，使圆盘沿水平直线纯滚动。则当盘心 C 走过路程 S 时，则下列说法错误的是（　　　）。

A. 重力 P 和法向约束力 F_N 不作功

B. 水平力 F 作正功

C. 摩擦力 F_S 作负功

D. 力 F 作功大小为 $2FS$

6-5　如图 6-29 所示均质圆盘质量为 m、半径为 R，外缘上缠绕了无重细绳，绳头水平固定在墙上，盘心作用一较大的水平力常 F，使圆心向右加速运动。已知圆盘与水平地面动摩擦因素为 f，初始静止。则当盘心 C 走过路程 s 时，则下列说法错误的是（　　）。

A. 圆盘作平面运动

B. 圆盘对 C 的转动惯量为 $J_C = \dfrac{1}{2}mR^2$

C. 拉力 F_T 作正功

D. 摩擦力 F_S 作功 $-2fmgs$

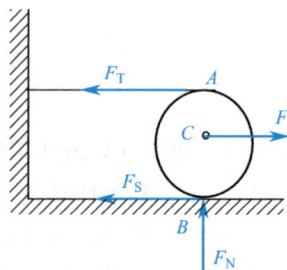

图 6-29　习题 6-5 图

6-6　如图 6-30 所示三个质量相同的质点，同时由 A 点以大小相同的速度 v_0，分别按图示的三个不同的方向抛出，然后落到水平地面上。不计空气阻力，下列说法错误的是（　　）。

A. 它们在落地时的速度大小相等

B. 它们将同时到达水平地面

C. 从开始到落地的过程中，它们的重力所作的功相等

D. 从开始到落地的过程中，它们的重力作用的动能相等

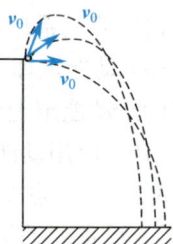

图 6-30　习题 6-6 图

6-7　一人坐雪橇从静止开始沿高度为 15m 的斜坡下滑，到达底部时速度为 10m/s。人和雪橇的总质量为 60kg（$g = 10\text{m/s}^2$），则下列说法错误的是（　　）。

A. 重力作正功

B. 摩擦力作负功

C. 下滑过程中克服阻力作功为 6000J

D. 末状态动能为 6000J

6-8　如图 6-31 所示均质细杆 AB 上固连一均质圆盘，并以匀角速 ω 绕固定轴 A 转动。设 AB 杆的质量为 m，长 $L = 4R$；圆盘质量 $M = 2m$，半径为 R，求该系统的动能 T。

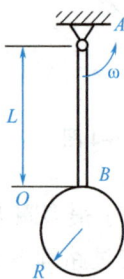

图 6-31　习题 6-8 图

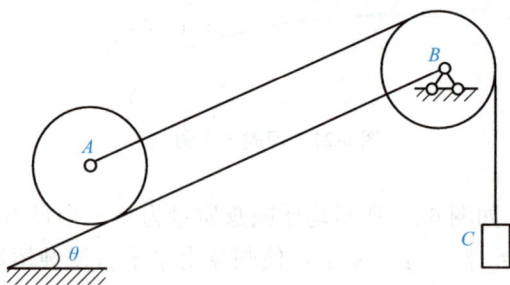

图 6-32　习题 6-9 图

6-9　如图 6-32 所示，质量为 m 的滚子 A，沿倾角为 θ 的斜面作纯滚动，通过滑轮 B 使质量为 m_1 的物体 C 下降。滑轮与滚子质量相等、半径相同，均为匀质圆盘。绳质量不计，且不可伸长。求系统由静止开始到重物下降 h 时重物的速度。

材料力学

模块 3

Chapter 07

项目7

轴向拉伸与压缩及剪切与挤压

你知道吗?

工程中的轴向拉（压）杆正常工作需要满足的条件是什么?

轴向拉伸与压缩是杆件基本变形形式之一。本项目主要讨论轴向拉压杆件的内力和应力的计算、强度条件和变形计算，介绍低碳钢和铸铁这两种具有典型意义的材料在轴向拉压时的主要力学性能，还介绍连接件强度的实用计算。

学习目标

1. 知识目标

（1）理解轴力的概念，理解并掌握截面法求轴力。

（2）理解应力的概念、掌握轴向拉（压）杆的强度条件。

（3）理解塑性材料低碳钢拉伸时的强度性质和塑性性质。

（4）理解胡克定律的表达式及适用条件。

（5）理解剪切的概念，了解连接件的受力特点和变形特点。

（6）理解应力集中的概念。

2. 能力目标

（1）熟练绘制轴向拉（压）杆的轴力图。

（2）熟练掌握轴向拉（压）杆的强度分析计算。

（3）熟练运用胡克定律计算轴向拉（压）杆的变形。

（4）会分析工程实例中简单连接件的剪切面与挤压面，掌握连接件的剪切实用计算和挤压实用计算。

3. 素质目标

（1）通过分析轴向拉（压）杆的强度条件，培养安全责任意识。

（2）通过解决工程中强度校核、截面设计和确定许用荷载问题，树立经济与安全的辩证统一观点。

任务 1 **轴向拉（压）杆的内力**

1. 轴向拉（压）变形的概念

如图 7-1 所示，当在杆件两端作用一对大小相等、方向相反的轴向外力 F 时，杆件将产生沿轴线方向伸长或者缩短的变形。图中实线表示受力变形前的尺寸，虚线表示受力变形后的尺寸。其受力特点是：杆件在外力作用下处于平衡状态，且外力或者外力合力的作用线与杆件的轴线重合。其变形特点是：杆件发生轴向拉伸时，纵向伸长而横向缩短；当发生轴向压缩时，纵向缩短而横向伸长。杆件的这种变形现象称为轴向拉伸或轴向压缩。以轴向拉伸或者轴向压缩变形为主要变形形式的杆件称为拉（压）杆。

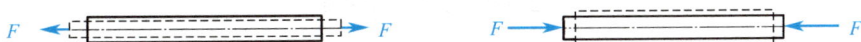

图 7-1　轴向拉伸和压缩

工程中有许多产生轴向拉伸和压缩变形的实例。例如，如图 7-2 所示的建筑结构中的柱 AB 产生轴向压缩变形；如图 7-3 所示，桁架式屋架的每根杆都是二力杆，均产生轴向拉伸或者压缩变形。

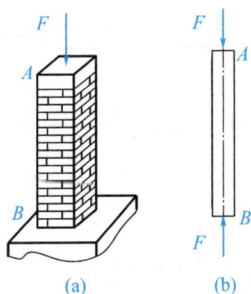

图 7-2　建筑结构中的立柱

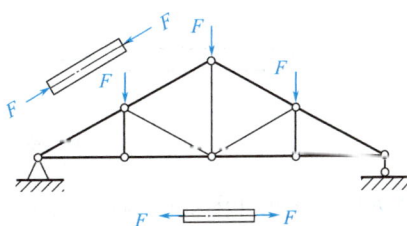

图 7-3　桁架式屋架

2. 轴向拉（压）杆横截面上的内力

（1）截面法求指定截面轴力

为了求如图 7-4（a）所示拉（压）杆横截面上的内力，沿截面 m-m 假想地把杆分成两部分，留下左部分作为研究对象。右部分对左部分的作用是一个分布力系，其合力用 F_N 来表示，如图 7-4（b）所示，由于杆件原来处于平衡状态，因此切开后各部分仍应保持平衡。

对左部分建立平衡方程，$\sum F_x = 0$，得

$$F_N - F = 0$$
$$F_N = F$$

因为外力 F 的作用线与杆件轴线重合，所以内力合力 F_N 的作用线也必然与杆轴线重

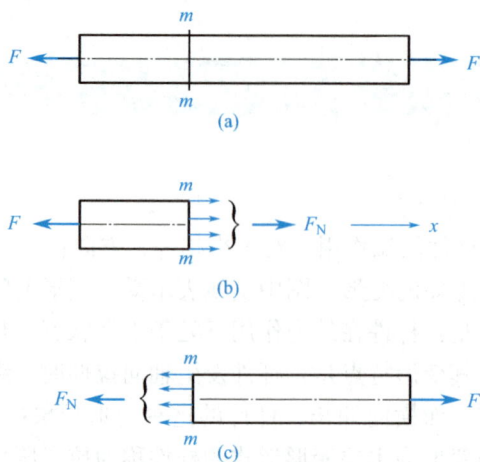

图 7-4　截面法求轴力

合，F_N 称为轴力。若取右部分为研究对象，如图 7-4（c）所示，列平衡方程 $\sum F_x = 0$，所得结果相同。为了表示轴力的方向，区别拉伸和压缩两种变形，保证无论取左段还是右段为研究对象，所求得的横截面的内力不仅大小相等而且正负号也相同。规定使杆件受拉伸时的轴力为正，此时轴力 F_N 的方向背离截面，称为拉力，如图 7-5（a）所示；使杆件受压缩时的轴力规定为负，此时轴力 F_N 的方向指向截面，称为压力，如图 7-5（b）所示。

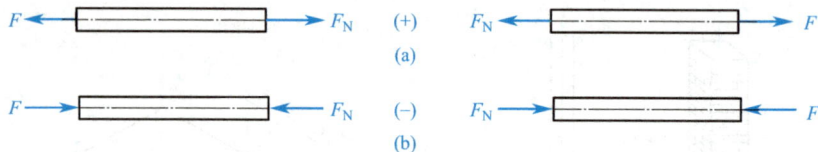

图 7-5　轴力正负号规定

【例 7-1】　试求如图 7-6（a）所示杆件横截面 1-1、2-2 上的内力 F_N。

【解】　（1）沿截面 1-1 将杆件截开分成两段，取左段为研究对象，如图 7-6（b）所示，右段对左段的作用力用 F_{N1} 代替，并假设 F_{N1} 为拉力，由平衡方程 $\sum F_x = 0$，得

$$F_{N1} - 4 = 0$$
$$F_{N1} = 4\text{kN}（拉力）$$

（2）沿截面 2-2 将杆件截开分成两段，取左段为研究对象，如图 7-6（c）所示，右段对左段截面的作用力用 F_{N2} 代替，并假设 F_{N2} 为拉力，由平衡方程 $\sum F_x = 0$ 得

$$7 - 4 + F_{N2} = 0$$
$$F_{N2} = 4 - 7 = -3\text{kN}（压力）$$

结果是负值，说明该段轴力实际是压力。若取右段为研究对象可以得到相同的计算结果，可自行验证。

截面法计算横截面上的内力时可先假定轴力 F_N 为拉力，再由平衡条件求出轴力。根据轴力的正负号来确定该段杆件是受拉还是受压。

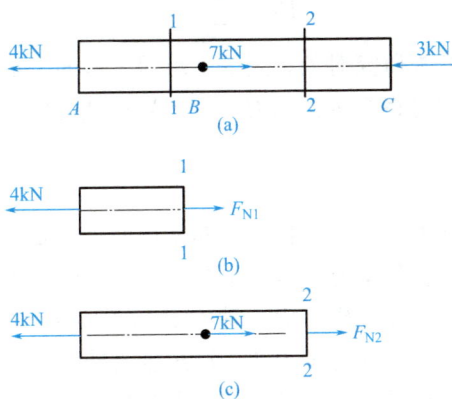

图 7-6　例 7-1 图

【例 7-2】　立柱受力如图 7-7（a）所示，已知 $F=60\text{kN}$，试求 AB 和 BC 两段的轴力。

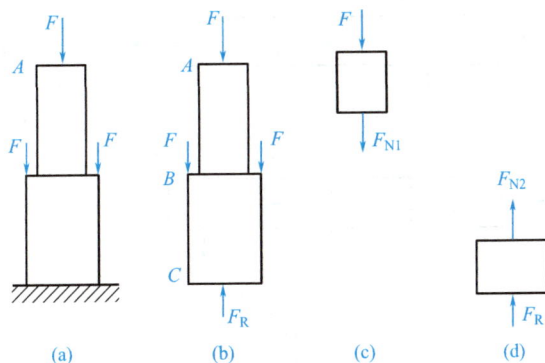

图 7-7　例 7-2 图

【解】　（1）求支座反力

为了方便计算轴力，首先求出立柱下端的支座力，受力分析如图 7-7（b）所示，由平衡方程 $\sum F_y=0$，得

$$F_R-3F=0$$
$$F_R=3F$$

（2）用截面法求两段的轴力

受力分析分别如图 7-7（c）、（d）所示，由平衡方程 $\sum F_y=0$，得两段的轴力分别为

$$F_{N1}=-F=-60\text{ kN}$$
$$F_{N2}=-F_R=-180\text{ kN}$$

通过计算可知，AB 和 BC 段的内力都为压力，工程中的轴向受力的柱子受到的内力都是压力。

（3）代数和法求指定截面轴力

由截面法求指定截面轴力的过程可知，该截面上的轴力等于截面一侧所有轴向外力的代数和，即

$$F_N = \sum_{-\text{侧}} F_i \qquad (7\text{-}1)$$

可以直接以某截面一侧的杆为研究对象，列等式求得该截面上的轴力。用代数和法列等式时，轴向外力背离指定截面时将产生正轴力，取正号；轴向外力指向指定截面时将产生负轴力，取负号。

3. 轴力图

当构件受到多个轴向外力作用时，杆的不同横截面上的轴力将各不相同。为了表明横截面上轴力随横截面位置的变化情况，可用平行于杆轴线的横坐标表示横截面的位置，用垂直于杆件轴线的纵坐标表示相应横截面上轴力 F_N 的大小，按照选定的比例，绘出表示轴力与横截面位置关系的图线，即为轴力图。通过轴力图不仅可以确定最大轴力的数值及其所在横截面的位置，而且还可以表示各段的变形是拉伸还是压缩。习惯上将正轴力值画在基线上侧，负值画在下侧。

【例 7-3】 试求图 7-8（a）所示直杆 1-1、2-2、3-3 截面上的轴力，并绘制轴力图。

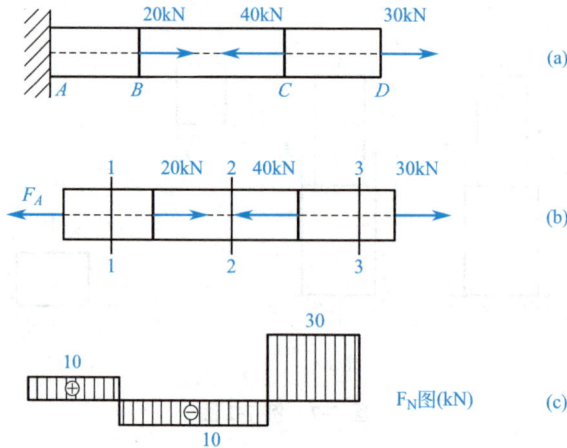

图 7-8　例 7-3 图

（1）求支座反力

由拉压杆的平衡条件可得，$F_A = 10\text{kN}$

（2）求各段的轴力

由代数和法可得，$F_{N1} = 10\text{kN}$（拉力）

$$F_{N2} = 10 - 20 = -10\text{kN}（压力）$$

$$F_{N3} = 30\text{kN}（拉力）$$

（3）作轴力图，如图 7-8（c）所示。

特别提示：悬臂拉压杆也可以不求支座反力，利用代数和法直接从悬臂端开始计算各段轴力。

问题 7-1　完成下列填空。

（1）在轴向拉（压）杆中，只有一种沿杆轴线作用的内力，这种内力称为_____，记作_____。

（2）轴向拉（压）杆的轴力正负符号按_____为正，_____为负规定。通常要求未知轴力一律按＿＿＿＿＿＿假设。

（3）通常情况下绘制轴向拉（压）杆的轴力图时，正轴力值画在基线的＿＿＿＿＿＿方，负轴力值则画在基线的＿＿＿＿＿＿方。

任务 2　轴向拉（压）杆的应力

1. 轴向拉（压）杆横截面上的应力

根据连续性假设，横截面上到处分布着内力。若以 A 表示横截面的面积，dA 上的内力元素 σdA 组成一个垂直于横截面的平行力系，其合力就是轴力 F_N。于是根据静力关系得

$$F_N = \int_A \sigma dA \tag{a}$$

为确定拉（压）杆横截面上每一点的应力，首先需要分析轴力在横截面上的分布规律。

首先观察拉（压）杆的变形。如图 7-9 所示，在等截面直杆表面画出两条垂直于杆轴线的横向线 ab 和 cd，然后在杆件两端作用一对等大、反向的轴向拉力 F。杆件变形后，横向线 ab 和 cd 分别平移至 $a'b'$ 和 $c'd'$ 的位置，其间距变大，但仍然保持为直线并且垂直于杆件轴线。根据这种变形现象，可假设：变形前是平面的横截面，变形后仍然保持为平面且与杆件轴线垂直。这个假设称为拉（压）杆的平面假设。

设想杆件是由无数根平行于轴线的纵向纤维叠合组成，由平面假设可知，轴向拉（压）杆任意两个横截面之间的所有纵向纤维都伸长（缩短）了相同的长度。再根据材料的均匀连续性假设可知，所有纵向纤维的力学性能相同且变形相同，可以推知各纵向纤维的受力也应相同，因而横截面上的内力是均匀分布的，且方向垂直于横截面。由此可知，轴向拉（压）杆横截面上只存在正应力且均匀分布，于是可得拉（压）杆横截面上正应力的计算公式为

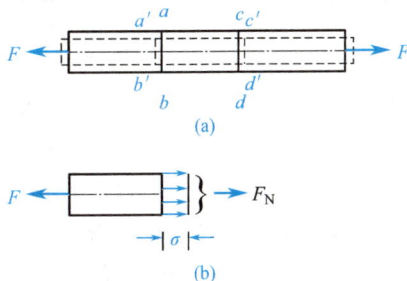

图 7-9　应力分布规律

$$F_N = \sigma \int dA = \sigma A \tag{b}$$

$$\sigma = \frac{F_N}{A} \tag{7-2}$$

对于轴向压缩的杆件，公式（7-2）仍然适用。正应力正负号的规定与轴力 F_N 相同，即拉应力为正、压应力为负。

【例 7-4】　图 7-10（a）所示变截面杆件，已知 $F = 20kN$，横截面面积 $A_1 = 2000mm^2$，$A_2 = 1000mm^2$，试作轴力图并计算杆件各段横截面上的正应力。

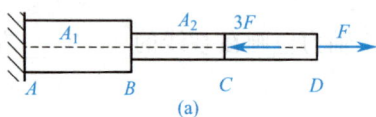

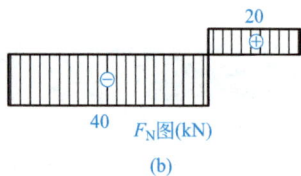

图 7-10　例 7-4 图

【解】（1）由代数和法求得 AC 和 CD 段的轴力分别为

$$F_{NAC} = -40\text{kN}$$
$$F_{NCD} = 20\text{kN}$$

（2）由于杆件为变截面，应计算三段正应力，由式（7-2）得

$$\sigma_{AB} = \frac{F_{NAB}}{A_1} = \frac{-40 \times 10^3}{2000} = -20\text{MPa（压应力）}$$

$$\sigma_{BC} = \frac{F_{NBC}}{A_2} = \frac{-40 \times 10^3}{1000} = -40\text{MPa（压应力）}$$

$$\sigma_{CD} = \frac{F_{NCD}}{A_2} = \frac{20 \times 10^3}{1000} = 20\text{MPa（拉应力）}$$

2. 轴向拉（压）杆斜截面上的应力

以上分析了拉（压）杆横截面上正应力的计算，但不同材料的实验表明，拉（压）杆的破坏并不是总沿横截面发生的。为此，应进一步讨论与横截面成任一角度的斜截面 $k-k$ 上的应力。如图 7-11（a）所示，该截面的方位用其外法线 n 与 x 轴之间的夹角 α 来表示，并规定以 x 轴为起始边，逆时针转向的 α 角为正，反之为负。用一假想的平面沿斜截面 $k-k$ 将杆件分为两部分，并研究左部分的平衡，如图 7-11（b）所示。于是，可得斜截面 $k-k$ 上的内力 F_α 为

$$F_\alpha = F_N = F$$

根据求横截面上正应力变化规律的分析过程，同样可得到斜截面上各点处的总应力 p_α 相等的结论。于是有

$$p_\alpha = \frac{F_\alpha}{A_\alpha} \qquad\qquad \text{(a)}$$

式中　A_α 是斜截面的面积。根据几何关系可知

$$A_\alpha = \frac{A}{\cos\alpha} \qquad\qquad \text{(b)}$$

将式（b）代入式（a）得

$$p_\alpha = \frac{F_\alpha}{A_\alpha} = \frac{F_N}{A}\cos\alpha = \sigma\cos\alpha \qquad \text{(c)}$$

图 7-11　斜截面上的应力

p_α 是斜截面上任一点处的总应力，为了研究方便，将 p_α 分解为垂直于斜截面的正应力 σ_α 和相切于斜截面的切应力 τ_α，如图 7-11（c）所示，于是可得

$$\sigma_\alpha = p_\alpha\cos\alpha = \sigma\cos^2\alpha \qquad\qquad (7\text{-}3)$$

$$\tau_\alpha = p_\alpha\sin\alpha = \sigma\sin\alpha\cos\alpha = \frac{1}{2}\sigma\sin2\alpha \qquad\qquad (7\text{-}4)$$

由以上两个公式可以看出，斜截面上任一点处的 σ_α 和 τ_α 是随着截面的方位 α 而变化的。当 $\alpha = 0°$ 时，$\sigma_\alpha = \sigma_{max} = \sigma$，$\tau_\alpha = 0$，即横截面上只有正应力无切应力；当 $\alpha = 45°$ 时，$\sigma_\alpha = \frac{\sigma}{2}$，$\tau_\alpha = \tau_{max} = \frac{\sigma}{2}$，即最大切应力发生在与轴线成 $45°$ 的斜截面上；当 $\alpha = 90°$ 时，$\sigma_\alpha = 0$，$\tau_\alpha = 0$，即纵向面上，正应力和切应力都为零。这表明在平行于杆件轴线的纵向截面上无

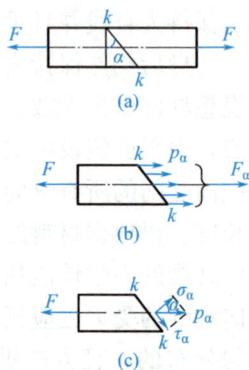

任何应力。

问题 7-2　完成下列填空。

（1）轴向拉伸或压缩时横截面上的内力和应力分别为_____和_____。

（2）轴向拉压杆横截面上只有_____应力，并沿横截面高度_____分布，其计算式为_____。

（3）轴向拉压杆件，杆内最大正应力产生在_____上，而最大切应力产生在与杆轴线成_____的斜截面上，其值等于横截面上正应力的_____。

问题 7-3　判断下列说法正误。

（1）轴向拉压杆在 45° 的斜截面上有最大的切应力。　　　　　　　　　　（　　）

（2）轴向拉压杆件的任意截面上都只有均匀分布的正应力。　　　　　　　（　　）

（3）杆件在拉伸或压缩时，任意截面上的切应力均为零。　　　　　　　　（　　）

（4）在轴向拉、压杆中，轴力最大的截面一定是危险截面。　　　　　　　（　　）

任务 3　轴向拉（压）杆的变形和胡克定律

当杆件受到轴向荷载作用时，其纵向与横向尺寸均发生变化。杆件沿轴线方向的变形，称为轴向变形或纵向变形；垂直于轴线方向的变形，称为横向变形。

1. 纵向（轴向）变形和应变

如图 7-12 所示，一等截面直杆，原长为 l，横截面面积为 A，在轴向外力 F 的作用下，杆件由原长 l 变为 l_1，则杆件的轴向伸长为：

图 7-12　轴向拉伸变形

$$\Delta l = l_1 - l \tag{7-5}$$

Δl 称为杆的纵向（轴向）变形或绝对伸长。规定 Δl 以伸长为正，缩短为负，其单位为"m"或"mm"。

Δl 反映了杆件总的纵向变形量，不能反映杆件的变形程度。杆件的变形量 Δl 与原长 l 的比值表示杆件单位长度的伸长，称为平均线应变（简称应变），用 $\bar{\varepsilon}$ 表示。

$$\bar{\varepsilon} = \frac{\Delta l}{l} \tag{7-6}$$

这里"线"表示变形时长度变化，以区别于角度的变化。一般平均线应变 $\bar{\varepsilon}$ 是杆件长度 l 的函数，当 $l \to 0$ 时（杆段成为一点）$\bar{\varepsilon}$ 所取极限值，称为该点的线应变，用 ε 表示，即

$$\varepsilon = \lim_{l \to 0} \frac{\Delta l}{l} \tag{7-7}$$

ε 称为纵向线应变，简称线应变。ε 是一个无量纲的量，其正负规定同 Δl，拉伸时 ε 为正，压缩时 ε 为负。

【特别提示】对于轴力是常数的等直杆，各横截面处纵向变形程度相同，则平均线应变与各点的线应变相同。因此这种杆件不再区分平均线应变与各点的线应变。

2. 胡克定律

对于相同材料制成的杆件，在杆长 l 和横截面面积 A 一定时，杆的轴力 F_N 越大，杆件的轴向变形 Δl 就越大；而在轴力 F_N 不变时，杆长 l 越长，则 Δl 就越大；F_N 和 l 不变时，杆越粗（横截面面积 A 越大），则 Δl 就越小。当然，在轴力 F_N、横截面面积 A 和杆长 l 一定时，杆的材料不同，Δl 也将不同。实验表明，工程中使用的大多数材料都有一个线弹性范围，在此范围内，轴向拉压杆的变形 Δl 与轴力 F_N、杆长 l 成正比，而与横截面面积 A 成反比，即

$$\Delta l \propto \frac{F_N l}{A} \tag{a}$$

引入比例常数 E，可得

$$\Delta l = \frac{F_N l}{EA} \tag{7-8}$$

上式是拉压杆的纵向变形计算公式，称为胡克定律。

将公式 $\varepsilon = \dfrac{\Delta l}{l}$ 和 $\sigma = \dfrac{F_N}{A}$ 代入式（7-8），可得胡克定律的另一个表达式：

$$\sigma = E\varepsilon \tag{7-9}$$

上式表明：在线弹性范围内，横截面上的正应力与轴向线应变成正比。比例常数 E 称为材料的弹性模量。其量纲与应力相同，数值因材料而异，可由实验测定，其值表征材料抵抗弹性变形的能力。

【特别提示】通常材料在拉伸和压缩时弹性模量值是相等的。式（7-8）表明，对于长度相同且受力相同的杆件，EA 值越大，变形 Δl 越小。EA 反映了杆件抵抗拉压变形的能力，称为杆件的抗拉（压）刚度。

3. 横向变形与泊松比

如图 7-14 所示，设杆件的原宽度为 b，在轴向拉力作用下，杆件宽度变为 b_1，则杆的横向变形为

$$\Delta b = b_1 - b \tag{7-10}$$

而横向线应变为：

$$\varepsilon' = \frac{\Delta b}{b} \tag{7-11}$$

实验结果表明：在线弹性范围以内（应力不超过比例极限时），横向应变 ε' 与纵向应变 ε 之比的绝对值是一个常数。即

$$\nu = \left| \frac{\varepsilon'}{\varepsilon} \right| \tag{7-12}$$

ν 称为横向变形因数或泊松比，是一个量纲为 1 的量。

因为当杆件轴向变形伸长时横向缩短，而轴向缩短时横向增大，所以 ε 与 ε' 的正负号总是相反的。这样，ε 与 ε' 的关系可以写成

$$\varepsilon' = -\varepsilon \nu \tag{7-13}$$

弹性模量 E 与泊松比 ν 是表示材料性质的两个弹性常数。几种常用材料的弹性模量 E 和泊松比 ν 值见表 7-1。

常用材料的弹性模量 E 和泊松比 ν 的约值　　表 7-1

材料名称	E/GPa	ν
Q235 钢	200～220	0.24～0.28
16Mn 钢	200	0.25～0.30
合金钢	210	0.28～0.32
灰口铸铁	60～160	0.23～0.27
球墨铸铁	150～180	0.24～0.27

【例 7-5】　如图 7-13（a）所示，正方形截面混凝土柱子，荷载 $F_1 = 200\text{kN}$，$F_2 = 135\text{kN}$，不计自重，上段柱边长 $a_1 = 240\text{mm}$，下段柱边长 $a_2 = 300\text{mm}$，混凝土的弹性模量 $E = 30\text{GPa}$，求柱子的总变形。

【解】　（1）画轴力图，如图 7-13（b）所示

（2）计算各段变形量

AB 段　由轴力图可知 AB 段的轴力 $F_{N1} = -200\text{kN}$，则 AB 段的变形量为

$$\Delta l_{AB} = \frac{F_{N1} \cdot l_{AB}}{EA_{AB}} = \frac{-200 \times 10^3 \times 3 \times 10^3}{30 \times 10^3 \times 240 \times 240} = -0.35\text{mm}$$

BC 段　由轴力图可知 BC 段的轴力 $F_{N2} = -470\text{kN}$，则 BC 段的变形量为

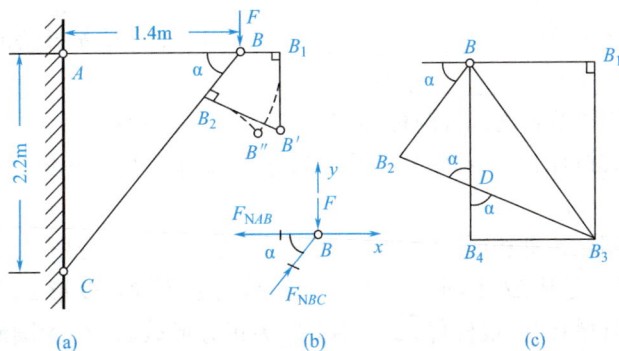

图 7-13　例 7-5 图

$$\Delta l_{BC} = \frac{F_{N2} \cdot l_{BC}}{EA_{BC}} = \frac{-470 \times 10^3 \times 3 \times 10^3}{30 \times 10^3 \times 300 \times 300} = -0.53\text{mm}$$

（3）总的变形量

$$\Delta l = \Delta l_{AB} + \Delta l_{BC} = -0.35 - 0.53 = -0.88\text{mm} = -0.105\text{mm}$$

【例 7-6】　简易支架如图 7-14（a）所示，已知杆 AB 为钢杆，面积为 $A_{AB} = 6\text{cm}^2$，弹性模量 $E_{AB} = 200\text{GPa}$；杆 BC 为木质杆，面积为 $A_{BC} = 300\text{cm}^2$，$E_{BC} = 10\text{GPa}$。若荷载 $F = 90\text{kN}$，试计算两杆的变形和结点 B 的位移。

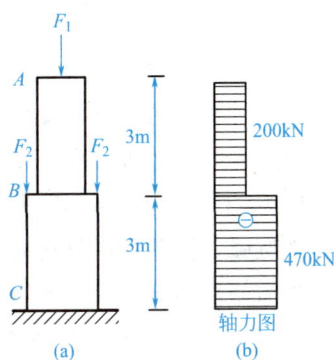

图 7-14　例 7-6 图

【解】 （1）计算各杆的轴力

取 B 结点为研究对象，受力如图 7-14（b）所示，由静力平衡条件

$$\sum F_x = 0 \qquad -F_{NAB} + F_{NBC}\cos\alpha = 0$$

$$\sum F_y = 0 \qquad F_{NBC}\sin\alpha - F = 0$$

得

$$F_{NAB} = 57.2\text{kN} \qquad F_{NBC} = -106.8\text{kN}$$

（2）计算各杆的变形量

$$\Delta l_{AB} = \frac{F_{NAB} \cdot l_{AB}}{E_{AB}A_{AB}} = \frac{57.2\times10^3 \times 1.4\times10^3}{200\times10^3 \times 6\times10^2} = 0.667\text{mm}$$

$$\Delta l_{BC} = \frac{F_{NBC} \cdot l_{BC}}{E_{BC}A_{BC}} = \frac{-106.8\times10^3 \times 2.608\times10^3}{10\times10^3 \times 300\times10^2} = -0.928\text{mm}$$

（3）计算结点 B 的位移

为了计算 B 的位移，设想将结点 B 拆开，使杆 AB 伸长 Δl_{AB} 到 B_1 点，BC 杆缩短 Δl_{BC} 到 B_2 点。分别以 A 和 C 为圆心，以 AB_1 和 CB_2 为半径画圆交于 B'' 点，如图 7-14（a）所示。B'' 点即为支架变形后结点 B 的位置。由于变形很小，B_1B'' 和 B_2B'' 是两段极其微小的圆弧，因此可用分别垂直于 AB_1 和 CB_2 的线段 $\overline{B_1B'}$ 和 $\overline{B_2B'}$ 来代替，以点 B' 为支架变形后结点 B 的位置，如图 7-14（b）所示。为便于分析，将结点 B 的位移图放大，如图 7-14（c）所示。由几何关系可得 B 点的水平位移为：

$$\overline{BB_1} = \Delta l_{AB} = 0.667\text{mm}$$

B 点的竖直位移为：

$$\overline{BB_3} = \overline{BD} + \overline{DB_3} = \frac{\overline{BB_2}}{\sin\alpha} + \frac{\overline{B_3B'}}{\tan\alpha}$$

$$= \frac{\Delta l_{BC}}{\sin\alpha} + \frac{\Delta l_{AB}}{\tan\alpha} = \frac{0.928}{0.843} + \frac{0.667}{0.843/0.536}$$

$$= 1.202 + 0.424 = 1.53\text{mm}$$

故结点 B 的位移为：

$$\overline{BB'} = \sqrt{(BB_1)^2 + (BB_3)^2} = \sqrt{0.667^2 + 1.53^2} = 1.67\text{mm}$$

问题 7-4 完成下列填空。

（1）公式 $\sigma = E\varepsilon$ 称为_____，其中 E 是材料的_____。

1MPa = _____Pa = _____N/mm^2。

（2）胡克定律的数学表达式有两种形式：1）_____；2）_____。

问题 7-5 不同材料的甲、乙两杆，几何尺寸和轴向拉力 F 相同，关于它们的应力和变形，正确的是（　　）。

A. 应力 σ 和变形 Δl 都相同　　　　　　B. 应力 σ 不同，变形 Δl 相同

C. 应力 σ 相同，变形 Δl 不同　　　　　　D. 应力 σ 不同，变形 Δl 不同

问题 7-6 相同材料的两根杆件，$l_1 = l_2$，l_1 为正方形截面，l_2 为圆形截面，其中 $A_1 = A_2$，两端均受到相同的拉力作用，则 Δl_1 与 Δl_2 的关系为（　　）。

A. $\Delta l_1 > \Delta l_2$　　　　　　　　　　B. $\Delta l_1 < \Delta l_2$

C. $\Delta l_1 = \Delta l_2$　　　　　　　　　　D. 不确定

问题 7-7　如图 7-15 所示等截面直杆，材料的抗拉（压）刚度为 EA，杆中 D 处横截面的轴向位移是（　　）。

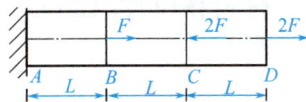

图 7-15　问题 7-7 图

A. $\dfrac{4FL}{EA}$　　　　　　　　　　B. $\dfrac{3FL}{EA}$

C. $\dfrac{2FL}{EA}$　　　　　　　　　　D. $\dfrac{FL}{EA}$

问题 7-8　在比例极限内受轴向拉伸的等直杆，若要减小杆的纵向变形，需要改变抗拉压刚度，则（　　）。

A. 减小 EA　　　　　　　　　　B. 减小 EI

C. 增大 EA　　　　　　　　　　D. 增大 EI

任务 4　材料在拉伸或压缩时的力学性能

杆件的强度、刚度和稳定性，不仅与杆件截面的形状、尺寸及受力情况有关，还与材料的力学性能有关。材料的力学性能也称为机械性能，是指在外力作用下，材料在变形和强度方面所表现出来的性能。材料的力学性能要通过实验测定。在常温静载条件下，材料常分为塑性和脆性材料两大类。下面以低碳钢和铸铁为主要代表介绍材料在拉伸和压缩时的力学性能。

为了便于比较不同材料的试验结果，对试样的形状、加工精度、加载速度、试验环境等，国家标准都有统一规定。《金属材料 拉伸试验 第 1 部分：室温试验方法》GB/T 228.1—2021，将实验材料按国家标准制成标准试件，如图 7-16 所示。根据国家金属拉伸试验的有关标准，对于试验段直径 d 的圆截面试件，规定 $l = 10d$ 或 $l = 5d$；对于试验段横截面面积为 A 的矩形截面试件，规定 $l = 11.3\sqrt{A}$ 或 $l = 5.65\sqrt{A}$。

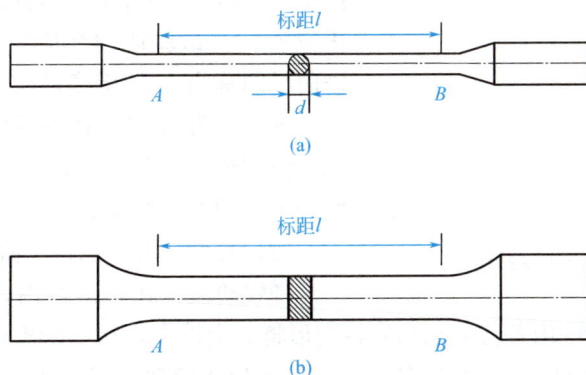

(a)

(b)

图 7-16　拉伸试件

一、材料在拉伸时的力学性能

1. 塑性材料—低碳钢在拉伸时的力学性能

低碳钢是指含碳量在 0.3% 以下的碳素钢。这类钢材在工程中应用较广，力学性能较为典型。

（1）拉伸图和应力-应变曲线

试验室将标准试件安装在万能试验机的上、下夹头中，如图 7-17 所示。拉力 F 从零开始缓慢增加，试件逐渐被拉长，直至拉断。通过拉伸试验测得的轴向拉力 F 与试验段轴向变形 Δl 之间的关系曲线称为拉伸图，如图 7-18 所示。一般万能试验机上有自动绘图装置，在拉伸过程中能自动绘出拉伸图。

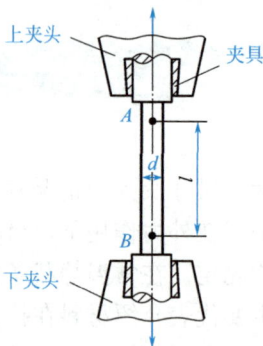

图 7-17　万能试验机夹头

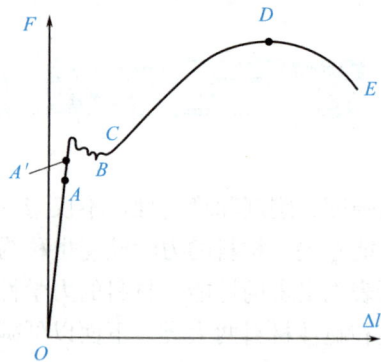

图 7-18　拉伸图

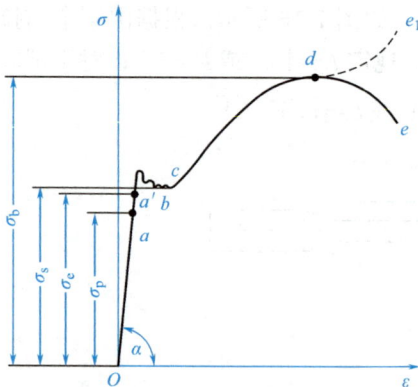

图 7-19　应力应变曲线

拉伸图受试件几何尺寸的影响，不能直接反映材料的力学性能。试件做的粗细不同、标距长短不同，拉伸图都会发生变化。因此，将拉伸图中的纵坐标 F 除以试样横截面的原始面积 A ，将横坐标 Δl 除以标距 l ，得到试验段内横截面上的正应力 σ 与试验段内线应变 ε 之间的关系曲线，该曲线图称为应力-应变曲线图或 $\sigma\text{-}\varepsilon$ 曲线，如图 7-19 所示。经过这样处理后的 $\sigma\text{-}\varepsilon$ 曲线的形状与拉伸图相似，但与试件的尺寸、长度无关，可以代表材料的力学性能。

（2）拉伸过程中的四个阶段

弹性阶段　在 Oa' 段内，可以认为变形完全是弹性的，即在此阶段内若将荷载卸去，变形将完全消失，这一阶段称为弹性阶段。该阶段内的 Oa 段为直线阶段，在此范围内，应力 σ 与线应变 ε 成正比，材料服从胡克定律，即 $\sigma = E\varepsilon$。比例系数 E 即弹性模量，由图 7-19 所示可知，$E = \tan\alpha$ ，是直线 Oa 的斜率。直线部分的最高点 a 所对应的应力称为比例极限，用 σ_p 表示。显然只有当 $\sigma \leqslant \sigma_p$ 时，应力与应变才成正比，材料服从胡克定律。低碳钢的比例极限在 200MPa 左右。

弹性阶段最高点 a' 对应的应力称为弹性极限，用 σ_e 表示。aa' 段是一段很短的微弯曲线，但在 a' 点卸载，试样的变形也将会完全消失。在 σ-ε 曲线上，a、a' 两点非常接近，所以在应用上并不严格区分弹性极限与比例极限。

屈服阶段 当应力超过弹性极限后，σ-ε 曲线上出现一段近似水平的锯齿形线段 $a'c$ 段。在该阶段，应力基本保持不变，而应变却在显著增加，好像材料暂时丧失了抵抗变形的能力，这种现象称为"屈服"。这一阶段称为屈服阶段。在屈服阶段，曲线有一段微小的波动，其最高点的应力值称为屈服上极限，而最低点的应力值称为屈服下极限。实验表明，很多因素对屈服上限的数值有影响，而屈服下限则较为稳定，能够反映材料的基本特性。因此，通常将屈服下限对应的应力称为屈服极限，用 σ_s 表示。低碳钢的屈服极限 σ_s 在 235MPa 左右。由于屈服阶段会产生明显的塑性变形，是杆件正常工作所不允许的，因此屈服极限 σ_s 是衡量材料强度的重要指标。

在屈服阶段，将试件卸下，表面经过抛光，可以看到其表面会出现许多与试件轴线成约 45° 夹角的条纹，这些条纹称为滑移线，如图 7-20 所示。这是由于轴向拉伸时 45° 斜面上最大切应力的作用，使材料内部晶格发生相对滑移的结果。

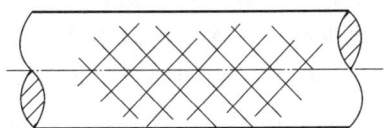

图 7-20 滑移线

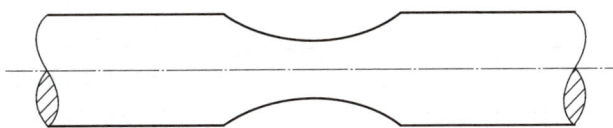

图 7-21 "颈缩"现象

强化阶段 经过屈服阶段后，因塑形变形材料结构内部重新调整，又增强了抵抗变形的能力，表现为曲线自 c 点开始又继续上升，直到最高点 d 为止，这一现象称为强化，这一阶段称为强化阶段，如图 cd 段。d 点所对应的应力值，是材料所能承受的最大应力，称为强度极限，用 σ_b 表示。它是衡量材料强度的另一重要指标。低碳钢的强度极限约为 400MPa。在强化阶段试件的变形主要是塑性变形且比前两个阶段变形大得多，还可以明显看到试件的横截面尺寸在缩小。

局部变形阶段 当应力到达最大值后，应力-应变曲线开始下降，如图 de 段。此时，试件的变形主要集中在某一小段内，该段的横截面面积显著缩小，出现如图 7-21 所示的"颈缩"现象。由于颈缩部位截面面积的急剧减小，致使试件继续变形的拉力 F 下降，到 e 点试件被拉断。

由上述的试验现象可以看到，当应力到达屈服极限 σ_s 时，材料会产生显著的塑性变形；材料经历了强化阶段后，会由于局部变形而导致断裂。这都是工程实际中应当避免的。因此，屈服极限 σ_s 和强度极限 σ_b 是反映材料强度的两个性能指标，也是拉伸试验中需要测得的重要数据。

（3）塑性指标——延伸率和断面收缩率

将拉断试件对接后测量，此时标距的长度由原来的 l 变为 l_1。试件原横截面面积为 A，拉断后断口处的最小横截面面积为 A_1。通常用相对残余变形来表征材料的塑性性能。因此，工程中用来衡量材料塑性性能的指标有：

延伸率

$$\delta = \frac{l_1 - l}{l} \times 100\% \tag{7-14}$$

断面收缩率

$$\psi = \frac{A - A_1}{A} \times 100\% \tag{7-15}$$

延伸率和断面收缩率是衡量材料塑性的重要指标。延伸率和断面收缩率越大，说明材料的塑性性能越好。工程中通常按延伸率的大小把材料分成两类：延伸率大于等于 5% 的材料为塑形材料，如碳钢；延伸率小于 5% 的材料称为脆性材料，如铸铁。

（4）卸载规律和冷作硬化

若在 σ-ε 曲线的强化阶段内的任意一点 k 处缓慢地卸去荷载，则此时的 σ-ε 曲线将沿着与 Oa 近似于平行的直线 kO_1 回落到 O_1 点，如图 7-22 所示。这说明在卸载过程中，应力与应变之间是呈直线关系，这就是卸载规律。荷载全部卸去后，O_1O_2 是消失的弹性应变，而 OO_1 则是残留下来的塑性应变。卸载后重新加载，则应力应变曲线将大致沿着 O_1kde 的曲线变化，直至断裂。

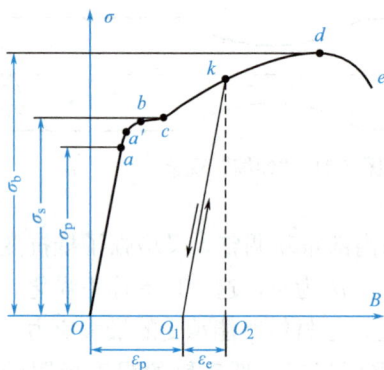

图 7-22　卸载规律

从图 7-22 中可以看出，卸载后重新加载，材料的比例极限和屈服极限提高了，强度极限不变，而断裂后的塑性应变减少了 OO_1。材料经过先加载至强化阶段某点 k 再卸载的处理后应用到工程中，可提高材料的比例极限，这种不经过热处理而提高材料强度的方法称为冷作硬化。冷作硬化现象经退火后又可消除。

在实际工程中，常利用冷作硬化来提高材料的弹性极限，如起重用的钢索和建筑用的钢筋借助冷拔工艺以提高强度。但由于冷作硬化后材料的塑性降低，某些零件容易产生裂纹，给下一步加工造成困难，因此往往需要在工序之前安排退火处理，以消除冷作硬化的不利影响。

2. 其他塑性材料拉伸时的力学性能

工程上常用的塑性材料，除低碳钢以外，还有中碳钢、高碳钢和合金钢、铝合金、青铜、黄铜等。图 7-23 中是几种塑性材料的 σ-ε 曲线。其中有些材料，如 Q345 钢和低碳钢一样，有明显的弹性阶段、屈服阶段、强化阶段和局部变形阶段。有些材料，如黄铜 H62，没有屈服阶段，但是其他三个阶段却很明显。还有些材料，如高碳钢 T10A，只有弹性阶段和强化阶段，没有屈服阶段和局部变形阶段。

对没有明显屈服阶段的塑性材料，可以将产生 0.2% 塑性应变时的应力作为屈服指标，称为名义屈服极限或条件屈服极限并用 $\sigma_{0.2}$ 来表示，如图 7-24 所示。

3. 铸铁拉伸时的力学性能

灰口铸铁是典型的脆性材料。将铸铁的标准试件按低碳钢拉伸实验同样的方法进行实验，得到铸铁拉伸时的 σ-ε 曲线，如图 7-25 所示。从这条曲线上可以看出没有明显的直线

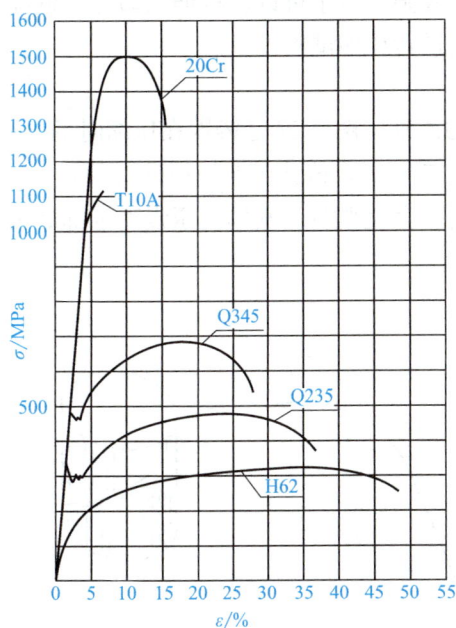

图 7-23　其他塑性材料的应力应变曲线

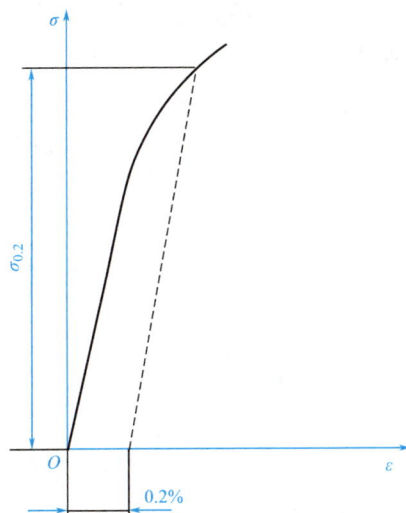

图 7-24　名义屈服极限

部分,是一段微弯曲线。它在较小的拉力下就被拉断,没有屈服和颈缩现象,拉断前的应变很小,延伸率也很小。拉断时 σ-ε 曲线最高点所对应的应力 σ_b 称为强度极限。因为没有屈服极限,强度极限是衡量铸铁强度的唯一指标。由于铸铁等脆性材料拉伸时的强度极限很低,因此不宜用作抗拉构件的材料。

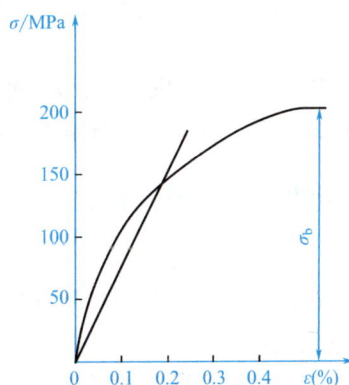

图 7-25　铸铁拉伸时的应力应变曲线

由于铸铁的 σ-ε 曲线没有明显的直线段,故应力与应变不再成正比例关系。但由于铸铁拉伸时总是在较低的应力下工作,且变形很小,可近似地认为服从胡克定律。通常以 σ-ε 曲线的割线近似地代替曲线的开始部分,并以割线的斜率作为弹性模量 E,称为割线弹性模量。

二、材料在压缩时的力学性能

1. 塑性材料压缩时的力学性能

金属材料做压缩试验时,试件一般制成短圆柱体,以免被压弯,试件高度一般为直径的 1.5～3 倍。混凝土、石料等则制成立方体的试块。

低碳钢压缩时的 σ-ε 曲线如图 7-26 所示。试验结果表明:低碳钢压缩时的弹性模量 E、屈服极限 σ_s 都与拉伸时大致相同。屈服阶段后,试件越压越扁,横截面面积不断增大，抗压能力也继续提高，因而得不到压缩时的强度极限。由于可以从拉伸试验测得低碳钢的主要力学性能，所以对于低碳钢，通常不一定要进行压缩试验。

2. 脆性材料在压缩时的力学性能

脆性材料在压缩时的力学性能与拉伸时有较大的差别。图 7-27 是铸铁在压缩时的 σ-ε 曲线，曲线最高点的应力 σ_{bc} 称为抗压强度。由图 7-27 可知，铸铁压缩与拉伸时的 σ-ε 曲线形状类似，但其抗压强度 σ_{bc} 要远高于抗拉强度 σ_b。其他脆性材料的抗压强度也都远远高于抗拉强度。因此脆性材料适宜制作抗压构件。

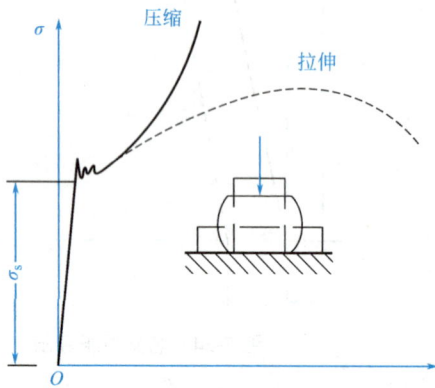

图 7-26　塑性材料压缩时的应力应变曲线　　图 7-27　脆性材料在压缩时引力应变曲线

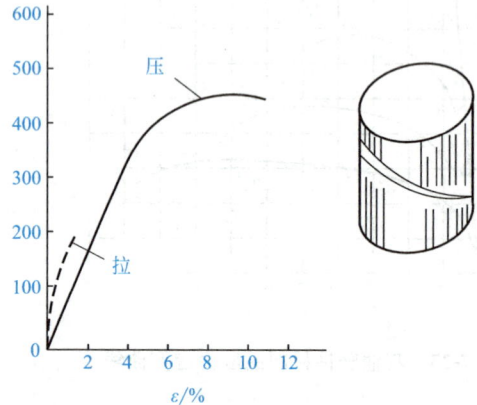

铸铁压缩破坏的断口大致与轴线成 $45°\sim55°$ 倾角，这是由于该斜截面上的切应力较大，由此表明，铸铁的压缩破坏主要是切应力引起的。

三、塑性材料与脆性材料力学性能比较

通过以上实验可分析出塑性材料和脆性材料的力学性能上的差别，归纳起来主要表现在以下几点：

（1）塑性材料断裂时延伸率大，塑性性能好；脆性材料断裂时延伸率很小，塑性性能很差，所以用脆性材料做成的构件，其断裂破坏总是突然发生的，破坏前无征兆，因此选择脆性材料作为构件时需要有较多的安全储备；而塑性材料通常是在显著的形状改变后才破坏。

（2）多数塑性材料在拉伸和压缩变形时，其弹性模量及屈服极限值基本一致，亦即其抗拉和抗压的性能基本相同，所以应用范围广；多数脆性材料抗压性能远大于抗拉性能，所以宜用于制作受压杆件。

（3）塑性材料承受动荷载的能力强，脆性材料承受动载的能力很差，所以承受动荷载作用的构件应由塑性材料制成。

（4）多数塑性材料在弹性范围内，应力与应变关系服从胡克定律；而多数脆性材料在拉伸和压缩时，σ-ε 曲线没有直线段，是一条微弯的曲线，应力和应变的关系不服从胡克定律，只是由于 σ-ε 曲线的曲率小，所以在应用上假设它们是成正比例关系。

（5）表征塑性材料力学性质的指标有比例极限 σ_p、弹性极限 σ_e、屈服极限 σ_s、强度极限 σ_b、弹性模量 E、延伸率 δ、断面收缩率 ψ 等；表征脆性材料力学性质的指标只有强度极限 σ_b 和弹性模量 E。

问题 7-9　完成下列填空。

（1）圆柱形拉伸试样直径为 d，常用的比例试样其标距长度 l 与 d 的关系为_____ 或_____。

（2）低碳钢拉伸过程经历的四个阶段分别为_____、_____、_____、_____。

（3）应力与应变保持线性关系时的最大应力，称为_____，记作_____。

（4）卸除荷载后能完全消失的那一部分变形，称为_____；不能消失而残留下来的那一部分变形，称为_____。

（5）在低碳钢的拉伸试验中，材料的应力变化不大而变形显著增加的现象称为_____。

（6）对于没有明显屈服阶段的塑性材料，通常用 $\sigma_{0.2}$ 表示_____，$\sigma_{0.2}$ 是_____等于 0.2% 时的应力值。

（7）材料卸载-再加载曲线最主要的特征是_____强度明显提高。

（8）材料在拉（压）破坏实验中，有屈服极限和强度极限两个重要的强度指标，及_____和_____两个重要的塑性指标。

（9）延伸率 $\delta = (L_1 - L)/L \times 100\%$ 中 L_1 指的是_____，通常以延伸率小于_____作为定义脆性材料的界限。

（10）标距为 100mm 的标准试件，直径为 10mm，拉断后测得伸长后的标距为 123mm，缩颈处的最小直径为 6.4mm，则该材料的延伸率 $\delta =$ _____，断面收缩率 $\psi =$ _____。

（11）冷作硬化可以提高塑性材料的_____，降低_____。

（12）铸铁材料（根据拉伸、压缩、扭转）性能排序：抗拉_____抗剪_____抗压。（选填 "<" ">" "="）

任务 5　**轴向拉（压）杆的强度计算**

1. 极限应力和许用应力

1）失效

由于各种原因使杆件丧失正常工作能力的现象称为失效。对于塑性材料，当工作应力达到屈服极限 σ_s 或名义屈服极限 $\sigma_{0.2}$ 时，杆件将出现显著的塑性变形，从而导致杆件不能正常工作，即认为材料已失效。对于脆性材料，直到杆件被拉断时也无明显的塑性变形，其失效形式表现为脆性断裂。

2）极限应力

工程中把材料丧失正常工作能力时的应力称为极限应力，用 σ_u 表示。故取屈服极限 σ_s 或名义屈服极限 $\sigma_{0.2}$ 作为塑性材料的极限应力 σ_u。取 σ_b（拉伸）或 σ_{bc}（压缩）作为脆性材料的极限应力 σ_u。

3）工作应力

杆件在外荷载作用下产生的应力称为工作应力，为截面上的真实应力，用 σ 表示。

4）许用应力

工程中使用的构件必须保证安全、可靠，不允许构件材料发生破坏，同时考虑到计算的可靠度、计算公式的近似性、构件尺寸制造的准确性等因素，故将材料的极限应力除以一个大于 1 的安全系数 n，作为材料的许用应力，用 $[\sigma]$ 表示。极限应力大于许用应力，将极限应力与许用应力之差作为安全储备。

对于塑性材料

$$[\sigma] = \frac{\sigma_s}{n_s} \text{ 或 } [\sigma] = \frac{\sigma_{0.2}}{n_s} \tag{7-16}$$

对于脆性材料

$$[\sigma] = \frac{\sigma_b}{n_b} \text{ 或 } [\sigma] = \frac{\sigma_{bc}}{n_b} \tag{7-17}$$

式中，n_s、n_b 分别是塑性材料和脆性材料的安全系数。从安全的程度看，断裂比屈服更危险，所有一般 $n_b > n_s$。

【特别提示】安全因数的选择并不是单纯的力学问题，必须综合考虑计算荷载、应力的准确性、杆件工作的重要性以及材料的可靠性等因素影响，还要综合考虑工程和经济等多方面的因素。塑性材料一般取 $n_s = 1.4 \sim 1.7$，脆性材料一般取 $n_b = 2.5 \sim 5$。

2. 轴向拉（压）杆的强度条件

为保证轴向拉（压）杆在外力作用下安全可靠地工作，应使杆件的最大工作应力不超过材料的许用应力，因此，拉压杆的强度条件为

$$\sigma_{max} = \frac{F_N}{A} \leqslant [\sigma] \tag{7-18}$$

式中　　F_N——拉（压）杆的轴力；

　　　　A——拉（压）杆的横截面面积；

　　σ_{max}——拉（压）杆横截面上的最大工作应力。

3. 轴向拉（压）杆的强度计算

根据强度条件式（7-18）可以解决以下三种类型的强度计算问题。

（1）强度校核

已知杆件所受的外力，横截面面积和材料的许用应力，校核强度条件是否满足，从而确定在给定的外力作用下是否安全，即

$$\sigma_{max} = \frac{F_N}{A} \leqslant [\sigma] \tag{7-18a}$$

若 $\sigma_{max} \leqslant [\sigma]$，则杆件满足强度要求，是安全的；若 $\sigma_{max} \geqslant [\sigma]$，则杆件通常不满足强度要求，是不安全的，但是只要超出量（$\sigma_{max} - [\sigma]$）不大于许用应力的 $[\sigma]$ 的 5%，仍然认为杆件能安全工作。

（2）设计截面尺寸

已知杆件所受的外力，即可算出杆件的最大轴力，再根据强度条件设计杆件的横截面尺寸，即

$$A \geqslant \frac{F_{\text{N}}}{[\sigma]} \tag{7-18b}$$

（3）确定许用荷载

已知杆件的横截面面积和材料的许用应力，根据强度条件确定杆件能够承受的最大外力，由公式可得

$$F_{\text{N}} \leqslant [\sigma] \cdot A \tag{7-18c}$$

【例7-7】　如图 7-28（a）所示阶梯形杆，AB、BC 和 CD 段的横截面面积分别为 $A_1 = 1500\text{mm}^2$、$A_2 = 625\text{mm}^2$、$A_3 = 900\text{mm}^2$。$F_1 = 120\text{kN}$、$F_2 = 220\text{kN}$、$F_3 = 260\text{kN}$、$F_4 = 160\text{kN}$。杆的材料为 Q235 钢，$[\sigma] = 170\text{MPa}$。试校核该杆的强度。

【解】　（1）画出杆的轴力图，如图 7-28（b）所示。

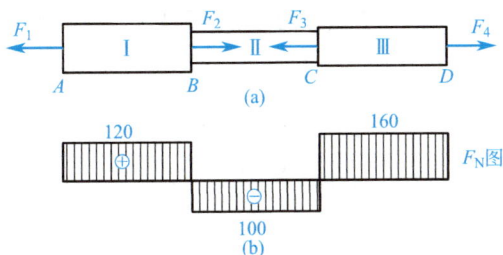

图 7-28　例 7-7 图

（2）确定危险截面

由轴力图和各段杆的横截面面积可知，危险截面可能在 BC 段或 CD 段，BC 段或 CD 段横截面上的正应力分别为

$$\sigma_2 = \frac{F_{\text{N2}}}{A_2} = \frac{-100 \times 10^3}{625} = -160\text{MPa（压应力）}$$

$$\sigma_3 = \frac{F_{\text{N3}}}{A_3} = \frac{160 \times 10^3}{900} = 177.8\text{MPa（拉应力）}$$

根据计算结果可知杆的最大正应力发生在 CD 段，则

$$\sigma_{\max} = \sigma_3 = 177.8\text{MPa} > [\sigma] = 170\text{MPa}$$

$\sigma_{\max}$ 稍大于 $[\sigma]$，超过的量为

$$\frac{177.8 - 170}{170} \times 100\% = 4.6\% < 5\%$$

故该杆满足强度要求。

【例7-8】　如图 7-29（a）所示，水平梁 BC 上受到均布荷载 $q = 10\text{kN/m}$ 作用，斜杆 AB 由两根等边角钢组成，材料的许用应力 $[\sigma] = 160\text{MPa}$，试选择角钢型号。

【解】　（1）求斜杆 AB 的轴力，取 BC 梁为研究对象，如图 7-29（b）所示。

由

$$\sum M_C = 0 \qquad F_{BA} \times \frac{3}{5} \times 4 - q \times 4 \times 2 = 0$$

得

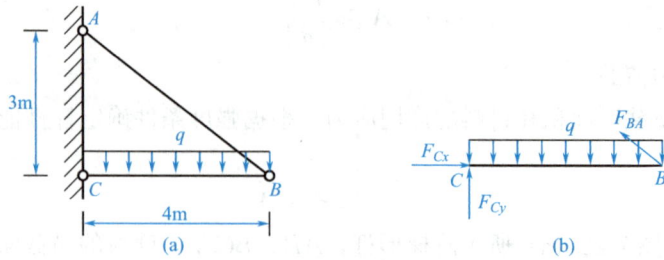

图 7-29　例 7-8 图

$$F_{BA}=\frac{100}{3}\text{kN}$$

故

$$F_{NAB}=F_{BA}=\frac{100}{3}\text{kN}$$

（2）设计截面

由 AB 杆强度条件

$$\sigma_{AB}=\frac{F_{NAB}}{A_{AB}}\leqslant[\sigma]$$

得

$$A_{AB}\geqslant\frac{F_{NAB}}{[\sigma]}=\frac{\frac{100}{3}\times10^3}{160}=208\text{mm}^2$$

选择角钢型号，每根角钢所需面积最小为 $\frac{208}{2}=104\text{mm}^2$

由型钢表查得等边角钢 20mm×20mm×3mm 的面积 $A=113\text{mm}^2$，略大于每根角钢所需最小面积，故采用两根 20mm×20mm×3mm 的等边角钢。

【例 7-9】　如图 7-30（a）所示，三角架由 AB 和 BC 两杆组成，杆 AB 由两根 12.6 号槽钢组成，其许用应力 $[\sigma]=160$MPa，杆 BC 由一根 22a 号工字钢组成，其许用应力 $[\sigma]=100$MPa，求许用荷载 $[F]$。

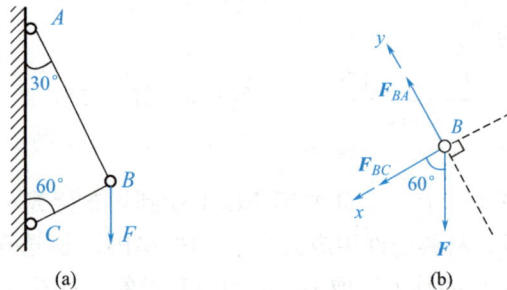

图 7-30　例 7-9 图

【解】　（1）各杆的轴力

取 B 点为研究对象，受力分析如图 7-30（b）所示

138

$$\sum F_x = 0 \qquad F_{BC} + F\cos60° = 0$$

$$\sum F_y = 0 \qquad F_{BA} - F\sin60° = 0$$

得

$$F_{BA} = \frac{\sqrt{3}}{2}F, \; F_{BC} = -\frac{1}{2}F$$

计算结果表明，BA 杆为拉杆，BC 杆为压杆。

（2）确定两杆的面积

由附录查得，两根 12.6 号槽钢的面积 $A_1 = 15.69\text{cm}^2 \times 2$，一根 22 号工字钢面积 $A_2 = 42\text{cm}^2$。

（3）确定许用荷载 $[F]$。

根据 AB 杆强度条件确定许用荷载 $[F]$：

由

$$F_{BA} = \frac{\sqrt{3}}{2}F \leqslant A_1 \cdot [\sigma]_{AB}$$

得

$$[F]_{AB} = 580.4\text{kN}$$

根据 BC 杆强度条件确定许用荷载 $[F]$：

由

$$F_{BC} = \frac{1}{2}F \leqslant A_2 \cdot [\sigma]_{BC}$$

得

$$[F]_{BC} = 840\text{kN}$$

为保证结构的安全，该三角架所能承受的最大荷载 $[F] = 580.4\text{kN}$。

问题 7-10　完成下列填空。

（1）根据强度条件可进行强度计算，通常包括三方面，分为 _____、_____、_____。

（2）构件在实际工作环境下所承受的应力称为 _____，构件工作应力的最高限度叫 _____，构件中最大的工作应力不能超过 _____，超过该应力时称为 _____。

（3）Q235 钢的 σ-ε 曲线如图 7-31 所示，则材料的屈服极限 $\sigma_s = $ _____MPa，强度极限 $\sigma_b = $ _____MPa，弹性模量 $E = $ _____GPa，强度计算时，若取安全系数为 2，那么塑性材料的许用应力 $[\sigma] = $ _____MPa，脆性材料的许用应力 $[\sigma] = $ _____MPa。

问题 7-11　判断下列说法正误。

（1）在轴向拉、压杆中，轴力最大的截面一定是危险截面。　　　　　　（　　）

（2）塑性材料的抗拉能力远大于抗压能力。　　　　　　　　　　　　（　　）

（3）拉（压）杆的强度问题不仅与荷载及材料有关，还与构件的横截面有关。（　　）

问题 7-12　为使材料有一定的强度储备，安全系数的取值应（　　）。

A. 大于 1　　　　　　　　　　　　B. 等于 1

C. 小于 1　　　　　　　　　　　　D. 都有可能

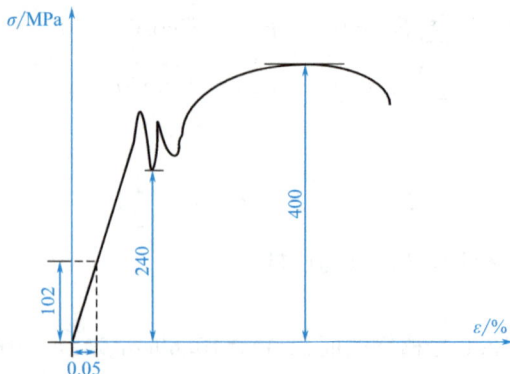

图 7-31　问题 7-10（6）图

问题 7-13　拉（压）杆危险截面指的是（　　）。

A. 轴力大的截面　　　　　　　　B. 尺寸小的截面

C. 应力大的截面　　　　　　　　D. 尺寸大的截面

问题 7-14　如图 7-32 所示，在 A 和 B 两点连接绳索 ACB，绳索上悬挂重 P 的物体。点 A 和点 B 的距离保持不变，绳索的许用拉应力为 $[\sigma]$。绳索的用料最省时，角 α 为（　　）。

A. $0°$　　　　　　　　　　　　B. $30°$

C. $45°$　　　　　　　　　　　　D. $60°$

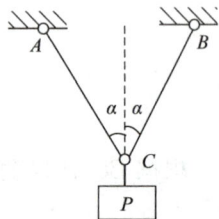

图 7-32　问题 7-14 图

任务 6　应力集中的概念

拉压杆横截面上的计算公式只适用于等截面直杆，对于横截面平缓变化的拉（压）杆，按等截面直杆的应力计算公式进行计算，在工程计算中一般是允许的。但是在工程实际中，由于结构或者工艺上的要求，在杆件上开有孔洞、刻槽或留有凹角等，致使这些部位上的截面尺寸发生突然变化。实验结果和理论分析表明，在零件尺寸突然改变的横截面上，应力并不是均匀分布的。

如图 7-33（a）所示，在带有小圆孔的橡胶板条的板面上画上网格，其受拉后的变形情况如图 7-33（b）所示。可以看到，在圆孔附近的网格比其余的网格有较大的变形，表明圆孔附近的应力明显的增大，a-a 截面上的正应力呈明显的非均匀性。在离开孔稍远处，网格的变形趋于均匀，表明离孔稍远处的应力呈均匀分布如图 7-33（c）所示。同样，如图 7-34（a）所示具有切口的板条，受轴向拉伸时，在切口截面上的应力呈明显的非均匀性，切口附近的应力值剧增如图 7-34（b）所示，在切口稍远处的截面上，应力呈迅速降低趋于均匀，如图 7-34（c）所示。

这种由于截面尺寸的突然改变而引起截面突变处应力局部急剧增大的现象称为应力集中。设发生应力集中截面上最大应力为 $\sigma_{\max}$，同一截面按削弱后的净面积计算的平均应力为 σ，则比值

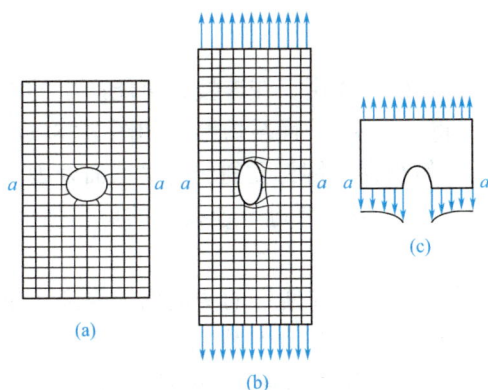

图 7-33 应力集中现象

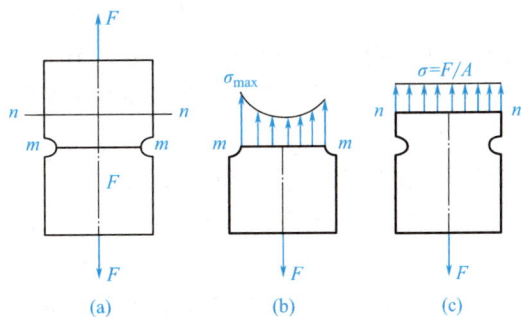

图 7-34 应力分布规律

$$K = \frac{\sigma_{\max}}{\sigma} \tag{7-19}$$

称为理论应力集中系数，用 K 表示。它反映了应力集中的程度，是一个大于 1 的因数。实验结果表明：截面尺寸改变的越急剧，角越尖、孔越大，应力集中的程度越严重。因此，杆件上应尽可能避免带尖角的孔和槽。

【特别提示】塑性材料制成的构件在静载作用下通常可以不考虑应力集中的影响，脆性材料制成的构件，通常要考虑应力集中的影响。

任务 7 剪切与挤压的实用计算

在工程中，经常需要把杆件相互连接起来，如图 7-35 所示。在这些连接中，螺栓、铆钉、销轴、键等都是起连接作用的部件，称为连接件。

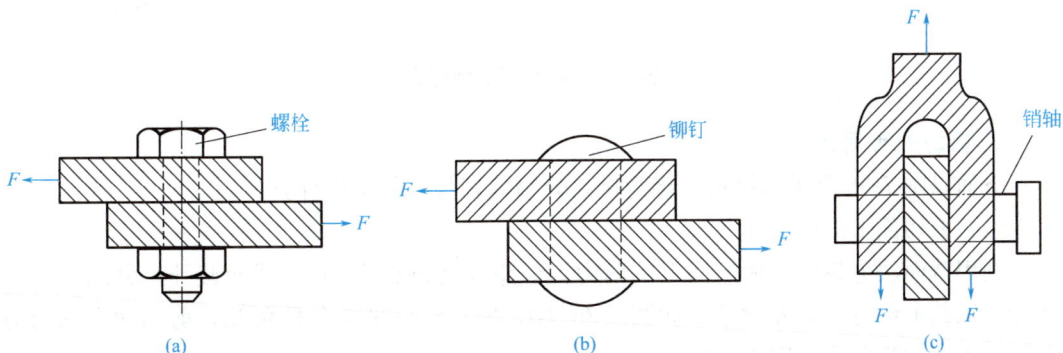

图 7-35 连接件示例

由于这些连接件体积比较小，其受力及变形比较复杂，要用精确的理论方法分析其应力是非常困难的。工程中常根据实践经验和构件的受力特点，作出一些假设进行简化计算，简称实用计算。

1. 剪切和挤压的概念

如图 7-36（a）所示，两块钢板用铆钉连接并受拉力 F 作用。在连接处可能产生的破坏有：在两侧与钢板接触面的压力 F 作用下，铆钉将沿 m-m 截面被剪断，如图 7-36（c）所示；铆钉与钢板在接触面上因为挤压而发生破坏；钢板在受铆钉孔削弱的横截面处因强度不足发生破坏。因此，为了保证连接件的正常工作，一般需要进行连接件的剪切强度、挤压强度和钢板的抗拉强度的计算。

铆钉的受力简图，如图 7-36（b）所示，其受力特点是：在铆钉的两侧面上受到大小相等，方向相反，作用线相距很近而且垂直于铆钉轴线的两个外力 F 作用。在这种外力作用下，铆钉的主要变形特点是：铆钉将沿两外力作用线之间的截面 m-m 发生相对错动，如图 7-36（c）所示。铆钉的这种变形称为剪切变形，发生相对错动的截面 m-m 称为剪切面或受剪面，剪切面与外力作用线平行。当外力足够大时，铆钉将沿剪切面被剪断。

同时，在铆钉与钢板相互接触的侧面上，会发生彼此间的相互压紧，这种局部承压现象称为挤压。相互挤压接触面称为挤压面，挤压面与外力的作用线垂直。当挤压面传递的压力较大时，就会在局部区域产生显著的塑性变形，如图 7-36（e）所示。

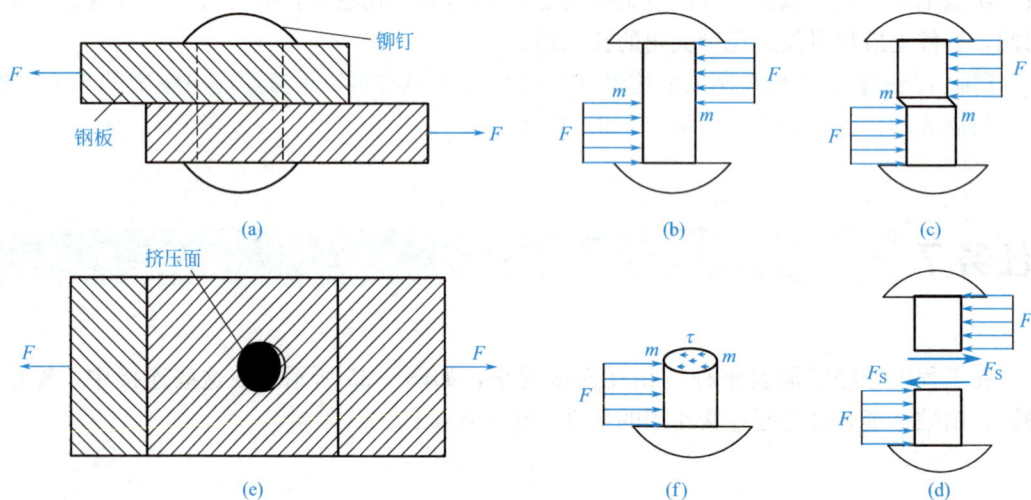

图 7-36　剪切面与切应力

2. 剪切的实用计算

下面以图 7-36 所示的铆钉连接为例，介绍剪切强度的实用计算。

（1）剪切面上的内力

利用截面法分析铆钉剪切面上的内力。假想地将铆钉沿 m-m 截面截开，分成上下两部分，取其上部分为研究对象，如图 7-36（d）所示。由平衡条件可知，剪切面上的内力为切向力，称为剪力，用 F_S 表示。由平衡方程

$$\sum F_x = 0, \quad F_S = F$$

（2）剪切面上的应力

剪切面上的内力是剪力，因此在剪切面上必有切应力 τ，如图 7-36（f）所示。而 τ

在剪切面上的分布情况比较复杂，在实用计算中是以剪切面上的平均切应力为依据的，即

$$\tau = \frac{F_s}{A_s} \tag{7-20}$$

式中，A_s 为剪切面面积。按式（7-20）计算的 τ 并非剪切面上的真实切应力，称为计算切应力（或名义切应力）。

（3）剪切强度条件

为了保证构件在工作时不发生剪切破坏，要使构件剪切面上的计算切应力不超过材料的许用切应力，故剪切强度条件为：

$$\tau = \frac{F_s}{A_s} \leqslant [\tau] \tag{7-21}$$

式中，$[\tau]$ 为铆钉材料的许用切应力，它是通过材料的剪切破坏试验得到的剪切强度极限除以安全系数得到的。

剪切强度条件同样可以解决强度校核、设计截面尺寸和确定许用荷载三类问题。

【例 7-10】　如图 7-37 所示夹剪，用力 $F = 0.3\text{kN}$ 剪切直径 $d = 5\text{mm}$ 的铁丝。已知 $a = 30\text{mm}$，$b = 100\text{mm}$，试计算铁丝上的切应力。

【解】　（1）计算剪力

设铁丝承受的剪力为 F_s，根据平衡条件有

$$\sum M_O = 0 \qquad F \times b - F_s \times a = 0$$

得

$$F_s = 1\text{kN}$$

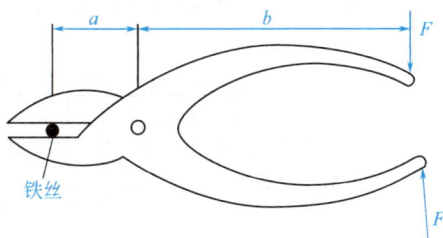

图 7-37　例 7-10 图

（2）计算切应力

$$\tau = \frac{F_s}{\dfrac{\pi d^2}{4}} = \frac{1 \times 10^3 \times 4}{3.14 \times 5^2} = 50.9\text{MPa}$$

3. 挤压的实用计算

连接件除承受剪切外，在连接件和连接件的接触面上还承受挤压。所以对连接件还需进行挤压的强度计算。

挤压面上的压力称为挤压力，用 F_{bs} 表示。在挤压面上产生的正应力称为挤压应力。若挤压应力过大，将使铆钉或铆钉孔产生显著的局部塑性变形，造成铆钉松动而丧失承载能力，发生挤压破坏。

在挤压面上，挤压应力的分布情况也比较复杂，如图 7-38 所示。在实用计算中假设挤压应力均匀地分布在挤压面上。因此挤压应力可按下式计算：

$$\sigma_{bs} = \frac{F_{bs}}{A_{bs}} \tag{7-22}$$

在实用计算中，当连接件与被连接构件的接触面为平面时，A_{bs} 就是接触面的面积（又称为正投影面积）。当接触面为圆柱面时，则以圆孔或圆钉的直径平面面积 hd 为挤压面积，如图 7-39 所示，由此计算出的挤压应力与实际的最大挤压应力大致相等。

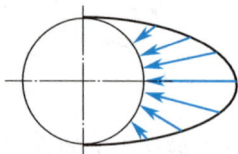

图 7-38 挤压应力

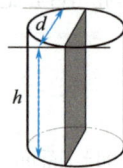

图 7-39 挤压面

相应的强度条件是

$$\sigma_{bs} = \frac{F}{A_{bs}} \leqslant [\sigma_{bs}] \qquad (7-23)$$

式中，$[\sigma_{bs}]$ 为材料的许用挤压应力。

【例 7-11】 如图 7-40 所示，两块钢板用相同的四个铆钉连接，受轴向拉力 F 作用。已知 $F = 160kN$，两块钢板的厚度均为 $\delta = 12mm$，宽度 $b = 100mm$，铆钉直径 $d = 20mm$，许用挤压应力 $[\sigma_{bs}] = 320MPa$，许用切应力 $[\tau] = 170MPa$，钢板的许用拉应力 $[\sigma] = 170MPa$。试校核连接件的强度。

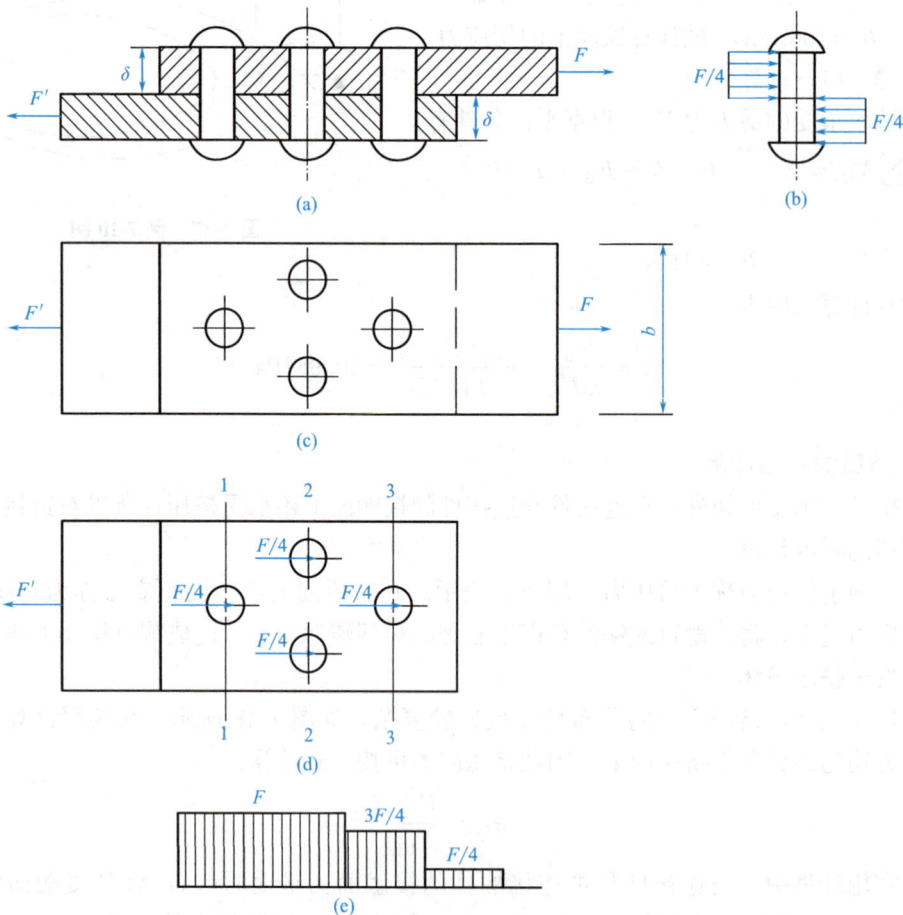

图 7-40 例 7-11 图

【解】　（1）校核连接件的抗剪强度

连接件由四个相同的铆钉连接且与外力作用线对称，则可认为每个铆钉所受作用力相等，如图 7-40（b）所示，于是有

$$F_\mathrm{S} = \frac{F}{4} = 40\mathrm{kN}$$

根据剪切强度条件，则

$$\tau = \frac{F_\mathrm{S}}{A_\mathrm{S}} = \frac{40 \times 10^3}{\dfrac{\pi \times 20^2}{4}} = 127.3\mathrm{MPa} < [\tau] = 140\mathrm{MPa}$$

故满足抗剪强度要求。

（2）校核铆钉的挤压强度

根据抗压强度条件有

$$\sigma_\mathrm{bs} = \frac{F}{A_\mathrm{bs}} = \frac{40 \times 10^3}{20 \times 12} = 166.7\mathrm{MPa} < [\sigma_{bs}] = 320\mathrm{MPa}$$

故满足抗压强度要求。

（3）校核钢板的抗拉强度。

取下面一块板作为研究对象，受力分析如图 7-40（d）所示。根据受力情况，轴力图如图 7-40（e）所示。所以危险截面可能是 1-1 截面（内力最大），也可能是 2-2 截面（面积最小）。因此应分别按拉压杆的强度条件进行校核。

$$\sigma_1 = \frac{F}{(b-d)\delta} = \frac{160 \times 10^3}{(100-20) \times 12} = 166.7\mathrm{MPa} < [\sigma] = 170\mathrm{MPa}$$

$$\sigma_2 = \frac{\frac{3}{4}F}{(b-2d)\delta} = \frac{\frac{3}{4} \times 160 \times 10^3}{(100-40) \times 12} = 166.7\mathrm{MPa} < [\sigma] = 170\mathrm{MPa}$$

故满足钢板的抗拉强度要求。

综上所述，连接件的强度满足强度要求。

问题 7-15　完成下列填空。

（1）如图 7-41 所示销钉受轴向拉力 F 作用，尺寸如图，则销钉内的切应力 $\tau =$ _____，支承面的挤压应力 $\sigma_\mathrm{bs} =$ _____。

（2）剪切与挤压的实用计算中，假设剪切面上的切应力呈_____；计算挤压面上的挤压应力呈_____。

（3）如图 7-42 所示连接件，插销剪切面上的切应力 $\tau =$ _____；挂钩的最大挤压应力 $\sigma_{bs} =$ _____。

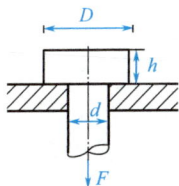

图 7-41　问题 7-15（1）图

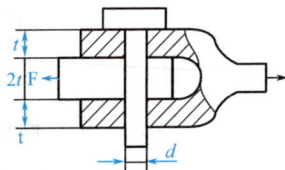

图 7-42　问题 7-15（3）图

7-1　如图 7-43 所示试用截面法求出各杆对应截面上的内力，并作出轴力图。

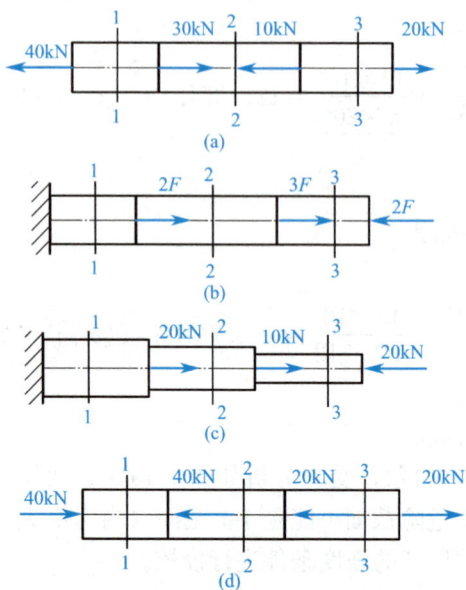

(a)

(b)

(c)

(d)

图 7-43　习题 7-1 图

7-2　如图 7-44 所示阶梯状直杆的轴力图，横截面的面积 $A_1 = 200\,\mathrm{mm^2}$，$A_2 = 300\,\mathrm{mm^2}$，$A_3 = 400\,\mathrm{mm^2}$，求各横截面上的应力。

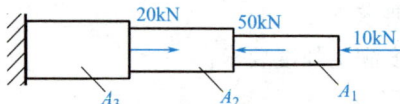

图 7-44　习题 7-2 图

7-3　如图 7-45 所示简单支架，AB 为圆钢，直径为 $d = 20\,\mathrm{mm}$，AC 为 8 号槽钢，若 F 为 30kN，试求各杆横截面上的应力。

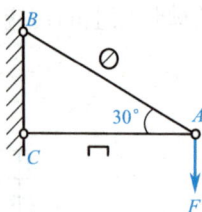

图 7-45　习题 7-3 图

7-4　如图 7-46 所示一等直钢杆，材料的弹性模量 $E = 210\mathrm{GPa}$，$A = 1000\,\mathrm{mm^2}$ 试计算 (1) 每段杆的伸长；(2) 每段杆的线应变；(3) 全杆的总伸长。

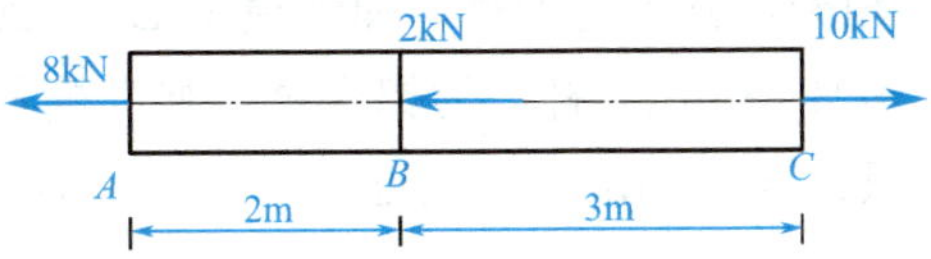

图 7-46 习题 7-4 图

7-5 如图 7-47 所示结构，已知 CD 杆为刚性杆，AB 杆为钢杆，AB 杆的直径 d = 30mm，$[\sigma]$ = 160MPa。试求结构的许用荷载 $[F]$。

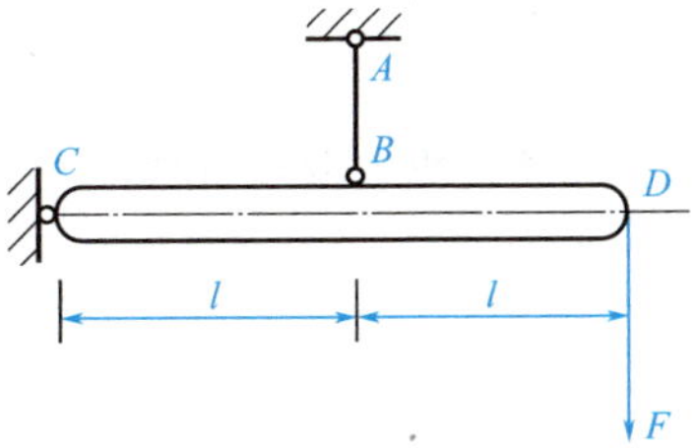

图 7-47 习题 7-5 图

7-6 圆截面阶梯形钢杆，如图 7-48 所示，已知所受轴向外荷载 F_1 = 35kN，F_2 = 80kN；杆 AB 的直径 d_1 = 18mm，杆 BC 的直径 d_2 = 20mm，材料为低碳钢 Q235，屈服强度极限 σ_S = 235MPa，安全系数 n_s = 1.4，试校核该阶梯杆的强度。

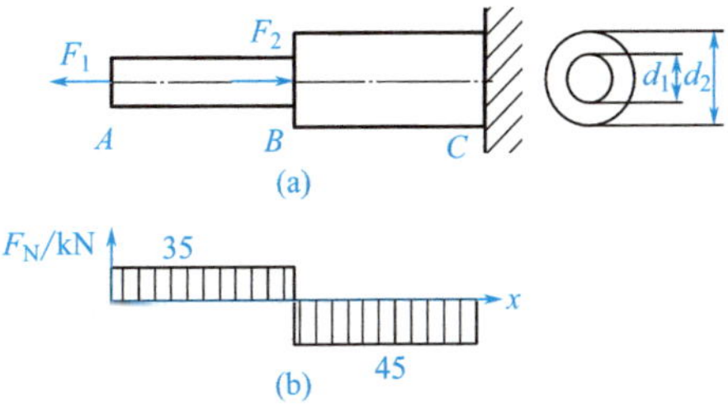

图 7-48 习题 7-6 图

7-7 如图 7-49 所示支架，杆 AB 为直径 d = 16mm 的圆截面钢杆，许用应力 $[\sigma]_{AB}$ = 140MPa；杆 BC 为边长 a = 100mm 的方形截面木杆，许用应力 $[\sigma]_{BC}$ = 4.7MPa。已知结点 B 处挂一重物 F = 36kN，试校核两杆的强度。

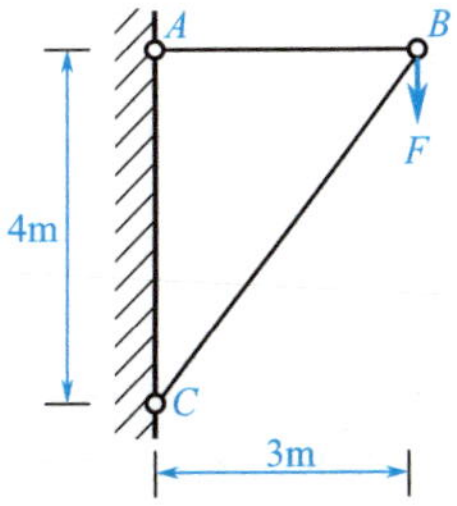

图 7-49 习题 7-7 图

7-8 如图 7-50 所示三角架，杆 1 为钢材，弹性模量 $E_1 = 200\text{GPa}$，许用应力 $[\sigma_1] = 100\text{MPa}$，横截面面积 $A_1 = 127\text{mm}^2$。杆 2 为铝合金，弹性模量 $E_2 = 70\text{GPa}$，许用应力 $[\sigma_2] = 80\text{MPa}$，横截面面积 $A_2 = 100\text{mm}^2$。长度 $l_2 = 1\text{m}$。荷载 $F = 5\text{kN}$。试校核结构的强度。

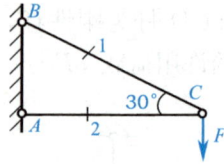

图 7-50 习题 7-8 图

Chapter 08

项目 **8**

扭转

你知道吗?

如何比较实心圆轴和空心圆轴扭转时的强度和刚度?

扭转变形是杆件基本变形之一，本章主要讨论扭转圆轴的内力、应力和变形的计算，强度条件和刚度条件的应用，并简要介绍以低碳钢为代表塑形材料和铸铁为代表的脆性材料受扭时的力学性能。

学习目标

1. 知识目标

(1) 理解剪切胡克定律及其适用条件。

(2) 理解圆轴扭转横截面上的切应力分布规律。

2. 能力目标

(1) 掌握圆轴扭转的强度计算。

(2) 了解圆轴扭转的应力和变形计算。

3. 素质目标

(1) 通过分析圆轴扭转的强度条件，培养安全责任意识。

(2) 通过解决工程中轴向拉（压）杆的强度问题，树立经济与安全的辩证统一观点。

任务 1　圆轴扭转的内力

若杆件受作用面垂直于杆轴线的外力偶作用，则该杆将发生扭转变形。在实际生活和工程中，只发生扭转的杆件不多，但以扭转为其主要变形的却不少，如螺丝刀（图 8-1a）和方向盘操作杆（图 8-1b）等。若杆件变形以扭转为主，其他变形可忽略不计，则可按扭转变形对其进行强度和刚度计算。这些以扭转变形为主的杆件称为轴。有些构件除扭转变形外还有其他主要变形，如机器传动轴（图 8-1c）和雨篷梁（图 8-1d）除了扭转变形还有弯曲变形，这种属于组合变形，将在项目 8 讨论。

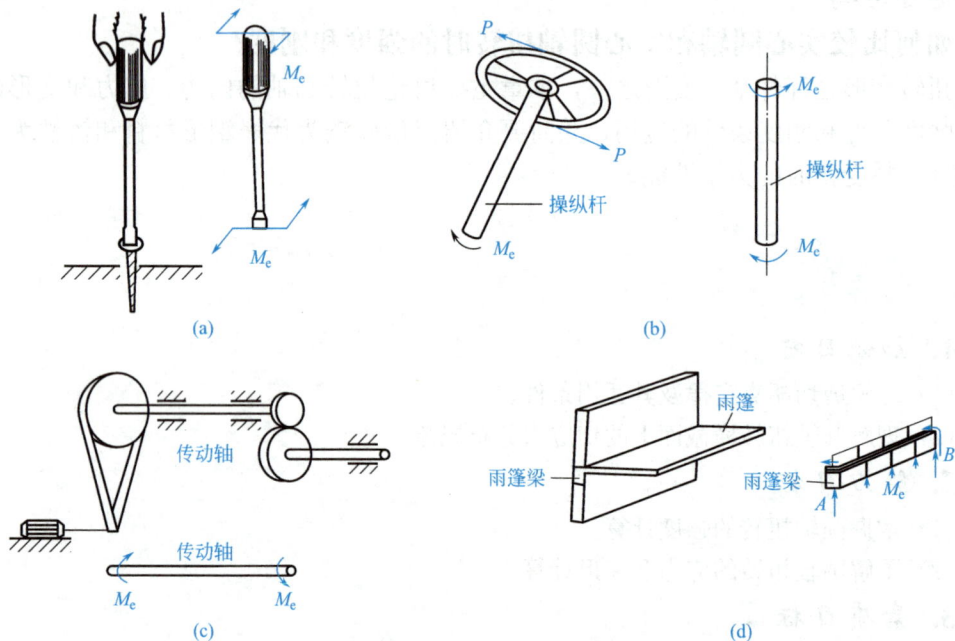

图 8-1　扭转示例

扭转变形的受力特点：在垂直于杆轴的平面内作用着一对大小相等、转向相反的外力偶，其变形特点：轴的各横截面都绕杆轴线发生相对转动。

如图 8-2 所示的等截面圆轴，在垂直于杆轴的杆端平面内作用着一对大小相等、转向相反的外力偶 M_e，使杆发生扭转变形。

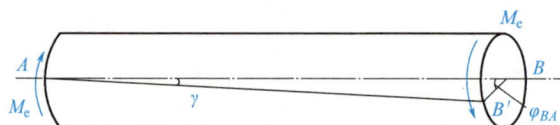

图 8-2　扭转变形

若认为圆轴左端平面相对不动,则圆轴表面的纵向线 AB,由于受到外力偶作用而变成螺旋线 AB',其倾斜的角度为 γ,γ 称切应变。B 截面相对于 A 截面转过的角度称为扭转角,用 φ_{BA} 表示。

本项目只研究等直圆轴的扭转问题,包括轴的外力、内力、应力和变形的计算,并在此基础上讨论圆轴的强度和刚度计算。

1. 外力偶矩的计算

作用在圆轴上的外力偶矩的大小,一般可通过空间力偶系的平衡方程求解出来。但机械中的传动轴等转动构件,通常只知道其功率和转轴的转速,所以在分析内力之前,需要根据功率和转速计算圆轴所承受的外力偶矩。

由理论力学可知,力偶在单位时间内所作的功即功率,等于该力偶矩 M 与角速度 ω 的乘积,即

$$P = M\omega \qquad\qquad (a)$$

工程实际中,功率 P 的常用单位是 kW,力偶矩 M_e 与转速 n 的常用单位分别是 N·m 和 r/min,由于

$$1W = 1N \cdot m/s \qquad\qquad (b)$$

因此,式(b)又可写为

$$P \times 1000 = M_e \times \frac{2\pi n}{60}$$

由此可得

$$\{M_e\}_{\text{N·m}} = 9550 \frac{\{P\}_{\text{kW}}}{\{n\}_{\text{r/min}}} \qquad\qquad (8-1)$$

【特别提示】主动轮上外力偶的转向与轴的转向一致,从动轮上外力偶的转向与其相反,这是因为从动轮的外力偶是阻力偶。

2. 扭矩

研究圆轴受扭时横截面上的内力,仍采用截面法。如图 8-3(a)所示,一等直圆轴杆端受到一对大小均为 M_e,转向相反,作用面垂直于杆轴线的外力偶作用。在轴的任一横截面 $m\text{-}m$ 处将其假想切开,隔离体 I 的受力图如图 8-3(b)所示,隔离体 II 的受力图如

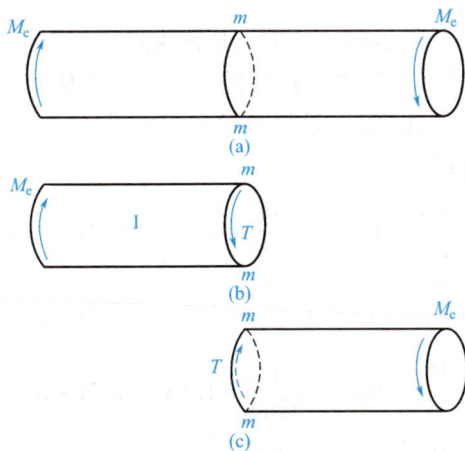

图 8-3 截面法求扭矩

图 8-3 （c）所示。

取隔离体 I 为研究对象，由于整个圆轴处于平衡状态，隔离体 I 必然也是平衡的，因此，横截面 m-m 上的内力必然合成一个力偶，该内力偶矩称为**扭矩**，用 T 表示。由静力平衡方程，得

$$\sum M_x = 0, \qquad T = M_e$$

扭矩 T 常用单位是"N·m"和"kN·m"。

同理，以隔离体 II 为研究对象，仍可求出横截面 m-m 上的扭矩 $T = M_e$，但其转向正好与隔离体 I 上的扭矩相反。为了使无论取哪一部分为研究对象求出的同一截面上的扭矩数值相等，且正负也相同，把扭矩 T 正负号规定如下：采用右手螺旋法则，以右手的四指表示扭矩的转向，若大拇指的指向背离截面时扭矩为正（图 8-4）；反之为负。

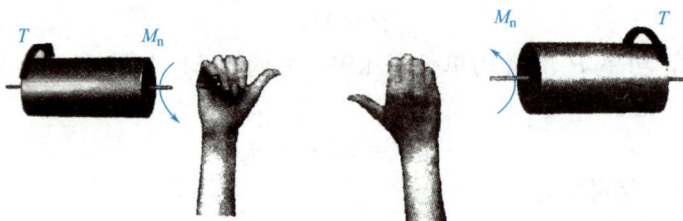

图 8-4 扭矩的正负号

【**特别提示**】用截面法计算内力时，建议假设所求截面上的扭矩为正。若由平衡方程求出的值为正，则说明所求截面上的扭矩和假设转向一致；反之，则说明所求截面上的扭矩和假设转向相反。

3. 扭矩图

作用在轴上的外力偶往往有多个，因此，不同轴段上的扭矩也各不相同。为了更直观地表示扭矩沿轴线的变化情况，通常用与轴线平行的坐标（基线）表示横截面的位置，用垂直于杆轴线的坐标表示相应截面上的扭矩。这种表示扭矩沿轴线变化规律的图形称为扭矩图。扭矩图与轴力图类似，通常将正扭矩画在基线上方，负画在基线下方。

【**例 8-1**】 如图 8-5（a）所示的传动轴，其转速为 $n = 200 \text{r/min}$，主动轮 A 的输入功率 $P_A = 100 \text{kW}$，若不考虑轴承摩擦所损耗的功率，三个从动轮的输出功率分别为 $P_B = 50 \text{kW}$，$P_C = 30 \text{kW}$，$P_D = 20 \text{kW}$。试绘该轴的扭矩图。

【**解**】 （1）计算外力偶矩

$$M_{eA} = 9550 \times \frac{P_A}{n} = 9550 \times \frac{100}{200} = 4.78 \times 10^3 \text{N} \cdot \text{m} = 4.78 \text{kN} \cdot \text{m}$$

$$M_{eB} = 9550 \times \frac{P_B}{n} = 9550 \times \frac{50}{200} = 2.39 \times 10^3 \text{N} \cdot \text{m} = 2.39 \text{kN} \cdot \text{m}$$

$$M_{eC} = 9550 \times \frac{P_C}{n} = 9550 \times \frac{30}{200} = 1.43 \times 10^3 \text{N} \cdot \text{m} = 1.43 \text{kN} \cdot \text{m}$$

$$M_{eD} = 9550 \times \frac{P_D}{n} = 9550 \times \frac{20}{200} = 0.96 \times 10^3 \text{N} \cdot \text{m} = 0.96 \text{kN} \cdot \text{m}$$

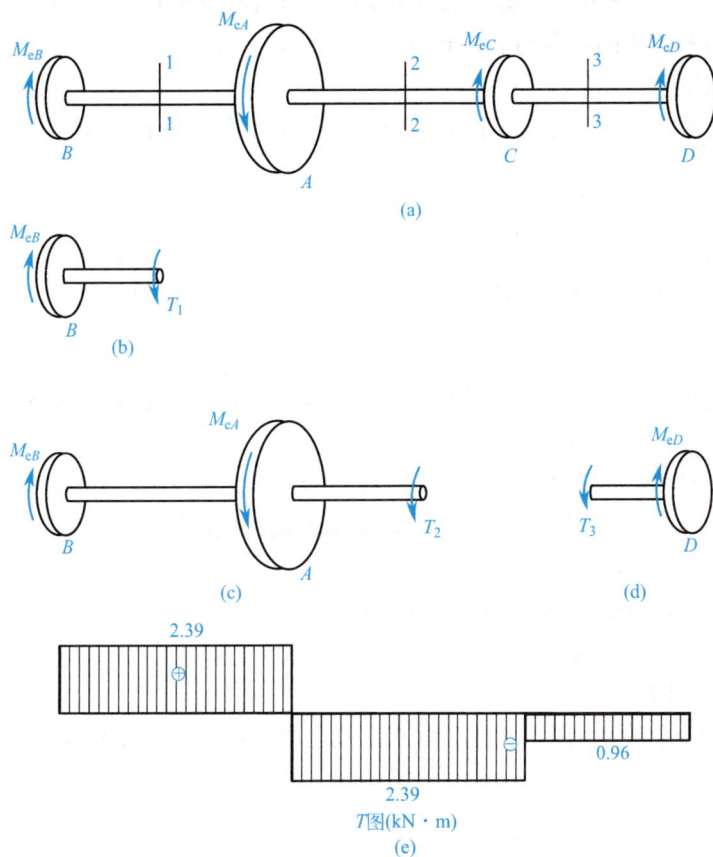

图 8-5　例 8-1 图

（2）计算各段的扭矩

用截面法计算各轴段的任一截面上的扭矩。在 BA 段任选一截面 1-1 将轴断开，并取左段为研究对象。假设 T_1 为正扭矩，根据右手法则，其转向如图 8-5（b）所示，由平衡方程得

$$\sum M_x = 0, \quad -M_{eB} + T_1 = 0$$

得

$$T_1 = M_{eB} = 2.39 \text{kN} \cdot \text{m}$$

同理将 AC 段沿 2-2 截面将轴断开，并取左段为研究对象。假设 T_2 为正扭矩，根据右手法则，其转向如图 8-5（c）所示，由平衡方程得

$$\sum M_x = 0, \quad -M_{eB} + M_{eA} + T_2 = 0$$

得

$$T_2 = M_{eB} - M_{eA} = 2.39 - 4.78 = -2.39 \text{kN} \cdot \text{m}$$

同理将 CD 段沿 3-3 截面将轴断开，并取右段为研究对象。假设 T_3 为正扭矩，根据右手法则，其转向如图 8-5（d）所示，由平衡方程得

$$T_3 = -M_{eD} = -0.96 \text{kN} \cdot \text{m}$$

计算所得的 T_1 为正值，说明该轴段扭矩的转向与假设相同，为正扭矩；T_2 和 T_3 为负值，则说明它们的扭矩的转向与假设相反，为负扭矩。

（3）绘制扭矩图

按照一定比例绘制扭矩图。正扭矩画在基线上方，负扭矩画在基线下方，如图 8-5（e）所示。

4. 代数和法

前面已经讨论了通过列平衡方程绘制扭矩图。在例 8-1 的求解过程中发现，任意截面的扭矩均等于该截面一侧（左侧或右侧）轴段上所有外力偶矩的代数和，即

$$T = \sum_{-\text{侧}} M_{ei} \tag{8-2}$$

外力偶矩的正负号规定如下：采用右手螺旋法则，以右手的四指表示扭矩的转向，若大拇指的指向背离所求截面时记为正；反之记为负。

【例 8-2】 某阶梯状圆轴受力如图 8-6（a）所示，已知 $AB=BC=CD=l$，AC 段的直径 $D=20\text{mm}$，CD 段的直径 $d=10\text{mm}$，绘制该轴的扭矩图。

【解】 （1）计算各段扭矩值

取 1-1 截面以右为研究对象：$T_1 = 5\text{kN} \cdot \text{m}$

取 2-2 截面以右为研究对象：$T_2 = 5 - 8 = -3\text{kN} \cdot \text{m}$

（2）绘制扭矩图

按照一定比例绘制扭矩图。正扭矩画在基线上方；负扭矩画在基线下方，如图 8-6（b）所示。

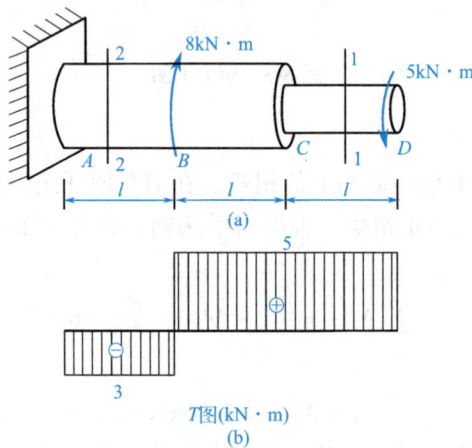

图 8-6　例 8-2 图

【特别提示】计算时无需将每个隔离体的受力图单独画出来，做题时可将所求截面一侧（左侧或右侧）轴段遮住，根据右手螺旋法则确定可见轴段上的外力偶矩的正负，代入计算公式即可。

问题 8-1　完成下列填空题。

（1）圆轴扭转时的受力特征为＿＿＿＿＿＿＿＿＿＿＿＿＿＿＿＿＿＿＿＿，变形特征为＿＿＿＿＿＿＿＿＿＿＿＿＿＿＿＿＿＿＿＿。

（2）圆轴扭转时横截面上的内力称为_____，记作_____。

（3）扭矩的正负符号通过_____确定，大拇指与截面外法线方向一致_____，大拇指与截面内法线方向一致_____。

问题 8-2 绘制图 8-7 中圆轴的扭矩图。

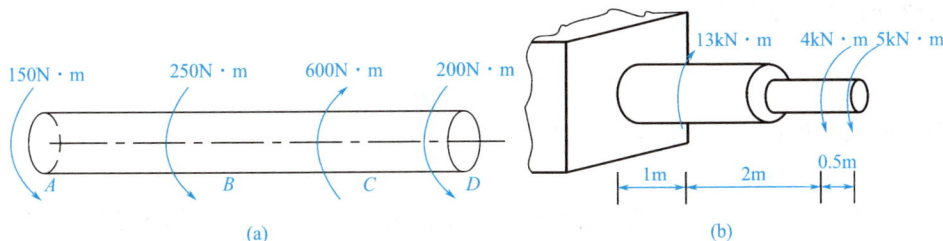

图 8-7 问题 8-2 图

任务 2　圆轴扭转时的应力及强度计算

1. 圆轴扭转实验及剪切胡克定律

扭转实验在扭转实验机上进行。试件多为圆柱形，直径为 10～15mm，长度为 150～200mm。试件头部的形状视机器的夹头而定。根据夹头处施加力偶矩的大小和标距的两截面相对转角，可绘出扭矩—扭转角曲线。

实验表明：以低碳钢为代表的塑性材料受扭时，如图 8-8（a）所示试件最后沿横截面被切断，断口表面光滑，如图 8-8（b）所示；以铸铁为代表的脆性材料受扭时，试件最后在与轴线约成 45° 倾角的螺旋面被拉断，断口粗糙，晶粒明显，如图 8-8（c）所示。断口形状和方位表明，脆性材料受扭时是斜截面上的拉应力造成的破坏，因此，断面出现在拉应力最大的斜截面上，而不是切应力最大的横截面上。结合铸铁的拉、压、扭实验破坏分析可得到如下结论：铸铁抗压能力最强，抗剪能力其次，抗拉能力最弱。

根据扭转实验得到应力-应变曲线，如图 8-9 所示，在材料的线弹性范围内，切应力 τ 和切应变 γ 成正比，这就是**剪切胡克定理**，即

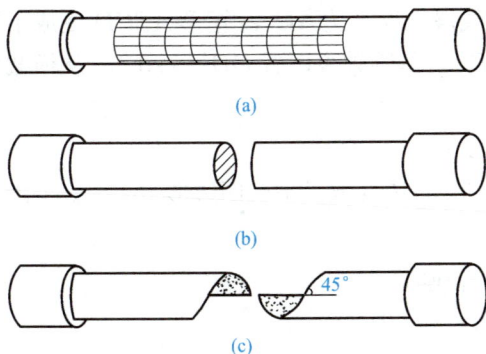

图 8-8　圆轴扭转实验

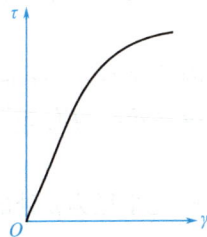

图 8-9　应力应变曲线

$$\tau = G\gamma \tag{8-3}$$

式中 G 为比例常数，称为材料的**切变模量**，其量纲与弹性模量 E 相同，单位为 Pa。钢材的切变模量约为 80GPa。

弹性模量 E、泊松比 μ 和切变模量 G 为材料的弹性常量。对于各向同性材料，三个弹性常量之间存在如下关系：

$$G = \frac{E}{2(1+\mu)} \tag{8-4}$$

即各向同性材料的弹性常量只有两个是独立的。

2. 圆轴扭转时横截面上的应力

利用平衡条件可以确定圆轴扭转时横截面上内力的合力的大小，但还不能确定应力在横截面上是如何分布的。确定横截面上的应力，必须同时考虑**变形条件、物理条件和平衡条件**三个方面。

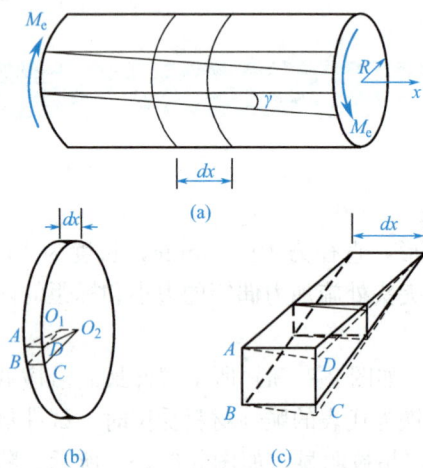

图 8-10 扭转变形

1）变形条件

观察受扭圆轴实验前后的变形情况。为了便于观察，实验前在圆轴表面画上两条任意的圆周线和若干条纵向线。在外力偶矩作用下，圆轴变形如图 8-10（a）所示，可看到如下现象：

圆周线：两圆周线的形状、尺寸和间距均未变，只是绕轴线转动了一个角度。

纵向线：各纵向线均倾斜了一个微小的角度 γ，表面上所有的矩形变成了平行四边形。

根据上述圆轴表面的变形特点，可作如下假设：圆轴横截面始终保持平面，且其形状、大小以及两相邻横截面的距离保持不变，即各横截面只是不同程度地、刚性地绕轴转动。这个假设称为**平面假设**。

根据平面假设可知：各纵向线段的长度不变，因此，横截面上没有正应力存在。取圆轴上长为 dx 的微段，再取楔形体 O_1O_2ABCD 为研究对象，左面设为相对静止的面，右面相对于左面转过的角度为 $d\varphi$。表面的纵向线段 AD 变为 AD'，矩形 $ABCD$ 变成了平行四边形 $ABC'D'$。右截面上的 D 点的位移 DD'，从圆轴表面看 $\overline{DD'} = \gamma dx$，从横截面上看 $\overline{DD'} = R d\varphi$，因此

$$\gamma dx = R d\varphi$$

内部变形如同表面所见，距轴心为 ρ 的矩形 $abcd$ 变成了平行四边形 $abc'd'$。因此，d 点的位移 dd' 也有如下关系式：

$$\gamma_\rho dx = \rho d\varphi$$

γ_ρ 是半径为 ρ 处的切应变，上式可改写为：

$$\gamma_\rho = \frac{\rho d\varphi}{dx} = \rho\theta \tag{8-5}$$

式中，$\theta = \dfrac{\mathrm{d}\varphi}{\mathrm{d}x}$ 为**单位扭转角**，该式表达了横截面上切应变的分布规律，切应变 γ 与半径 ρ 成正比。

2）物理条件

由剪切胡克定律可知，当 $\tau \leqslant \tau_\rho$ 时，

$$\tau = G\gamma$$

将式（8-5）代入上式得

$$\tau_\rho = G\gamma_\rho = G\rho\theta \tag{8-6}$$

τ_ρ 为横截面上半径为 ρ 处的切应力，由于变形前后横截面的形状和尺寸均未发生改变，因此，切应力必然皆垂直于半径。

由式（8-6）可知，圆轴横截面上的切应力 τ_ρ 和 ρ 成正比，即切应力沿半径方向呈线性分布，在距圆心等远的各点处切应力 τ 的大小相等，圆心处切应力为零，圆轴表面上各点切应力最大，如图 8-11（a）所示。上述分析也适应于空心圆截面杆，如图 8-11（b）所示。

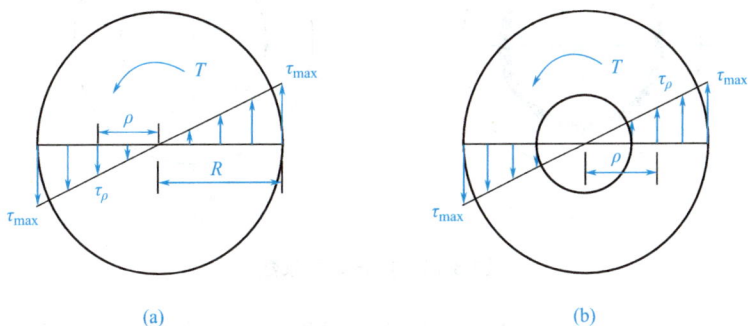

图 8-11 切应力分布规律

3）平衡条件

由变形条件、物理条件已确定了切应力在横截面上的分布规律，若单位扭转角 θ 确定，则切应力就确定了。由内力的定义可知，各点切应力对圆心的力矩之和就是扭矩，由于扭矩已知，τ 值便可求得。

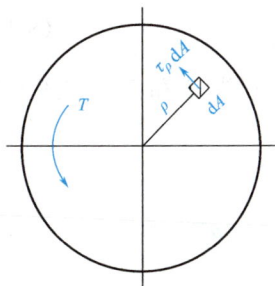

图 8-12 横截面上某点的切应力

在横截面上距圆心为 ρ 处取微面积 $\mathrm{d}A$，其受内力为 $\tau_\rho \mathrm{d}A$，此内力对圆心的力矩为 $(\tau_\rho \mathrm{d}A)\rho$，如图 8-12 所示。整个横截面上的切应力对圆心的矩等于横截面上的扭矩 T，即

$$T = \int_A \tau_\rho \rho \mathrm{d}A = \int_A \rho^2 \theta G \mathrm{d}A = \theta G \int_A \rho^2 \mathrm{d}A$$

令 $I_P = \int_A \rho^2 \mathrm{d}A$，则上式可变为 $T = \theta G I_P$。由此可得单位扭转角公式：

$$\theta = \frac{T}{G I_P} \tag{8-7}$$

式中，I_P 称为**极惯性矩**，它是一个只与横截面形状、尺寸有关的量，常用单位为 m^4

和 mm^4。对于给定的截面，I_P 为常数。GI_P 称为抗扭刚度，GI_P 越大，扭转变形越小，即单位扭转角 θ 就越小。

将式（8-7）代入式（8-6），消去 G 后得

$$\tau_\rho = \frac{T\rho}{I_P} \tag{8-8}$$

这就是圆轴横截面上任意点的切应力计算公式。切应力值与材料性质无关，只取决于内力和横截面形状、尺寸。当 $\rho = \rho_{max} = R$ 时，即圆轴表面处，切应力最大，即

$$\tau_{max} = \frac{TR}{I_P} = \frac{T}{W_P} \tag{8-9}$$

其中令 $W_P = \frac{I_P}{R}$，W_P 称为圆截面的**抗扭截面系数**，它也是与横截面形状、尺寸有关的量，常用单位为 "m^3" 和 "mm^3"。

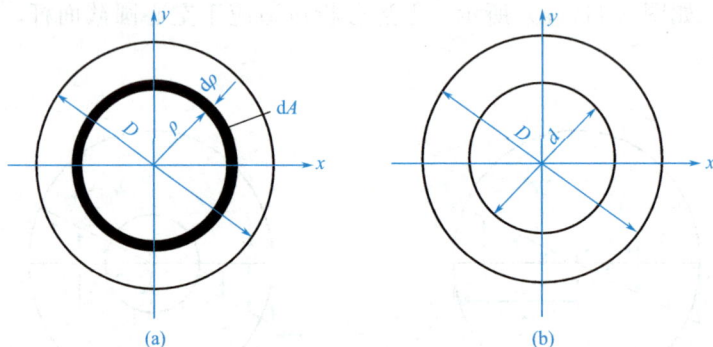

图 8-13　抗扭截面系数

极惯性矩 I_P 和抗扭截面系数 W_P 的计算需用积分。在横截面上距圆心为 ρ 处取宽度的 $d\rho$ 的圆环面积为面积元素，如图 8-13（a）所示，则面积元素 $dA = 2\pi\rho d\rho$，并由极惯性矩的定义式可得实心圆截面的极惯性矩为

$$I_P = \int_A \rho^2 dA = \int_0^{\frac{D}{2}} 2\pi\rho^3 d\rho = \frac{\pi D^4}{32} \tag{8-10}$$

其抗扭截面系数为

$$W_P = \frac{I_P}{R} = \frac{I_P}{D/2} = \frac{\pi D^3}{16} \tag{8-11}$$

以上计算对空心圆轴也适用，设空心圆截面的内、外直径分别为 d 和 D，如图 8-13（b），记内外径之比为 $\alpha = \frac{d}{D}$，则可得空心圆截面的极惯性矩为

$$I_P = \int_A \rho^2 dA = \int_{d/2}^{D/2} 2\pi\rho^3 d\rho = \frac{\pi(D^4 - d^4)}{32} = \frac{\pi D^4}{32}(1 - \alpha^4) \tag{8-12}$$

抗扭截面系数为

$$W_P = \frac{I_P}{D/2} = \frac{\pi(D^4 - d^4)}{16D} = \frac{\pi D^3}{16}(1 - \alpha^4) \tag{8-13}$$

【例 8-3】　一直径为 $D = 60$mm 的圆轴受力如图 8-14 所示，外力偶 $M_e = 5$kN·m，求：

（1）指定点 a，b（距圆心 10mm），c 三点的切应力；（2）圆轴的最大切应力。

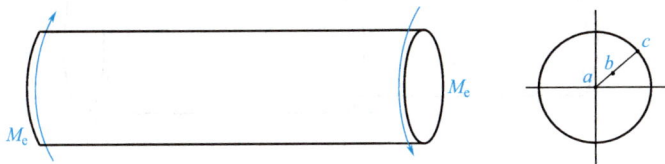

图 8-14 例 8-3 图

【解】（1）计算极惯性矩和抗扭截面系数

极惯性矩：$I_P = \dfrac{\pi D^4}{32} = \dfrac{\pi \times 60^4}{32} = 1.27 \times 10^6 \, \text{mm}^4$

抗扭截面系数：$W_P = \dfrac{\pi D^3}{16} = \dfrac{\pi \times 60^3}{16} = 4.24 \times 10^4 \, \text{mm}^3$

（2）计算切应力

该轴只受到一对外力偶作用，可不绘制扭矩图，整根轴的扭矩 $T = M_e = 5 \text{kN} \cdot \text{m}$，指定点到圆心的距离分别为：$\rho_a = 0 \text{mm}$，$\rho_b = 10 \text{mm}$，$\rho_c = \dfrac{D}{2} = 30 \text{mm}$。

a 点：$\tau_a = \dfrac{T \rho_a}{I_P} = \dfrac{5 \times 10^6 \times 0}{1.27 \times 10^6} = 0 \text{MPa}$

b 点：$\tau_b = \dfrac{T \rho_b}{I_P} = \dfrac{5 \times 10^6 \times 10}{1.27 \times 10^6} = 39.37 \text{MPa}$

c 点：$\tau_c = \dfrac{TR}{I_P} = \tau_{max} = \dfrac{T}{W_P} = \dfrac{5 \times 10^6}{4.24 \times 10^6} = 118.11 \text{MPa}$

注：a 点为横截面圆心，根据切应力分布特点也可以直接推出 $\tau_a = 0 \text{MPa}$。

3. 圆轴扭转时的强度条件及其应用

圆轴受扭时，各点上只有切应力。对于等直圆轴，轴内最大的切应力发生在最大扭矩 T_{max} 所在横截面的最外边缘处。τ_{max} 不能超过材料的许用切应力 $[\tau]$，即

$$\tau_{max} = \frac{T_{max}}{W_P} \leqslant [\tau] \tag{8-14}$$

式（8-14）为等直圆杆扭转时的强度条件。类比轴向拉（压）杆的强度条件，式（8-14）也可以解决工程中校核强度、设计截面、确定许用载荷三类问题。

根据实验数据可知，材料的许用切应力 $[\tau]$ 与许用正应力 $[\sigma]$ 之间存在一定的关系。一般情况下，塑性材料的许用切应力 $[\tau] = (0.5 \sim 0.6)[\sigma]$；脆性材料的许用切应力 $[\tau] = (0.8 \sim 1.0)[\sigma]$。

【例 8-4】一阶梯形实心圆轴如图 8-15（a）所示，AB 段的直径为 60mm，BC 段的直径为 80mm。所受到的外力偶矩 $M_{eA} = 2 \text{kN} \cdot \text{m}$，$M_{eB} = 5 \text{kN} \cdot \text{m}$，$M_{eC} = 3 \text{kN} \cdot \text{m}$，轴由钢材制成，材料的许用切应力 $[\tau] = 60 \text{MPa}$。试校核该轴的强度。

【解】（1）绘制扭矩图，如图 8-15（b）所示

（2）强度计算

AB 段：$\tau_{max}^{AB} = \dfrac{T_{AB}}{W_P} = \dfrac{2 \times 10^6}{\pi \times 60^3 / 16} = 47.16 \text{MPa}$

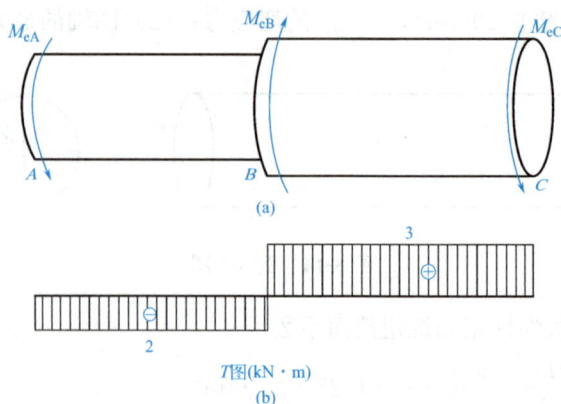

图 8-15 例 8-4 图

BC 段：$\tau_{\max}^{BC} = \dfrac{T_{BC}}{W_P} = \dfrac{3 \times 10^6}{\pi \times 80^3 / 16} = 29.84 \text{MPa}$

整根轴的最大切应力 $\tau_{\max} = \tau_{\max}^{AB} = 47.16 \text{MPa} \leqslant 60 \text{MPa}$

因此，该轴满足强度要求。

【例 8-5】 一传动轴为实心圆轴，其受到的最大扭矩 $T = 5 \text{kN} \cdot \text{m}$，材料的许用切应力 $[\tau] = 100 \text{MPa}$，试设计其截面直径 D。若将此轴改为空心圆轴，且内、外直径之比 $\alpha = \dfrac{d_0}{D_0} = 0.8$，试设计该圆轴的内、外直径 d_0 和 D_0，并求实心和空心圆轴的重量比。

【解】 （1）设计实心圆轴的直径

根据强度条件 $\tau_{\max} = \dfrac{T_{\max}}{W_P} \leqslant [\tau]$，可计算出抗扭截面系数，即

$$W_P \geqslant \dfrac{T_{\max}}{[\tau]} = \dfrac{5 \times 10^6}{100} = 5 \times 10^4 \text{mm}^3$$

由 $W_P = \dfrac{\pi D^3}{16}$，可计算实心圆轴的直径 $D \geqslant \sqrt[3]{\dfrac{5 \times 10^4 \times 16}{\pi}} = 63.4 \text{mm}$

因此，取 $D = 64 \text{mm}$。

（2）设计空心圆轴的内外径

由 $W_P = \dfrac{\pi D_0^3}{16}(1 - \alpha^4) = \dfrac{\pi D_0^3}{16}(1 - 0.8^4)$，得

$$D_0 = 75.6 \text{mm}, \quad d_0 = 0.8 D_0 = 60.5 \text{mm}$$

（3）两轴的重量比

由于两轴材料和长度均相同，因此，重量比可转化为横截面面积比。

实心圆轴的截面面积 $A = \dfrac{\pi D^2}{4} = \dfrac{\pi \times 63.4^2}{4} = 3157 \text{mm}^2$

空心圆轴的截面面积 $A_0 = \dfrac{\pi}{4}(D_0^2 - d_0^2) = \dfrac{\pi}{4}(75.6^2 - 60.5^2) = 1614 \text{mm}^2$

面积比为 $\dfrac{A}{A_0} = \dfrac{3157}{1614} = 1.96$

由此可见，同一传动轴采用实心圆轴的用料几乎是空心圆轴的两倍。因此，工程中采用空心圆轴，减轻自重，节约材料，但其制作工艺复杂，筒壁过薄易发生皱折。

4. 切应力互等定理

在两端受一对外力偶矩 M_e 作用的等直圆轴的表面，绕任一点 A 点用三对平面取出一个边长无限小的正六面体，即单元体，如图 8-16 所示。单元体的左、右面对应圆轴的横截面，上、下面对应纵向截面，前、后面对应同轴圆柱面。由前面的知识可知，横截面上只有切应力存在，记为 τ；前、后面是自由面，无应力存在。

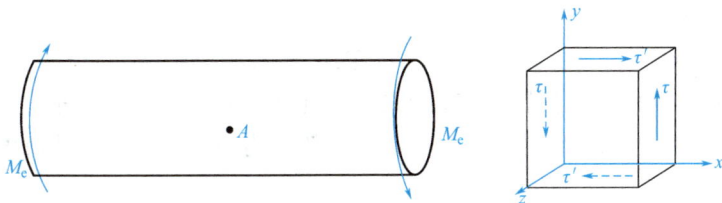

图 8-16 切应力互等定理

由切应力计算公式（8-8）可算出左、右面的切应力大小相等，但方向相反，于是左右两侧面的切向内力形成了一个矩为 $(\tau dy dz)dx$ 的空间力偶，为了保持平衡，上、下面必有切应力，记为 τ'，上、下面的切向内力形成的力偶矩大小为 $(\tau' dx dz)dy$，由平衡条件，得

$$\sum M_z = 0, \qquad (\tau dy dz)dx - (\tau' dx dz)dy = 0$$

整理得

$$\tau = \tau'$$

上式表明，单元体上两个互相垂直的平面，其上切应力必然成对出现，且大小相等，均垂直于两平面交线，共同指向或者共同背离交线，这就是**切应力互等定理**。

问题 8-3 完成下列填空题。

（1）受扭圆轴横截面上的应力称为_____，圆轴扭转时横截面上_____应力方向_____，圆轴扭转时横截面上的切应力沿半径呈_____分布，在_____处切应力等于零。

（2）切应力互等定理表明在相互垂直的两个平面上，切应力必然_____存在，并且数值_____；两者都垂直于两个平面的交线，方向则_____这一交线。

（3）圆轴横截面上某点切应力 τ 的大小与该点到圆心的距离 ρ 成_____，方向垂直于过该点的半径。这一结论是根据_____和_____推知的。

（4）剪切胡克定律的表达形式为_____，其中符号 G 称为材料的_____。

（5）受扭空心圆轴横截面上的切应力最大的在_____，最小的在_____。

问题 8-4 如图所示四个单元体中应力标示正确的是（　　）。

A.
B.

C. 20 （正方形，上边箭头向左标注 20，左边向下标注 20，右边向下标注 20，下边向左标注 20）

D. 10 （正方形，上边箭头向左标注 10，左边向下标注 10，右边向下标注 10，下边向左标注 10）

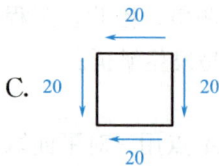

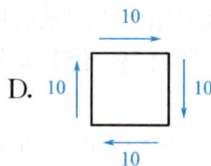

问题 8-5 切应力互等定理是由单元体（   ）。

A. 静力平衡关系导出的   B. 几何关系导出的

C. 物理关系导出的   D. 强度条件导出

问题 8-6 圆轴扭转时，横截面上的应力（   ）。

A. $\sigma \neq 0$，$\tau \neq 0$ B. $\sigma = 0$，$\tau \neq 0$

C. $\sigma = 0$，$\tau = 0$ D. $\sigma \neq 0$，$\tau = 0$

问题 8-7 扭转变形时，扭转切应力在横截面上沿直径（   ）分布。

A. 均匀   B. 线性   C. 假设均匀   D. 抛物线

任务 3 圆轴扭转时的变形及刚度计算

1. 圆轴扭转时的变形

扭转变形的标志是两个横截面绕轴线的相对转角，即**扭转角**，用 φ 表示，得

$$\mathrm{d}\varphi = \theta \mathrm{d}x = \frac{T}{GI_\mathrm{P}}\mathrm{d}x$$

$\mathrm{d}\varphi$ 表示相距为 $\mathrm{d}x$ 的两个横截面之间的相对转角。沿轴线 x 积分，则可求得距离为 l 的两个横截面之间的相对转角为

$$\varphi = \int_0^l \frac{T}{GI_\mathrm{P}}\mathrm{d}x \tag{8-15}$$

此式为计算圆轴相对扭转角的一般公式。

对于长为 l、在两端受一对外力偶矩 M_e 作用的等直圆杆，此时 T、G、I_P 均为常量，则

$$\varphi = \int_0^l \frac{T}{GI_\mathrm{P}}\mathrm{d}x = \frac{Tl}{GI_\mathrm{P}} \tag{8-16}$$

上式表明，扭转角 φ 与扭矩 T、长度 l 成正比，也与 GI_P 成反比。其转向和扭矩 T 相同，它的正负号随扭矩 T 而定。

由式（8-16）计算出来的扭转角的单位是 rad。若以单位"°"进行计算，则

$$\varphi = \frac{Tl}{GI_\mathrm{P}} \times \frac{180^\circ}{\pi} \tag{8-17}$$

【例 8-6】 如图 8-17（a）所示传动轴，已知 $M_{\mathrm{e}A} = 4\mathrm{kN} \cdot \mathrm{m}$，$M_{\mathrm{e}B} = 7\mathrm{kN} \cdot \mathrm{m}$，$M_{\mathrm{e}C} = 3\mathrm{kN} \cdot \mathrm{m}$，切变模量 $G = 80\mathrm{GPa}$，试求截面 C 相对于截面 A 的扭转角。

【解】 （1）绘制扭矩图，如图 8-17（b）所示

（2）计算扭转角

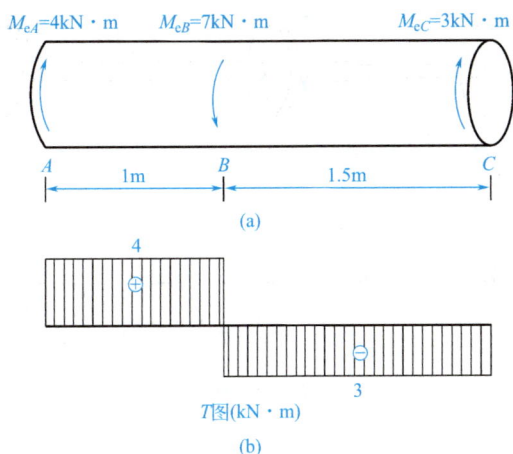

图 8-17　例 8-6 图

由于 AB 段和 BC 段的扭矩不同，因此，要分段计算 AB 段和 BC 段的相对扭转角，然后进行叠加。

$$\varphi_{AB} = \frac{T_{AB}l_{AB}}{GI_P} = \frac{4 \times 10^6 \times 1000 \times 32}{80 \times 10^3 \times \pi \times 40^4} = 1.99 \times 10^{-3}\,\text{rad}$$

$$\varphi_{BC} = \frac{T_{BC}l_{BC}}{GI_P} = \frac{-3 \times 10^6 \times 1500 \times 32}{80 \times 10^3 \times \pi \times 40^4} = -2.24 \times 10^{-3}\,\text{rad}$$

由此得 $\varphi_{AC} = \varphi_{AB} + \varphi_{BC} = (19.9 - 22.4) \times 10^{-2} = -2.5 \times 10^{-2}\,\text{rad}$

负号表示相对扭转角的转向与 M_{eC} 的转向相反。

2. 圆轴扭转时的刚度条件及其应用

圆轴受扭时，除了满足强度条件外，还要对它的扭转变形加以限制，才能保证其正常工作。例如，机床主轴等扭转变形过大会影响加工精度。为了忽略轴长的影响，通常是限制单位长度上的最大单位扭转角 $\theta_{\max}$ 不超过规范给定的许用值 $[\theta]$，即：

$$\theta_{\max} = \frac{T_{\max}}{GI_P} \leqslant [\theta] \tag{8-18}$$

此式为圆轴扭转时的刚度条件。式中，$\theta_{\max}$ 的单位为 rad/m，工程中给出的 $[\theta]$ 单位通常是"°/m"，上式可写为

$$\theta_{\max} = \frac{T_{\max}}{GI_P} \times \frac{180°}{\pi} \leqslant [\theta] \tag{8-19}$$

【例 8-7】　阶梯状圆轴的直径分别为 $d_1 = 40\text{mm}$，$d_2 = 60\text{mm}$，如图 8-18（a）所示。已知作用在轴上的外力偶矩分别为 $M_{e1} = 0.7\text{kN} \cdot \text{m}$，$M_{e2} = 1.5\text{kN} \cdot \text{m}$，$M_{e3} = 0.8\text{kN} \cdot \text{m}$。材料的许用切应力 $[\tau] = 60\text{MPa}$，切变模量 $G = 80\text{GPa}$，许用扭转角 $[\theta] = 2°/\text{m}$。试校核该轴的强度和刚度。

【解】　（1）绘制扭矩图，如图 8-18（b）所示

（2）强度校核

AC 段和 CD 段的扭矩相同，AC 段的直径小于 CD 段，因此，最大切应力必出现在 AC 段，整个轴只需对 AC 段和 DB 段进行强度校核即可。

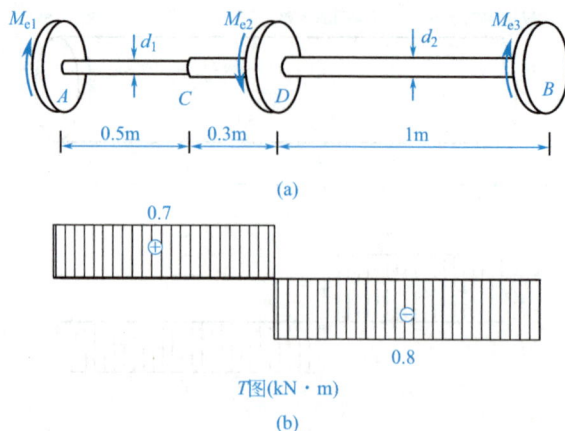

图 8-18　例 8-7 图

AC 段 $\tau_{\max}^{AC}=\dfrac{T_{AC}}{W_{\mathrm{P}}}=\dfrac{0.7\times10^{6}}{\pi d_1^3/16}=\dfrac{0.7\times10^{6}}{\pi\times40^3/16}=55.7\mathrm{MPa}<[\tau]=60\mathrm{MPa}$

DB 段 $\tau_{\max}^{DB}=\dfrac{T_{DB}}{W_{\mathrm{P}}}=\dfrac{0.8\times10^{6}}{\pi d_2^3/16}=\dfrac{0.8\times10^{6}}{\pi\times60^3/16}=18.86\mathrm{MPa}<[\tau]=60\mathrm{MPa}$

因此，轴的强度满足要求。

（3）刚度校核

同强度校核分析，只需对 AC 段和 DB 段进行刚度校核

AC 段

$\theta_{\max}^{AC}=\dfrac{T_{AC}}{GI_{\mathrm{P}}}\times\dfrac{180}{\pi}=\dfrac{0.7\times10^{6}}{80\times10^{3}\times\pi\times40^4/32}\times\dfrac{180}{\pi}=0.00199°/\mathrm{mm}=1.99°/\mathrm{m}<[\theta]=2°/\mathrm{m}$

DB 段

$\theta_{\max}^{DB}=\dfrac{T_{DB}}{GI_{\mathrm{P}}}\times\dfrac{180}{\pi}=\dfrac{0.8\times10^{6}}{80\times10^{3}\times\pi\times60^4/32}\times\dfrac{180}{\pi}=0.00045°/\mathrm{mm}=0.45°/\mathrm{m}<[\theta]=2°/\mathrm{m}$

因此，轴的刚度是满足要求的。

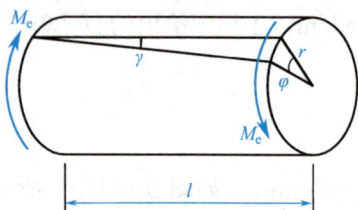

图 8-19　问题 8-8 图

问题 8-8　如图 8-19 所示长为 l、半径为 r、扭转刚度为 GI_{P} 的实心圆轴扭转时，表面的纵向线倾斜了 γ 角，在小变形情况下，此轴横截面上的扭矩 T 及两端截面的相对扭转角 φ，正确的是（　　）。

A. $T=GI_{\mathrm{P}}\gamma/r$，$\varphi=lr/\gamma$

B. $T=l\gamma/(GI_{\mathrm{P}})$，$\varphi=l\gamma/r$

C. $T=GI_{\mathrm{P}}\gamma/r$，$\varphi=l\gamma/r$

D. $T=GI_{\mathrm{P}}r/\gamma$，$\varphi=r\gamma/l$

问题 8-9　若两个圆轴的直径、轴长和扭矩均相同，只是材料不同，则它们的（　　）。

A. 最大切应力相同　　　　　　　B. 最大切应变相同

C. 扭转角相同　　　　　　　　　D. 单位长度扭转相同

习 题

8-1 完成下列填空题。

(1) 以扭转变形为主要变形的构件称为_____。

(2) 扭转时外力偶的作用平面与杆轴线_____，杆件任意两横截面都绕轴线发生相对_____。

(3) 在轴上集中外力偶作用处，所对应的扭矩图发生_____。

(4) 在受扭圆轴的横截面上，其扭矩大小等于该截面一侧（左侧或右侧）轴段上所有外力偶矩的_____。

(5) 某圆截面杆长 $l=1$m，直径 $d=100$mm，两端受轴向拉力 $F=50$kN 作用时，杆伸长 $\Delta l=1$mm，两端受扭转力偶矩 $M_e=50$kN·m 作用时，两端截面的相对扭转角 $\varphi=2$rad/m，该轴的材料为各向同性材料，该材料的泊松比_____。

(6) 圆轴扭转时，横截面上任意点的切应力与圆心的距离成_____。

(7) 扭转实验时，低碳钢最终在_____截面被切断，铸铁在_____截面被拉断。

(8) 某受扭圆轴，若直径增大一倍，其他条件不变，则扭转角将变为原来的_____。

8-2 一传动轴某轮的功率为 100kW，转速 $n=100$r/min，该轮受到的外力偶矩为（　　）。

A. 9550kN·m
B. 9.55kN·m
C. 9.55N·m
D. 9550N·m

8-3 空心圆轴受扭转力偶作用如图 8-20 所示，横截面上的扭矩为 T，下列四种（横截面上）沿径向的应力分布图中正确的是（　　）。

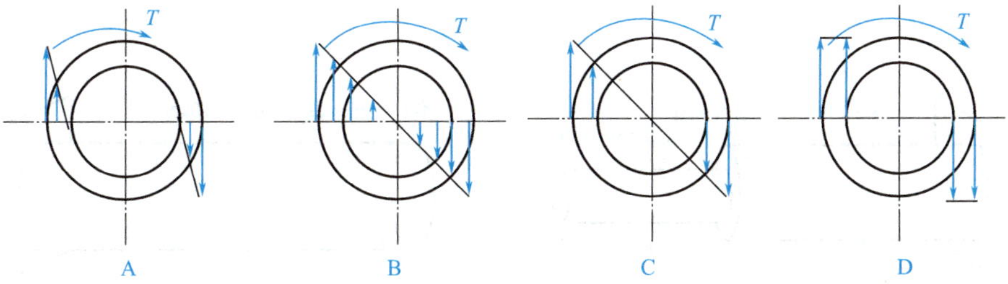

图 8-20 习题 8-3

8-4 一内外径之比为 $\alpha=\dfrac{d}{D}$ 的空心圆轴，当两端承受扭转力偶矩时，横截面上的最大切应力为 τ，则内圆轴处的切应力为（　　）。

A. τ
B. $\alpha\tau$
C. $(1-\alpha^3)\tau$
D. $(1-\alpha^4)\tau$

8-5 脆性材料的抗拉、抗压和抗剪能力，由高到低的排列顺序为（　　）。

A. 抗拉＞抗压＞抗剪
B. 抗压＞抗拉＞抗剪
C. 抗压＞抗剪＞抗拉
D. 抗拉＞抗剪＞抗压

8-6 如图 8-21 所示以下单元体应力状态正确的是（　　）。

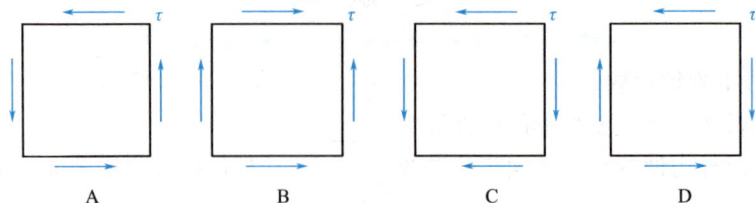

图 8-21　习题 8-6 图

8-7 汽车传动轴所传递的功率不变，当轴的转速降低为原来的 1/2 时，轴所受的外力偶的力偶矩较转速降低前将（　　）。

A. 增加一倍　　　　　　　　　　B. 增大三倍

C. 减少一半　　　　　　　　　　D. 不改变

8-8 直径为 D 的实心圆轴，两端所受外力偶的力偶矩为 M_e，轴横截面上的最大切应力为 τ，若直径变为 $0.5D$，则轴横截面上的最大切应力为（　　）。

A. 16τ　　　　B. 8τ　　　　C. 4τ　　　　D. τ

8-9 一空心圆轴和一实心圆轴，两者长度、材料和横截面面积均相同，则两者的抗扭刚度之间满足以下关系（　　）。

A. 实心圆轴大　　　　　　　　　B. 空心圆轴大

C. 两者一样大　　　　　　　　　D. 无法确定

8-10 绘制图 8-22 所示各圆轴的扭矩图。

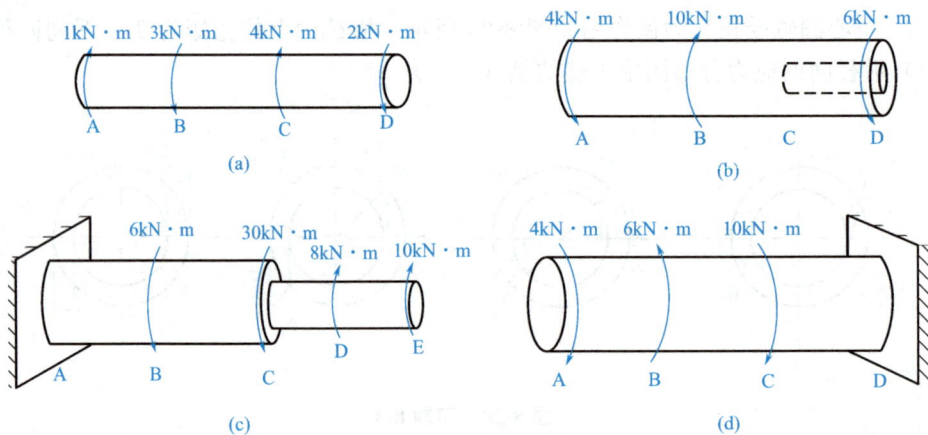

题 8-22 图　习题 8-10 图

8-11 如图 8-23 所示，传动轴作转速 $n=200\text{r/min}$ 的匀速转动。主动轮 1 输入的功率 $P_1=330\text{kW}$，从动轮 2，3，4，5 依次输出的功率分别为 $P_2=80\text{kW}$，$P_3=100\text{kW}$，$P_4=75\text{kW}$ 和 $P_5=75\text{kW}$。试作出该轴的扭矩图。这样安排是否合理，若不合理，如何调整轮子？

8-12 一等直圆轴的直径 $d=50\text{mm}$。已知转速 $n=120\text{r/min}$ 时该轴的最大切应力为 60MPa，试求圆轴所传递的功率。

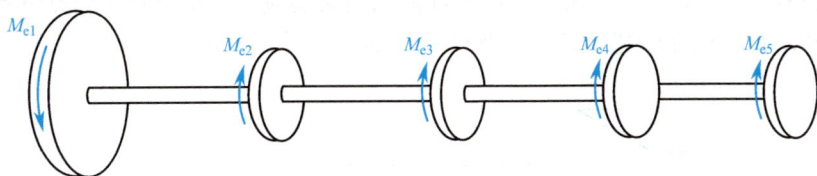

图 8-23 习题 8-11 图

8-13 如图 8-24 所示的空心圆轴，外径 $D=100\text{mm}$，内径 $d=80\text{mm}$，$l=500\text{mm}$，$M_{e1}=6\text{kN·m}$，$M_{e2}=4\text{kN·m}$。（1）请绘出该轴的扭矩图并绘出 AB 段任意横截面的扭矩 T 转向及切应力分布图；（2）求出该轴上的最大切应力。

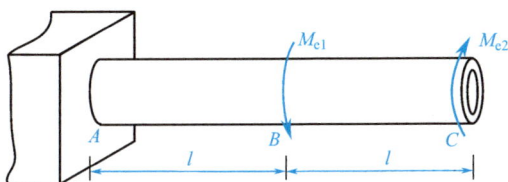

图 8-24 习题 8-13 图

8-14 传动轴如图 8-25 所示。轴上 A 为主动轮，B、C 为从动轮。已知轴的直径 $D=80\text{mm}$，材料的容许切应力 $[\tau]=80\text{MPa}$。从动轮的力偶矩 $M_{eB}:M_{eC}=2:3$。试确定主动轮上能作用的最大力偶矩 M_{eA}。

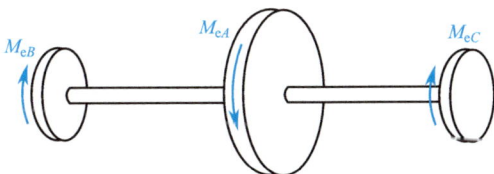

图 8-25 习题 8-14 图

8-15 一木制圆轴受扭如图 8-26 所示。轴的直径为 $D=200\text{mm}$，圆木顺纹许用切应力 $[\tau]_\text{顺}=2\text{MPa}$，横纹许用切应力 $[\tau]_\text{横}=8\text{MPa}$。求轴的许用外力偶矩 M_e。

图 8-26 习题 8-15 图

8-16 一等直实心圆轴，两端受到外力偶作用。已知 $M_e=8\text{kN·m}$，$d=100\text{mm}$，$l=1.5\text{m}$，材料的切变模量 $G=80\text{GPa}$，试求两端的相对扭转角。

8-17 如图 8-27 所示阶梯状实心圆杆，AB 段直径 $d_1=75\text{mm}$，长度 $l_1=750\text{mm}$；BC 段直径 $d_2=50\text{mm}$，长度 $l_2=500\text{mm}$，外力偶矩 $M_B=1.8\text{kN·m}$，$M_C=1.2\text{kN·m}$，

材料的切变模量 $G = 80\text{GPa}$。试求：（1）杆内的最大切应力并指出其作用点位置；（2）杆的 C 截面相对于 B 截面的扭转角 φ_{BC} 及 C 截面的（绝对）扭转角 φ_C。

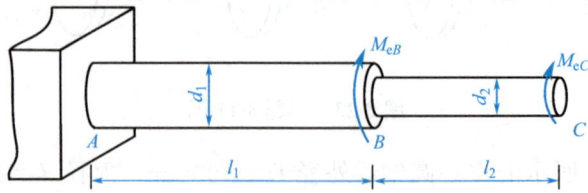

图 8-27　习题 8-17 图

弯曲强度和刚度

Chapter 09

你知道吗？

弯曲变形如何引起构件的破坏？

如何提高弯曲构件的承载能力？

弯曲变形是杆件四种基本变形形式之一，工程和生活中发生弯曲变形的构件较常见。本项目主要讨论弯曲变形的内力及内力图的绘制、应力分布规律和计算，弯曲强度条件和刚度条件的应用，以及提高弯曲强度的措施和减小弯曲变形的措施。

学习目标

1. 知识目标

(1) 理解剪力和弯矩的概念，理解并掌握截面法求剪力和弯矩。

(2) 理解剪力、弯矩和荷载集度的微分关系，掌握内力图特征规律。

(3) 理解梁横截面上正应力和切应力的分布规律。

(4) 理解并掌握弯曲强度条件。

(5) 理解梁的挠度、转角概念及梁的挠曲近似微分方程。

(6) 了解提高梁强度的措施和减小弯曲变形的措施。

2. 能力目标

(1) 熟练运用代数和法计算任意截面上的剪力和弯矩。

(2) 熟练运用内力图特征规律绘制梁的剪力图和弯矩图。

(3) 掌握叠加法绘制梁的弯矩图。

(4) 熟练掌握受弯构件横截面的正应力和切应力强度计算。

3. 素质目标

(1) 通过分析与解决工程中弯曲强度问题，培养严谨细致的科学态度，培养安全责任意识。

(2) 通过分析提高受弯构件的强度和减小弯曲变形的措施的异同，树立全面辩证的观点。

任务 1　弯曲变形概述及弯曲内力

一、弯曲变形概述

1. 平面弯曲的概念

弯曲是工程和实际生活中最常见的一种基本变形。当杆件受到垂直于杆件轴线的外力或位于杆轴平面内的外力偶作用时，杆件的轴线将由直线变成曲线，这种变形称为弯曲。如图 9-1（a）所示桥式起重机大梁、图 9-1（b）所示火车轮轴等都属于受弯构件。以弯曲为主要变形的构件，通常称为梁。

24.
桥式吊
梁的弯
曲变形

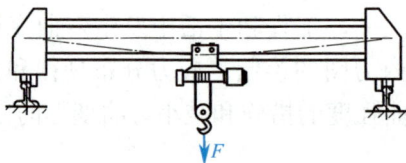

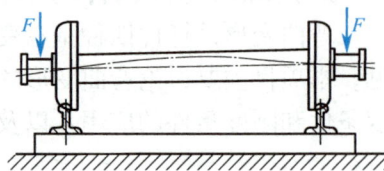

25.
火车轮轴
发生弯曲
变形

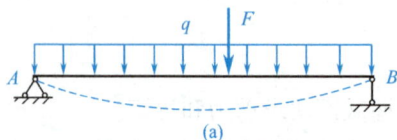

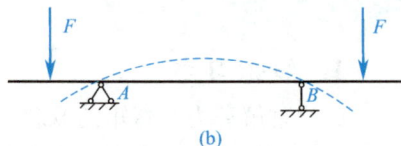

图 9-1　弯曲实例

工程中常见的梁的横截面通常采用对称形状，这些截面都具有一个纵向对称轴，如矩形、圆形、工字形及 T 形等（图 9-2）。通过横截面的纵向对称轴与梁轴线确定的平面，称为纵向对称面。若梁上所有外力都作用在纵向对称面内，则变形后的轴线将是在纵向对称面内的一条平面曲线，这种弯曲变形称为平面弯曲，如图 9-3 所示。平面弯曲是弯曲变形中的特殊情况，也是工程中最常见的弯曲问题。

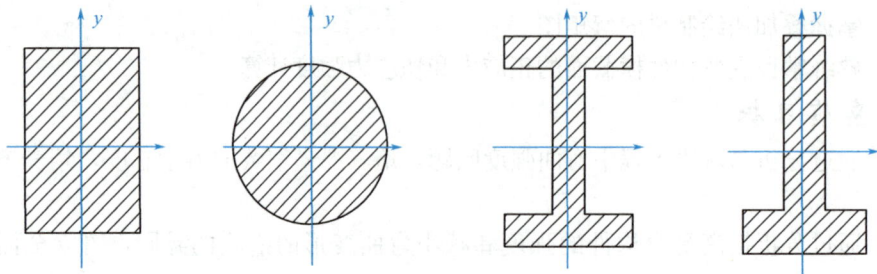

图 9-2　梁的横截面

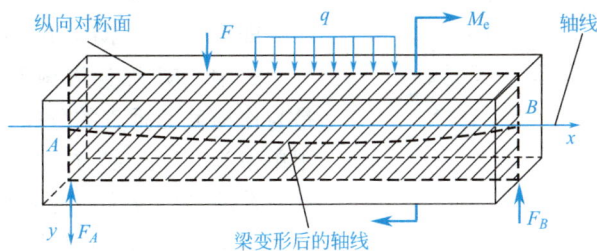

图 9-3　平面弯曲

2. 梁的计算简图及梁的分类

为了分析和计算梁在外力作用下产生的内力和变形，在保证足够精度的前提下，需对梁进行简化。不论梁的截面形状如何复杂，通常以梁的轴线（梁各横截面的形心连线）代替实际的梁。作用在梁上的外力包括荷载和支座反力，荷载一般可简化为集中荷载、分布荷载和集中力偶三种形式。支座可简化为固定铰支座、可动铰支座、固定端支座三种类型。工程中通常按支承情况将梁简化为三种基本形式：

（1）简支梁：梁的一端是固定铰支座，另一端是可动铰支座（图 9-4a）。

（2）外伸梁：一端或两端伸出支座外的梁（图 9-4b）。

（3）悬臂梁：一端固定，另一端自由的梁（图 9-4c）。

图 9-4　单跨静定梁

以上三种梁在荷载作用下都可以由静力平衡方程确定所有支座反力，故称为**静定梁**。若梁的支座反力数目多于静力平衡方程的数目，支座反力不能完全由静力平衡方程确定，这种梁称为超静定梁。

二、弯曲内力

1. 剪力和弯矩的定义

为对梁进行强度和刚度计算，当作用在梁上的外力完全确定后，与计算其他基本变形构件的内力类似，可用截面法来分析梁任意截面上的内力。

如图 9-5（a）所示矩形截面简支梁，在竖向荷载 F 及支座反力作用下处于静力平衡状态。欲求梁上任意横截面 $m-m$ 上的内力，可用一假想的平面将梁距 A 端为 x 处截开，以左段梁为研究对象（图 9-5b），根据平衡方程 $\sum F_y = 0$，得 $F_A - F_S = 0$，

即
$$F_S = F_A$$

式中，F_S 称为横截面 $m-m$ 上的剪力，它是与横截面相切的分布内力的合力，常用单位为"N"或"kN"。

根据平衡方程 $\sum M_C = 0$，得

(a)

(b)

(c)

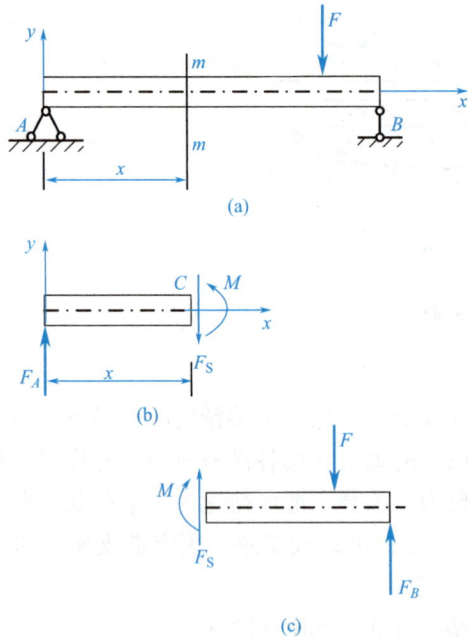

图 9-5　剪力和弯矩

$$M - F_A \cdot x = 0,$$

即　　　　　$M = F_A \cdot x$

式中，M 称为横截面 m-m 上的弯矩，它是与作横截面垂直的分布内力的合力偶矩，常用单位为"N·m"或"kN·m"。

若取右段梁为研究对象，根据平衡条件也可求得横截面 m-m 上的剪力和弯矩，且二者是等值、反向的。

2. 剪力和弯矩的正负号规定

为使取左段或取右段梁得到的同一截面的内力符号一致，工程中通常根据变形，将剪力和弯矩的正、负号作如下规定：

凡使所取梁段有作顺时针转动趋势时的剪力规定为正，反之为负（图 9-6a）。

凡使所取梁段产生上凹下凸变形的弯矩规定为正，反之为负（图 9-6b）。

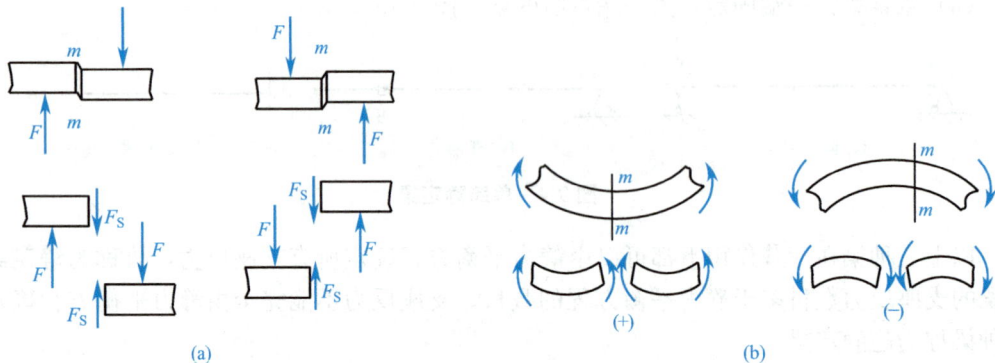

(a)

(b)

图 9-6　剪力和弯矩的正负号

3. 截面法求剪力和弯矩

【例 9-1】　求如图 9-7 所示悬臂梁截面 1-1 上的剪力和弯矩。

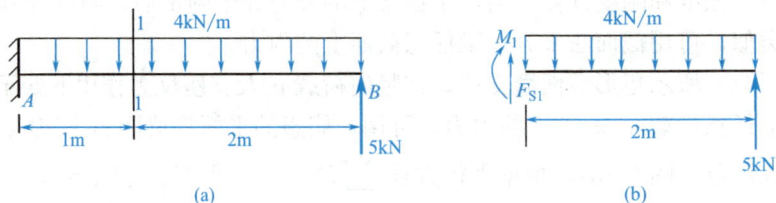

(a)

(b)

图 9-7　例 9-1 图

【解】　对于悬臂梁，可不求支座约束力，取 1-1 横截面右段梁为研究对象，其受力图如图 9-7（b）所示。

$$\sum F_y = 0, \quad F_{S1} - 4 \times 2 + 5 = 0$$

$$\sum M_C = 0, \quad -M_1 - 4 \times 2 \times 1 + 5 \times 2 = 0$$

解得：

$$F_{S1} = 4 \times 2 - 5 = 3 \text{kN}$$

$$M_1 = -4 \times 2 \times 1 + 5 \times 2 = 2 \text{kN} \cdot \text{m}$$

求得 F_{S1} 为正值，表示 F_{S1} 的实际方向与假定的方向相同；M_1 为正值，表示 M_1 的实际方向与假定的方向相同。

用截面法求梁指定截面的剪力和弯矩的步骤总结如下：

（1）根据梁的平衡条件计算支座反力。

（2）用假想的截面在欲求内力处将梁截成两段，取其中一段为研究对象（即脱离体）；画出研究对象的受力图。在取出的梁段上保留作用于该段上的所有外力（包括荷载和支座反力），在截开的截面上画出未知的剪力和弯矩。剪力和弯矩的方向均按正向假设。

（3）建立脱离体的平衡方程，求解剪力和弯矩。

【特别提示】由于未知的剪力和弯矩均按正向假设，内力的计算结果可能为正值，也可能为负值。当内力值的计算结果为正值时，说明内力的实际方向与假设的方向一致，是正剪力或正弯矩；当内力值的计算结果为负值时，说明内力的实际方向与假设的方向相反，是负剪力或负弯矩。

4. 代数和法计算梁的内力

通过上述例题，可以总结出直接根据外力计算梁内力的简便方法。

（1）剪力的计算

计算剪力是对截面左（或右）段梁建立力的投影方程，经过移项后可得：

$$F_S = \sum F_左 \quad 或 \quad F_S = \sum F_右 \tag{9-1}$$

以上两式说明：梁上某一横截面上的剪力在数值上等于该截面一侧（左段或右段）所有外力在垂直于轴线方向投影的代数和。绕所求截面产生顺时针转动趋势的外力产生正剪力，取正号；反之产生负剪力，取负号。

（2）弯矩的计算

计算弯矩是对截面左（或右）段梁建立力矩平衡方程，经过移项后可得

$$M = \sum M_左 \quad 或 \quad M = \sum M_右 \tag{9-2}$$

以上两式说明：梁上某一横截面上的弯矩在数值上等于该截面一侧所有外力（包括力偶）对该截面形心力矩的代数和。将所求截面固定，使所考虑的梁段产生下凸弯曲变形（即下部受拉，上部受压）的外力产生正弯矩，取正号；反之产生负弯矩，取负号。

【特别提示】利用上述规律可以直接根据欲求截面左段或右段梁的外力和求该截面的剪力和弯矩。用代数和法求内力可以不必画受力图和列平衡方程，从而简化计算过程。

【例 9-2】 求如图 9-8 所示外伸梁 B 截面和 C 截面的剪力和弯矩。

【解】 （1）求支座反力

$$\sum M_B(F) = 0, \quad 3 \times 2 + F_D \times 4 + 4 - 1 \times 6 \times 3 = 0$$

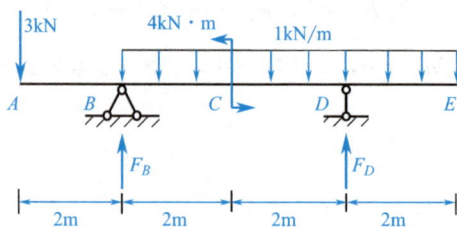

图 9-8　例 9-2 图

$$\sum M_D(F)=0, \; 3\times6+4+1\times6\times1-F_B\times4=0$$

解得：$F_D=2\text{kN}(\uparrow)F_B=7\text{kN}(\uparrow)$

（2）求 B 截面的剪力和弯矩

$$F_{SB左}=-3\text{kN}$$

$$F_{SB右}=-3+7=4\text{kN} \; 或 \; F_{SB右}=1\times6-2=4\text{kN}$$

$$M_A=-3\times2=-6\text{kN}\cdot\text{m}$$

（3）求 C 截面的内力

$$F_{SC左}=-3+7-1\times2=2\text{kN}$$

$$M_{C左}=-3\times4+7\times2-1\times2\times1=0\text{kN}\cdot\text{m}$$

$$M_{C右}=-3\times4+7\times2-1\times2\times1-4=-4\text{kN}\cdot\text{m} \quad 或$$

$$M_{C右}=-1\times4\times2+2\times2=-4\text{kN}\cdot\text{m}$$

从本例可以看出，在集中力 F_B 处，剪力发生突变，突变值等于集中力值；在集中力偶 C 处，弯矩发生突变，突变值等于集中力偶矩值。

问题 9-1　平面弯曲变形的特征是（　　　）。

A. 弯曲时横截面仍保持为平面

B. 弯曲变形后的轴线是一条平面曲线

C. 弯曲载荷均作用在同一平面内

D. 弯曲变形的轴线与荷载作用面同在一个平面内

问题 9-2　如图 9-9 所示悬臂梁，下列说法正确的是（　　　）。

A. B 截面的弯矩为 8kN·m　　　　　B. B 截面的剪力为 $F_S=4$kN

C. A 截面的弯矩为 12kN·m　　　　　D. A 截面的剪力为 $F_S=-4$kN

问题 9-3　如图 9-10 所示外伸梁，下列说法不正确的是（　　　）。

A. A 截面弯矩为 0kN·m　　　　　B. C 截面的弯矩为 0kN·m

C. B 截面的剪力为 $F_S=10$kN　　　　　D. B 截面的弯矩为 -10kN·m

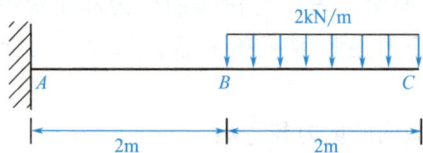

图 9-9　问题 9-2 图

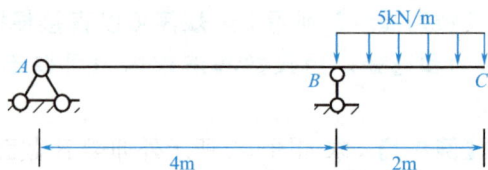

图 9-10　问题 9-3 图

问题 9-4　求如图 9-11 所示悬臂梁 A、C 截面的剪力和弯矩。

问题 9-5　如图 9-12 所示简支梁。已知：$F_1 = F_2 = 30\text{kN}$，求 1-1 截面上的剪力和弯矩。

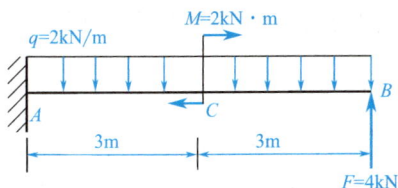

图 9-11　问题 9-4 图

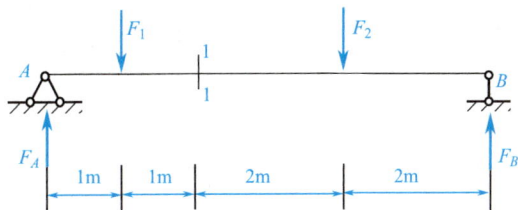

图 9-12　问题 9-5 图

任务 2　单跨静定梁的内力图

一、剪力图和弯矩图

一般情况下，梁横截面上的剪力和弯矩随截面位置不同而变化。为表示剪力和弯矩沿梁轴线的变化情况，用沿梁轴线的坐标 x 表示横截面的位置，则各横截面上的剪力和弯矩都可以表示为坐标 x 的函数，即

$$F_S = F_S(x)，\quad M = M(x)$$

以上两个函数式分别称为梁的剪力方程和弯矩方程。为了形象地表示剪力和弯矩沿梁轴线变化的规律，以沿梁轴线的横坐标 x 表示梁横截面的位置，以纵坐标表示相应横截面上的剪力或弯矩，按剪力方程和弯矩方程绘出图形，这种图形分别称为剪力图和弯矩图。在机械工程中，习惯把正的内力值画在 x 轴上方，负内力值画在 x 轴下方，并在图中标明"$\oplus$、$\ominus$"，如图 9-13 所示。

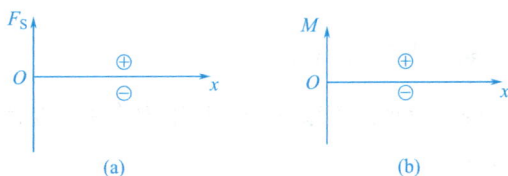

图 9-13　内力图的绘制

【特别提示】绘制内力图的意义在于可以由剪力图和弯矩图确定梁的最大内力的数值及其所在的截面的位置，这种内力极值所在的截面通常称为危险截面。受弯构件危险截面上的内力值是等截面梁设计的重要依据。

单一荷载下静定梁的剪力图和弯矩图是最基本的内力图，下面用例题来说明。

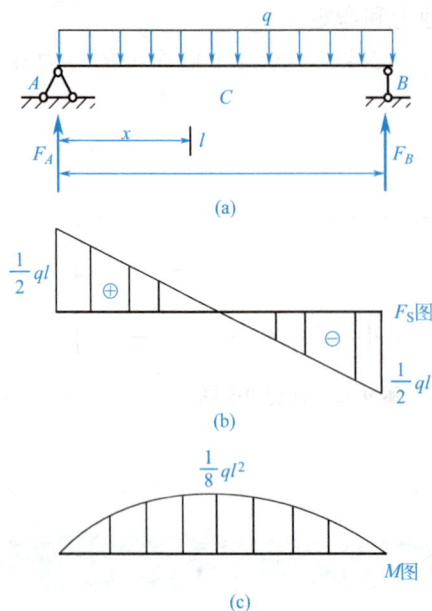

图 9-14　例 9-3 图

【例 9-3】　如图 9-14（a）所示起重机大梁的跨度为 l，仅考虑梁的自重 q，绘制梁的剪力图和弯矩图。

【解】　（1）求支座反力。将起重机大梁简化为简支梁，根据结构及荷载的对称关系，可得：$F_A = F_B = \dfrac{ql}{2}(\uparrow)$

（2）列剪力方程和弯矩方程

取距 A 点为 x 处的任意截面，将梁假想截开，考虑左段平衡，可得全段梁的剪力方程和弯矩方程分别为：

$$F_S(x) = F_A - qx = \frac{1}{2}ql - qx \quad (0 < x < l) \tag{a}$$

$$M(x) = F_A x - \frac{1}{2}qx^2 = \frac{1}{2}qlx - \frac{1}{2}qx^2 \quad (0 \leqslant x \leqslant l) \tag{b}$$

（3）绘制剪力图和弯矩图

由式（a）可见，在 AB 段内，F_S 是 x 的一次函数，所以该梁的剪力图是一条斜直线。只要确定线上的两点，就可以确定这条直线。当 $x \to 0$ 时，$F_{SA} = \dfrac{1}{2}ql$；在 $x \to l$ 时，$F_{SB} = -\dfrac{1}{2}ql$。连接这两点就得到 AB 梁的剪力图，如图 9-14（b）所示。

由式（b）知，$M(x)$ 是 x 的二次函数，所以弯矩图是一条二次抛物线，至少需计算三个截面的弯矩值，才能大致绘出。当 $x = 0$ 时，$M_A = 0$；当 $x = \dfrac{l}{2}$ 时，$M_C = \dfrac{ql^2}{8}$；在 $x = l$ 时，$M_B = 0$。用平滑的曲线连接这三点就得到梁 AB 的弯矩图，如图 9-14（c）所示。

从剪力图和弯矩图中可知，受均布荷载作用的简支梁，其剪力图为斜直线，弯矩图为二次抛物线；最大剪力发生在两端支座处，其绝对值为 $|F_{Smax}| = \dfrac{ql}{2}$；而最大弯矩发生在剪力为零的跨中截面处，其绝对值为 $|M_{max}| = \dfrac{ql^2}{8}$。

【例 9-4】　如图 9-15（a）所示简支梁受一个集中力作用，绘制梁的剪力图和弯矩图。

【解】　（1）求支座反力

由梁的整体平衡条件可求得：$F_A = \dfrac{Fb}{l}(\uparrow)$，$F_B = \dfrac{Fa}{l}(\uparrow)$

（2）列剪力方程和弯矩方程

如图 9-15（a）所示，梁在 C 处有集中力作用，故梁在 AC 段和 CB 段的剪力方程和弯矩方程不相同，必须分段列出。以梁的左端 A 为坐标原点，取距 A 端为 x 的任意截面 m-m 处将梁截开，在 AC 段内，考虑左段梁平衡，截面以左只有外力 $\boldsymbol{F}_A$，列出剪力方程

和弯矩方程分别为

$$F_{\text{S}}(x)=F_A=\frac{Fb}{l}(0<x<a) \quad\quad (a)$$

$$M(x)=F_Ax=\frac{Fb}{l}x(0\leqslant x\leqslant a) \quad\quad (b)$$

在 CB 段内，取距 A 端为 x 的任意截面，截面以左有 $\boldsymbol{F}_A$ 和 $\boldsymbol{F}$ 两个外力，考虑左段梁的平衡，列出剪力方程和弯矩方程分别为

$$F_{\text{S}}(x)=F_A-F=\frac{Fb}{l}-F=-\frac{Fa}{l}(a<x<l)$$
$$\quad\quad (c)$$

$$M(x)=F_Ax-F(x-a)=\frac{Fa}{l}(l-x)(a\leqslant x\leqslant l)$$
$$\quad\quad (d)$$

（3）绘制剪力图和弯矩图

由（a）式可知，在 AC 段（$0<x<a$）内，梁的任意横截面上的剪力皆为常数 $\dfrac{Fb}{l}$，剪力图为在 x 轴上方且平行于 x 轴的直线段。同理，可以根据式（c）绘制 CB 段剪力图，如图 9-15（b）所示。从剪力图看出，当 $a>b$ 时，最大剪力为 $|F_{\text{Smax}}|=\dfrac{Fa}{l}$。

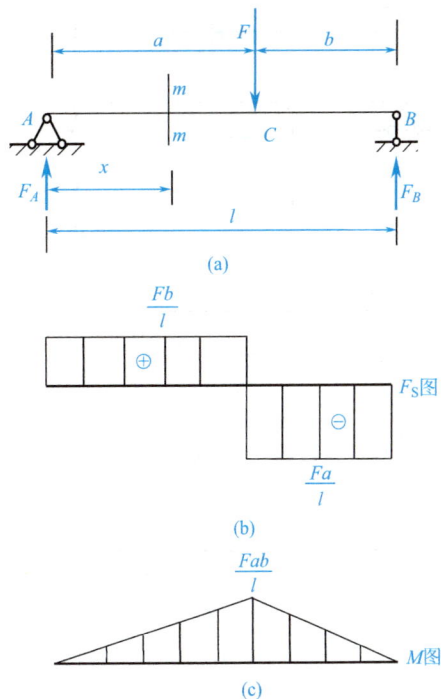

图 9-15　例 9-4 图

由式（b）可知，AC 段弯矩 $M(x)$ 是 x 的一次函数，所以弯矩图是一条斜直线。只要确定 AC 段两个截面的弯矩值，就可以确定这条直线段。例如，在 $x=0$ 处，$M_A=0$；在 $x=a$ 处，$M_C=\dfrac{Fab}{l}$。连接这两点就得到 AC 段内的弯矩图。同理，可以根据式（d），绘制 CB 段弯矩图。

从弯矩图中看出，最大弯矩发生在集中力作用处的 C 截面上，且 $|M_{\text{max}}|=\dfrac{Fab}{l}$。若集中力作用在梁的跨中，则最大弯矩发生在梁的跨中截面上，其值为 $|M_{\text{max}}|=\dfrac{Fl}{4}$。

【例 9-5】　如图 9-16（a）所示简支梁受一个集中力偶作用，绘制梁的剪力图和弯矩图。

【解】　（1）求支座反力

由梁的整体平衡条件可求得：$F_A=-\dfrac{M_{\text{e}}}{l}(\downarrow)$，$F_B=\dfrac{M_{\text{e}}}{l}(\uparrow)$

（2）列剪力方程和弯矩方程

（1）梁在 C 处有集中力偶 M_{e} 作用，需分两段列出剪力方程和弯矩方程。在 AC 段内，取距 A 端为 x 的任意截面 m-m，考虑左段梁平衡，列出剪力方程和弯矩方程分别为：

$$F_{\text{S}}(x)=F_A=-\frac{M_{\text{e}}}{l} \quad (0<x<a) \quad\quad (a)$$

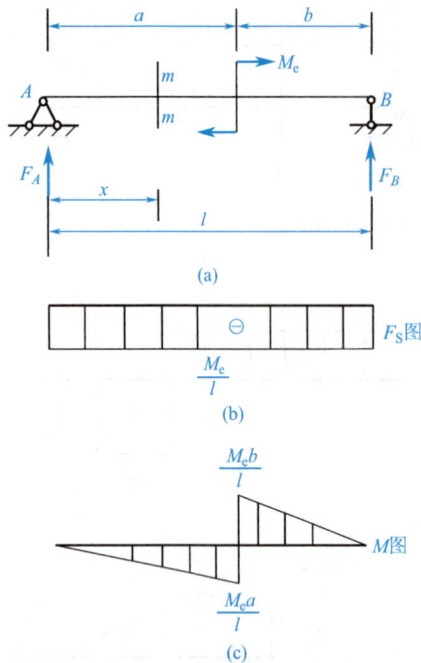

$$M(x) = F_A x = -\frac{M_e}{l}x \quad (a \leqslant x < l) \qquad \text{(b)}$$

在 CB 段内，取距 A 端为 x 的截面，考虑右段梁平衡，列出剪力方程和弯矩方程分别为：

$$F_S(x) = -F_B = -\frac{M_e}{l} \quad (0 < x < a) \qquad \text{(c)}$$

$$M(x) = F_B(l-x) = \frac{M_e}{l}(l-x) \quad (0 < x \leqslant a)$$
$$\text{(d)}$$

（3）绘制剪力图和弯矩图

由式（a）、式（c）可知，梁在 AC 段和 CB 段剪力都是常数，其值为 $\frac{M_e}{l}$，故剪力图是一条在 x 轴下方且平行于 x 轴的直线段，如图 9-16（b）所示。

由式（b）、式（d）可知，梁在 AC 段和 CB 段内弯矩都是 x 的一次函数，故弯矩图是两段斜直线。

AC 段：$x=0$ 处，$M_A=0$；$x=a$ 处，$M_{C左}=\frac{M_e a}{l}$。连

图 9-16　例 9-5 图

接这两点就得到 AC 段的弯矩图。同理，根据（d）式绘制出 CB 段的弯矩图，如图 9-16（c）所示。

从上图中可知，简支梁只受一个力偶作用时，剪力图为一条平行于轴线的直线段，而弯矩图是两段平行的斜直线；在集中力偶作用处，左右截面上剪力无变化，而弯矩发生了突变，其突变值等于该集中力偶矩。

二、荷载集度、剪力与弯矩之间的关系

如图 9-17（a）所示，以梁轴线为 x 轴，以向右为正，y 轴向上为正。梁上作用有任意的分布荷载，分布荷载集度 $q(x)$ 是截面位置 x 的连续函数，且规定 $q(x)$ 以向上为正。取 A 为坐标原点，在距离原点为 x 处从梁中取出分布荷载作用下长为 $\mathrm{d}x$ 的微段进行研究（图 9-17b）。

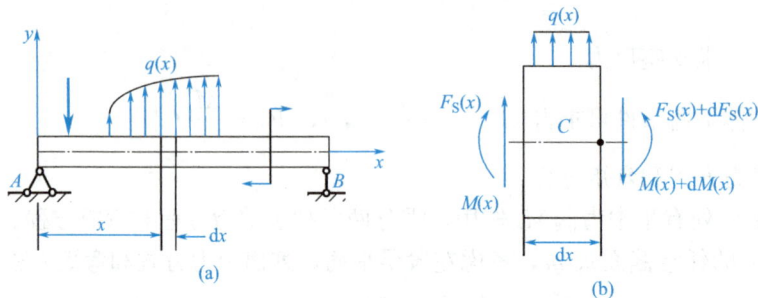

图 9-17　荷载集度、剪力与弯矩之间的关系

如图 9-17（b）所示，在微段 $\mathrm{d}x$ 上作用的分布荷载 $q(x)$ 可以认为是均布的。微段左侧横截面上的剪力和弯矩分别为 $F_S(x)$ 和 $M(x)$。当坐标 x 有一增量 $\mathrm{d}x$ 时，$F_S(x)$ 和 $M(x)$ 相应的增量分别为 $\mathrm{d}F_S(x)$ 和 $\mathrm{d}M(x)$，故微段右侧截面上的剪力和弯矩分别为 $F_S(x) + \mathrm{d}F_S(x)$ 和 $M(x) + \mathrm{d}M(x)$，并设它们都为正值。由微段的静力平衡方程 $\sum F_y = 0$ 和 $\sum M_C = 0$（C 为右侧截面的形心），得

$$F_S(x) - [F_S(x) + \mathrm{d}F_S(x)] + q(x)\mathrm{d}x = 0$$

$$-M(x) + [M(x) + \mathrm{d}M(x)] - F_S(x)\mathrm{d}x - q(x)\mathrm{d}x \cdot \frac{\mathrm{d}x}{2} = 0$$

省略第二式中的高阶微量 $q(x)\mathrm{d}x \cdot \dfrac{\mathrm{d}x}{2}$，整理后得出

$$\frac{\mathrm{d}F_S(x)}{\mathrm{d}x} = q(x) \tag{9-3}$$

$$\frac{\mathrm{d}M(x)}{\mathrm{d}x} = F_S(x) \tag{9-4}$$

将式（9-4）对 x 取导数，并利用式（9-3），又可得出

$$\frac{\mathrm{d}M^2(x)}{\mathrm{d}x^2} = \frac{\mathrm{d}F_S(x)}{\mathrm{d}x} = q(x) \tag{9-5}$$

以上三式为直梁的荷载集度、剪力与弯矩之间者之间的微分关系，上述微分关系的几何意义分别为：

（1）梁任一横截面上的剪力对 x 的一阶导数等于同一截面上分布荷载的集度，即剪力图上某点处的切线斜率等于梁上相对应点处的荷载集度值；

（2）梁任一横截面上弯矩对 x 的一阶导数等于同一截面上的剪力，即弯矩图上某点处的切线斜率等于梁上相对应截面上的剪力值；

（3）梁任一横截面上弯矩对 x 的二阶导数等于同一截面上分布荷载的集度，即可以通过梁上该点处荷载集度 $q(x)$ 符号来确定弯矩图的凹凸方向。

利用剪力、弯矩和荷载集度三者之间的微分关系，可以简便地绘制或校核剪力图和弯矩图。表列出了 F_S 图和 M 图的一些特征。

梁的内力图特征　　　　　　　　　　　　　　　　　　　　　　　表 9-1

	无荷载区段	$q(x) = 0$ 区段	集中力 F 处	集中力偶 M 作用处
F_S 图	水平线	$q(x) > 0$，斜直线，斜率 > 0	有突变 突变值 $= F$	无影响
		$q(x) < 0$，斜直线，斜率 > 0		
M 图	$F_S > 0$，斜直线，斜率 > 0	$q(x) > 0$，抛物线，下凸	有尖角	有突变 突变值 $= M$
	$F_S < 0$，斜直线，斜率 < 0	$q(x) < 0$，抛物线，上凸		
	$F_S = 0$，水平线	$F_S = 0$ 处，抛物线有极值		

【特别提示】若在梁的某一截面上 $F_S = 0$，根据 $F_S(x) = \dfrac{\mathrm{d}M(x)}{\mathrm{d}x} = 0$ 可知，这一截面上弯矩有极值（极大或极小值），即弯矩的极值发生在剪力为零的截面上。在集中力作用截面的左、右两侧，剪力有突变，成为一个转折

26.
思政小课堂-简便法绘制梁的剪力图

点，弯矩的极值就可能出现在这类截面上。在集中力偶作用截面的左、右两侧，弯矩发生突变，该截面也可能出现弯矩的极值。

【例 9-6】 试利用微分关系绘制如图 9-18（a）所示外伸梁的剪力图和弯矩图。

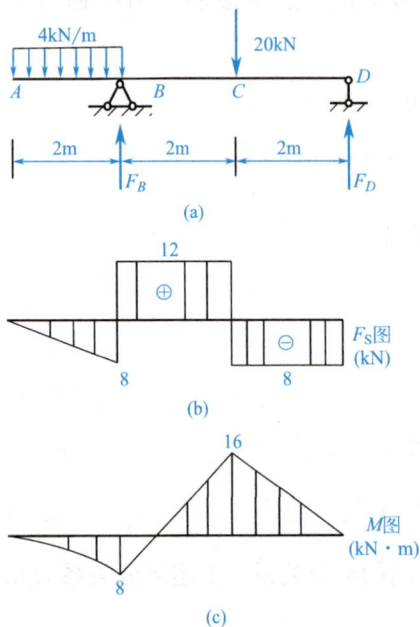

图 9-18 例 9-6 图

【解】 （1）求支座约束力

$$\sum M_D(F) = 0, \quad 4 \times 2 \times 5 + 20 \times 2 - F_B \times 4 = 0$$

$$\sum M_B(F) = 0, \quad 4 \times 2 \times 1 - 20 \times 2 + F_D \times 4 = 0$$

解得：$F_B = 20\text{kN}$（↑）　$F_D = 8\text{kN}$（↑）

（2）根据梁上的外力情况将梁分段，将梁分为 AB、BC 和 CD 三段。

（3）计算控制截面剪力，绘制剪力图

AB 段梁上有均布荷载，该段梁的剪力图为斜直线，其控制截面剪力为：

$$F_{SB左} = -4 \times 2 = -8\text{kN}$$

BC 和 CD 段均为无荷载区段，剪力图均为水平线，其控制截面剪力为：

$$F_{SBC右} = -8 + 20 = 12\text{kN} \quad F_{SD} = -F_D = -8\text{kN}$$

画出剪力图如图 9-18（b）所示。

（4）计算控制截面弯矩，绘制弯矩图

AB 段梁上有均布荷载，该段梁的弯矩图为二次抛物线。因 q 向下（$q < 0$），所以曲线向上凸，其控制截面弯矩 $M_B = -4 \times 2 \times 1 = -8\text{kN} \cdot \text{m}$。

BC 段与 CD 段均为无荷载区段，弯矩图均为斜直线，其控制截面弯矩为：$M_C = 8 \times 2 = 16\text{kN} \cdot \text{m}$，$M_D = 0$，绘制出弯矩图如图 9-18（c）所示。

【例 9-7】 如图 9-19（a）所示的外伸梁，试用内力图特征规律绘制剪力图和弯矩图。

【解】 （1）计算支反力

利用静力平衡条件，求得梁的支反力为

$$F_A = 5\text{kN}, \ F_B = 3\text{kN}$$

（2）绘制剪力图

利用微分关系绘制剪力图时，从梁的左端开始，$F_{SC} = -4\text{kN}$，在 CA 段上，$q = 0$，剪力图为水平线，故 $F_{SA左} = -4\text{kN}$。在支座 A 处，有向上的支反力 F_A，使剪力图产生突变，其值为 5kN，故 A 截面右侧剪力为 $F_{SA右} = F_{SA左} + F_A = 1\text{kN}$。

在 AD 段上，$q = 0$，剪力图为水平线。由于集中力偶两侧的剪力相等，故 $F_{SD右} = F_{SD左}$。在 DB 段上，q 向下，剪力图为向下斜的直线。由于 $F_{SB} = -F_B = -3\text{kN}$，因而由 $F_{SD右}$ 与 F_{SB} 即可绘制 BD 段的剪力图，如图 9-19（b）所示。由图可知，绝对值最大的剪力为 $|F_{Smax}| = 4\text{kN}$。

（3）绘制弯矩图

在 CA 段上，F_S 为负常数，则弯矩图为向上斜直线，由 $M_C = 0$ 及 $M_A = -0.4F =$

$-1.6\text{kN}\cdot\text{m}$ 即得 CA 段上的弯矩图。在 AD 段上，F_S 为大于零的常数，则弯矩图为向下斜直线，由于 $M_{D左}=0.4F_A-0.8F=-1.2\text{kN}\cdot\text{m}$，由 M_A 和 $M_{D左}$ 的数值，即得 AD 段的弯矩图。

在 DB 段上，梁有向下的均布载荷，弯矩图为上凸的抛物线，故

$$M_{D右}=M_{D左}+M_e=-1.2+1.6=0.4\text{kN}\cdot\text{m},$$
$$M_B=0\text{kN}\cdot\text{m}$$

此外，在 $F_S=0$ 的 E 截面上，弯矩有极值，其数值为

$$M_E=F_B\times0.3-\frac{q}{2}\times(0.3)^2=0.45\text{kN}\cdot\text{m}$$

由 $M_{D左}$、M_E、M_B 三点光滑连接成上凸抛物线，即连成 DB 段的弯矩图，如图 9-19（c）所示。由图可知，绝对值最大的弯矩为

$$|M_{max}|=1.6\text{kN}\cdot\text{m}$$

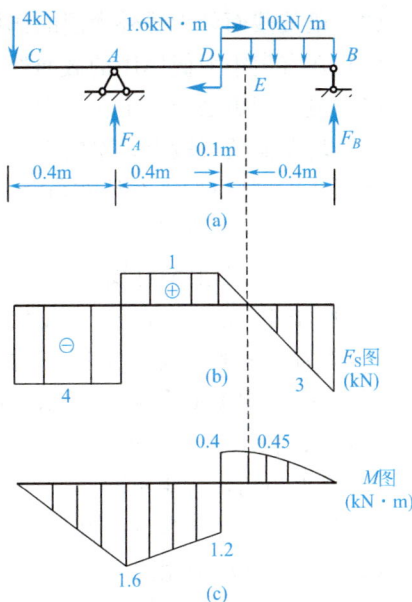

图 9-19　例 9-7 图

由以上各例可知，利用荷载、剪力和弯矩之间的微分关系及内力图规律，可简捷地绘制梁的剪力图和弯矩图，总结步骤如下：

（1）确定控制截面，即内力可能发生突变的截面，通常这些截面位于集中力、集中力偶作用处以及分布荷载起始端。

（2）在控制截面处将梁分段，由各段梁的载荷情况判断各段剪力图和弯矩图的大致形状。

（3）利用计算内力的代数和法，求出各控制截面上的 F_S 值和 M 值。

（4）利用荷载、剪力和弯矩之间的微分关系及内力图特征规律，逐段绘出梁的 F_S 图和 M 图。

问题 9-6　完成下列填空题。

（1）梁的内力图通常用平行于梁轴的横坐标表示_____；用垂直于梁轴的纵坐标表示_____。

（2）绘制梁的内力图时，可先建立_____，根据剪力和弯矩随坐标位置变化的函数关系，绘制剪力图和弯矩图，这种基本方法称为_____。

（3）集中力作用处，_____突变，突变的绝对值等于_____的大小，突变的方向与集中力方向_____。

（4）当均布线荷载作用方向向下时，剪力图为_____的斜直线，弯矩图为_____的抛物线。

（5）简支梁的两端无集中力偶作用时，弯矩为_____。

（6）弯矩图上某点处的切线斜率等于梁上相对应截面上的_____。

问题 9-7　判断下列说法正误。

（1）杆件的内力与截面的尺寸和形状有关。　　　　　　　　　　　　　　（　　）

（2）静定结构的构件，当温度均匀变化时不会引起构件的内力。　　　　（　　）

(3) 梁某截面处承受外力偶的作用，则该截面的弯矩应分左、右分别计算。（　　）

(4) 在有集中力偶作用的截面处，其剪力图有突变。（　　）

(5) 最大弯矩必定发生在剪力为零的横截面上。（　　）

(6) 均布荷载梁段上，梁的剪力图为抛物线，弯矩图为一条斜直线。（　　）

问题 9-8　竖直向下线均布荷载梁段的剪力图和弯矩图为（　　）。

A. 剪力图是平直线，弯矩图是斜直线

B. 剪力图是右上斜直线，弯矩图是抛物线

C. 剪力图是右下斜直线，弯矩图是抛物线

D. 剪力图是平直线，弯矩图是抛物线

问题 9-9　根据如图 9-20 所示悬臂梁，完成下列选择题。

(1) AB 段上各个截面的（　　）。

A. 剪力相同，弯矩不同

B. 剪力不相同，弯矩相同

C. 剪力和弯矩均相同

D. 剪力和弯矩均不同

(2) 下列说法不正确的是（　　）。

A. AB 段剪力图是平直线　　　　　　B. AB 弯矩图是斜直线

C. B 截面处弯矩有突变　　　　　　　D. C 截面弯矩为 0

问题 9-10　根据如图 9-21 所示悬臂梁，完成下列选择题。

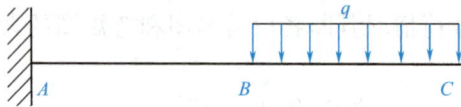

图 9-20　问题 9-9 图　　　　　　　　　图 9-21　问题 9-10 图

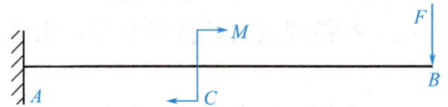

(1) 集中力偶右侧的剪力图的图形是（　　）。

A. 轴线上方的平直线　　　　　　　　B. 右上斜直线

C. 轴线下方的平直线　　　　　　　　D. 右下斜直线

(2) 若将集中力偶 M 在梁上移动时（　　）。

A. 对剪力图的形状、大小均无影响

B. 对弯矩图形状无影响，只对其大小有影响

C. 对剪力图、弯矩图形状及大小均有影响

D. 对剪力图、弯矩图形状及大小均无影响

(3) 下列说法不正确的是（　　）。

A. B 截面弯矩一定为 0

B. C 截面处弯矩有突变

C. A 截面弯矩一定为 0

D. AC 段和 BC 段剪力图均为平直线

任务 3　**叠加法绘制梁的弯矩图**

一、叠加原理

当材料处在小变形线弹性范围内时，梁在几个荷载共同作用下产生的某一量值（支座反力、内力、应力等）等于各荷载单独作用时该量值的代数和，这一结论称为叠加原理。叠加原理不仅适用于梁内力的叠加，对于其他结构中支座反力、内力、应力和变形也适用。

二、分荷载叠加法

当梁上作用几个（或几种）荷载情况下，可先分别绘制出各个荷载单独作用时的弯矩图，然后将其相应的纵坐标叠加，即将每个截面对应弯矩竖标相叠加，得到梁在所有荷载共同作用下的弯矩图，这种绘制弯矩图的方法称为分荷载叠加法。

【例 9-8】　试用叠加法绘制图 9-22（a）所示梁的弯矩图。

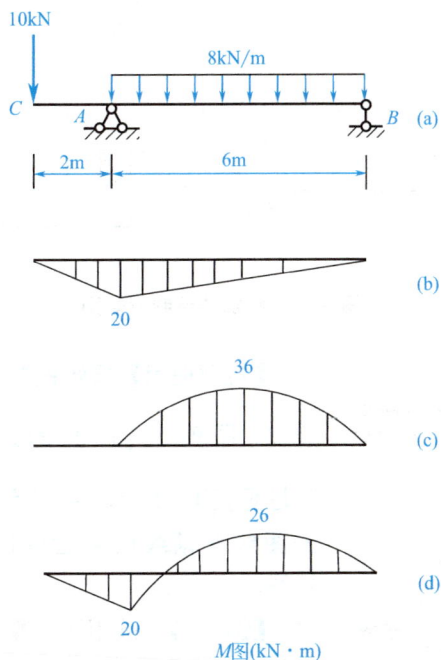

图 9-22　例 9-8 图

【解】　分别绘制出梁在集中荷载作用下的弯矩图（图 9-21c）和线均布荷载作用下的弯矩图（图 9-22b），将图 9-22（b）、（c）对应截面纵坐标叠加，即得梁的最后弯矩图，如图 9-22（d）所示。

三、分区段叠加法

当梁上有较多种荷载作用时，用上述方法绘制弯矩图较为麻烦，通常可先求出某些区段两端截面的弯矩，该区段可视为简支梁在两支座处作用有区段端截面的弯矩，然后利用叠加法，绘制该区段的弯矩图，这种绘制弯矩图的方法称为分区段叠加法。分区段叠加法对梁上作用有线均布荷载和集中荷载区段都是适用的。下面以梁上作用有线均布荷载区段为例进行说明。

图中 AB 区段有线均布荷载作用，取出该梁段为隔离体，除荷载 q 外，两端还有弯矩 M_A、M_B 和剪力 F_{SA}、F_{SB} 作用（图 9-23b），若把它与一个长度相等承受同样荷载 q 并在两端有力偶 M_A、M_B 作用的简支梁相比（图 9-23c），在二者中分别用平衡条件求剪力 F_{SA}、F_{SB} 及支座反力 F_A、F_B，则可知 $F_{SA}=F_A$、$F_{SB}=F_B$。可见，它们所受的外力完全相同，因而它们具有相同的内力图。于是，这段梁的弯矩图就可以这样来绘制：先将其两端弯矩 M_A、M_B 求出，并连以直线（虚线），然后在此虚线上再叠加相应简支梁在荷载 q 作用下的弯矩图即图 9-23（d）。

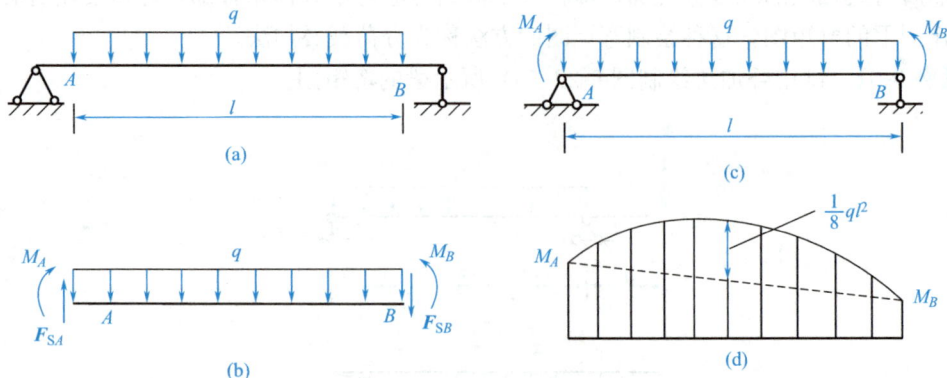

图 9-23 叠加法绘制弯矩图

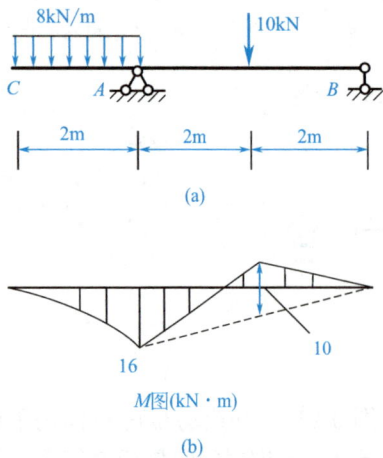

图 9-24 例 9-9 图

【特别提示】弯矩图的叠加是指对应截面纵坐标叠加，图 9-23（d）中的竖标 $\dfrac{ql^2}{8}$ 仍应沿竖向取，而不是垂直于 M_A 和 M_B 连线的方向。这样，最后所得的图线与轴线所包含的图形即为叠加后所得的弯矩图。

【例 9-9】试用区段叠加法绘制图 9-24（a）所示外伸梁的弯矩图。

【解】先绘制 AC 区段的弯矩图。根据内力图特征规律，线均布荷载段作用的 AC 段弯矩均为负值，弯矩图为画在轴线下方的向上凸的抛物线。再绘制 AB 区段的弯矩图。AB 区段有集中荷载作用，可利

用区段叠加法绘制。将 *AB* 两端弯矩连以（虚线），然后在此虚线上跨中位置叠加相应简

支梁在荷载 *F* 作用下的弯矩值 $\dfrac{Fl}{4}$，最后斜直线连接两段无荷载段的弯矩图，即得梁的最

终弯矩图。

【特别提示】利用区段叠加法绘制外伸梁的弯矩图时，可以不用计算支座反力。但需说明的是均布荷载段中点的弯矩值并不都是极值，利用叠加法绘制均布荷载段的弯矩图只是大致图形。若要求弯矩的极值，仍需找到剪力为 **0** 的位置。

问题 **9-11**　试用叠加法绘制下列梁的弯矩图（图 9-25）。

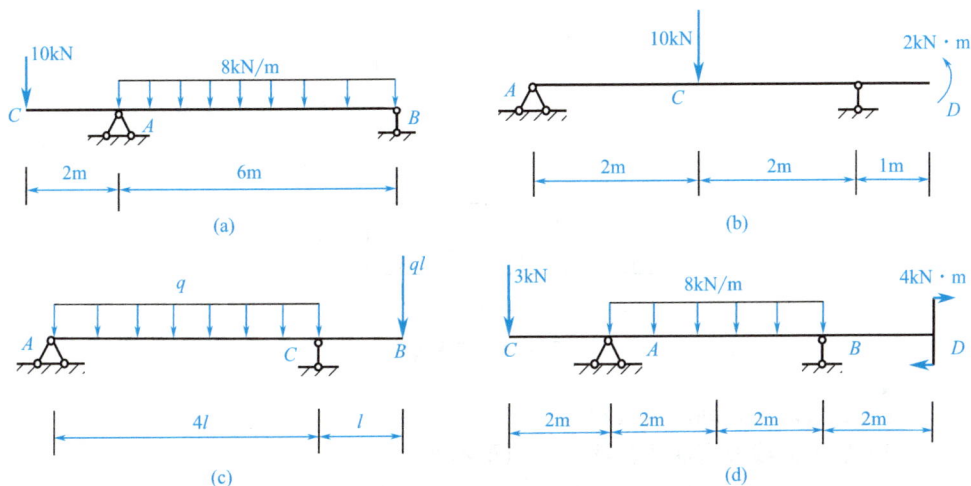

图 9-25　问题 9-11 图

问题 **9-12**　简述叠加法绘制弯矩图的步骤。

任务 4　梁弯曲时强度计算

一、弯曲正应力

梁发生弯曲变形时，横截面上通常有弯矩和剪力两种内力。在平面弯曲时，工程上近似认为梁横截面上的弯矩由正应力 σ 形成，剪力由切应力 τ 形成。梁在弯曲时的横截面上既有正应力又有切应力，这种情况称为**横力弯曲**。若梁横截面上只有弯矩而无剪力，这种情况称为**纯弯曲**。如图 9-26 所示梁的 *AC* 和 *DB* 段为横力弯曲，*CD* 段为纯弯曲。为了研究梁横截面上的正应力分布规律，可做纯弯曲实验分析梁的变形情况。

1. 变形几何关系

取矩形截面等直梁段，并在梁的侧面上画出平行于轴线的纵向线和垂直于梁轴线的横向线，如图 9-27（a）所示。在梁的两端施加一对位于梁纵向对称面内的力偶，梁发生纯

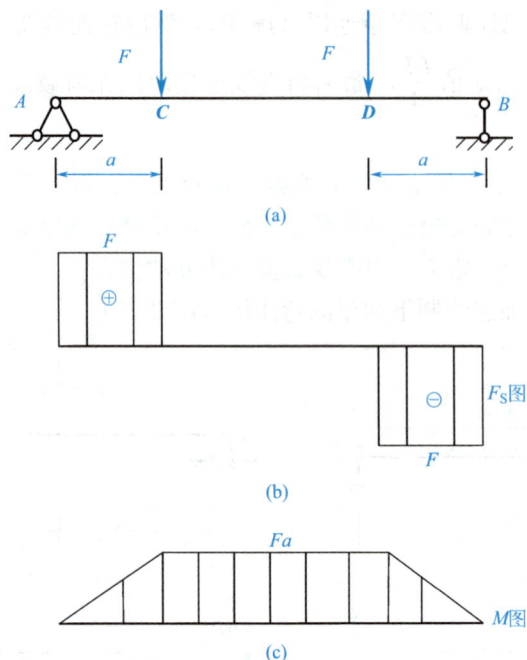

图 9-26　弯曲梁

弯曲。通过实验可以观察到以下现象：

（1）变形后纵向线段弯曲成弧线，其间距不变。

（2）横向线仍保持为直线，它们相对转过了一个微小角度后，仍垂直于纵向线。

根据上述现象，可以认为：

（1）梁弯曲变形时，其横截面仍保持为平面，且绕某轴转过了一个微小角度，这就是弯曲变形的平面假设。

（2）设梁由无数根纵向纤维组成，由于横截面的高度没有发生变化，因此可以认为各纵向纤维之间无挤压变形现象，各纵向纤维只发生了单向拉伸或压缩变形，即单向受拉或单向受压状态，这就是弯曲变形的单向受力假设。

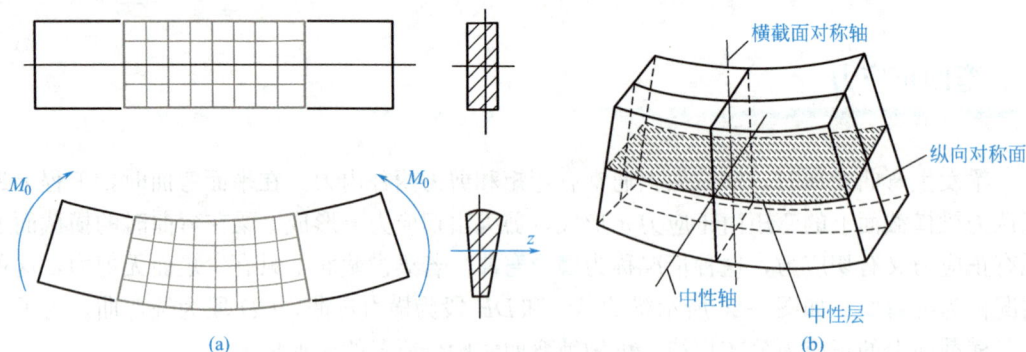

图 9-27　中性层与中性轴

根据以上分析与假设，梁发生如图 9-27（b）所示的弯曲变形后，梁下部的纵向纤维受拉伸长，梁上部的纵向纤维受压缩短，中间必有一层纵向纤维的长度不变，称为中性层。中性层与横截面的交线称为中性轴（z 轴）。对于具有对称截面的梁，在平面弯曲的情况下，由于荷载及梁的变形都对称于纵向对称面，中性层与纵向对称面垂直，因而中性轴必与纵向对称面垂直。

根据上述假设和推理，通过几何关系可分析出横截面上任一点处纵向纤维的线应变的变化规律。

从梁中截取一微段 dx，取梁横截面的对称轴为 y 轴，且向下为正。以中性轴为 z 轴，但中性轴的确切位置尚待确定（图 9-27b）。根据平面假设，变形前相距为 dx 的两个横截面，变形后各自绕中性轴转动，两横截面的相对转角为 $d\theta$，并仍保持为平面（图 9-28b）。中性层的曲率半径为 ρ，因中性层在梁弯曲后的长度不变，所以坐标为 y 的纵向纤维 bb 变形前的长度为

$$bb = o'o' = \rho d\theta = dx$$

变形后的长度为 $b'b' = (\rho + y)d\theta$

故其纵向线应变为

$$\varepsilon = \frac{b'b' - bb}{bb} = \frac{(\rho + y)d\theta - \rho d\theta}{\rho d\theta} = \frac{y}{\rho} \tag{9-6}$$

该式表明，横截面上各点处纵向线应变与该点到中性轴的距离 y 成正比。

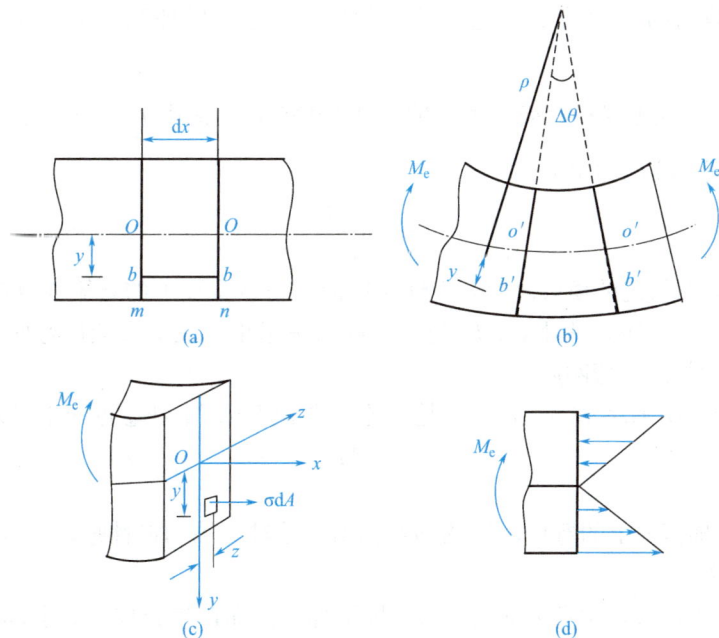

图 9-28 正应力分布规律

2. 正应力分布规律

由于纵向纤维之间无挤压，每根纤维都处于单向受拉或受压状态，分别与轴向拉压杆的纵向纤维类似，因此纯弯曲梁横截面上各点只有正应力。当正应力不超过材料的比例极限 σ_P 时，由胡克定律 $\sigma = E\varepsilon$

得

$$\sigma = E\varepsilon = E\,\frac{y}{\rho} \tag{9-7}$$

上式表明，横截面上任意点的正应力与该点到中性轴的距离成正比，即沿横截面高度，正应力按线性规律变化，到中性轴等距离各点处的正应力相等。

3. 正应力计算公式

在梁的横截面上取微面积 $\mathrm{d}A$，微面积上的微内力为 $\sigma\mathrm{d}A$。由于横截面上的内力只有弯矩 M，根据平衡条件，横截面上的微内力的合力必为零，微内力对中性轴 z 的合力矩即为弯矩 M，即

$$F_\mathrm{N} = \int \sigma\mathrm{d}A = 0 \qquad M = \int_A y\sigma\,\mathrm{d}A$$

将式 $\sigma = E\,\dfrac{y}{\rho}$ 代入两式，得

$$\frac{E}{\rho}\int_A y\,\mathrm{d}A = 0 \tag{9-8}$$

$$\frac{E}{\rho}\int_A y^2\,\mathrm{d}A = M \tag{9-9}$$

式中 $\dfrac{E}{\rho}$ 是不为零的常量，$\int_A y\,\mathrm{d}A$ 为横截面对中性轴的静矩，记作 S_z，单位为 m^3；$S_z = 0$ 说明横截面的中性轴 z 轴通过截面的形心。还可以证明，中性轴与截面对称轴垂直。

式中积分 $\int_A y^2\,\mathrm{d}A$ 是横截面对中性轴 z 轴的惯性矩，记作 I_z，单位为 "m^4"。于是，可确定梁变形后轴线的曲率为

$$\frac{1}{\rho} = \frac{M}{EI_z} \tag{9-10}$$

上式表明，在指定的横截面处，中性层的曲率与该截面上的弯矩 M 成正比，与 EI_z 成反比。在同样的弯矩作用下，EI_z 越大，则曲率越小，说明梁抵抗弯曲变形的能力越强，故 EI_z 称为梁的抗弯刚度。

再将式（9-10）代入式（9-7），于是得纯弯曲梁横截面上任意点的正应力计算公式

$$\sigma = \frac{M}{I_z}y \tag{9-11}$$

式中 M 为横截面上的弯矩，I_z 为横截面对中性轴 z 轴的惯性矩；y 为所求正应力点到中性轴的距离。

当弯矩 M 为正时，梁发生下凸变形，即下部受拉而产生拉应力，上部受压而产生压应力；弯矩 M 为负时，梁发生上凸变形，即梁上部受拉而产生拉应力，下部受压而产生压应力。在利用式（9-11）计算正应力时，可以不考虑式中弯矩 M 和 y 的正负号，均以绝对值代入，可以由梁的变形来判断正应力是拉应力还是压应力。

【特别提示】以上公式是由矩形截面纯弯曲梁变形简单推导出的，但对于具有纵向对称面的其他截面形式的梁，如工字形、T 形和圆形截面梁，若梁的跨度较大且荷载作用在对称面内，非纯弯曲时也可应用。当横截面上的最大正应力大于材料的比例极限时，上述

公式不再适用。

4. 最大弯曲正应力

由正应力公式可知，梁弯曲时截面上距中性轴最远边缘 $y_{\max}$ 处正应力最大，即

$$\sigma_{\max} = \frac{M_{\max}}{I_z} y_{\max} \tag{9-12}$$

引入 $W_z = \dfrac{I_z}{y_{\max}}$，则式（9-12）改写为

$$\sigma_{\max} = \frac{M_{\max}}{W_z} \tag{9-13}$$

式（9-13）即为梁横截面上的最大弯曲正应力。式中 W_z 称为抗弯截面系数，是衡量截面抗弯强度的几何量，与截面的形状、尺寸有关，常用单位为 mm^3 或 m^3。

若截面是高为 h，宽为 b 的矩形，则

$$W_z = \frac{I_z}{y_{\max}} = \frac{bh^3/12}{h/2} = \frac{bh^2}{6}$$

若截面是直径为 d 的圆形截面，则

$$W_z = \frac{I_z}{d/2} = \frac{\pi d^4/64}{d/2} = \frac{\pi d^3}{32}$$

各种型钢截面的抗弯截面系数，可从型钢规格表中查得（见附录）。

【例 9-10】　如图 9-29 所示悬臂梁，自由端承受集中荷载 F 作用，已知：$h=18cm$，$b=12cm$，$y=6cm$，$a=4m$，$F=2kN$。计算 A 截面上 K 点的弯曲正应力和最大正应力。

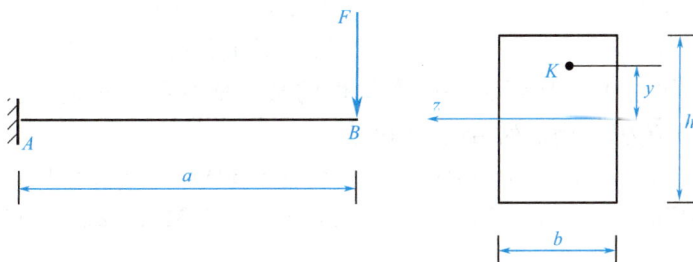

图 9-29　例 9-10 图

【解】　（1）计算 A 截面上的弯矩
$$M_A = -Fa = -2 \times 4 = -8kN \cdot m$$

（2）计算截面对中性轴的惯性矩及抗弯截面系数

$$I_z = \frac{bh^3}{12} = \frac{120 \times 180^3}{12} = 5.832 \times 10^7 mm^4$$

$$W_z = \frac{bh^2}{6} = \frac{120 \times 180^2}{6} = 6.48 \times 10^5 mm^3$$

（3）计算 K 点的弯曲正应力和最大正应力

$$\sigma_K = \frac{M_A}{I_z} y = \frac{8 \times 10^6}{5.832 \times 10^7} \times 60 = 8.2MPa$$

$$\sigma_{max} = \frac{M_{max}}{W_z} = \frac{8 \times 10^6}{6.48 \times 10^5} = 12.3\text{MPa}$$

A 截面上的弯矩为负，K 点在中性轴的上侧，所以为拉应力。

问题 9-13　梁发生平面弯曲时，其横截面绕（　　）转动。

A. 梁的轴线　　　　　B. 截面的对称轴　　　C. 中性轴　　　　　　D. 截面的上下边缘

问题 9-14　关于公式 $\sigma = \frac{M}{I_z}y$，下列表述正确的是（　　）。

A. M 越大，则 σ 越大

B. σ 的大小与梁的截面形状有关

C. σ 的大小与梁的材料有关

D. 矩形截面梁的 σ 沿截面高度按抛物线规律变化

问题 9-15　两等直梁横截面上最大正应力相等的条件是（　　）。

A. 最大弯矩和截面面积都相等

B. 最大弯矩和抗弯截面系数都相等

C. 最大弯矩和抗弯截面系数都相等，且材料相同

D. 最大弯矩和截面面积都相等，且材料相同

问题 9-16　矩形截面梁的正应力分布规律，说法不正确的是（　　）。

A. 梁的正应力沿截面高度呈线性分布　　　B. 上下边缘处正应力最大

C. 中性轴处正应力最大　　　　　　　　　D. 梁横截面上正应力最大的点为危险点

问题 9-17　如图 9-30 所示矩形截面简支梁仅受均布荷载作用，关于矩形截面上各点的正应力，下列说法不正确的是（　　）。

A. c 点为压应力　　　　　　　　　　　　B. b 点为压应力

C. a 点正应力最大　　　　　　　　　　　D. z 轴上各点应力最小

问题 9-18　如图 9-31 所示为一受弯构件的某一横截面，若截面上 C 点的正应力 $\sigma_c = -25\text{MPa}$（压应力），则下列结论正确的是（　　）。

A. $\sigma_b = -50\text{MPa}$，$\sigma_{max} = 75\text{MPa}$　　　B. $\sigma_b = 50\text{MPa}$，$\sigma_{max} = 100\text{MPa}$

C. $\sigma_b = 50\text{MPa}$，$\sigma_{max} = 75\text{MPa}$　　　　D. $\sigma_b = -50\text{MPa}$，$\sigma_{max} = 100\text{MPa}$

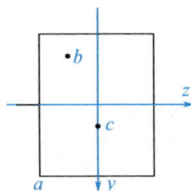

图 9-30　问题 9-17 图

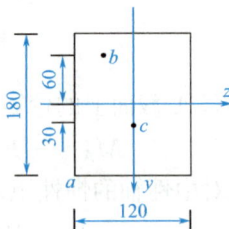

图 9-31　问题 9-18 图

二、弯曲切应力

在横力弯曲的情况下，梁的横截面上既有弯矩也有剪力，因此梁的横截面上既有正应

力也有切应力。一般情况下，梁的强度主要由正应力控制，但对短梁或荷载靠近支座的梁以及腹板较薄的组合梁则应考虑切应力的存在。

矩形截面梁的切应力

根据工程上的精度要求，对于矩形截面梁横截面上的切应力分布规律，可作如下假设：

（1）横截面上各点处的切应力 τ 的方向都平行于剪力 F_S，并沿截面宽度均匀分布。

（2）切应力的大小与距中性轴的距离有关。

当矩形截面梁横截面的高度 h 大于宽度 b 时，上述假设基本符合实际情况，由静力学关系及切应力互等定理可以推导出矩形截面梁横截面距中性轴为 y 处的切应力为

$$\tau = \frac{F_S S_z^*}{I_z b} \qquad (9\text{-}14)$$

式（9-14）为矩形截面梁弯曲切应力的计算公式。式中，F_S 为横截面上的剪力，b 为矩形截面的宽度，I_z 为整个横截面对中性轴 z 轴的惯性矩，S_z^* 为横截面上距中性轴为 y 的横线以外部分的面积对中性轴的静矩。

面积 A^* 对中性轴 z 轴的静矩 $S_z^* = A^* y^*$，中 y^* 为面积 A^* 的形心坐标，可用绝对值代入，将 S_z^* 代入，可得

$$S_z^* = \frac{F_S}{2I_z}\left(\frac{h^2}{4} - y^2\right)$$

由此可见，如图 9-32 所示，矩形截面梁的弯曲切应力分布规律为二次曲线，即沿截面高度按抛物线分布，上、下边缘处切应力等于零，中性轴上切应力最大，其值为

$$\tau_{\max} = \frac{3}{2}\frac{F_S}{bh} = \frac{3}{2} \times \frac{F_S}{A} \qquad (9\text{-}15)$$

不同截面梁切应力分布规律不同，但最大切应力均发生在各自的中性轴上。对于工字形截面梁，截面上的切应力主要由腹板产生，$\tau_{\max} = \frac{F_S}{A}$（$A$ 腹板面积）（图 9-33a），对于圆形截面梁，$\tau_{\max} = \frac{4F_S}{3A}$（图 9-33b）；对于圆环形截面梁，$\tau_{\max} = \frac{2F_S}{A}$（图 9-33c）。

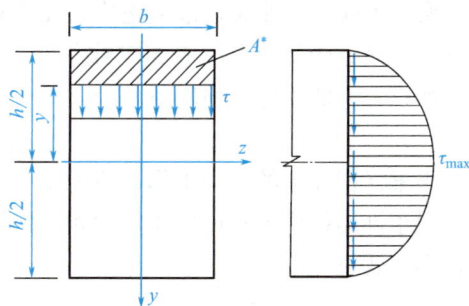

图 9-32　矩形截面切应力分布规律

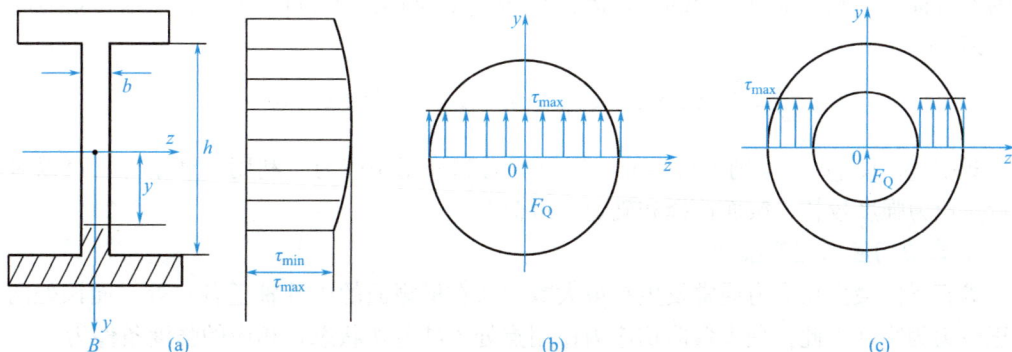

图 9-33　不同截面梁切应力分布规律

问题 9-19 矩形截面梁横力弯曲时，在横截面的中性轴处（　　　）。

A. 正应力最大，切应力为零　　　　　B. 正应力和切应力均最大

C. 正应力为零，切应力最大　　　　　D. 正应力和切应力均为零

问题 9-20 矩形截面梁横截面上的切应力沿截面高度的分布规律为（　　　）。

A. 均匀分布　　　　　　　　　　　　B. 线性分布

C. 抛物线分布　　　　　　　　　　　D. 任意分布

问题 9-21 下列说法不正确的是（　　　）。

A. 矩形截面横截面上各点的切应力和剪力的方向一致

B. 矩形截面梁横截面上最大切应力发生在中性轴上

C. 圆形截面梁的最大切应力为平均切应力的 1.5 倍

D. 工字形截面的最大切应力发生在腹板截面上

三、梁的强度计算

在进行梁的强度计算时，为了保证梁的安全工作，需确定梁的危险截面和危险点。一般情况下，对于等截面直梁，危险截面为弯矩最大所在截面，危险点为正应力最大的点。对于短梁、荷载靠近支座的梁以及薄壁截面梁，还需要考虑最大切应力所在的点，即梁必须同时满足正应力强度条件和切应力强度条件。

1. 弯曲正应力强度条件

梁发生横力弯曲时，最大正应力发生在弯矩最大的横截面上，且在距中性轴最远的各点处。而该处的切应力一般为零或很小，因而最大正应力作用点可认为处于单向受力状态。所以，弯曲正应力强度条件为

$$\sigma_{\max} \leqslant [\sigma] \tag{9-16}$$

即要求梁横截面上的最大工作正应力 $\sigma_{\max}$ 不超过材料的许用正应力 $[\sigma]$。

对于许用拉应力和许用压应力相同的塑性材料制成的等截面直梁，若截面对称于中性轴，则上式可写作

$$\sigma_{\max} = \frac{M_{\max}}{W_z} \leqslant [\sigma] \tag{9-17}$$

对于许用拉应力和许用压应力不相同的脆性材料制成的梁，常将梁的横截面做成与中性轴不对称的形状（如 T 形截面），因此应分别对梁的最大拉应力和压应力建立强度条件，即

$$\sigma_{\text{tmax}} = \frac{M_t y_{\text{tmax}}}{I_z} \leqslant [\sigma_t] \quad \text{和} \quad \sigma_{\text{cmax}} = \frac{M_c y_{\text{cmax}}}{I_z} \leqslant [\sigma_c]$$

式中 $[\sigma_t]$、$[\sigma_c]$ 分别为材料的许用拉应力和许用压应力。利用强度条件，可以对梁进行正应力强度校核、截面选择和确定许可荷载。

2. 弯曲切应力强度条件

等直梁的最大切应力通常发生在最大剪力所在横截面的中性轴上各点处，而该处的弯曲正应力为零，因此，最大弯曲切应力作用点处于纯剪切状态，相应的强度条件为

$$\tau_{\max} \leqslant [\tau] \tag{9-18}$$

即要求梁内的最大弯曲切应力 τ_{max} 不超过材料许用切应力 $[\tau]$。

根据强度条件可以解决下述三类问题：

（1）**强度校核**　验算梁的强度是否满足强度条件，判断梁的工作是否安全。

（2）**设计截面**　根据梁的最大荷载和材料的许用应力，确定梁截面的尺寸和形状或选用合适的型号。

（3）**确定许用荷载**　根据梁的截面形状和尺寸及许用应力，确定梁可承受的最大弯矩，再由弯矩和荷载的关系确定梁的许用荷载。

对于一般细长的非薄壁截面梁，最大弯曲正应力远大于最大弯曲切应力，因此通常强度的计算由正应力强度条件控制。在设计梁的截面时，一般先按正应力强度条件计算，再按切应力强度条件进行校核。但在下述情况下，弯曲切应力强度条件也可能成为梁强度计算的控制因素：

（1）跨度较短的梁或集中荷载作用在支座附近的梁，梁内弯矩较小，剪力却较大；

（2）组合截面（如工字形梁），当截面高度很大而腹板较薄，以致中性轴处切应力较大，易出现剪切破坏；

（3）木梁在横力弯曲时，因木材的顺纹抗剪强度较低，可能沿顺纹方向发生剪切破坏。

【例 9-11】　如图 9-34（a）所示矩形截面木梁，$b=120mm$，$h=180mm$，$[\sigma]=7MPa$，$[\tau]=0.9MPa$，试校核梁的强度。

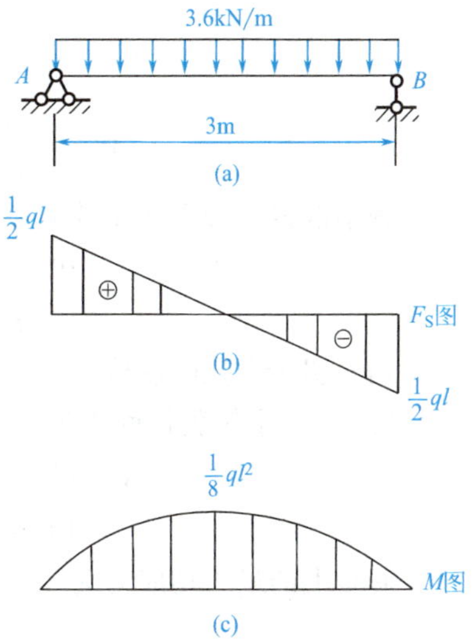

【解】　（1）绘制梁的剪力图和弯矩图，确定危险截面

$$F_{smax}=\frac{ql}{2}=\frac{3.6\times3}{2}=5.4kN$$

$$M_{max}=\frac{ql^2}{8}=\frac{3.6\times3^2}{8}=4.05kN\cdot m$$

（2）校核梁的强度

$$\sigma_{max}=\frac{M_{max}}{W_z}=\frac{6M_{max}}{bh^2}=\frac{6\times4.05\times10^6}{120\times180^2}=6.25MPa<[\sigma]$$

$$\tau_{max}=1.5\frac{F_{smax}}{A}=\frac{1.5\times5.4\times10^3}{120\times180}=0.375MPa<[\tau]$$

该梁的工作是安全的。

图 9-34　例 9-11 图

【例 9-12】　如图 9-35 所示简支梁。若材料的许用应力 $[\sigma]=140MPa$，$[\tau]=80MPa$。试选择合适的工字钢型号。

【解】　（1）由静力平衡方程求出梁的支座反力

$$F_A=20kN\qquad F_B=10kN$$

（2）绘制剪力图和弯矩图，得

$$F_{smax}=20kN\qquad M_{max}=40kN\cdot m$$

（3）由正应力强度选择工字钢型号

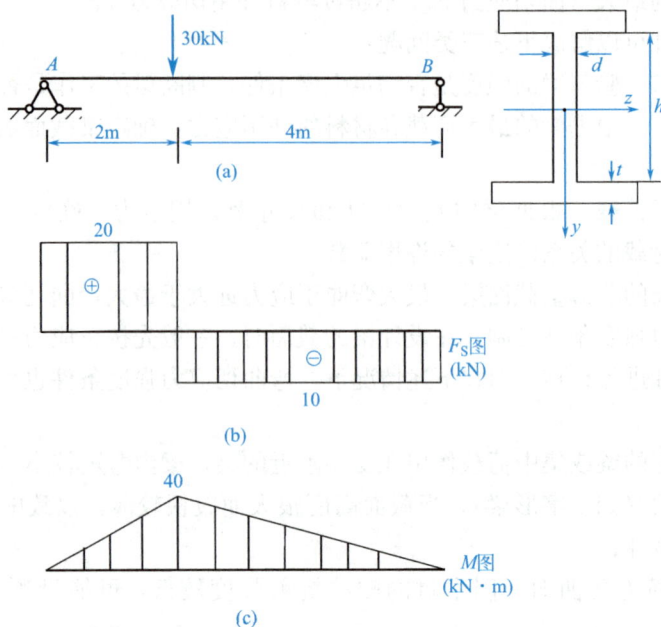

图 9-35　例 9-12 图

$$W_z = \frac{M_{\max}}{[\sigma]} = \frac{40 \times 10^6}{140} = 285.7 \times 10^3 \, \text{mm}^3$$

查型钢表，选用 22a 号工字钢：

$$W_z = 309 \times 10^3 \, \text{mm}^3, \quad h = 220 \text{mm},$$
$$t = 12.3 \text{mm}, \quad d = 7.5 \text{mm}。$$

（4）切应力强度校核

22a 号工字钢腹板面积为

$$A = (h - 2t)b = (220 - 2 \times 12.3) \times 7.5 \text{mm}^2$$
$$= 1465.5 \text{mm}^3$$

腹板上的最大切应力为

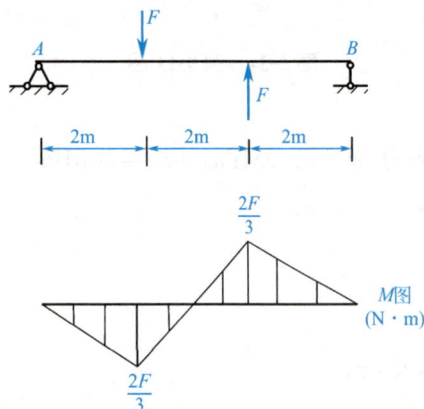

图 9-36　例 9-13 图

$$\tau_{\max} = \frac{F_{S\max}}{A} = \frac{20 \times 10^3}{1465} = 13.7 \text{MPa} < 80 \text{MPa}$$

满足切应力强度条件，选用 22a 号工字钢。

【例 9-13】　如图 9-36 所示为 20a 号工字钢制成的简支梁。若 $[\sigma] = 160$MPa，试求许可荷载 F。

【解】　（1）由静力平衡方程求出梁的支座反力

$$F_A = F_B = \frac{F}{3} \text{N}$$

（2）绘制弯矩图，可得：$M_{\max} = \dfrac{2F}{3} \text{N} \cdot \text{m}$

（3）确定许可荷载

查表可得：$W_z = 237 \times 10^{-6} \, \text{m}^3$

由

$$\sigma_{\max}=\frac{M_{\max}}{W_z}=\frac{2F}{3W_z}\leqslant[\sigma]\text{ 得}$$

$$F\leqslant\frac{3}{2}W_z[\sigma]=\frac{3}{2}\times237\times10^{-6}\times160\times10^{6}\text{N}=56.9\text{kN 该梁最大许可荷载为 }56.9\text{kN}。$$

问题 9-22　如图 9-37 所示矩形截面简支梁由木材制成，已知：跨度 $l=2\text{m}$，$a=0.4\text{m}$，$F=100\text{kN}$。材料许用应力为 $[\sigma]=80\text{MPa}$，$[\tau]=10\text{MPa}$。试校核梁的强度。

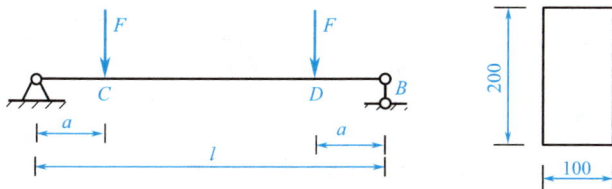

图 9-37　问题 9-22 图

问题 9-23　矩形截面梁受力如图 9-38 所示，已知梁长为 4m，$b/h=2/3$，$q=10\text{kN/m}$，许用应力为 $[\sigma]=10\text{MPa}$，试确定此梁横截面的尺寸。

问题 9-24　如图 9-39 所示为 20a 工字钢制成的简支梁。已知材料的许用正应力 $[\sigma]=140\text{MPa}$，许用切应力 $[\tau]=80\text{MPa}$，试求许可荷载 F。

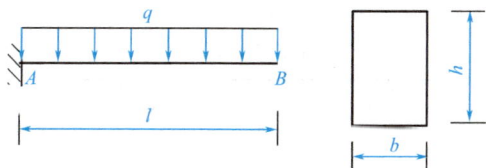

图 9-38　问题 9-23 图

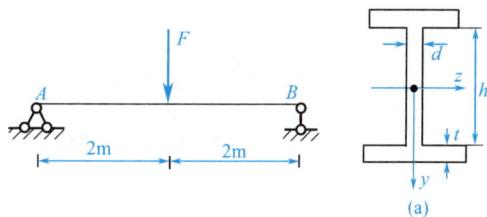

图 9-39　问题 9-24 图

任务 5　提高梁弯曲强度的措施

在横力弯曲中，控制梁强度的主要因素是梁的最大正应力，由梁的正应力强度条件 $\sigma_{\max}=\dfrac{M_{\max}}{W}\leqslant[\sigma]$ 可知，等直梁上的最大弯曲正应力 $\sigma_{\max}$ 与梁上的最大弯矩 $M_{\max}$ 成正比，与抗弯截面系数 W_z 成反比。因此，为提高梁的承载能力，可以从两方面来考虑：一是合理安排梁的受力情况，以降低最大弯矩 $M_{\max}$ 的数值；二是采用合理的截面形状，提高弯曲截面系数 W_z 与面积比值的数值，以达到设计出梁满足安全经济的要求。

1. 合理配置梁的荷载和支座

当荷载已确定时，合理布置梁上的荷载可以减小梁上的最大弯矩。例如，图 9-40（a）所示简支梁 AB 在跨中承受集中荷载 F 作用，梁的最大弯矩为 $M_{max} = \dfrac{Fl}{4}$。若在梁的中部设置一长为 $l/2$ 的辅助梁 CD，使集中荷载 F 通过辅助梁再作用到梁上（图 9-40b），则梁 AB 内的最大弯矩将减小一半。

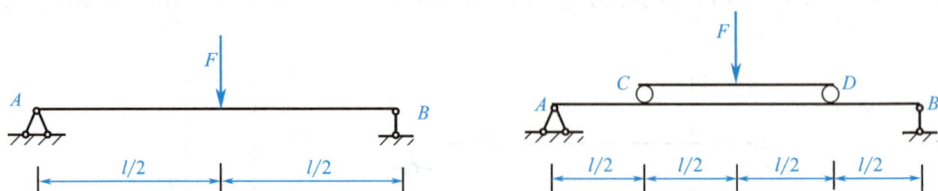

图 9-40　合理配置梁的荷载

同理，合理地设置支座位置，也可以降低梁内的最大弯矩值。例如简支梁承受均布载荷 q 作用时，若将梁两端的铰支座各向内移动 $0.2l$（图 9-41b），后者的最大弯矩仅为前者的 $1/5$。

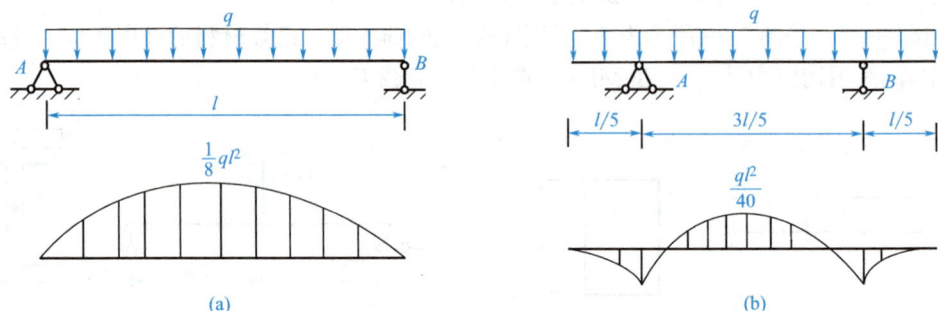

图 9-41　合理配置梁的支座

在工程实际中，门式起重机的大梁（图 9-42）、薄壁圆柱形容器（图 9-43），其支撑点都略向中间移动，目的是降低由荷载和梁自重所产生的最大弯矩。

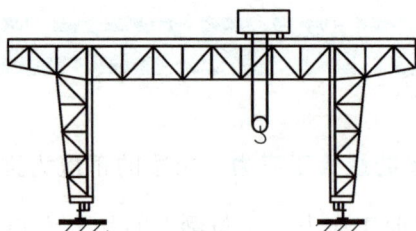

图 9-42　门式起重机大梁

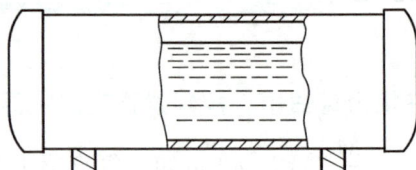

图 9-43　薄壁圆柱形容器

2. 选用合理的截面形状

当弯矩值确定时，横截面上的最大正应力与抗弯截面系数成反比。合理的截面是指截面面积一定时，能获得较大抗弯截面系数的截面。截面形状和放置位置不同，W_z/A 比值不同，因此可用比值 W_z/A 来衡量截面的合理性和经济性，比值越大，所采用的截面就越经济合理。由于横截面上中性轴处正应力为零，靠近中性轴的材料正应力较小，为提高材料的利用率，应尽可能使横截面面积分布在距中性轴较远处。在截面面积相同时，工字钢和槽钢制成的梁的截面较为合理。

　　另外，截面的合理性还与材料的特性有关。对抗拉和抗压强度相等的材料制成的梁（如碳钢），宜采用中性轴为其对称轴的截面，例如工字形、箱形、圆形和环形截面等（图 9-44）。这些截面上下边缘处的最大拉应力和最大压应力数值相等时，同时接近许用应力，材料利用率最大。

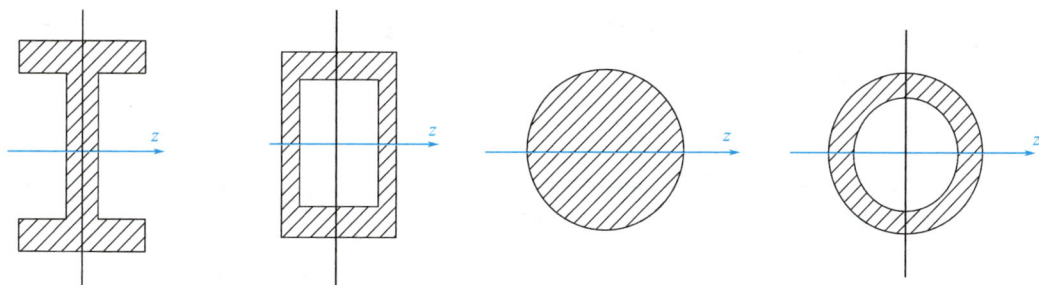

图 9-44　对称于中性轴的截面

　　对于抗拉强度低于抗压强度的脆性材料制成的梁（如铸铁），宜采用不对称于中性轴且中性轴偏于受拉一侧的截面，如 T 形和槽形截面等（图 9-45）。为使材料得到充分利用，应使最大拉应力和最大压应力同时接近材料的许用拉应力和许用压应力，即 y_1 和 y_2 之比接近于下列关系：

$$\frac{\sigma_{\text{tmax}}}{\sigma_{\text{cmax}}} = \frac{M_{\max} y_1}{I_z} \bigg/ \frac{M_{\max} y_2}{I_z} = \frac{y_1}{y_2} = \frac{[\sigma_{\text{t}}]}{[\sigma_{\text{c}}]}$$

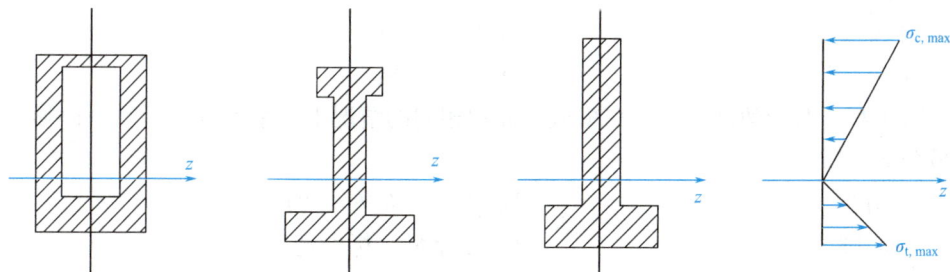

图 9-45　不对称于中性轴的截面

3. 采用变截面梁

　　在按最大弯矩设计的等截面梁中，除最大弯矩所在的截面外，其他横截面的正应力都比较小，因而材料没有得到充分利用。因此，在工程实际中，为了减轻梁的自重和节省材料，常用改变截面尺寸的方法，将梁设计成变截面。横截面沿梁轴线变化的梁，称为变截面梁。在弯矩较大处采用较大截面；在弯矩较小处采用较小截面。这样可以使每个横截面上最大正应力都等于材料的许用应力，即等强度梁。

$$\sigma_{\max}=\frac{M(x)}{W(x)}=[\sigma]$$

显然，这种梁材料消耗最少、重量最轻，是最合理的。但实际上，由于加工制造等因素，工程中一般只能近似达到等强度的要求。例如，雨棚或阳台的悬挑梁常采用图 9-46（a）所示的形式，对于跨中弯矩较大、两端弯矩较小的简支梁常采用图 9-46（b）所示的上下加盖板的梁或如图 9-46（c）所示的鱼腹式梁等。如图 9-46（d）所示的车辆上常用的叠板弹簧也是很接近等强度要求的形式。

28. 思政小课堂-竹子中的力学奥秘

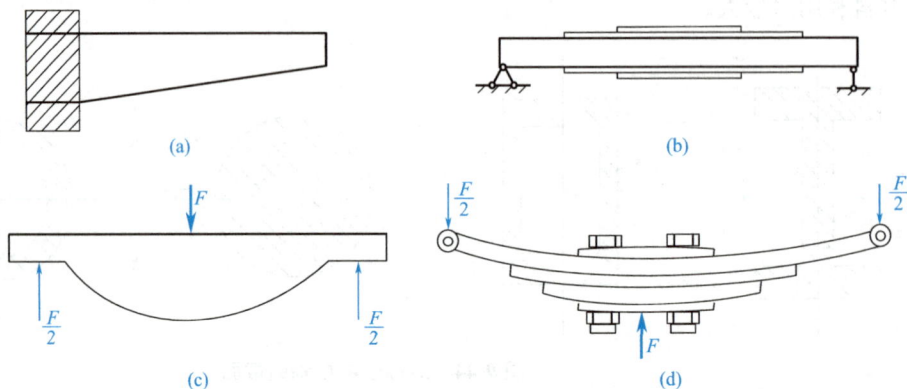

图 9-46 等强度梁

问题 9-25 矩形截面梁，若截面高度和宽度都增加一倍，则其强度将提高到原来的（ ）倍。

A. 2   B. 4   C. 8   D. 16

问题 9-26 矩形截面梁当横截面的高度增加一倍、宽度减小一半时，从正应力强度考虑，该梁的承载能力的变化为（ ）。

A. 不变   B. 增大一倍

C. 减小一半   D. 增大三倍

问题 9-27 对于塑性材料，在横截面面积相同的情况下，采用（ ）截面形式抗弯强度最合理。

A. 正方形   B. 矩形（$h/b\leqslant 2$）

C. 实心圆   D. 工字型（标准型）

问题 9-28 矩形截面梁受弯曲变形，如果梁横截面的高度变为原来的一半时，则梁内的最大正应力为原来的（ ）。

A. 1/4 倍   B. 1/2 倍

C. 4 倍   D. 无法确定

问题 9-29 在相同弯矩作用下，同一矩形截面梁竖放和横放时最大正应力分别为 σ_1 和 σ_2，则 $\dfrac{\sigma_1}{\sigma_2}$ 为（ ）。

A. $\dfrac{1}{2}$ B. 1   C. 2   D. 4

任务 6　梁的变形及减小弯曲变形的措施

一、梁的弯曲变形

1. 弯曲变形概述

为保证弯曲构件正常地工作，不仅要求构件有足够的强度，在某些情况下，还要求它们有足够的刚度，否则，构件可能因变形过大而不能正常工作。例如，钢板轧机在轧制过程中，若轧辊弯曲变形过大，将造成钢板沿宽度方向的厚度不匀，将影响产品的质量。又如齿轮轴在齿合力作用下所产生的弯曲变形过大，就会造成齿轮不能正常齿合，产生振动和噪声。在某些情况下，有些构件要有较大或合适的弯曲变形才能满足工作要求，如汽车轮轴上的叠板弹簧发生弯曲变形时，可以缓和车辆受到的冲击和振动。

29.
悬臂梁的
弯曲变形

2. 挠度和转角

平面弯曲的情况下，梁的轴线将在纵向对称面内由一条直线弯曲成一条光滑的连续曲线，称为挠曲线。如图 9-47 所示，轴线上各点在 y 方向上的位移称为挠度，通常规定向上的挠度为正，用 y 表示。各横截面相对原来位置转过的角度称为转角，通常规定逆时针转向的转角为正，用 θ 表示。挠度和转角是度量梁的变形的两个基本量。挠曲线表示了全梁各截面的挠度值，因此是梁截面位置 x 的函数，即

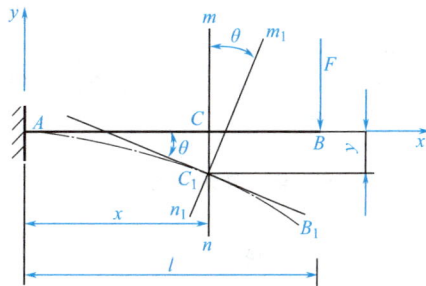

图 9-47　挠度和转角

$$y = f(x) \tag{9-19}$$

式（9-19）称为挠曲线方程。

可以看出，梁上任一截面转角的大小等于挠曲线在该截面处的切线与 x 轴的夹角。因此，挠曲线上任何一点切线的斜即为该点对应截面转角的正切。又由于梁的变形很小，转角 θ 是个很小的角，所以

$$\theta \approx \tan\theta = f'(x) \tag{9-20}$$

式（9-20）称为转角方程，其中 θ 的单位为 rad。由上式可知，梁任一横截面的转角 θ 等于该截面处挠度 y 对 x 的一阶导数。因此，只要确定了挠曲线方程，就可以计算任意截面的挠度和转角。简单荷载作用下的转角和挠度可从附录Ⅲ的表中查到。

二、梁的刚度条件及刚度校核

在工程实际中，弯曲构件工作时的最大挠度或最大转角不得超过某一规定的限度，即

$$|y|_{\max} \leqslant [y] \quad \text{和} \quad |\theta|_{\max} \leqslant [\theta]$$

式中 $[y]$ 为许用挠度，$[\theta]$ 为许用转角，可从相关设计规范中查得。例如：

对吊车梁 $[y] = \left(\dfrac{1}{400} \sim \dfrac{1}{500}\right) l$

对架空管道 $[y] = \dfrac{l}{500}$

式中 l 为梁的跨度或受弯构件长度。机械工程中，轴的许用挠度和许用转角通常有如下规定：

一般用途的轴 $[y] = (0.0003 \sim 0.0005)l$

刚度要求较高的轴 $[y] = 0.0002l$

滑动轴承处 $[\theta] = 0.001\text{rad}$

向心轴承处 $[\theta] = 0.005\text{rad}$

安装齿轮处 $[\theta] = 0.005\text{rad}$

【特别提示】在设计弯曲构件时，工程中也通常用许用挠度与跨度的比值 $\left[\dfrac{y}{l}\right]$ 作为标准。一般先由强度条件选择截面或确定许用荷载，再按刚度条件校核。若不满足，则需按刚度条件重新设计。

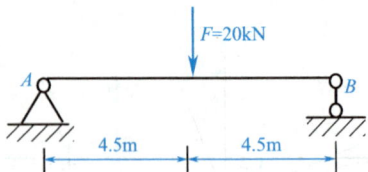

F=20kN

4.5m   4.5m

图 9-48   例 9-14 图

【例 9-14】 如图 9-48 所示简支梁由 28b 号工字钢制成，已知 $F = 20\text{kN}$，$l = 9\text{m}$，$E = 210\text{GPa}$，梁的相对容许挠度 $\left[\dfrac{y}{l}\right] = 500$ 试校核梁的强度和刚度。

【解】 (1) 查型钢表，抗弯截面系数和截面对中性轴的惯性矩为：

$$W_z = 534.4\text{cm}^3, \qquad I_z = 7480\text{cm}^4$$

(2) 强度校核

$$M_{\max} = \frac{Fl}{4} = \frac{20 \times 9}{4} = 45\text{kN} \cdot \text{m}$$

$$\sigma_{\max} = \frac{M_{\max}}{W_z} = \frac{45 \times 10^6}{534.4 \times 10^3} = 84.2\text{MPa} < 170\text{MPa}$$

满足强度条件。

(3) 刚度校核

查附录 3 可知，简支梁在跨中受集中力作用下，最大挠度为 $y_{\max} = \dfrac{Fl^3}{48EI}$，$\dfrac{y_{\max}}{l} = \dfrac{Fl^2}{48EI}$

$$= \frac{20 \times 10^3 \times (9 \times 10^3)^2}{48 \times 210 \times 10^3 \times 7480 \times 10^4} = \frac{1}{465} < \left[\frac{y}{l}\right] \quad \text{不满足刚度条件，需加大截面。}$$

改用 32a 号工字钢，查型钢表，$I_z = 11080\text{cm}^4$。

$$\frac{y_{\max}}{l} = \frac{Fl^2}{48EI} = \frac{20 \times 10^3 \times (9 \times 10^3)^2}{48 \times 210 \times 10^3 \times 11080 \times 10^4} = \frac{1}{689} < \left[\frac{y}{l}\right]$$

满足刚度条件。

三、减小弯曲变形的措施

以承受均布荷载的简支梁为例，查附录Ⅲ可知，梁跨中的最大挠度为 $y_{max} = \dfrac{5ql^4}{384EI}$，由此式可知，当荷载一定时，梁的最大挠度与截面的惯性矩 I_z、跨度 l 及材料的弹性模量 E 有关。挠度与截面的惯性矩成反比，因此采用惯性矩比较大的工字形、槽形等形状的截面，不仅可以提高构件的强度，也可以减小构件的弯曲变形。不同的是，在强度问题中，主要是通过提高弯矩较大的局部范围内的抗弯截面系数提高构件的强度；在刚度问题中，由于弯曲变形与构件全长内各部分的刚度都有关系，因此通常需要考虑提高杆件全长的抗弯刚度。同时，减小构件的跨度 l 或在梁的中间增加支座也是减小弯曲变形的有效措施，通常在结构允许的条件下，应使轴上的齿轮、带轮等尽可能靠近支座。

需要指出的是，对于弹性模量 E 不同的材料，E 值越大弯曲变形越小。由于各种钢材的 E 值大致相同，因此通过采用高强度钢材对减小弯曲构件的变形意义并不大。

问题 9-30　完成下列填空题。

(1) _____ 与 _____ 是度量梁弯曲变形的两个基本量。

(2) 转角是任一横截面绕 _____ 转过的角度。

(3) 梁的转角和挠度之间的关系是 _____。

(4) 悬臂梁在自由段受到一竖直向下的集中力作用，其挠曲线形状为 _____。

(5) 选取合理的截面形状，增大 _____，是减少弯曲变形的有效措施。

问题 9-31　正方形截面梁，其他条件不变，梁截面面积是原来的 2 倍，则最大挠度是原来（　　）。

A. $\dfrac{1}{2}$ 倍　　　B. 2 倍　　　C. $\dfrac{1}{4}$ 倍　　　D. 4 倍

问题 9-32　简支梁承受线均布荷载作用时，若梁的长度减小一半，梁的最大挠度是原来的（　　）。

A. $\dfrac{1}{2}$　　　B. $\dfrac{1}{4}$　　　C. $\dfrac{1}{8}$　　　D. $\dfrac{1}{16}$

问题 9-33　如图 9-49 所示桥式起重机的最大荷载为 $F = 23kN$。起重机大梁为 32a 工字钢，$E = 210GPa$，$l = 8.76m$。规定 $[y] = \dfrac{l}{500}$。试校核大梁的刚度。

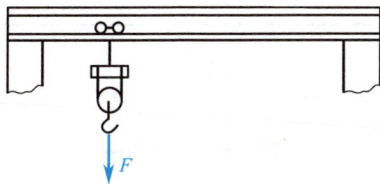

图 9-49　问题 9-33 图

习 题

9-1 完成下列填空题。

（1）工程中的单跨静定梁按其支座情况可分为_____、_____和_____三种形式。

（2）通过横截面对称轴与梁轴线确定的平面，称为梁的_____。

（3）平面弯曲是指_____。

（4）通常梁横截面是有两种内力，分别是_____和_____。

（5）求梁横截面上的内力的方法主要有_____和_____。

（6）内力符号规定通常规定如下：轴力以_____为正，剪力以绕梁段有_____方向转动趋势为正；弯矩以使梁段_____受拉者为正。

（7）纯弯曲梁段横截面上的剪力等于零而_____为常量，只有_____而无_____。

（8）中性轴是梁的_____的交线，是梁_____和_____区的分界线。

（9）梁在弯曲时，横截面上的正应力沿高度按_____分布；中性轴上的正应力为_____，_____正应力最大。

（10）矩形截面梁横截面上切应力沿高度是按_____分布的，同一横截面上的最大切应力在_____处，是平均切应力 $\bar{\tau}$ 的_____倍。

9-2 如图 9-50 所示悬臂梁，当集中力偶 M 在梁上移动时（　　）。

A. 对剪力图的形状、大小均无影响

B. 对弯矩图形状无影响，只对其大小有影响

C. 对剪力图、弯矩图形状及大小均有影响

D. 对剪力图、弯矩图形状及大小均无影响

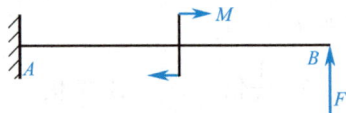

图 9-50　习题 9-2 图

9-3 简支梁在满跨均布荷载作用下，跨中截面处的剪力和弯矩为（　　）。

A. 剪力为零、弯矩最大　　　　　B. 剪力最大、弯矩为零

C. 剪力为零、弯矩为零　　　　　D. 剪力最大、弯矩最大

9-4 如图 9-51 所示悬臂梁，截面上内力正确的是（　　）。

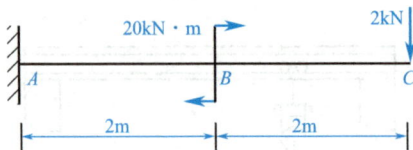

图 9-51　9-4 题图

A. $F_{SA}=-2\text{kN}$，$M_A=-28\text{kN}\cdot\text{m}$　　B. $F_{SA}=2\text{kN}$，$M_A=-12\text{kN}\cdot\text{m}$

C. $F_{SA}=-2\text{kN}$，$M_A=12\text{kN}\cdot\text{m}$　　D. $F_{SA}=2\text{kN}$，$M_A=-28\text{kN}\cdot\text{m}$

9-5 关于梁内力图的特征规律，下列说法不正确的是（　　）。

A. 无荷载区段，剪力图若为与轴线重合的线段，弯矩图为水平直线

B. 若弯矩图为抛物线，剪力图一定为斜直线

C. 某区段剪力为正时，弯矩图斜向左上方

D. 集中力偶作用处，剪力图无变化

9-6　如图 9-52 所示，脆性材料制成的简支梁在竖直向下的线均布荷载作用下，采用下列截面最合理的是（　　）。

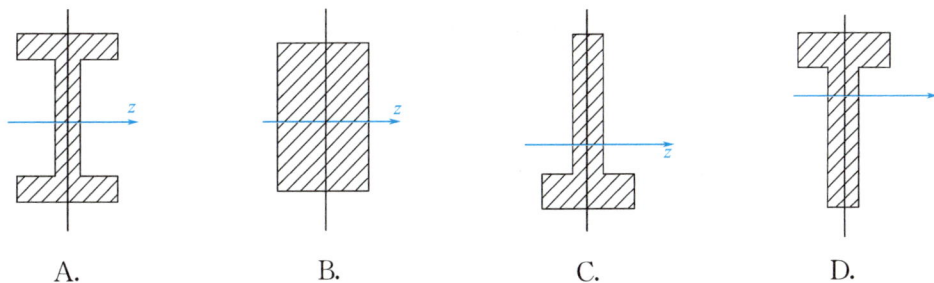

图 9-52　习题 9-6 图

9-7　判断下列说法正误。

(1) 通常规定剪力以使梁段顺时针转动为正。　　　　　　　　　　　　（　　）

(2) 简支梁在均布荷载作用下的最大弯矩发生在跨中截面。　　　　　　（　　）

(3) 集中力作用杆段的剪力图将发生突变，其突变值等于此集中力，弯矩图出现尖点。　　　　　　　　　　　　　　　　　　　　　　　　　　　　　（　　）

(4) 在梁的某一段内，若无分布载荷作用，剪力图是斜直线。　　　　　（　　）

(5) 梁平面弯曲时，中性层上的纤维既不伸长，也不压缩，即不变形。　（　　）

(6) 梁发生平面弯曲时，其横截面绕其中性轴旋转。　　　　　　　　　（　　）

(7) 截面梁横截面上最大切应力出现在中性轴各点。　　　　　　　　　（　　）

(8) 对于等直梁，弯曲时的最大拉应力和最大压应力可能发生在不同截面上。（　　）

(9) 矩形截面梁，若截面高度和宽度都增加 1 倍，则其弯曲强度将提高到原来的 2 倍。　　　　　　　　　　　　　　　　　　　　　　　　　　　　　（　　）

(10) 当梁的截面面积相同时，T 形截面一定比矩形截面合理。　　　　（　　）

9-8　如图 9-53 所示，矩形截面悬臂梁受到线均布荷载作用，已知截面尺寸 $b=200\text{mm}$，$h=400\text{mm}$，梁长 $l=4\text{m}$，$q=4\text{kN/m}$，材料的许用正应力 $[\sigma]=10\text{MPa}$，许用切应力 $[\tau]=7\text{MPa}$。试校核梁的强度。

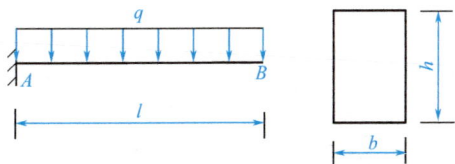

图 9-53　习题 9-8 图

9-9 如图 9-54 所示矩形截面简支梁，已知 $h/b=3$，$F=5\text{kN}$，材料的许用应力 $[\sigma]=$ 10MPa。试按正应力强度条件确定梁的横截面尺寸。

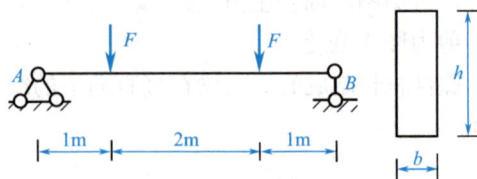

图 9-54 习题 9-9 图

组合变形

你知道吗？

如何分析工程构件发生组合变形时的强度条件？

为什么受压构件常用脆性材料制成？

前面讨论了构件在轴拉（压）、剪切、扭转以及平面弯曲四种基本变形条件下的强度和刚度计算问题。但工程实际中，构件只发生一种基本变形的情况是很少的。大多数构件受力比较复杂，会同时发生两种或多种基本变形的复杂变形。

学习目标

1. 知识目标

(1) 掌握组合变形与基本变形的关系。

(2) 了解斜弯曲的强度计算。

(3) 掌握偏心拉压的强度计算。

(4) 掌握截面核心的概念。

2. 能力目标

(1) 会将组合变形问题分解为基本变形。

(2) 掌握组合变形杆件的强度计算，培养分析实际组合变形问题的能力。

3. 素质目标

通过分析工程中常见的组合变形的强度条件，掌握先分解再叠加的科学方法，培养严谨细致的科学态度和严密的工程逻辑思维。

组合变形概述

　　如图 10-1（a）所示的烟囱，会发生因竖向自重荷载引起的轴向压缩变形与因水平风力作用而引起的弯曲变形。图 10-1（b）所示的厂房中的牛腿柱，受到偏心压力的作用，同时发生压缩变形与弯曲变形。厂房中屋架上的檩条，在屋面荷载（竖向作用力）作用下，发生由两个形心主惯性平面内的弯曲变形组合而成的两相互垂直平面内的弯曲。这类同时发生由两种或两种以上的基本变形组成的变形称为组合变形。

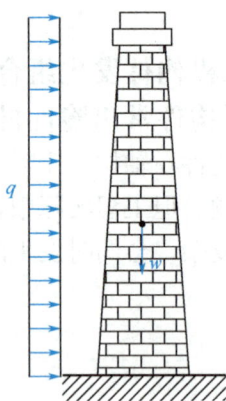

(a)

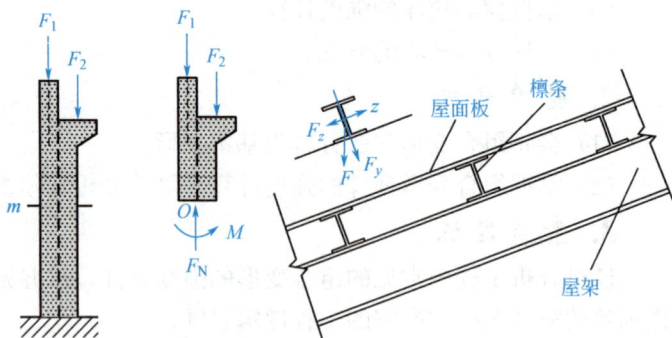

(b)

图 10-1　组合变形示例

　　对于组合变形下的构件，在线弹性范围内、小变形条件下，可按构件的原始形状和尺寸进行计算。可以认为构件上所有荷载的作用，彼此是独立的，每一种载荷所引起的应力和变形都不受其他荷载的影响，因此可以应用叠加法来计算组合变形构件的应力和变形。

叠加法分析组合变形具体的步骤是：

（1）先将外力进行简化或分解，把构件所受的外力转化成几组静力等效的荷载，其中每一组荷载对应着一种基本变形。

（2）分别计算每一种基本变形下构件的内力，判断危险截面及危险点，求出应力和变形。

（3）将各基本变形在同一点上产生的应力叠加，对危险点依据强度理论作强度计算；将各基本变形在同一截面上产生的位移叠加，据此对构件进行刚度校核。

任务 2　两相互垂直平面内的弯曲

对称截面梁在水平和铅垂两纵向对称平面内同时承受横向外力的作用，这时梁分别在水平纵对称面和铅垂纵对称面内发生平面弯曲，称为两相互垂直平面内的弯曲（斜弯曲）。

如图 10-2（a）所示，矩形截面悬臂梁的自由端处作用一个垂直于梁轴线并通过截面形心的集中荷载 F，力 F 与对称轴 y 成 φ 角。现以该梁为例，分析斜弯曲时的应力和强度计算问题。

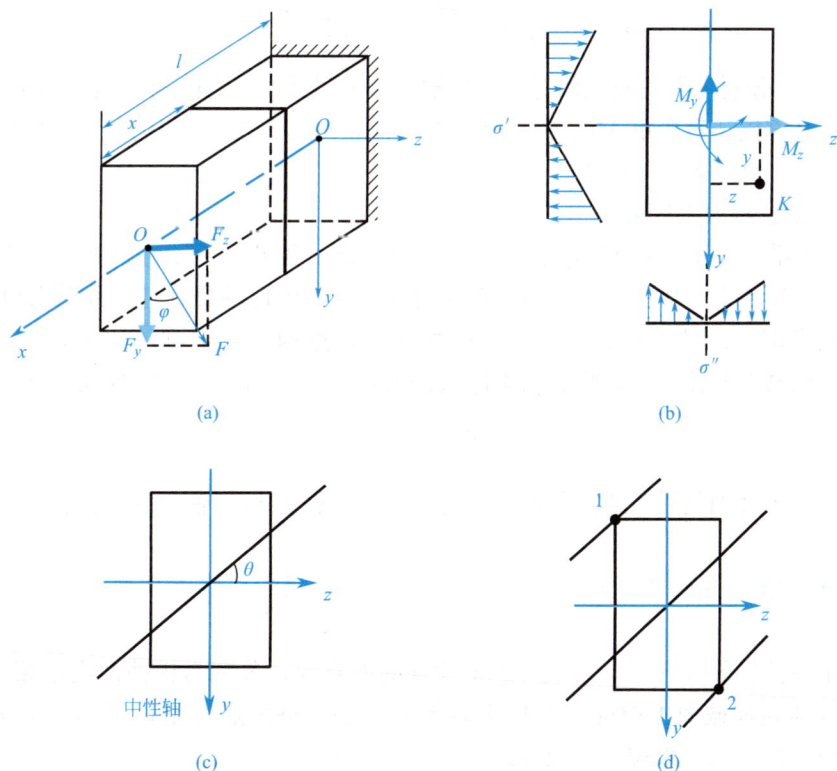

(a)

(b)

(c)

(d)

图 10-2　斜弯曲

1. 荷载分解

将荷载 F 沿截面的两个对称轴 y、z 分解为两个分量：

$$F_y = F\cos\varphi \qquad F_z = F\sin\varphi$$

梁在 F_y、F_z 作用下，将分别以 z、y 轴为中性轴发生平面弯曲。

2. 内力分析

距自由端为 x 的任一截面上，绕 z、y 轴的弯矩分别是：

$$M_z = F_y \cdot x = F\cos\varphi \cdot x = M\cos\varphi$$
$$M_y = F_z \cdot x = F\sin\varphi \cdot x = M\sin\varphi$$

式中，$M = Fx$ 是力 F 对 x 截面的总弯矩。显然，$M = \sqrt{M_z^2 + M_y^2}$。由此可见，两相互垂直平面内的弯曲（斜弯曲）就是两个平面弯曲的组合。

3. 应力分析

利用弯曲正应力计算公式，x 截面上任一点 $K(y, z)$，与弯矩 M_z、M_y 对应的正应力分别为 σ' 和 σ''

$$\sigma' = \frac{M_z y}{I_z} = \frac{M\cos\varphi \cdot y}{I_z} \qquad \sigma'' = \frac{M_y z}{I_y} = \frac{M\sin\varphi \cdot z}{I_y}$$

根据叠加原理，梁的横截面上的任意点 K 处总的弯曲正应力为这两个正应力的代数和，即

$$\sigma = \sigma' + \sigma'' = \pm\frac{M_z y}{I_z} \pm \frac{M_y z}{I_y} = \pm M\left(\frac{y\cos\varphi}{I_z} + \frac{z\sin\varphi}{I_y}\right) \tag{10-1}$$

式中，I_z 和 I_y 分别为梁的横截面对形心主轴 z 和 y 的形心主惯性矩。至于正应力的正负号，可以通过直接观察弯矩 M_z、M_y 分别引起的正应力是拉应力还是压应力来决定。正号表示拉应力，负号表示压应力。

4. 中性轴、最大正应力

梁在斜弯曲情况下的强度仍由最大正应力来控制。因此，为了进行强度计算，必须求出梁内的最大正应力。横截面上的最大正应力发生在离中性轴最远处，故要求得最大正应力，必须先确定中性轴的位置。由于在中性轴上各点的正应力都等于零，为此令（y_0，z_0）代表中性轴上的任一点，将它的坐标值代入式（10-1），即可得中性轴方程：

$$\frac{y_0\cos\varphi}{I_z} + \frac{z_0\sin\varphi}{I_y} = 0 \tag{10-2}$$

由上式可知，中性轴是一条通过截面形心的直线，中性轴与 z 轴间的夹角为 θ，如图 10-2（c）所示。

【特别提示】中性轴是拉应力和压应力的分界线。斜弯曲的中性轴是一条通过截面形心的直线。

在确定中性轴的位置后，作平行于中性轴的两直线，分别与横截面周边相切于两点，该两点即分别为横截面上拉应力和压应力最大的点。将两点的坐标（y，z）分别代入，就可得到横截面上的最大拉、压应力。

最大拉应力点 1，最大压应力点 2，数值相等，如图 10-2（d）所示。

$$\sigma_1 = |\sigma_2| = \frac{M_z y_{\max}}{I_z} + \frac{M_y z_{\max}}{I_y} = \frac{M_z}{W_z} + \frac{M_y}{W_y} = M\left(\frac{\cos\varphi}{W_z} + \frac{\sin\varphi}{W_y}\right) \tag{10-3}$$

上式对于具有凸角而又有两条对称轴的截面（如矩形、工字形截面等）均适用。

5. 强度计算

梁内的最大正应力发生在最大弯矩为 M_{max} 的截面（危险截面）上，如果 M_{max} 的两个分量为 M_{zmax} 和 M_{ymax}，代入式（10-3）可得整个梁的最大正应力 σ_{max}。当梁的材料抗拉压能力相同，则斜弯曲梁的强度条件为

$$\sigma_{max} = \frac{M_{zmax}}{W_z} + \frac{M_{ymax}}{W_y} = M_{max}\left(\frac{\cos\varphi}{W_z} + \frac{\sin\varphi}{W_y}\right) \leqslant [\sigma] \tag{10-4}$$

当材料的抗拉压强度不同，则须分别对拉、压强度进行计算。

【例 10-1】 一屋架上的木檩条采用 $100\text{mm} \times 140\text{mm}$ 的矩形截面，跨度 $l = 4\text{m}$，简支在屋架上，承受屋面分布荷载 $q = 1\text{kN/m}$（包括檩条自重），如图 10-3 所示。设木材的许用应力 $[\sigma] = 10\text{MPa}$，试校核檩条的强度。

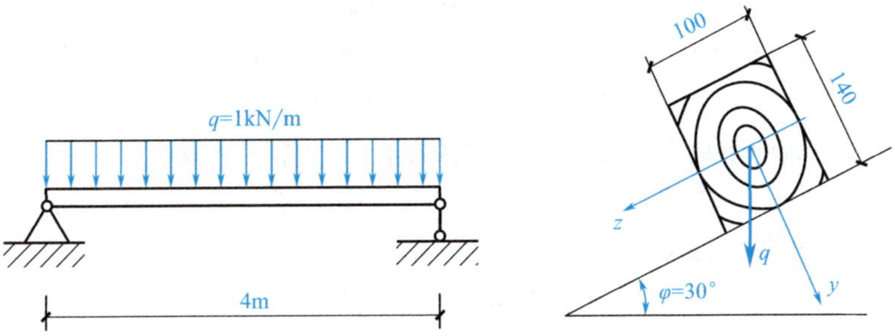

图 10-3　例 10-1 图

【解】 1. 内力计算，在分布荷载作用下，木檩条跨中截面为危险截面，最大弯矩为

$$M_{max} = \frac{1}{8}ql^2 = \frac{1 \times 4^2}{8} = 2\text{kN} \cdot \text{m}$$

2. 截面几何性质的计算，由已知截面尺寸可算得

$$W_z = \frac{100 \times 140^2}{6} = 327 \times 10^3 \text{mm}^3$$

$$W_y = \frac{140 \times 100^2}{6} = 233 \times 10^3 \text{mm}^3$$

3. 强度校核，根据强度条件式（10-4），可算得檩条的最大正应力为

$$\sigma_{max} = M_{max}\left(\frac{\cos\varphi}{W_z} + \frac{\sin\varphi}{W_y}\right)$$

$$= 2 \times 10^6 \times \left(\frac{\cos 30°}{327 \times 10^3} + \frac{\sin 30°}{233 \times 10^3}\right)$$

$$= 9.59\text{MPa} \leqslant [\sigma] = 10\text{MPa}$$

故檩条的强度满足要求。

问题 10-1　圆截面梁受力如图 10-4 所示，此梁发生的弯曲是（　　　）。

A. 斜弯曲　　　　　　　　　　　　B. 纯弯曲

C. 弯扭组合　　　　　　　　　　　D. 平面弯曲

问题 10-2　如图 10-5 所示 A、B、C、D 四点中，拉应力最大的是（　　　）。

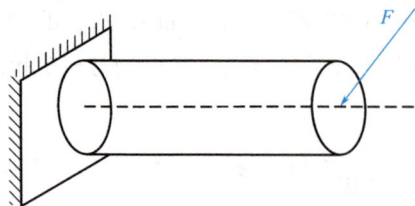

图 10-4　问题 10-1 图

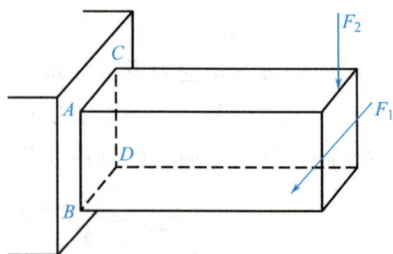

图 10-5　问题 10-2 图

问题 10-3　杆件在荷载作用下，同时产生两种或两种以上基本变形的情况（　　）。

A. 组合变形　　　　B. 纯弯曲　　　　　C. 弯扭组合　　　　D. 平面弯曲

问题 10-4　可以运用叠加原理的组合变形需要满足（　　）。

A. 线性范围内，小变形条件　　　　　　B. 塑性范围内，小变形条件

C. 线弹性范围内，小变形条件　　　　　D. 无条件，都可以

问题 10-5　斜屋面下放置在屋架上的檩条在自重的作用下发生（　　）变形。

A. 斜弯曲　　　　　B. 纯弯曲　　　　　C. 弯扭组合　　　　D. 平面弯曲

问题 10-6　关于斜弯曲变形的下述说法，不正确的是（　　）。

A. 是在两个相互垂直平面内平面弯曲的组合变形

B. 中性轴过横截面的形心

C. 挠曲线在荷载作用面内

D. 挠曲线不在荷载作用面内

任务 3　轴向拉伸（压缩）与弯曲的组合

　　杆件受横向力和轴向力共同作用时，杆将发生弯曲与拉伸（压缩）组合变形，简称拉（压）弯组合，是工程构件常见的组合变形之一。如烟囱的重力和横向风力分别导致轴向压缩变形和平面弯曲变形。现以如图 10-6 所示矩形截面简支梁受横向均布荷载 q 和轴向力 F 的作用为例，讨论计算杆在拉伸（或压缩）与弯曲组合变形情况下的应力。

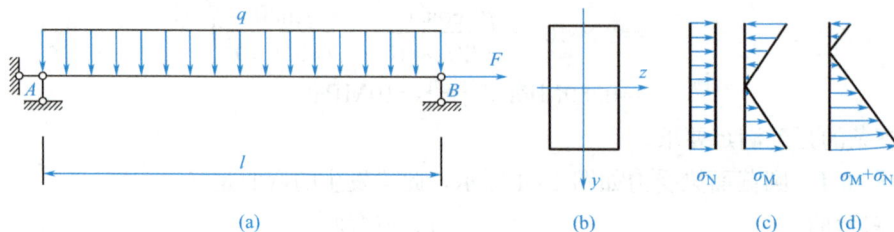

图 10-6　应力叠加

梁在轴向力 F 作用下发生轴向拉伸变形，应力均匀分布，如图 10-4（c）所示，大小为

$$\sigma_N = \frac{F_N}{A}$$

梁在横向均布荷载 q 作用下发生弯曲变形，弯曲正应力 σ_M 为

$$\sigma_M = \pm\frac{My}{I_z}$$

其分布规律如图 10-4（c）所示，最大应力为

$$\sigma_{Mmax} = \frac{M_{max}}{W_z}$$

总应力为两项应力的叠加

$$\sigma = \sigma_N + \sigma_M = \frac{F_N}{A} \pm \frac{My}{I_z} \tag{10-5}$$

分布规律如图 10-4（c）所示（设 $\sigma_{Mmax} > \sigma_N$），最大应力为

$$\sigma_{max} = \frac{F_N}{A} + \frac{M_{max}}{W_z} \leqslant [\sigma] \tag{10-6}$$

由图 10-4（d）可知，中性轴不再通过截面形心。

需要注意的是，对于抗弯刚度较大的杆件，由于横向力引起的弯曲变形（挠度）与横截面尺寸相比很小，因此在小变形情况下可以不必考虑轴向力在横截面上引起的附加弯矩的影响。若杆件抗弯刚度较小，梁的挠度与横截面尺寸相比不能忽略，轴向力在横截面上将引起较大的附加弯矩，此时不能应用叠加法，而应考虑横向力和轴向力之间的相互影响。

【例 10-2】 图 10-7（a）中起重机最大吊重 $F = 12\text{kN}$。若 AB 杆为工字钢，材料为 Q235 钢，材料的许用应力 $[\sigma] = 100\text{MPa}$，试选择工字钢型号。

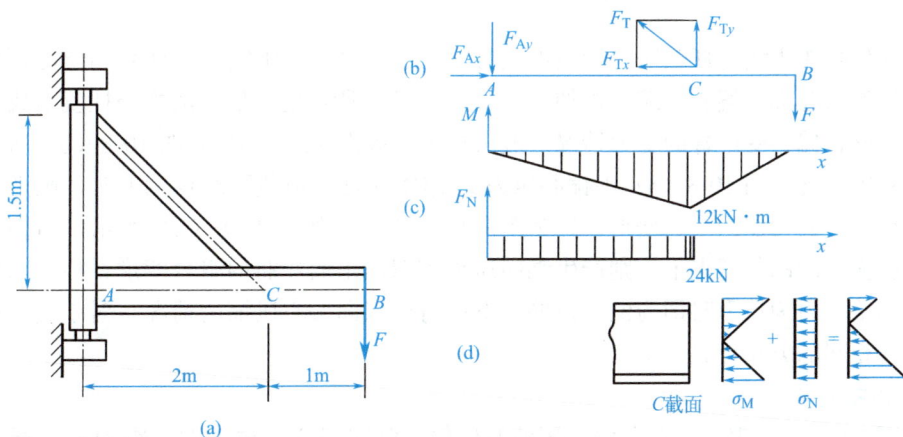

图 10-7 例 10-2 图

【解】 横梁 AB 的受力分析如图 10-7（b）所示，由静力平衡方程可得：

$$F_{Tx} = 24\text{kN} \quad F_{Ty} = 18\text{kN}$$

$$F_{Ax}=24\text{kN} \quad F_{Ay}=6\text{kN}$$

作 AB 梁的弯矩图和轴力图如图 10-5（c）所示。在 C 点左侧的截面上，弯矩为最大值而轴力与其他截面相同，故为危险截面。根据强度条件，C 点左侧截面上的最大压应力应满足

$$\sigma_{max}=\left|\frac{F_N}{A}+\frac{M_{max}}{W_z}\right|\leqslant[\sigma]$$

一般情况下，弯曲应力较大，可以先不考虑轴力的影响而按弯曲应力进行试算。只按弯曲强度条件确定的工字梁的抗弯截面系数

$$W_z\geqslant\frac{M_{max}}{[\sigma]}=\frac{12\times10^6}{100}=12\times10^4\text{mm}^3=120\text{cm}^3$$

查附录Ⅱ型钢表，选取抗弯截面系数 $W=141\text{cm}^3$ 的 16 工字钢，其横截面面积为 $A=26.1\text{cm}^2$。选定工字钢后，再按照弯曲与压缩的组合变形进行校核。C 点左侧截面的下边缘各点的压应力最大而且相等，其值为

$$\sigma_{max}=\left|\frac{F_N}{A}+\frac{M_{max}}{W_z}\right|=\frac{24\times10^3}{26.1\times10^2}+\frac{12\times10^6}{141\times10^3}\approx94.3\text{MPa}\leqslant[\sigma]$$

可以看出最大压应力略小于许用应力，所选工字钢符合强度要求，不需要再试选。若最大工作应力略超过许用应力，只要不超过许用应力的 5%，仍然可以使用。

任务 4　偏心压缩和截面核心

一、偏心压缩

当外荷载作用线与杆轴线平行但不重合时，杆件将产生压缩（拉伸）和弯曲两种基本变形，这类问题称为偏心压缩（拉伸）。图 10-1（b）所示的厂房中的牛腿柱就是典型的偏心压缩变形。偏心受压杆的受力情况一般可抽象为如图 10-8（a）和图 10-8（b）所示的两种偏心受压情况。图 10-8（a）中偏心压力 F 作用在杆件横截面对称轴上时，则产生轴向压缩和单向平面弯曲的组合变形，称为单向偏心压缩。如图 10-8（b）所示，当偏心压力 F 作用在横截面的任意点上，则产生轴向压缩和双向平面弯曲的组合变形，称为双向偏心压缩。当偏心力为拉力时即为偏心拉伸。下面讨论双向偏心压缩的情况，对于偏心拉伸情况，可按相同的方法计算。

1. 荷载简化

如图 10-9（a）表示一双向偏心压缩的杆件，已知 F 至 z 轴的偏心距为 e_y，至 y 轴的偏心距为 e_z。首先将 F 平移至 z 轴，附加力偶矩为 $M_z=Fe_y$；再将压力 F 从 z 轴上平移至与杆件轴线重合，附加力偶矩为 $M_y=Fe_z$；如图 10-9（b）所示，力 F 经过两次平移后，得到轴向压力 F 和两个力偶矩 M_z、M_y，所以双向偏心压缩实际上就是轴向压缩和两个垂直的平面弯曲的组合。

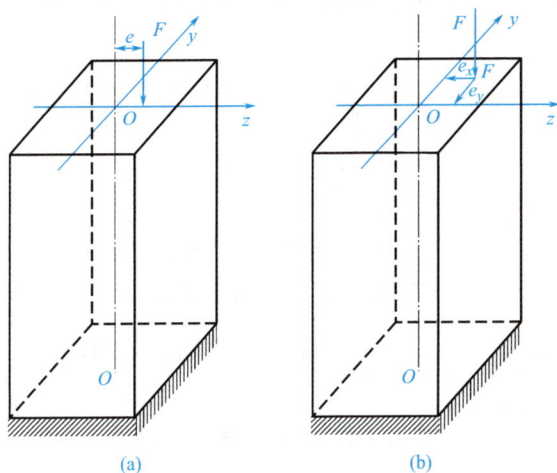

图 10-8　偏心压缩荷载简化

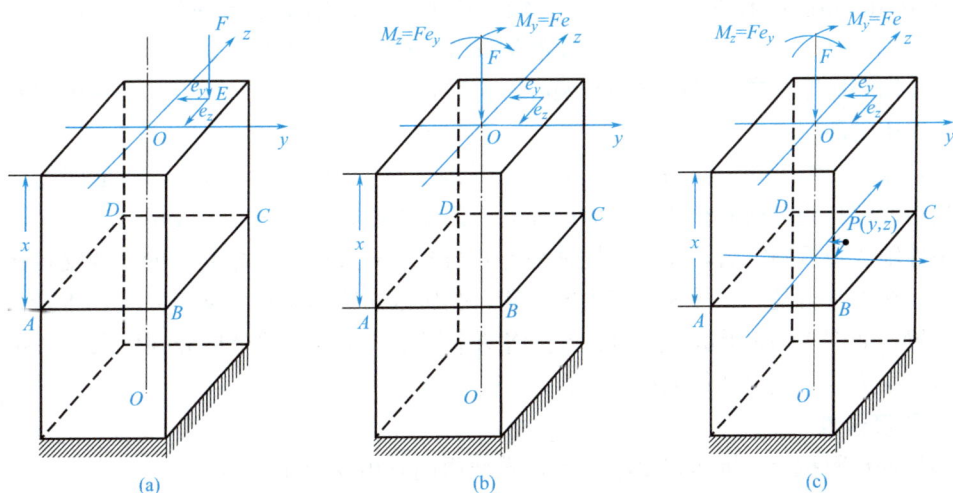

图 10-9　应力分析

2. 内力分析

任意截面 $ABCD$ 上的内力为：$F_N = -F$，$M_z = Fe_y$，$M_y = Fe_z$

3. 应力分析

根据叠加原理，此时，任意截面 $ABCD$ 上任一点 P，坐标为 y、z 时的正应力计算式

$$\sigma = \sigma_N + \sigma_{M_z} + \sigma_{M_y} = -\frac{F_N}{A} \pm \frac{M_z y}{I_z} \pm \frac{M_y z}{I_y} = -\frac{F}{A} \pm \frac{Fe_y \cdot y}{I_z} \pm \frac{Fe_z \cdot z}{I_y} \quad (10\text{-}7)$$

式中的 F、y、z、e_y、e_z 均以绝对值代入；两项弯曲正应力的正负号一般可观察弯矩的转向来确定。

4. 中性轴、最大正应力

为了进行强度计算，必须求出杆件内的最大正应力。横截面上的最大正应力发生在离中性轴最远处，故要求得最大正应力，必须先确定中性轴的位置。由于在中性轴上各点的正应力都等于零，为此令（y_0，z_0）代表中性轴上的任一点，将它的坐标值代入式（10-7），即：

$$\sigma = -\frac{F}{A} - \frac{Fe_y \cdot y_0}{I_z} - \frac{Fe_z \cdot z_0}{I_y} = -\frac{F}{A}\left(1 + \frac{e_y \cdot y_0}{i_z^2} + \frac{e_z \cdot z_0}{i_y^2}\right) = 0$$

那么中性轴方程为：
$$1 + \frac{e_y \cdot y_0}{i_z^2} + \frac{e_z \cdot z_0}{i_y^2} = 0 \tag{10-8}$$

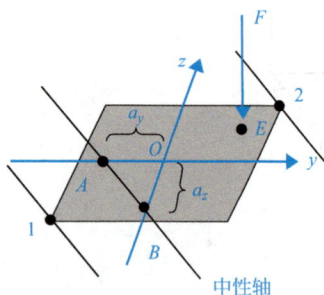

图 10-10　中性轴的位置

由上式可知，中性轴是一条不通过截面形心的直线。中性轴在 y、z 轴上的交点分别为 A 点和 B 点。A 点坐标为 $\left(-\frac{i_z^2}{e_y}, 0\right)$，$B$ 点的坐标为 $\left(0, -\frac{i_y^2}{e_z}\right)$。$OA = a_y = -\frac{i_z^2}{e_y}$ 称为中性轴在 y 轴上的截距，$OB = a_z = -\frac{i_y^2}{e_z}$ 称为中性轴在 z 轴上的截距，如图 10-10 所示。

【特别提示】

（1）偏心压缩的中性轴不过截面形心，与外力无关，与偏心距及截面形状、尺寸有关。

（2）偏心压缩的中性轴的截距与偏心距符号相反，表明外力作用点与中性轴分别在截面形心的相对两侧。

（3）偏心压缩时外力作用点越是向形心靠拢，中性轴离形心越远，甚至移到截面外面。当中性轴移到与截面相切或截面以外时，截面上则只存在压应力或拉应力。

中性轴的位置确定后，作与中性轴平行并与截面周边相切（相交）的直线受拉区切线的切点（交点）就是产生最大拉应力的位置，受压区切线的切点（交点）是产生最大压应力的位置，如图 10-10 所示 1 点和 2 点。将两个切点（交点）的坐标分别代入式（10-7），即可求得最大的拉应力和最大的压应力。

5. 强度条件

当杆件材料抗拉、抗压强度不相等且横截面同时出现拉压应力时，其强度条件为

$$\left. \begin{aligned} \sigma_{max}^t &= -\frac{F_N}{A} + \frac{M_z}{W_z} + \frac{M_y}{W_y} \leqslant [\sigma_t] \\ \sigma_{max}^c &= -\frac{F_N}{A} - \frac{M_z}{W_z} - \frac{M_y}{W_y} \leqslant [\sigma_c] \end{aligned} \right\}$$

如果横截面不出现拉应力或材料抗拉抗压强度相等，则只需按强度条件的第二个式子进行强度计算即可。

【例 10-3】　如图 10-11 所示矩形截面柱，已知 $F_1 = 200\text{kN}$，$F_2 = 90\text{kN}$。F_2 与柱轴线的偏心距 $e = 0.2\text{m}$，柱截面尺寸 $b = 200\text{mm}$，$h = 300\text{mm}$，已知柱材料的 $[\sigma_t] = 5\text{MPa}$，$[\sigma_c] = 25\text{MPa}$，试校核此柱的强度。

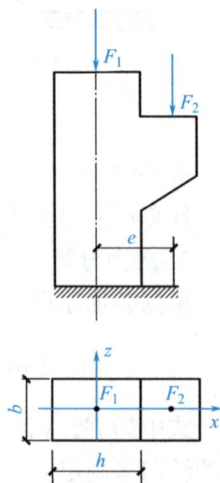

图 10-11　例 10-3 图

【解】　将荷载向截面形心简化，则柱的轴心压力为
$$F_N = F_1 + F_2 = 200 + 90 = 290\text{kN}$$

截面的弯矩为

$$M_z = F_2 \cdot e = 90 \times 0.2 = 18 \mathrm{kN \cdot m}$$

所以

$$\sigma_{\max}^{t} = -\frac{F_N}{A} + \frac{M_z}{W_z} = -\frac{290 \times 10^3}{200 \times 300} + \frac{18 \times 10^6}{\dfrac{200 \times 300^2}{6}} = 1.17 \mathrm{MPa} < [\sigma_t] = 5 \mathrm{MPa}$$

$$\sigma_{\max}^{c} = -\frac{F_N}{A} + \frac{M_z}{W_z} = -\frac{290 \times 10^3}{200 \times 300} + \frac{18 \times 10^6}{\dfrac{200 \times 300^2}{6}} = -10.83 \mathrm{MPa} < [\sigma_c] = 25 \mathrm{MPa}$$

故此柱的强度满足要求。

二、截面核心

　　如前所述，外力作用点越向形心靠拢，中性轴离形心越远，甚至移到截面外。当中性轴移到与截面相切或截面以外时，截面上则只存在压应力或拉应力。土建工程中常用的混凝土构件和砖、石砌体，其抗拉强度远低于抗压强度，主要用作承压构件，这类构件在偏心受压时，其横截面应尽量避免出现拉应力，即保证横截面上任意一点都不产生拉应力。由以上分析可知：外力作用点离形心越近，截面的中性轴距形心就越远。因此，围绕着形心有一很小的区域，当压力 F 作用在该区域时，整个横截面将产生压应力，这个区域称为截面核心。当外力作用在截面核心的边界上时，相应截面的中性轴恰好与截面的周边相切，截面核心可以根据这一关系来确定。

　　例如常见的矩形截面，截面尺寸如图 10-12（a）所示。矩形截面的对称轴即为形心主惯性轴，且 $i_z^2 = \dfrac{I_z}{A} = \dfrac{\frac{bh^3}{12}}{bh} = \dfrac{h^2}{12}$，$i_y^2 = \dfrac{I_y}{A} = \dfrac{\frac{b^3 h}{12}}{bh} = \dfrac{b^2}{12}$。若中性轴与 AB 边重合，则中性轴在坐标轴上的截距分别是 $a_y = -\dfrac{h}{2}$，$a_z = \infty$。代入截距的表达式 $a_y = -\dfrac{i_z^2}{e_y}$，$a_z = -\dfrac{i_y^2}{e_z}$，得压力 F 的作用点 a 的坐标是 $e_y = \dfrac{h}{6}$，$e_z = 0$。同理，当中性轴与 BC 重合时，压力作用点 b 的坐标是 $e_y = 0$，$e_z = \dfrac{b}{6}$。压力沿 ab 由 a 移动到 b，中性轴由 AB 旋转到 BC。用同样的方法可以确定 c 点和 d 点，最后得到矩形截面核心为一个菱形。

　　如图 10-12（b）所示直径为 d 的圆形截面，圆截面的任意相互垂直的直径皆为形心主惯性轴。设中性轴切于圆周上的任意点 B，此时的截距为 $a_y = \dfrac{d}{2}$，$a_z = \infty$。圆形截面惯性半径为 $i_z^2 = i_y^2 = \dfrac{I_z}{A} = \dfrac{\frac{\pi d^4}{64}}{\frac{\pi d^2}{4}} = \dfrac{d^2}{16}$，代入截距的表达式 $a_y = -\dfrac{i_z^2}{e_y}$，$a_z = -\dfrac{i_y^2}{e_z}$，得压力 F 的作用点 1 的坐标是 $e_y = -\dfrac{d}{8}$，$e_z = 0$。即点 1 也在通过 B 的直径上，且距圆心的距离为 $\dfrac{d}{8}$。

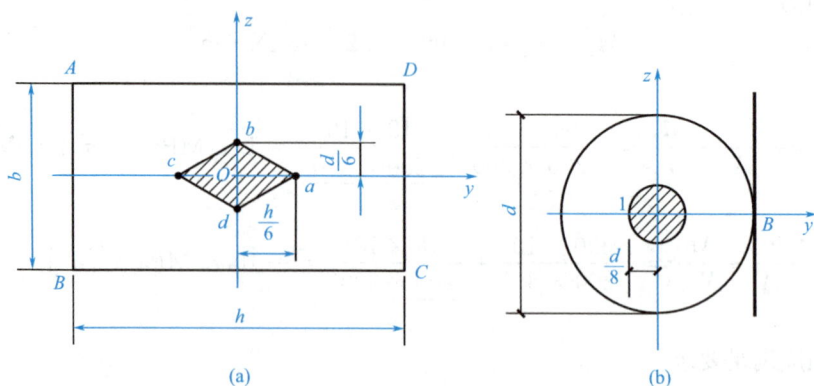

图 10-12　矩形和圆形的截面核心

中性轴相切于圆周的其他点时，压力作用点也在相应通过该点的直径上，距圆心的距离也是 $\frac{d}{8}$。这样就得到一个半径为 $\frac{d}{8}$ 的圆形核心。

问题 10-7　截面核心的形状与（　　）有关。

A. 外力的大小 　　　　　　　　B. 构件的受力情况

C. 构件的截面形状 　　　　　　D. 截面的形心

问题 10-8　厂房中牛腿柱发生的是（　　）变形。

A. 轴向压缩 　　B. 偏心压缩 　　C. 斜弯曲 　　D. 轴向拉伸

问题 10-9　偏心受压柱横截面上的正应力沿横截面高度呈（　　）分布。

A. 均匀 　　　　B. 线性 　　　　C. 抛物线形 　　D. 三次曲线

问题 10-10　如图 10-13 所示矩形截面偏心受压杆，其变形为（　　）。

A. 轴向压缩和平面弯曲的组合

B. 轴向压缩、平面弯曲和扭转的组合

C. 轴向压缩和斜弯曲的组合

D. 轴向压缩、斜弯曲和扭转的组合

问题 10-11　偏心压缩杆，截面的中性轴与外力作用点位于截面形心的两侧，则外力作用点到形心的距离 e 和中性轴到形心的距离 d 之间的关系（　　）。

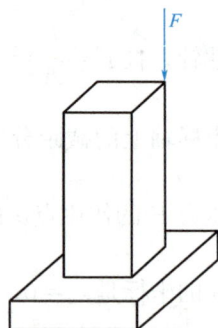

图 10-13　问题 10-10 图

A. $e=d$ 　　　　　　　　　　B. $e>d$

C. e 越小，d 越大 　　　　　D. e 越大，d 越大

问题 10-12　某偏心受拉构件，下列说法正确的是（　　）。

A. 横截面上只有正应力，无切应力

B. 横截面上只有拉应力，无压应力

C. 横截面上既有拉应力，又有压应力

D. 斜截面上既无正应力，又无切应力

问题 10-13　某偏心受压构件，当偏心力正好作用在其截面核心的边缘上时，下列说法不正确的是（　　　）。

    A. 该构件处于全截面受压状态

    B. 该构件截面中性轴位于截面边缘

    C. 该构件最大拉应力为零

    D. 该构件截面最大压应力位于截面核心内

习　题

10-1　试判别图 10-14 中曲杆 $ABCD$ 上 AB、BC 和 CD 杆将产生何种变形?

10-2　作用于图 10-15 所示悬臂梁上的载荷为：在水平平面内 $F_1 = 800$N，在垂直平面内 $F_2 = 1650$N。木材的许用应力 $[\sigma] = 100$MPa。若矩形截面 $h/b = 2$，试确定其截面尺寸。

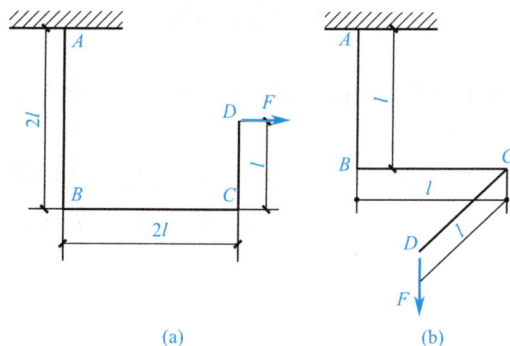

图 10-14　习题 10-1 图　　　　图 10-15　习题 10-2 图

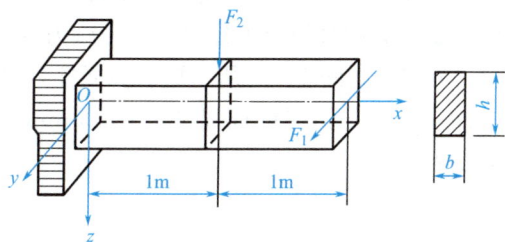

10-3　某矩形截面梁，跨度 $l = 4$m，荷载与重力重合，简化结果及截面尺寸如图 10 16 所示。设材料为杉木，许用应力 $[\sigma] = 10$MPa，试校核该梁的强度。

10-4　如图 10-17 所示变截面短杆，力 F 作用在 AB 段的横截面形心，试计算 AB 段最大压应力与 BC 段的最大压应力之比。

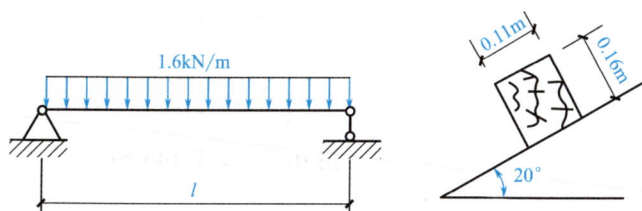

图 10-16　习题 10-3 图　　　　图 10-17　习题 10-4 图

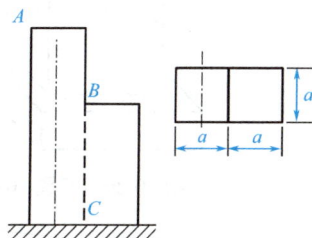

10-5　如图 10-18 所示短柱受载荷 F_1 和 F_2 的共同作用，试求固定端截面上角点 A、B、C、D 处的应力。

10-6　图 10-19 示一悬臂滑车架，杆 AB 为 18 号工字钢，其长度为 $l = 2.6$m。试求当

载荷 $F=25\text{kN}$ 作用在 AB 的中点 D 处时，杆内的最大正应力。设工字钢的自重不计。

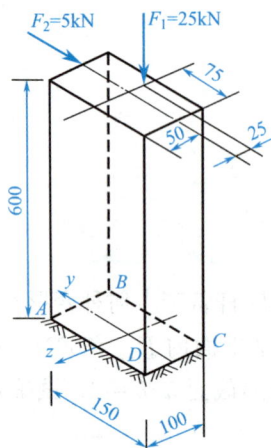

图 10-18　习题 10-5 图

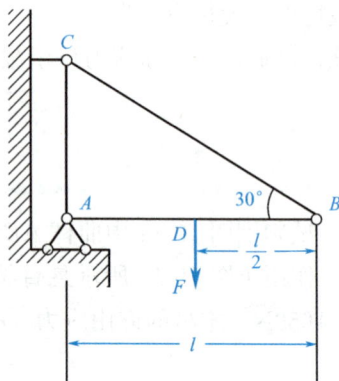

图 10-19　习题 10-6 图

10-7　如图 10-20 正方形等截面立柱，受纵向压力 F 作用。当力 F 作用点由 A 移至 B 时，试计算两种情况下柱内最大压应力的比值是多少？

10-8　如图 10-21 所示矩形截面柱，已知 $F_1=200\text{kN}$，$F_2=90\text{kN}$。F_2 与柱轴线的偏心距 $e=0.2\text{m}$，柱截面尺寸 $b=200\text{mm}$，要使柱截面不产生拉应力，截面高度 h 应为多少？

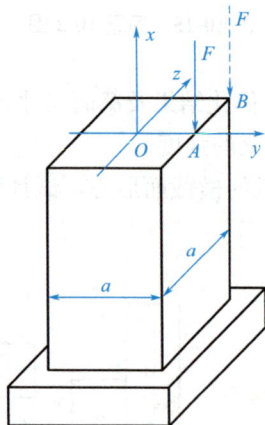

图 10-20　习题 10-7 图

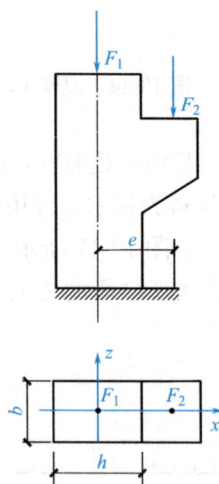

图 10-21　习题 10-8 图

项目 11

Chapter 11

压杆稳定

你知道吗?

细长压杆的承载能力取决于哪些因素?

工程中,如连杆、桁架中的某些压杆、薄壁筒等构件除了要有足够的强度外,还必须有足够的稳定性,才能保证正常工作。本项目主要讨论压杆稳定的概念、临界力的欧拉公式、简单的压杆稳定性计算以及提高压杆稳定性的措施。

学习目标

1. 知识目标

(1) 理解细长压杆失稳、临界力的概念。

(2) 掌握细长压杆临界力和临界应力的计算公式及适用范围,理解临界应力总图。

(3) 掌握细长压杆的稳定性条件。

2. 能力目标

(1) 会确定压杆的长度系数和柔度。

(2) 会运用折减系数法进行压杆的稳定性计算。

(3) 掌握提高压杆稳定性的措施。

3. 素质目标

通过分析工程中常见的失稳现象以及提高压杆稳定性的措施,培养安全责任意识。

在研究短粗直杆轴向压缩时，认为压杆满足强度条件，压杆就能保证安全工作。这个结论对细长压杆不再适用。例如，取一根宽 30mm，厚 5mm，长 1m 的矩形松木杆，对其施加轴向压力，设材料的抗压强度为 $\sigma = 40\text{MPa}$ ，按轴向压缩强度条件计算，它的承载力为

$$F = A[\sigma] = 30 \times 5 \times 40 = 6000\text{N}$$

但实验发现，当压力接近 30N 时，杆就会突然产生明显的弯曲变形而失去承载能力。这说明，细长压杆丧失工作能力并不是由于其强度不够，而是由于轴线不能维持原有直线形状的平衡状态造成的，这种压杆丧失原有直线平衡状态的现象，称为压杆丧失稳定，简称失稳。工程实际中，有许多受压构件需要考虑其稳定性。例如图 11-1 所示千斤顶的丝杠、托架中的压杆 AB、薄壁构件等。

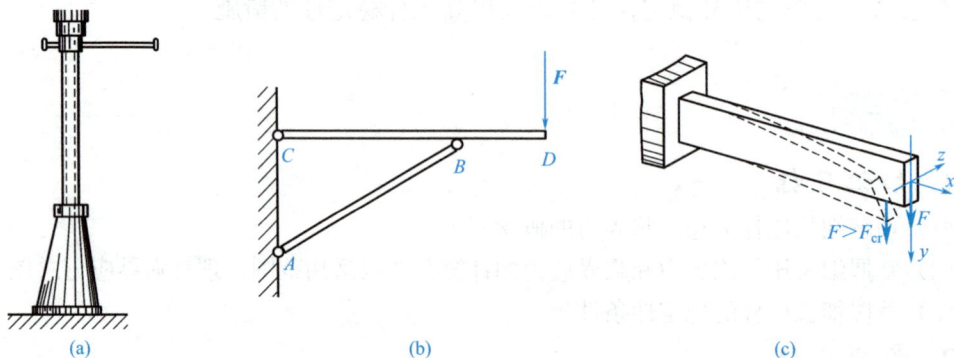

图 11-1　压杆稳定示例

为了研究细长压杆的稳定问题，可将实际的压杆抽象为轴线为直线且压力作用线与轴线重合的均质等直杆，称为**中心受压直杆**。将杆轴线存在的初曲率、压力作用线稍微偏离轴线及材料不完全均匀等因素，抽象为使杆产生微小弯曲变形的微小横向干扰力（图 11-2a）。当在杆端所加的轴向压力 F 不大时，若给杆一个微小的横向干扰力，压杆只发生微小的弯曲变形，在干扰力撤去后，杆经几次摆动后仍会恢复到原来直线平衡的位置（图 11-2b），压杆处于**稳定的平衡状态**。当压力 F 增大至某一极限值 F_{cr} 时，若再给杆一微小的横向干扰，使杆发生微小的弯曲变形，则在干扰撤去后，杆将处于微弯形状的平衡状态（图 11-2c），称为临界平衡状态，压力 F_{cr} 称为压杆的**临界力**，临界平衡状态实质上是一种**不稳定的平衡状态**。当轴向压力 F 超过 F_{cr} 时，杆的弯曲变形将急剧增大，甚至破坏，这说明压杆已处于不稳定状态（图 11-2d）。

临界力 F_{cr} 是压杆保持直线形状平衡状态所能承受的最大压力，显然，承载结构中的受压杆件绝不允许承受的压力超出临界力 F_{cr}。

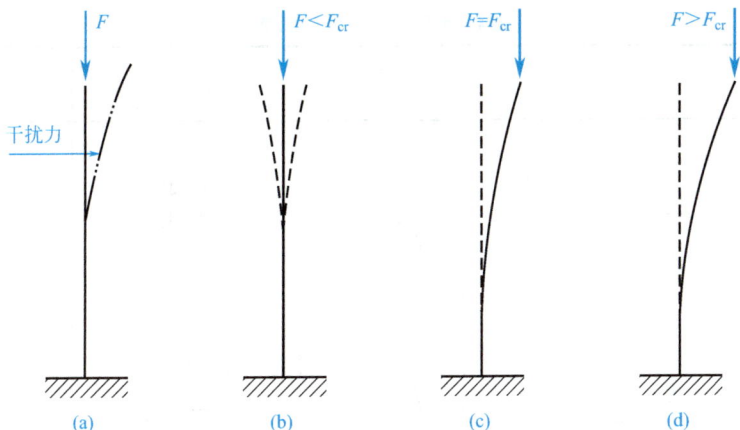

图 11-2　临界压力

任务 2　压杆的临界力与临界应力

一、细长压杆临界力的欧拉公式

当中心受压细长直杆承受的压力达到临界值 F_{cr} 时，压杆将由直线平衡状态转变为曲线平衡状态，此时材料仍处于弹性阶段。因此可以认为，使压杆处于微弯形状平衡状态的最小压力即为临界压力。临界压力的大小与压杆的材料、截面形状、长度以及杆端约束有关，各种杆端约束下细长压杆的临界力可用统一公式表示（推导从略）：

$$F_{cr} = \frac{\pi^2 EI}{(\mu l)^2} \tag{11-1}$$

上式为细长压杆的临界压力公式，称为**欧拉公式**。式中 E 为材料的弹性模量，I 为截面对中性轴的惯性矩。由于压杆失稳时，杆绕 I 小的轴先发生弯曲，因此 I 为截面对中性轴的惯性矩中的最小值。

μ 称为压杆的**长度因数**，它与杆端约束有关，杆端约束越强，μ 值越小；μl 称为压杆的**相当长度**，它是压杆的挠曲线为半个正弦波（相当于两端铰支细长压杆的挠曲线形状）所对应的杆长度。几种理想的杆端约束情况下的长度系数列于表 11-1。

应当指出，工程实际中压杆的杆端约束情况往往比较复杂，应对杆端支承情况作具体分析，上述各种情况也可用不同的长度因数，可从有关设计手册或规范中查到。

【例 11-1】　一长 $l=2\mathrm{m}$，直径 $d=100\mathrm{mm}$ 的细长钢压杆，支承情况如图 11-3 所示，在 xy 平面内为两端铰支，在 xz 平面内为一端铰支、一端固定。已知钢的弹性模量 $E=200\mathrm{GPa}$，求此压杆的临界力。

【解】　钢压杆的横截面是圆形，圆形截面对其任一形心轴的惯性矩都相同，为

四种典型细长压杆的临界力　　　　　　　　　　　　　　　　表 11-1

杆端约束	两端铰支	一端铰支 一端固定	两端固定	一端固定 一端自由
失稳时挠 曲线形状				
临界力	$F_{cr}=\dfrac{\pi^2 EI}{l^2}$	$F_{cr}=\dfrac{\pi^2 EI}{(0.7l)^2}$	$F_{cr}=\dfrac{\pi^2 EI}{(0.5l)^2}$	$F_{cr}=\dfrac{\pi^2 EI}{(2l)^2}$
长度因数	$\mu=1$	$\mu=0.7$	$\mu=0.5$	$\mu=2$

$$I=\frac{\pi d^4}{64}=\frac{\pi\times 100^4}{64}=4.9\times 10^6\,\text{mm}^4$$

　　因为临界力是使压杆产生失稳所需要的最小压力，由于钢压杆在各纵向平面内的弯曲刚度 EI 相同，因此失稳发生在杆端约束最弱的纵向平面内。由已知条件，钢压杆在 xy 平面内的杆端约束为两端铰支（图 11-3a），$\mu=1$；在 xz 平面内杆端约束为一端铰支、一端固定（图 11-3b），$\mu=0.7$。故失稳将发生在 xy 平面内，取 $\mu=1$，临界力为

$$\frac{\pi^2\times 4.9\times 10^8}{2\times 10^6}\,\text{kN}=2.45\times 10^3\,\text{kN} \qquad F_{cr}=\frac{\pi^2 EI}{(\mu l)^2}=\frac{\pi^2\times 200\times 10^3\times 4.9\times 10^6}{(2\times 10^3)^2}\,\text{N}=150\text{kN}$$

【例 11-2】　有一两端铰支的细长木柱（图 11-4），已知柱长 $l=2\text{m}$，横截面为 80mm× 140mm 的矩形，木材的弹性模量 $E=10\text{GPa}$，求此木柱的临界力。

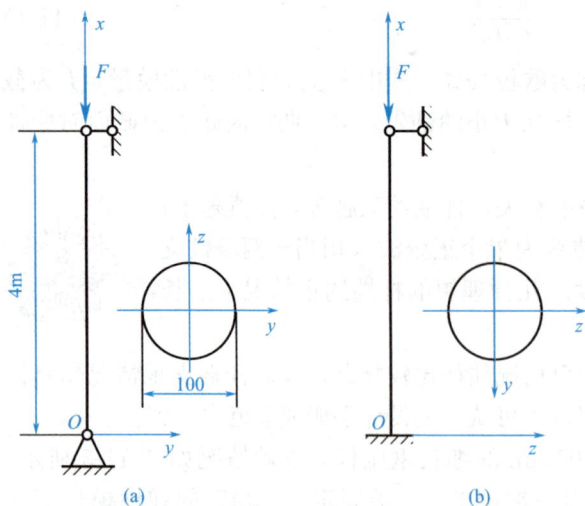

(a)　　　　　　　　　　(b)

图 11-3　例 11-1 图　　　　　　　　　　　图 11-4　例 11-2 图

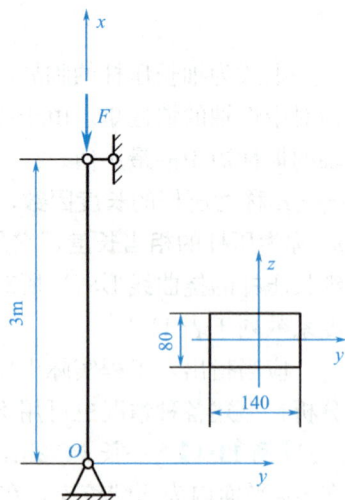

【解】　由于木柱两端约束为球形铰支，故木柱两端在各个方向的约束都相同，因为临界力是使压杆产生失稳所需要的最小压力，$I_{min}=I_y$，其值为

$$I=\frac{140\times80^4}{12}=6.0\times10^6\,mm^4$$

故临界力为

$$F_{cr}=\frac{\pi^2EI}{(\mu l)^2}=\frac{\pi^2\times10\times10^3\times6.0\times10^6}{(2\times10^3)^2}N=47.1kN$$

在临界力 $\boldsymbol{F}_{cr}$ 作用下，木柱将在弯曲刚度最小的 xz 平面内发生失稳。

问题 11-1　细长杆承受轴向压力 F 的作用，其临界压力与（　　）无关。

A. 杆的材质　　　　　　　　　　　B. 杆的长度

C. F 的大小　　　　　　　　　　　D. 杆的截面形状和尺寸

问题 11-2　如图 11-5 所示材料相同，直径相等的细长杆中，_____杆能承受的压力最大，_____杆能承受的压力最小。

问题 11-3　图 11-6 示两端铰支压杆的截面为矩形，当其失稳时（　　）。

A. 临界压力 $F_{cr}=\pi^2EI_y/l^2$，挠曲轴位于 xy 面内

B. 临界压力 $F_{cr}=\pi^2EI_y/l^2$，挠曲轴位于 xz 面内

C. 临界压力 $F_{cr}=\pi^2EI_z/l^2$，挠曲轴位于 xy 面内

D. 临界压力 $F_{cr}=\pi^2EI_z/l_2$，挠曲轴位于 xz 面内

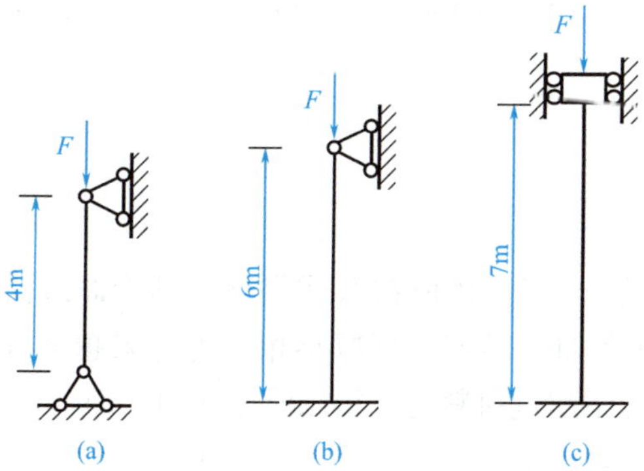

图 11-5　问题 11-2 图

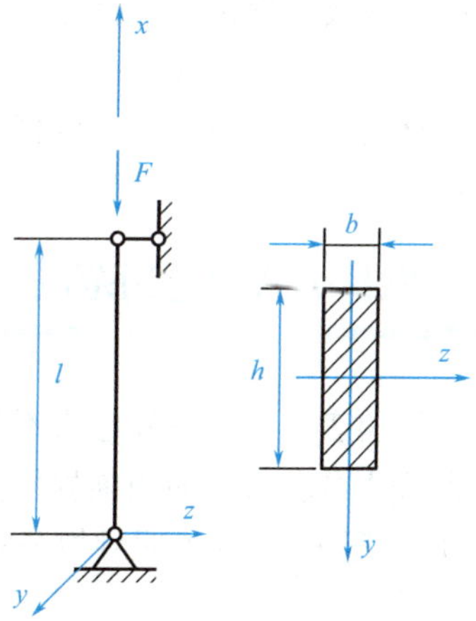

图 11-6　问题 11-3 图

问题 11-4　两端铰支细长压杆如图 11-7 所示，已知材料为 Q235 钢，长度 $l=800mm$，直径 $d=20mm$，弹性模量 $E=200GPa$。计算此压杆的临界载荷。

图 11-7　问题 11-4 图

二、细长压杆的临界应力和柔度

将式（11-1）的两端同时除以压杆横截面面积 A，得到细长压杆处于临界状态时横截面上的应力，即压杆的**临界应力** σ_{cr}

$$\sigma_{cr} = \frac{F_{cr}}{A} = \frac{\pi^2 EI}{(\mu l)^2 A} \tag{11-2}$$

引入截面的惯性半径 $i^2 = \dfrac{I}{A}$，可得

$$\sigma_{cr} = \frac{\pi^2 E}{(\mu l / i)^2}$$

若令

$$\lambda = \frac{\mu l}{i} \tag{11-3}$$

则有

$$\sigma_{cr} = \frac{\pi^2 E}{\lambda^2} \tag{11-4}$$

式（11-4）为计算压杆临界应力的公式，是欧拉公式的另一表达形式。式中 $\lambda = \dfrac{\mu l}{i}$ 称为压杆的**柔度**或**长细比**，它综合反映了压杆的长度、约束条件、截面尺寸和形状等因素对临界应力的影响。从式（11-3）可以看出，压杆的临界应力与柔度的平方成反比，柔度越大，则压杆的临界应力越小，压杆越容易失稳。在压杆稳定问题中，柔度 λ 是一个很重要的参数。

三、欧拉公式的适用范围

试验表明，当临界应力不超过材料比例极限 σ_p 时，由欧拉公式得到的理论曲线与试验曲线十分相符，而当临界应力超过 σ_p 时，两条曲线随着柔度减小相差得越来越大（如图 11-8 所示）。这说明欧拉公式只有在临界应力不超过材料比例极限时才适用，即

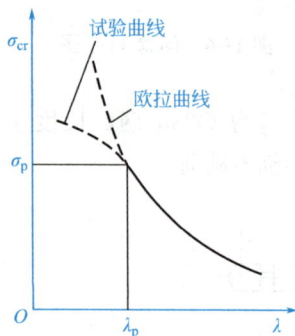

图 11-8　欧拉公式适用范围

$$\sigma_{cr} = \frac{\pi^2 E}{\lambda^2} \leqslant \sigma_p \quad 或 \quad \lambda \geqslant \pi \sqrt{\frac{E}{\sigma_p}}$$

若用 λ_p 表示对应于临界应力等于比例极限 σ_p 时的柔度，则

$$\lambda_p = \pi \sqrt{\frac{E}{\sigma_p}} \tag{11-5}$$

λ_p 仅与压杆材料的弹性模量 E 和比例极限 σ_p 有关。例如，对于常用的 Q235 钢，$E = 200\text{GPa}$，$\sigma_p = 200\text{MPa}$，代入式（11-5），得

$$\lambda = \pi \sqrt{\frac{200 \times 10^9}{200 \times 10^6}} \approx 100$$

从以上分析可知：只有当 $\lambda \geqslant \lambda_p$ 或 $\sigma_{cr} \leqslant \sigma_p$ 时，才能应用欧拉公式来计算压杆的临界力或临界应力。满足 $\lambda \geqslant \lambda_p$ 的压杆，称为**细长杆**或**大柔度杆**。

四、中柔度压杆的临界应力公式

工程中常用的压杆，其柔度往往小于 λ_p，这类压杆欧拉公式已不适用，通常采用建立在实验基础上的经验公式，如直线公式和抛物线公式。直线公式把临界应力与压杆的柔度表示成如下的线性关系：

$$\sigma_{cr} = a - b\lambda \tag{11-6}$$

式中 a、b 是与材料性质有关的系数，可以查相关手册得到。由式（11-6）可见，临界应力 σ_{cr} 随着柔度 λ 的减小而增大（表 11-2）。

表 11-2

材料（σ_b、σ_s 的单位为 MPa）		a（MPa）	b（MPa）
Q235 钢	$\sigma_b \geqslant 372$ $\sigma_s = 235$	304	1.12
优质炭钢	$\sigma_b \geqslant 471$ $\sigma_s = 306$	461	2.568
硅钢	$\sigma_b \geqslant 510$ $\sigma_s = 353$	578	3.744
铬钼钢		9807	5.296
铸铁		332.2	1.454
强铝		373	2.15
松木		28.7	0.19

经验公式也有适用范围。

若以塑性材料为例，它的应用条件可表示为

$$\sigma_{cr} = a - b\lambda \leqslant \sigma_s \text{ 或 } \lambda \geqslant \frac{a - \sigma_s}{b}$$

若用 λ_s 表示对应于 σ_s 时的柔度值，则

$$\lambda_s = \frac{a - \sigma_s}{b} \tag{11-7}$$

这里，柔度值 λ_s 是直线公式成立时压杆柔度 λ 的最小值，它仅与材料有关。对 Q235 钢来说，$\sigma_s = 235\text{MPa}$，$a = 304\text{MPa}$，$b = 1.12\text{MPa}$。将这些数值代入式（11-7），得

$$\lambda_s = \frac{304 - 235}{1.12} = 61.6$$

当压杆的柔度 λ 值满足 $\lambda_s \leqslant \lambda < \lambda_p$ 条件时，临界应力用直线公式计算，这样的压杆被称为**中柔度杆**或**中长杆**。

当压杆的柔度 λ 满足 $\lambda < \lambda_s$ 条件时，这样的压杆称为**小柔度杆**或**短杆**。实验证明，短

杆主要发生塑性屈服形式的破坏，很难观察到失稳现象，这说明短杆是由于强度不足而引起破坏的，应当以材料的屈服强度或抗压强度作为极限应力。即

$$\sigma_{cr} = \sigma_s (或 \sigma_b)$$

五、临界应力总图

上述三类压杆的临界应力随着压杆柔度变化情况可用图 11-9 的曲线表示，称为临界应力总图。从图中可以明显地看出，短杆的临界应力与柔度 λ 无关，而中、长杆的临界应力随 λ 的增加而减小。

【例 11-3】 如图 11-10 所示的木柱，截面为 $120 \times 200mm^2$，$l = 7m$，$E = 10GPa$，$\lambda_p = 110$。试求木柱的临界力和临界应力。

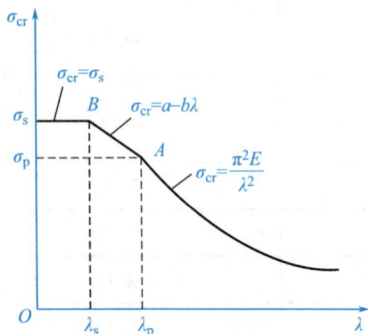

图 11-9 临界应力总图

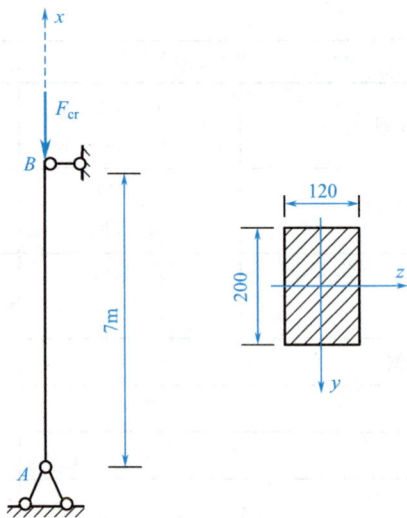

图 11-10 例 11-3 图

【解】 计算最小刚度平面的临界力和临界应力，如图 11-10（a）所示。

截面的惯性矩为：$I_y = \dfrac{200 \times 120^3}{12} = 288 \times 10^5 mm^4$

惯性半径为：$i_y = \sqrt{\dfrac{I_y}{A}} = \sqrt{\dfrac{288 \times 10^5}{120 \times 200}} = 34.6mm$

两端铰接时长度系数为：$\mu = 1$

则其柔度为：$\lambda = \dfrac{\mu l}{i_y} = \dfrac{1 \times 7000}{34.6} = 202.3 > \lambda_p = 110$

因此可用欧拉公式计算，则：

$$F_{cr} = \frac{\pi^2 E I_y}{(\mu l)^2} = \frac{3.14^2 \times 10 \times 10^3 \times 2.88 \times 10^7}{(1 \times 7000)^2} = 58kN$$

$$\sigma_{cr} = \frac{\pi^2 E}{\lambda^2} = \frac{3.14^2 \times 10 \times 10^3}{202.3^2} = 2.4MPa$$

问题 11-5　什么叫临界力？计算临界力的欧拉公式的应用条件是什么？

问题 11-6　细长压杆、中长压杆以及短粗压杆，是根据压杆的（　　）来判断的。

A. 长度

B. 横截面尺寸

C. 临界应力

D. 柔度

问题 11-7　如图 11-11 所示三根压杆的材料、截面均相同，最先失去稳定的杆是（　　）。

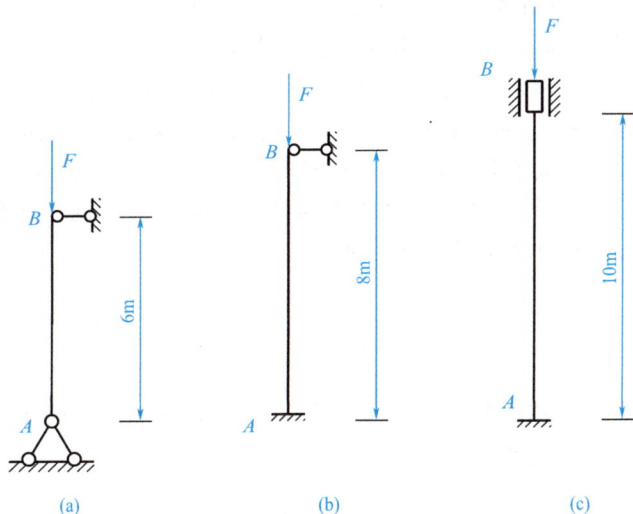

图 11-11　问题 11-7 图

A. （a）杆

B. （b）杆

C. （c）杆

D. 三根杆同时失去稳定

问题 11-8　一中心受压杆的实际柔度为 $\lambda=78$，$\lambda_p=100$，$\lambda_s=60$，则该压杆的临界应力用（　　）公式计算。

A. $\sigma_{cr}=\dfrac{\pi^2 E}{\lambda^2}$

B. $\sigma_{cr}=a-b\lambda$

C. $\sigma_{cr}=\sigma_s$

D. 三个公式都可以

任务 3　压杆的稳定性校核

一、安全因数法

对工程实际中的压杆，要使其不丧失稳定，必须要求压杆承受的轴向压力 F 小于压杆的临界力，为保证压杆能够安全地工作，还要考虑一定的安全因素，使压杆具有足够的稳定性。因此，压杆的稳定条件为：

$$F \leqslant \frac{F_{cr}}{n_{st}} = [F]_{st} \qquad (11\text{-}7)$$

或者将上式两边同时除以横截面面积 A，得到压杆横截面上的应力 σ 应满足的条件：

$$\sigma = \frac{F}{A} \leqslant \frac{\sigma_{st}}{n_{st}} = [\sigma]_{st} \qquad (11\text{-}8)$$

式中 n_{st} 为**稳定安全因数**，$[F]_{st}$ 为稳定许用压力，$[\sigma]_{st}$ 为稳定许用应力。

稳定安全因数 n_{st} 的取值除考虑在确定强度安全因数时的因素外，还应考虑实际压杆不可避免地存在杆轴线的初曲率、压力的偏心和材料的不均匀等因素。这些因素将使压杆的临界力显著降低，对压杆稳定的影响较大，并且压杆的柔度越大，影响也越大。但是，这些因素对压杆强度的影响并不显著。因此，稳定安全因数 n_{st} 的取值一般都大于强度安全因数 n，并且随柔度 λ 而变化。例如，钢压杆的强度安全因数 $n = 1.4 \sim 1.7$，而稳定安全因数 $n_{st} = 1.8 \sim 3.0$，甚至更大。常用材料制成的压杆，在不同工作条件下的稳定安全因数 n_{st} 的值，可在有关的设计手册中查到。

二、折减因数法

为计算方便，引入折减因数 φ，将稳定条件式（11-8）中的稳定许用应力 $[\sigma]_{st}$ 表示为 $[\sigma]_{st} = \varphi[\sigma]$，因此稳定条件：

$$\sigma = \frac{F}{A} \leqslant \varphi[\sigma] \qquad (11\text{-}9)$$

式中 $[\sigma]$ 为材料的强度许用应力。当材料一定时，φ 随压杆柔度 λ 而改变且小于 1。

工程上为了应用方便，在有关结构设计规范中都列出了常用建筑材料随 λ 变化而变化的 φ 值，表 11-3 列出了几种常见材料的折减系数。

几种常见材料的折减系数　　　　　　　　　表 11-3

λ	折减因数 φ			λ	折减因数 φ		
	Q235 钢	16 锰钢	木材		Q235 钢	16 锰钢	木材
20	0.981	0.973	0.932	130	0.401	0.279	0.178
40	0.927	0.895	0.822	140	0.349	0.242	0.153
60	0.842	0.776	0.658	150	0.306	0.213	0.134
70	0.789	0.705	0.575	160	0.272	0.188	0.117
80	0.731	0.627	0.460	170	0.243	0.168	0.102
90	0.669	0.546	0.371	180	0.218	0.151	0.093
100	0.604	0.462	0.300	190	0.197	0.136	0.083
110	0.536	0.384	0.248	200	0.180	0.124	0.075
120	0.466	0.325	0.209				

三、压杆稳定性校核

与强度计算类似，可以用稳定条件对压杆进行稳定校核、设计截面以及确定许用荷载三类问题的计算。

【例 11-4】 某 Q235 钢（$\lambda_p = 100$）制成的千斤顶，上端自由，下端可视为固定上端自由，下端可视为固定，其丝杠长 $l = 600\text{mm}$，直径 $d = 40\text{mm}$，材料的弹性模量 $E = 200\text{GPa}$，丝杠的稳定安全系数 $n_{st} = 3$，最大承载压力 60kN。试校核丝杠的稳定性。

【解】 丝杠一端自由，一端固定，长度因数 $\mu = 2$。

惯性半径为
$$i_z = \sqrt{\frac{I_z}{A}} = \frac{d}{4} = 10\text{mm}$$

工作柔度为
$$\lambda = \frac{\mu l}{i} = \frac{2 \times 600}{10} = 120 > \lambda_p = 100$$

可见丝杠为大柔度杆，应用欧拉公式计算临界力
$$F_{cr} = \frac{\pi^2 EI}{(\mu l)^2} = \frac{3.14^2 \times 200 \times 10^3 \times 3.14 \times 40^4}{64 \times (2 \times 600)^2} = 172\text{kN}$$

丝杠的稳定工作安全因数为
$$F = 60\text{kN} < \frac{F_{cr}}{n_{st}} = \frac{172}{2.5} = 68.8\text{kN}$$

因此千斤顶丝杠是稳定的。

【例 11-5】 某简易起重机起重臂长 $l = 3\text{m}$，由外径 $D = 80\text{mm}$，内径 $d = 70\text{mm}$ 的无缝钢管制成，起重臂可视为一端自由，一端固定，材料的弹性模量 $E = 200\text{GPa}$，丝杠的稳定安全系数 $n_{st} = 3$，试确定起重臂的安全载荷。

【解】 起重臂一端自由，一端固定，长度因数 $\mu = 2$。

惯性半径为
$$i_z = \sqrt{\frac{I_z}{A}} = \frac{1}{4}\sqrt{D^2 + d^2} = \frac{1}{4}\sqrt{8^2 + 7^2} = 26.6\text{mm}$$

工作柔度为
$$\lambda = \frac{\mu l}{i} = \frac{2 \times 270}{2.66} = 203 > \lambda_p = 100$$

$$I_z = \frac{\pi}{64}(D^4 - d^4) = \frac{3.14}{64}(80^4 - 70^4) = 8.32 \times 10^5 \text{mm}^4$$

可见起重臂杆为大柔度杆，应用欧拉公式计算临界力
$$F_{cr} = \frac{\pi^2 EI}{(\mu l)^2} = \frac{3.14^2 \times 200 \times 10^3 \times 8.32 \times 10^5}{(2 \times 2700)^2} = 56.3\text{kN}$$

由稳定条件，起重臂的最大安全荷载为
$$F = \frac{F_{cr}}{n_{st}} = \frac{56.3}{3} \approx 18.8\text{kN}$$

任务 4 提高压杆稳定性的措施

提高压杆的稳定性关键在于提高压杆的临界力或临界应力。由欧拉公式可知，影响压杆稳定性的因素有：压杆的长度、横截面形状及尺寸、支承条件以及压杆材料。因此，可以从以下几个方面考虑：

1. 选择合理的截面形状

在其他条件相同的情况下，增大截面的惯性矩，可以增大截面的惯性半径，降低压杆的柔度，从而可以提高压杆的稳定性。在压杆的横截面面积相同的条件下，应尽可能使材料远离截面中性轴，故空心截面比实心截面合理，如图 11-12 所示。在工程实际中，若压杆的截面是用两根槽钢组成，则采用如图 11-13 所示的布置方式可以取得较大的惯性矩或惯性半径。

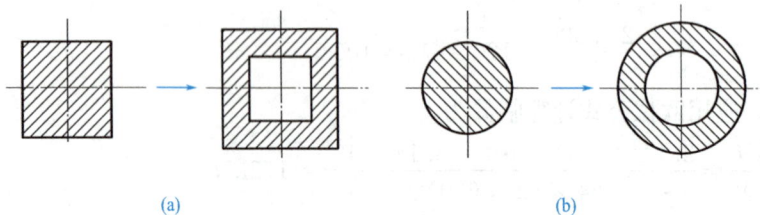

(a)　　　　　　　　　　　　　　　(b)

图 11-12　合理截面　　　　　　　　　　　图 11-13　槽钢截面

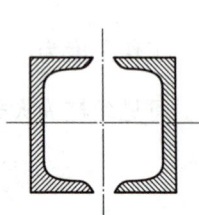

另外，由于压杆总是在柔度较小的纵向平面内首先失稳，所以应使压杆在两个纵向对称平面内的柔度大致相等，使其抵抗失稳的能力得以充分发挥。当压杆在各纵向平面内的约束相同时，宜采用圆形、圆环形、正方形等截面，这类截面对任一形心轴的惯性半径相等，从而使压杆在各纵向平面内的柔度相等。当压杆在两个纵向对称面内的约束不同时，宜采用矩形、工字形一类截面，在确定截面尺寸时，尽量使压杆在两个方向上具有相同的稳定性。

2. 合理选择材料

对于大柔度压杆，临界应力 $\sigma_{cr} = \dfrac{\pi^2 E}{\lambda^2}$，故采用 E 值较大的材料能够增大其临界应力，也能提高其稳定性。但由于各种钢材的 E 值大致相同，所以选用高强度钢材对提高临界力影响不大。对于中小柔度压杆，从计算临界应力的经验公式可以看出，临界应力与材料强度有关，采用强度较高的材料能够提高其稳定性。

3. 减小压杆长度，加强杆端约束

根据欧拉公式可知，压杆的临界力与其计算长度的平方成反比。因此，在结构允许的情况下，应尽可能减小压杆的长度；甚至可改变结构布局，将压杆改为拉杆，如图 11-14（a）所示的托架改成图 11-14（b）的形式等。

改变压杆的约束条件直接影响临界力的大小。例如长为 l 两端铰支的压杆，其 $\mu = 1$，$F_{cr} = \dfrac{\pi^2 EI}{l^2}$。若在这一压杆的中点增加一个中间支座或者把两端改为固定端（图 11-15）。则相当长度变为 $\mu l = \dfrac{l}{2}$，临界力变为

$$F_{cr} = \frac{\pi^2 EI}{(l/2)^2} = \frac{4\pi^2 EI}{l^2}$$

可见临界力变为原来的四倍。通常增加压杆的约束，使其更不容易发生弯曲变形，都可以提高压杆的稳定性。

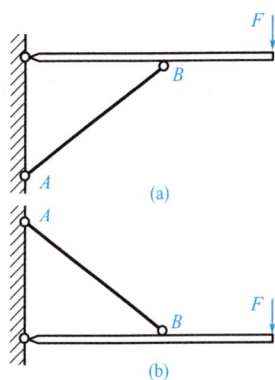

图 11-14　增加拉杆

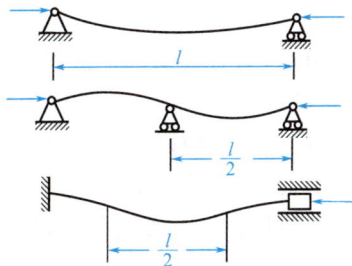

图 11-15　加强杆端约束

问题 11-9　实心截面改为空心截面能增大截面的惯性矩从而能提高压杆的稳定性，是否可以把材料无限制地加工使远离截面形心，以提高压杆稳定性？

问题 11-10　某压杆由四根等角钢组成，在各个方向的杆端支承相同。如图 11-16 所示的四种截面组成方式中，稳定性最强的压杆是（　　）图所示的截面杆。

A. a　　　　　　　　B. b　　　　　　　　C. c　　　　　　　　D. d

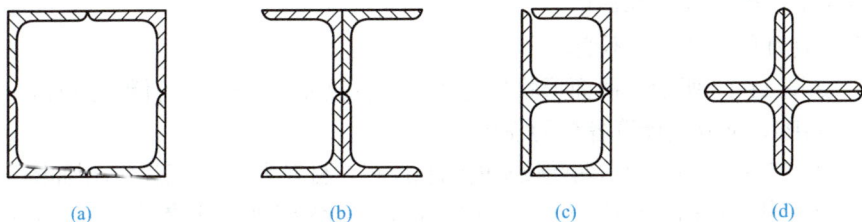

图 11-16　问题 11-10 图

问题 11-11　采用（　　）措施，并不能显著提高细长杆的稳定性。

A. 选择合理的截面形状　　　　　　　B. 减小压杆长度

C. 降低工作柔度　　　　　　　　　　D. 选用优质钢

问题 11-12　提高钢制细长压杆承载能力的方法中最合理的是（　　）。

A. 减小杆长，减小长度系数，使压杆沿横截面两形心主轴方向的长细比相等

B. 增加横截面面积，减小杆长

C. 增加惯性矩，减小杆长

D. 采用高强度钢

习　题　🔍

11-1　有关压杆临界力的大小，以下说法正确的是（　　）。

A. 与压杆所受的轴向压力大小有关

B. 与压杆的柔度大小有关

C. 与压杆的长度大小无关

D. 与压杆的柔度大小无关

11-2 不同材料制成的两根轴心受压构件，其截面和长度均相同，下列说法不正确的是（ ）。

A. 相同位置处横截面上的内力相等

B. 相同位置处斜截面上的应力相等

C. 相同位置处横截面上的应力相等

D. 杆件的欧拉临界应力相等

11-3 两根材料和柔度都相同的压杆（ ）。

A. 临界应力一定相等，临界力不一定相等

B. 临界应力不一定相等，临界力一定相等

C. 临界应力和临界力都一定相等

D. 临界应力和临界力都不一定相等

11-4 圆截面细长压杆的材料及支承情况保持不变，将其横向及轴向尺寸同时增大 1 倍，压杆的（ ）。

A. 临界应力不变，临界力增大

B. 临界应力增大，临界力不变

C. 临界应力和临界力都增大

D. 临界应力和临界力都不变

11-5 如图 11-17 所示，截面形状都是圆形，直径 $d=80\text{mm}$，材料为 Q235 钢，弹性模量 $E=200\text{GPa}$，试分别计算各杆的临界力。

11-6 如图 11-18（a）所示两端铰支的细长压杆，材料为 Q235 钢，采用如图 11-18（b）所示四种截面形状，截面面积均为 $4.0\times10^3\text{mm}^2$，试比较它们的临界力。其中 $d=0.7D$。

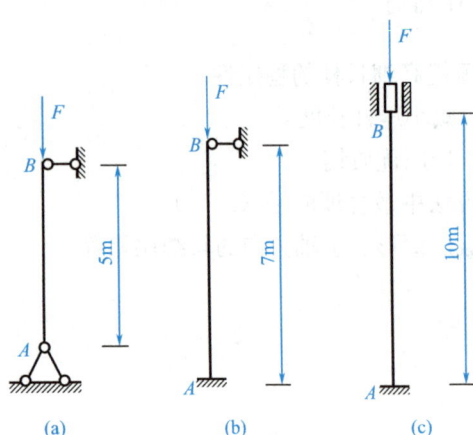

图 11-17 习题 11-5 图

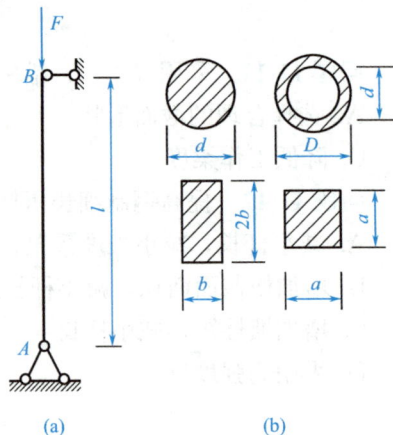

图 11-18 习题 11-6 图

11-7 如图 11-19 所示，外径 $D=50\text{mm}$、内径 $d=40\text{mm}$ 的钢管，两端铰支，材料为 Q235 钢，弹性模量 $E=200\text{GPa}$，承受轴向压力。试求：（1）能应用欧拉公式时，压杆的最小长度。（2）当压杆长度为上述最小长度的 3/4 时，求压杆的临界压力。

11-8　如图 11-20 所示为一简单托架，其撑杆 AB 为圆截面木杆，图中横梁承受集度为 $q=50\text{kN/m}$ 的均布荷载作用，材料的强度许用应力 $[\sigma]=11\text{MPa}$，试求撑杆所需的直径 d。

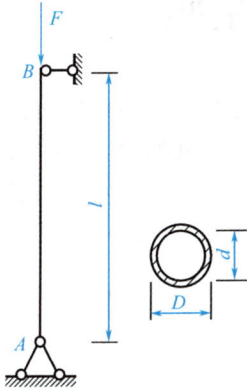

图 11-19　习题 11-7 图

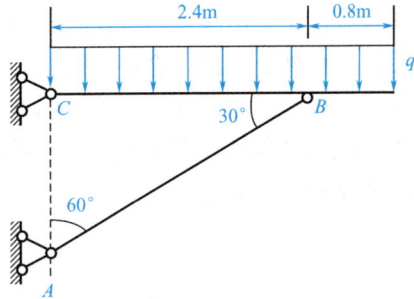

图 11-20　习题 11-8 图

附录I 截面的几何性质

在结构设计中，出于经济考虑，在满足安全使用的前提下通常选取横截面面积较小而承载力较大的构件。因此，会经常遇到与横截面形状及尺寸有关的几何量，这些几何量统称为截面的几何性质。例如，讨论轴向拉压杆时，遇到横截面面积 A，梁弯曲时遇到惯性矩 I 等。截面的几何性质是影响构件承载力的一个重要因素，本章将介绍一些截面几何性质的基本概念和计算方法。

I.1 静矩和形心

I.1.1 静矩

图I-1所示平面图形代表任意一截面，面积为 A。Oyz 为平面图形内的直角坐标系，在坐标为 (z, y) 处的任意一点处取微面积 dA，则微面积与其坐标的乘积称为微面积对坐标轴的静矩（又称面积矩或一次矩），即 $y dA$ 称为微面积 dA 对 z 轴的静矩，$z dA$ 称为微面积 dA 对 y 轴的静矩。

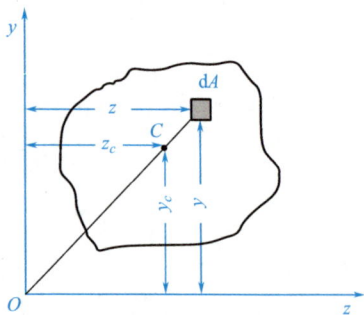

图I-1 静矩

在整个图形上对面积 A 进行积分，得

$$\begin{cases} S_z = \int_A y dA \\ S_y = \int_A z dA \end{cases} \quad (\text{I-1})$$

分别定义为平面图形对 z 轴和 y 轴的静矩。由表达式（I-1）可以看出，截面的静矩是针对某一坐标轴而言，同一截面对不同的坐标轴，其静矩不同。静矩的值可为正，可为负，也可为零。静矩的量纲为长度的三次方，常用单位是"m^3"或"mm^3"。

I.1.2 形心

形心是指平面图形的几何中心，常用 C 表示平面图形的形心。z_c，y_c 表示形心的坐标，见图I-1。形心位置的确定，可以借助于静力学中求均质薄板中心位置的方法。当薄板厚度极其微小时，其重心就是薄板平面图形的形心。则有

234

$$\begin{cases} z_c = \dfrac{\displaystyle\int_A z\,\mathrm{d}A}{A} \\[4mm] y_c = \dfrac{\displaystyle\int_A y\,\mathrm{d}A}{A} \end{cases} \qquad （\text{I}\text{-}2）$$

也可改写为

$$\begin{cases} z_c = \dfrac{S_y}{A} \\[4mm] y_c = \dfrac{S_z}{A} \end{cases} \qquad （\text{I}\text{-}3）$$

式（I-3）表明，如果知道截面对 y 轴和 z 轴的静矩，则将静矩除以截面的面积后，即可得该截面形心位置的坐标。反之，如果已知截面的形心坐标 z_c，y_c，则将其乘以相应的截面面积，可分别得到截面对 y 轴和 z 轴的静矩，即

$$\begin{cases} S_y = z_c A \\ S_z = y_c A \end{cases} \qquad （\text{I}\text{-}4）$$

从式（I-4）可以看出：若某轴通过截面的形心，则截面对于该轴的静矩一定为零；反之，若截面对于某轴的静矩为零，则该轴必然通过截面的形心。

工程实际中，常会遇到一些复杂的平面图形，它是由多个简单图形组成的。图 I-2（a）是由半圆和矩形组成的一个组合截面。图 I-2（b）所示的 T 形，是由两个矩形组成的一个组合截面。

我们先来研究组合截面图形的静矩。根据分块积分的原理，将组合图形分解成若干个简单图形，求出各个简单图形对某轴的静矩，再求和。即

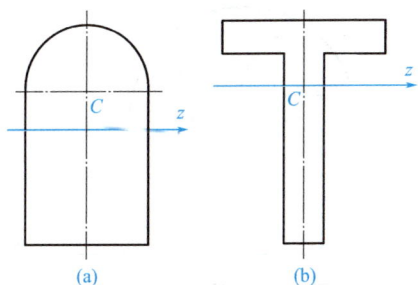

图 I-2　平面图形

$$\begin{cases} S_z = \displaystyle\sum_{i=1}^{n} S_{zi} = \sum_{i=1}^{n} A_i y_{ci} \\[4mm] S_y = \displaystyle\sum_{i=1}^{n} S_{yi} = \sum_{i=1}^{n} A_i z_{ci} \end{cases} \qquad （\text{I}\text{-}5）$$

式中，A_i 为任意一个简单图形的面积，y_{ci} 和 z_{ci} 分别为任意一个简单图形的形心在 yoz 坐标系中的坐标，n 为组成该截面的简单图形的个数。式（I-5）表明，组合图形对某一轴的静矩等于其组成部分对同一轴静矩之和。

将式（I-5）代入式（I-3）中，得出组合图形的形心坐标公式

$$\begin{cases} y_c = \dfrac{\displaystyle\sum_{i=1}^{n} A_i y_{ci}}{\displaystyle\sum_{i=1}^{n} A_i} \\[8mm] z_c = \dfrac{\displaystyle\sum_{i=1}^{n} A_i z_{ci}}{\displaystyle\sum_{i=1}^{n} A_i} \end{cases} \qquad （\text{I}\text{-}6）$$

【例Ⅰ-1】 试确定图Ⅰ-3所示图形形心 C 的位置。

【解】 因为图形是对称图形，所以形心一定在对称轴上。为确定形心的另一坐标 y_c，建立如下坐标系，如图Ⅰ-3所示。将 T 形截面分成两个矩形，两矩形的面积和形心坐标如下：

$$A_1 = 16 \times 240 = 3840 \text{mm}^2, \quad y_{C1} = 180 - \frac{1}{2} \times 16 = 172 \text{mm}$$

$$A_2 = 32 \times (180-16) = 5248 \text{mm}^2, \quad y_{C2} = \frac{1}{2} \times (180-16) = 82 \text{mm}$$

由式（Ⅰ-6）得：

$$y_c = \frac{\sum_{i=1}^{n} A_i y_{Ci}}{\sum_{i=1}^{n} A_i} = \frac{A_1 y_{C1} + A_2 y_{C2}}{A_1 + A_2}$$

$$= \frac{3840 \times 172 + 5248 \times 82}{3840 + 5248}$$

$$= 120 \text{mm}$$

$$z_c = 0 \text{mm}$$

问题Ⅰ-1 已知半径为 r 的半圆，求其形心坐标及对 z_2 轴的静矩（图Ⅰ-4）。

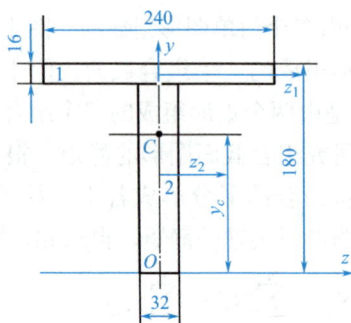

图Ⅰ-3 例Ⅰ-1图

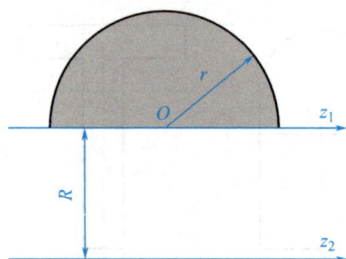

图Ⅰ-4 问题Ⅰ-1图

Ⅰ.2 惯性矩、惯性半径、惯性积与极惯性矩

Ⅰ.2.1 惯性矩和惯性半径

在图Ⅰ-1所示的平面图形中，$y^2 \mathrm{d}A$ 称为微面积 $\mathrm{d}A$ 对 z 轴的惯性矩。对整个面积 A 进行积分，即可得到整个平面图形对 z 轴的惯性矩，用 I_z 表示。表达式为：

$$I_z = \int_A y^2 \mathrm{d}A \qquad （Ⅰ-7）$$

同理，整个面积对 y 轴的惯性矩为

$$I_y = \int_A z^2 \mathrm{d}A \qquad (\text{I-8})$$

由上述定义可知，惯性矩恒为正值，其大小不仅与图形面积有关，而且与图形面积相对于坐标轴的分布有关，面积离坐标轴越远，惯性矩越大。同一平面图形对不同的轴，惯性矩不同。其量纲为长度的四次方，常用单位为 m^4，mm^4。

在工程中，为便于计算，常将惯性矩采用另外一种表达式：

$$I_z = i_z^2 A，I_y = i_y^2 A$$

于是得到

$$\begin{cases} i_z = \sqrt{\dfrac{I_z}{A}} \\[2mm] i_y = \sqrt{\dfrac{I_y}{A}} \end{cases} \qquad (\text{I-9})$$

式中，i_y 和 i_z 分别称为平面图形对 z 轴和 y 轴的惯性半径（或称为回转半径）。它的大小反映了图形面积对于坐标轴的聚焦程度。惯性半径的量纲是长度，常用单位是 m，mm。

【特别提示】同一个截面图形对不同的轴的惯性矩不同。

I.2.2　惯性积

在图 I-1 所示的平面图形中，$yz\mathrm{d}A$ 称为微面积 $\mathrm{d}A$ 对 y、z 轴的惯性积。对整个面积 A 进行积分，即可得到整个平面图形对 y、z 轴的惯性积，用 I_{yz} 表示。表达式为：

$$I_{yz} = \int_A yz\,\mathrm{d}A \qquad (\text{I-10})$$

由惯性积的定义可知，它可以为正，可以为负，也可以为零。其量纲是长度的四次方，常用单位是 m^4，mm^4。如果平面图形在所取的坐标系中，有一根轴是图形的对称轴，则平面图形对该轴及其垂直轴的惯性积必为零。

I.2.3　极惯性矩

在图 I-1 所示的平面图形中，设微面积 $\mathrm{d}A$ 到坐标原点 O 的距离为 ρ，则 $\rho^2 \mathrm{d}A$ 称为该微面积对坐标原点 O 的极惯性矩，而将遍及整个平面图形面积 A 的积分

$$I_{\mathrm{p}} = \int_A \rho^2 \mathrm{d}A \qquad (\text{I-11})$$

定义为平面图形对坐标原点 O 的**极惯性矩**。

由定义可知，I_{p} 恒为正值。它是对一定的点而言，同一平面图形对于不同的点一般有不同的极惯性矩。其量纲为长度的四次方，常用单位是 m^4，mm^4。

从图 I-1 可以看出，微面积 $\mathrm{d}A$ 到坐标原点 O 的距离为 ρ。ρ 和它在坐标系中的坐标 (y,z) 存在如下关系

$$\rho^2 = z^2 + y^2$$

将上式代入式（I-11），得

$$I_{\mathrm{p}} = \int_A \rho^2 \mathrm{d}A = \int_A (z^2 + y^2)\mathrm{d}A = \int_A z^2 \mathrm{d}A + \int_A y^2 \mathrm{d}A = I_y + I_z \qquad (\text{I-12})$$

由此可知，平面图形对其所在平面任一点的极惯性矩 I_p，等于此图形对过此点的一对正交轴 y、z 轴的惯性矩之和。

【例Ⅰ-2】 如图Ⅰ-5所示矩形，高为 h，宽为 b。试分别求出矩形截面对其形心轴 y，z 的惯性矩及对 y，z 两轴的惯性积。

【解】

（1）求 I_y 和 I_z。取平行于 y 轴的狭长矩形微面积 dA，则

$$dA = b\,dz$$

$$I_y = \int_A z^2 \, dA = \int_{-\frac{h}{2}}^{\frac{h}{2}} z^2 b\, dz = \frac{bh^3}{12}$$

同理可得：

$$I_z = \frac{hb^3}{12}$$

（2）求 I_{yz}。因为轴 y，z 是对称轴，所以 $I_{yz} = 0$。

【例Ⅰ-3】 如图Ⅰ-6所示圆形，求圆形对圆心的极惯性矩和对其形心轴 y，z 轴的惯性矩。

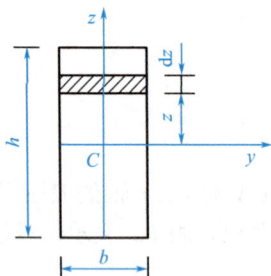

图Ⅰ-5 例Ⅰ-2图

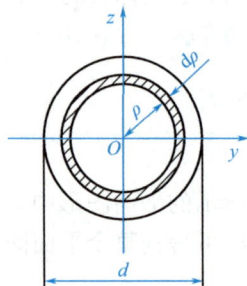

图Ⅰ-6 例Ⅰ-3图

【解】

（1）在距圆心为 ρ 处取宽度为 $d\rho$ 的圆环形微面积 dA，则

$$dA = 2\pi\rho\, d\rho$$

$$I_p = \int_A \rho^2 \, dA = \int_0^{\frac{d}{2}} \rho^2 \cdot 2\pi\rho\, d\rho = \frac{\pi d^4}{32}$$

（2）由圆的对称性可知，$I_y = I_z$，根据式（Ⅰ-12）可得

$$I_y = I_z = \frac{\pi d^4}{64}$$

Ⅰ.3 组合截面的惯性矩

平行移轴定理

同一截面对于不同坐标轴的惯性矩和惯性积虽然不同，但它们之间都存在着一定的关

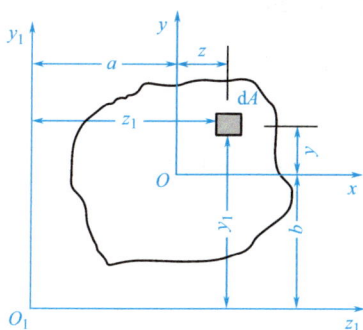

图Ⅰ-7 平行移轴

系。利用这些关系，可以使计算简化，有助于应用简单平面图形的结果来计算组合图形的惯性矩和惯性积。下面研究平面图形对任一轴和与其平行的形心轴的惯性矩和惯性积之间的关系。

如图Ⅰ-7所示，任意一个平面图形，置于两组相互平行的坐标系中，C为该图形的形心，z轴和y轴是形心轴，z_1轴与z轴平行，距离为b，y_1轴与y轴平行，距离为a。在平面图形内任取一微面积dA，dA在两个坐标系中的横坐标分别为z，z_1，纵坐标分别为y，y_1，

$$z_1 = z + a，y_1 = y + b$$

图形对于z_1轴，y_1轴的惯性矩和惯性积分别为

$$I_{z_1} = \int_A y_1^2 dA，I_{y_1} = \int_A z_1^2 dA，I_{y_1 z_1} = \int_A y_1 z_1 dA$$

则有

$$I_{z_1} = \int_A y_1^2 dA = \int_A (y+b)^2 dA = \int_A y^2 dA + 2b\int_A y dA + b^2 \int_A dA$$

$$= I_z + 2bS_z + b^2 A$$

$$I_{y_1} = \int_A z_1^2 dA = \int_A (z+a)^2 dA = \int_A z^2 dA + 2a\int_A z dA + a^2 \int_A dA$$

$$= I_y + 2aS_y + a^2 A$$

$$I_{y_1 z_1} = \int_A y_1 z_1 dA = \int_A yz dA + a\int_A y dA + b\int_A z dA + ab\int_A dA$$

$$= I_{yz} + aS_z + bS_y + abA$$

由于z轴和y轴是形心轴，所以上述各式中$S_z = 0$，$S_y = 0$。将上述各式简化，得

$$\begin{cases} I_{z_1} = I_z + b^2 A \\ I_{y_1} = I_y + a^2 A \\ I_{y_1 z_1} = I_{yz} + abA \end{cases} \qquad （Ⅰ\text{-}13）$$

式（Ⅰ-13）称为惯性矩和惯性积的**平行移轴公式**。该公式表明：平面图形对任一轴的惯性矩，等于平面图形对于与该轴平行的形心轴的惯性矩加上两轴之间距离的平方与面积的乘积；平面图形对于任意两轴的惯性积，等于平面图形对于与该两轴平行的形心轴的惯性积加上截面面积与两对平行轴之间的距离的乘积。

在实际工程中计算组合图形的惯性矩和惯性积时，经常会用到平行移轴公式。

【例Ⅰ-4】 试求图Ⅰ-8所示平面图形对水平形心轴z_c轴的惯性矩I_{zc}。

【解】 将图形分解为两个矩形：矩形1和矩形2。设矩形1

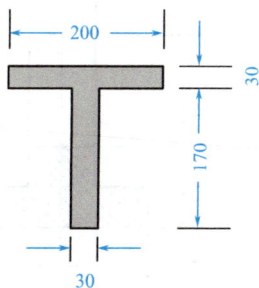

图Ⅰ-8 例Ⅰ-4图

的水平形心轴为 z_1，则由平行移轴公式得矩形 1 对 z_c 轴的惯性矩

$$I_{z_c}^{(1)} = I_{z_1}^{(1)} + A_1 a^2 = \frac{1}{12} \times 240 \times 16^3 + 240 \times 16 \times (40-8)^2$$

$$= 404.8 \times 10^4 \, \text{mm}^4$$

设矩形 2 的水平形心轴为 z_2，则由平行移轴公式得矩形 2 对 z_c 轴的惯性矩

$$I_{z_c}^{(2)} = I_{z_2}^{(2)} + A_2 b^2 = \frac{1}{12} \times 32 \times 164^3 + 32 \times 164 \times \left(120 - \frac{1}{2} \times 164\right)^2$$

$$= 1934.1 \times 10^4 \, \text{mm}^4$$

而整个平面图形对 z_c 轴的惯性矩

$$I_{z_c} = I_{z_1}^{(1)} + I_{z_2}^{(2)} = 404.4 \times 10^4 + 1934.1 \times 10^4$$

$$= 2338.5 \times 10^4 \, \text{mm}^4$$

问题 I-2 求图 I-9 所示图形对过形心的水平轴的惯性矩。

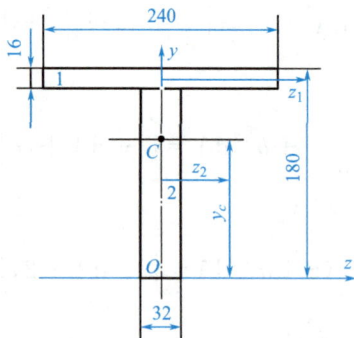

图 I-9 问题 I-2 图

习 题

I-1 在图 I-10 所示的对称截面中，$b_1 = 0.3\text{m}$，$b_2 = 0.6\text{m}$，$h_1 = 0.5\text{m}$，$h_2 = 0.14\text{m}$。求（1）形心 C 的位置；（2）阴影部分对 z_0 轴的静矩。

I-2 求图 I-11 所示图形对 y、z 轴的惯性矩。

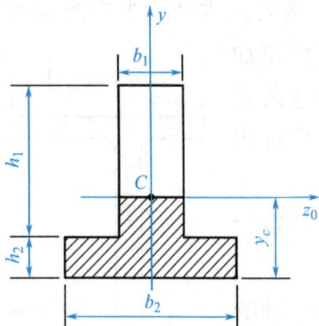

图 I-10 习题 I-1 图

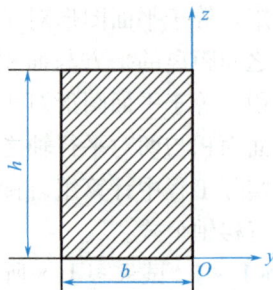

图 I-11 习题 I-2 图

Ⅰ-3　求图 Ⅰ-12 示图形对 z_0 轴的惯性矩（z_0 轴通过形心）。

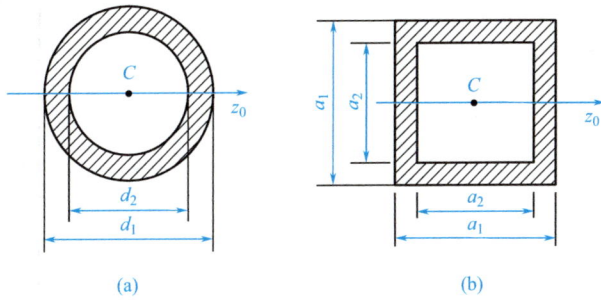

(a)　　　　　　　　　(b)

图 Ⅰ-12　习题 Ⅰ-3 图

Ⅰ-4　求图 Ⅰ-13 示图形的形心坐标及对过形心的 z_c 轴的惯性矩。

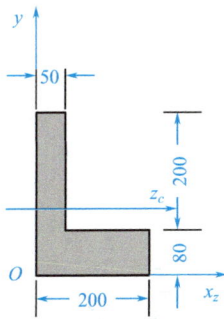

图 Ⅰ-13　习题 Ⅰ-4 图

附录Ⅱ 型钢规格表

工字钢截面尺寸、截面面积、理论重量及截面特性（GB/T 706—2016）

表Ⅱ-1

符号意义：
h—高度；
b—腿宽度；
d—腰厚度；
t—腿中间厚度；
r—内圆弧半径；
r₁—腿端圆弧半径；
I—惯性距；
W—截面系数；
i—惯性半径。

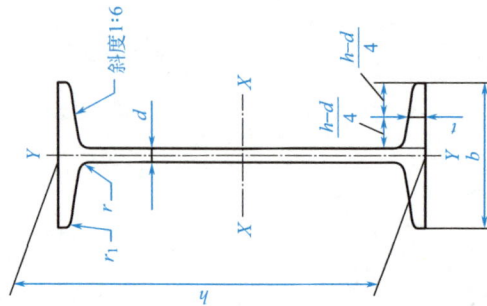

型号	截面尺寸/mm						截面面积 cm²	理论重量 /(kg/m)	外表面积 /(m²/m)	惯性矩/cm⁴		惯性半径/cm		截面系数/cm³		I_x/I_y /cm
	h	b	d	t	r	r_1				I_x	I_y	i_x	i_y	W_z	W_y	
10	100	68	4.5	7.6	6.5	3.3	14.33	11.3	0.432	245	33.0	4.14	1.52	49.0	9.72	8.59
12	120	74	5.0	8.4	7.0	3.5	17.80	14.0	0.493	436	46.9	4.95	1.62	72.7	12.7	—
12.6	126	74	5.0	8.4	7.0	3.5	18.10	14.2	0.505	488	46.9	5.20	1.61	77.5	12.7	10.8
14	140	80	5.5	9.1	7.5	3.8	21.50	16.9	0.553	712	64.4	5.76	1.73	102	16.1	12.0

续表

型号	截面尺寸/mm h	b	d	t	r	r₁	截面面积/cm²	理论重量/(kg/m)	外表面积/(m²/m)	惯性矩/cm⁴ Iₓ	Iᵧ	惯性半径/cm iₓ	iᵧ	截面系数/cm³ Wₓ	Wᵧ	I_x/I_y /cm
16	160	88	6.0	9.9	8.0	4.0	26.11	20.5	0.621	1130	93.1	6.58	1.89	141	21.2	13.8
18	180	94	6.5	10.7	8.5	4.3	30.74	24.1	0.681	1660	122	7.36	2.00	185	26.0	15.4
20a	200	100	7.0	11.4	9.0	4.5	35.55	27.9	0.742	2370	158	8.15	2.12	237	31.5	17.2
20b	200	102	9.0	11.4	9.0	4.5	39.55	31.1	0.746	2500	169	7.96	2.06	250	33.1	16.9
22a	220	110	7.5	12.3	9.5	4.8	42.10	33.1	0.817	3400	225	8.99	2.31	309	40.9	18.9
22b	220	112	9.5	12.3	9.5	4.8	46.50	36.5	0.821	3570	239	8.78	2.27	325	42.7	18.7
24a	240	116	8.0	13.0	10.0	5.0	47.71	37.5	0.878	4570	280	9.77	2.42	381	48.4	—
24b	240	118	10.0	13.0	10.0	5.0	52.51	41.2	0.882	4800	297	9.57	2.38	400	50.4	—
25a	250	116	8.0	13.0	10.0	5.0	48.51	38.1	0.898	5020	280	10.2	2.40	402	48.3	21.6
25b	250	118	10.0	13.0	10.0	5.0	53.51	42.0	0.902	5280	309	9.94	2.40	423	52.4	21.3
27a	270	122	8.5	13.7	10.5	5.3	54.52	42.8	0.958	6550	345	10.9	2.51	485	56.6	—
27b	270	124	10.5	13.7	10.5	5.3	59.92	47.0	0.962	6870	366	10.7	2.47	509	58.9	—
28a	280	122	8.5	13.7	10.5	5.3	55.37	43.5	0.978	7110	345	11.3	2.50	508	56.6	24.6
28b	280	124	10.5	13.7	10.5	5.3	60.97	47.9	0.982	7480	379	11.1	2.49	534	61.2	24.2
30a	300	126	9.0	14.4	11.0	5.5	61.22	48.1	1.031	8950	400	12.1	2.55	597	63.5	—
30b	300	128	11.0	14.4	11.0	5.5	67.22	52.8	1.035	9400	422	11.8	2.50	627	65.9	—
30c	300	130	13.0	14.4	11.0	5.5	73.22	57.5	1.039	9850	445	11.6	2.46	657	68.5	—
32a	320	130	9.5	15.0	11.5	5.8	67.12	52.7	1.084	11100	460	12.8	2.62	692	70.8	27.5
32b	320	132	11.5	15.0	11.5	5.8	73.52	57.7	1.088	11600	502	12.6	2.61	726	76.0	27.1
32c	320	134	13.5	15.0	11.5	5.8	79.92	62.7	1.092	12200	544	12.3	2.61	760	81.2	26.8
36a	360	136	10.0	15.8	12.2	6.0	76.44	60.0	1.185	15800	552	14.4	2.69	875	81.2	30.7
36b	360	138	12.2	15.8	12.2	6.0	83.64	65.7	1.189	16500	582	14.1	2.64	919	84.3	30.3
36c	360	140	14.0	15.8	12.2	6.0	90.84	71.3	1.193	17300	612	13.8	2.60	962	87.4	29.9

续表

型号	截面尺寸/mm						截面面积/cm²	理论重量/(kg/m)	外表面积/(m²/m)	惯性矩/cm⁴		惯性半径/cm		截面系数/cm³		$\dfrac{I_x}{I_y}$ /cm
	h	b	d	t	r	r_1				I_x	I_y	i_x	i_y	W_x	W_y	
40a	400	142	10.5	16.5	12.5	6.3	86.07	67.6	1.285	21700	660	15.9	2.77	1090	93.2	34.1
40b	400	144	12.5	16.5	12.5	6.3	94.07	73.8	1.289	22800	692	15.6	2.71	1140	96.2	33.6
40c	400	146	14.5	16.5	12.5	6.3	102.1	80.1	1.293	23900	727	15.2	2.65	1190	99.6	33.2
45a	450	150	11.5	18.0	13.5	6.8	102.4	80.4	1.411	32200	855	17.7	2.89	1430	114	38.6
45b	450	152	13.5	18.0	13.5	6.8	111.4	87.4	1.415	33800	894	17.4	2.84	1500	118	38.0
45c	450	154	15.5	18.0	13.5	6.8	120.4	94.5	1.419	35300	938	17.1	2.79	1570	122	37.6
50a	500	158	12.0	20.0	14.0	7.0	119.2	93.6	1.539	46500	1120	19.7	3.07	1860	142	42.8
50b	500	160	14.0	20.0	14.0	7.0	129.2	101	1.543	48600	1170	19.4	3.01	1940	146	42.4
50c	500	162	16.0	20.0	14.0	7.0	139.2	109	1.547	50600	1220	19.0	2.96	2080	151	41.8
55a	550	166	12.5	21.0	14.5	7.3	134.1	105	1.667	62900	1370	21.6	3.19	2290	164	—
55b	550	168	14.5	21.0	14.5	7.3	145.1	114	1.671	65600	1420	21.2	3.14	2390	170	—
55c	550	170	16.5	21.0	14.5	7.3	156.1	123	1.675	68400	1480	20.9	3.08	2490	175	—
56a	560	166	12.5	21.0	14.5	7.3	135.4	106	1.687	65600	1370	22.0	3.18	2340	165	47.7
56b	560	168	14.5	21.0	14.5	7.3	146.6	115	1.691	68500	1490	21.6	3.16	2450	174	47.2
56c	560	170	16.5	21.0	14.5	7.3	157.8	124	1.695	71400	1560	21.3	3.16	2550	183	46.7
63a	630	176	13.0	22.0	15.0	7.5	154.6	121	1.862	93900	1700	24.5	3.31	2980	193	54.2
63b	630	178	15.0	22.0	15.0	7.5	167.2	131	1.866	98100	1810	24.2	3.29	3160	204	53.5
63c	630	180	17.0	22.0	15.0	7.5	179.8	141	1.870	102000	1920	23.8	3.27	3300	214	52.9

注：表中 r、r_1 的数据用于孔型设计，不做交货条件。

槽钢截面尺寸、截面面积、理论重量及截面特性（GB/T 706—2016）

表Ⅱ-2

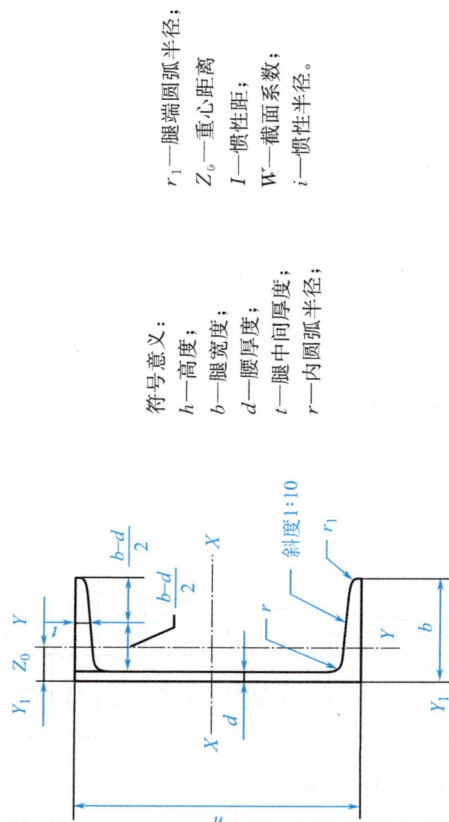

符号意义：
h—高度；
b—腿宽度；
d—腰厚度；
t—腿中间厚度；
r—内圆弧半径；
r_1—腿端圆弧半径；
Z_0—重心距离；
I—惯性矩；
W—截面系数；
i—惯性半径。

型号	截面尺寸/mm						截面面积/cm²	理论重量/(kg/m)	外表面积/(m²/m)	惯性矩/cm⁴			惯性半径/cm		截面系数/cm³		重心距离/cm
	h	b	d	t	r	r_1				I_x	I_y	I_{y1}	i_x	i_y	W_x	W_y	Z_0
5	50	37	4.5	7.0	7.0	3.5	6.925	5.44	0.226	26.0	8.30	20.9	1.94	1.10	10.4	3.55	1.35
6.3	63	40	4.8	7.5	7.5	3.8	8.446	6.63	0.262	50.8	11.9	28.4	2.45	1.19	16.1	4.50	1.36
6.5	65	40	4.3	7.5	7.5	3.8	8.292	6.51	0.267	55.2	12.0	28.3	2.54	1.19	17.0	4.59	1.38
8	80	43	5.0	8.0	8.0	4.0	10.24	8.04	0.307	101	16.6	37.4	3.15	1.27	25.3	5.79	1.43
10	100	48	5.3	8.5	8.5	4.2	12.74	10.0	0.365	198	25.6	54.9	3.95	1.41	39.7	7.80	1.52
12	120	53	5.5	9.0	9.0	4.5	15.36	12.1	0.423	346	37.4	77.7	4.75	1.56	57.7	10.2	1.62
12.6	126	53	5.5	9.0	9.0	4.5	15.69	12.3	0.435	391	38.0	77.1	4.95	1.57	62.1	10.2	1.59
14a	140	58	6.0	9.5	9.5	4.8	18.51	14.5	0.480	564	53.2	107	5.52	1.70	80.5	13.0	1.71
14b	140	60	8.0	9.5	9.5	4.8	21.31	16.7	0.484	609	61.1	121	5.35	1.69	87.1	14.1	1.67

续表

型号	截面尺寸/mm						截面面积/cm²	理论重量/(kg/m)	外表面积/(m²/m)	惯性矩/cm⁴			惯性半径/cm		截面系数/cm³		重心距离/cm
	h	b	d	t	r	r_1				I_x	I_y	I_{y1}	i_x	i_y	W_x	W_y	Z_0
16a	160	63	6.5	10.0	10.0	5.0	21.95	17.2	0.538	866	73.3	144	6.28	1.83	108	16.3	1.80
16b	160	65	8.5	10.0	10.0	5.0	25.15	19.8	0.542	935	83.4	161	6.10	1.82	117	17.6	1.75
18a	180	68	7.0	10.5	10.5	5.2	25.69	20.2	0.596	1270	98.6	190	7.04	1.96	141	20.0	1.88
18b	180	70	9.0	10.5	10.5	5.2	29.29	23.0	0.600	1370	111	210	6.84	1.95	152	21.5	1.84
20a	200	73	7.0	11.0	11.0	5.5	28.83	22.6	0.654	1780	128	244	7.86	2.11	178	24.2	2.01
20b	200	75	9.0	11.0	11.0	5.5	32.83	25.8	0.658	1910	144	268	7.64	2.09	191	25.9	1.95
22a	220	77	7.0	11.5	11.5	5.8	31.83	25.0	0.709	2390	158	298	8.67	2.23	218	28.2	2.10
22b	220	79	9.0	11.5	11.5	5.8	36.23	28.5	0.713	2570	176	326	8.42	2.21	234	30.1	2.03
24a	240	78	7.0	12.0	12.0	6.0	34.21	26.9	0.752	3050	174	325	9.45	2.25	254	30.5	2.10
24b	240	80	9.0	12.0	12.0	6.0	39.01	30.6	0.756	3280	194	355	9.17	2.23	274	32.5	2.03
24c	240	82	11.0	12.0	12.0	6.0	43.81	34.4	0.760	3510	213	388	8.96	2.21	293	34.4	2.00
25a	250	78	7.0	12.0	12.0	6.0	34.91	27.4	0.722	3370	176	322	9.82	2.24	270	30.6	2.07
25b	250	80	9.0	12.0	12.0	6.0	39.91	31.3	0.776	3530	196	353	9.41	2.22	282	32.7	1.98
25c	250	82	11.0	12.0	12.0	6.0	44.91	35.3	0.780	3690	218	384	9.07	2.21	295	35.9	1.92
27a	270	82	7.5	12.5	12.5	6.2	39.27	30.8	0.826	4360	216	393	10.5	2.34	323	35.5	2.13
27b	270	84	9.5	12.5	12.5	6.2	44.67	35.1	0.830	4690	239	428	10.3	2.31	347	37.7	2.06
27c	270	86	11.5	12.5	12.5	6.2	50.07	39.3	0.834	5020	261	467	10.1	2.28	372	39.8	2.03
28a	280	82	7.5	12.5	12.5	6.2	40.02	31.4	0.846	4760	218	388	10.9	2.33	340	35.7	2.10
28b	280	84	9.5	12.5	12.5	6.2	45.62	35.8	0.850	5130	242	428	10.6	2.30	366	37.9	2.02
28c	280	86	11.5	12.5	12.5	6.2	51.22	40.2	0.854	5500	268	463	10.4	2.29	393	40.3	1.95

续表

| 型号 | 截面尺寸/mm | | | | | | 截面面积/cm² | 理论重量/(kg/m) | 外表面积/(m²/m) | 惯性矩/cm⁴ | | | 惯性半径/cm | | 截面系数/cm³ | | 重心距离/cm |
	h	b	d	t	r	r_1				I_x	I_y	I_{y1}	i_x	i_y	W_x	W_y	Z_0
30a	300	85	7.5	13.5	13.5	6.8	43.89	34.5	0.897	6050	260	467	11.7	2.43	403	41.1	2.17
30b		87	9.5				49.89	39.2	0.901	6500	289	515	11.4	2.41	433	44.0	2.13
30c		89	11.5				55.89	43.9	0.905	6950	316	560	11.2	2.38	463	46.4	2.09
32a	320	88	8.0	14.0	14.0	7.0	48.50	38.1	0.947	7600	305	552	12.5	2.50	475	46.5	2.24
32b		90	10.0				54.90	43.1	0.951	8140	336	593	12.2	2.47	509	49.2	2.16
32c		92	12.0				61.30	48.1	0.955	8690	374	643	11.9	2.47	543	52.6	2.09
36a	360	96	9.0	16.0	16.0	8.0	60.89	47.8	1.053	11900	455	818	14.0	2.73	660	63.5	2.44
36b		98	11.0				68.09	53.5	1.057	12700	497	880	13.6	2.70	703	66.9	2.37
36c		100	13.0				75.29	59.1	1.061	13400	536	948	13.4	2.67	746	70.0	2.34
40a	400	100	10.5	18.0	18.0	9.0	75.04	58.9	1.144	17600	592	1070	15.3	2.81	879	78.8	2.49
40b		102	12.5				83.04	65.2	1.148	18600	640	1140	15.0	2.78	932	82.5	2.44
40c		104	14.5				91.04	71.5	1.152	19700	688	1220	14.7	2.75	986	86.2	2.42

注: 表中 r、r_1 的数据用于孔型设计, 不做交货条件。

表Ⅱ-3

等边角钢截面尺寸、截面面积、理论重量及截面特性（GB/T 706—2016）

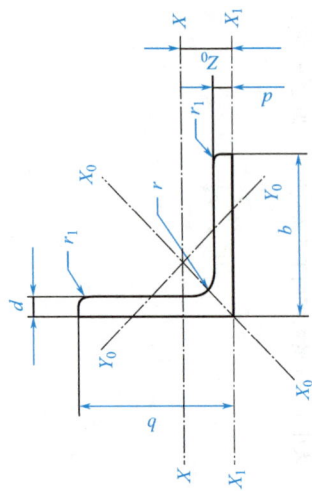

符号意义：
b—边宽度；
d—边厚度；
r—内圆弧半径；
r_1—边端圆弧半径；
Z_0—重心距离；
I—惯性矩；
W—截面系数；
i—惯性半径。

| 型号 | 截面尺寸/mm | | | 截面面积/cm² | 理论重量/(kg/m) | 外表面积/(m²/m) | 惯性矩/cm⁴ | | | | 惯性半径/cm | | | 截面系数/cm³ | | | 重心距离/cm |
	b	d	r				I_x	I_{x1}	I_{x0}	I_{y0}	i_x	i_{x0}	i_{y0}	W_x	W_{x0}	W_{y0}	Z_0
2	20	3	3.5	1.132	0.89	0.078	0.40	0.81	0.63	0.17	0.59	0.75	0.39	0.29	0.45	0.20	0.60
		4		1.459	1.15	0.077	0.50	1.09	0.78	0.22	0.58	0.73	0.38	0.36	0.55	0.24	0.64
2.5	25	3		1.432	1.12	0.098	0.82	1.57	1.29	0.34	0.76	0.95	0.49	0.46	0.73	0.33	0.73
		4		1.859	1.46	0.097	1.03	2.11	1.62	0.43	0.74	0.93	0.48	0.59	0.92	0.40	0.76
3.0	30	3		1.749	1.37	0.117	1.46	2.71	2.31	0.61	0.91	1.15	0.59	0.68	1.09	0.51	0.85
		4		2.276	1.79	0.117	1.84	3.63	2.92	0.77	0.90	1.13	0.58	0.87	1.37	0.62	0.89
3.6	36	3	4.5	2.109	1.66	0.141	2.58	4.68	4.09	1.07	1.11	1.39	0.71	0.99	1.61	0.76	1.00
		4		2.756	2.16	0.141	3.29	6.25	5.22	1.37	1.09	1.38	0.70	1.28	2.05	0.93	1.04
		5		3.382	2.65	0.141	3.95	7.84	6.24	1.65	1.08	1.36	0.7	1.56	2.45	1.00	1.07
4	40	3		2.359	1.85	0.157	3.59	6.41	5.69	1.49	1.23	1.55	0.79	1.23	2.01	0.96	1.09
		4		3.086	2.42	0.157	4.60	8.56	7.29	1.91	1.22	1.54	0.79	1.60	2.58	1.19	1.13
		5	5	3.792	2.98	0.156	5.53	10.7	8.76	2.30	1.21	1.52	0.78	1.96	3.10	1.39	1.17
4.5	45	3		2.659	2.09	0.177	5.17	9.12	8.20	2.14	1.40	1.76	0.89	1.58	2.58	1.24	1.22
		4		3.486	2.74	0.177	6.65	12.2	10.6	2.75	1.38	1.74	0.89	2.05	3.32	1.54	1.26

续表

型号	截面尺寸/mm			截面面积/cm²	理论重量/(kg/m)	外表面积/(m²/m)	惯性矩/cm⁴				惯性半径/cm			截面系数/cm³			重心距离/cm
	b	d	r				I_x	I_{x1}	I_{x0}	I_{y0}	i_x	i_{x0}	i_{y0}	W_x	W_{x0}	W_{y0}	Z_0
4.5	45	5	5	4.292	3.37	0.176	8.04	15.2	12.7	3.33	1.37	1.72	0.88	2.51	4.00	1.81	1.30
		6		5.077	3.99	0.176	9.33	18.4	14.8	3.89	1.36	1.70	0.80	2.95	4.64	2.06	1.33
5	50	3	5.0	2.971	2.33	0.197	7.18	12.5	11.4	2.98	1.55	1.96	1.00	1.96	3.22	1.57	1.34
		4		3.897	3.06	0.197	9.26	16.7	14.7	3.82	1.54	1.94	0.99	2.56	4.16	1.96	1.38
		5		4.803	3.77	0.196	11.2	20.9	17.8	4.64	1.53	1.92	0.98	3.13	5.03	2.31	1.12
		6		5.688	4.46	0.196	13.1	25.1	20.7	5.42	1.52	1.91	0.98	3.68	5.85	2.63	1.46
5.6	56	3	6	3.343	2.62	0.221	10.2	17.6	16.1	4.24	1.75	2.20	1.13	2.48	4.08	2.02	1.48
		4		4.39	3.45	0.220	13.2	23.4	20.9	5.46	1.73	2.18	1.11	3.24	5.28	2.52	1.53
		5		5.415	4.25	0.220	16.0	29.3	25.4	6.61	1.72	2.17	1.10	3.97	6.42	2.98	1.57
		6		6.42	5.04	0.220	18.7	35.3	29.7	7.73	1.71	2.15	1.10	4.68	7.49	3.40	1.61
		7		7.404	5.81	0.219	21.2	41.2	33.6	8.82	1.69	2.13	1.09	5.36	8.49	3.80	1.64
		8		8.367	6.57	0.219	23.6	47.2	37.4	9.89	1.68	2.11	1.09	6.03	9.44	4.16	1.68
6	60	5	6.5	5.829	4.58	0.236	19.9	36.1	31.6	8.21	1.85	2.33	1.19	4.59	7.44	3.48	1.67
		6		6.914	5.43	0.235	23.4	43.3	36.9	9.60	1.83	2.31	1.18	5.41	8.70	3.98	1.70
		7		7.977	6.26	0.235	26.4	50.7	41.9	11.0	1.82	2.29	1.17	6.21	9.88	4.45	1.74
		8		9.02	7.08	0.235	29.5	58.0	46.7	12.3	1.81	2.27	1.17	6.98	11.0	4.88	1.78
6.3	63	4	7	4.978	3.91	0.248	19.0	33.4	30.2	7.89	1.96	2.46	1.26	4.13	6.78	3.29	1.70
		5		6.143	4.82	0.248	23.2	41.7	36.8	9.57	1.94	2.45	1.25	5.08	8.25	3.90	1.75
		6		7.288	5.72	0.247	27.1	50.1	43.0	11.2	1.93	2.43	1.24	6.00	9.66	4.46	1.78
		7		8.412	6.60	0.247	30.9	58.6	49.0	12.8	1.92	2.41	1.23	6.88	11.0	4.98	1.82
		8		9.515	7.47	0.247	34.5	67.1	54.6	14.3	1.90	2.40	1.23	7.75	12.3	5.47	1.85
		10		11.66	9.15	0.246	41.1	84.3	64.9	17.3	1.88	2.36	1.22	9.39	14.6	6.36	1.93

续表

型号	b	d	r	截面面积/cm²	理论重量/(kg/m)	外表面积/(m²/m)	I_x	I_{x1}	I_{x0}	I_{y0}	i_x	i_{x0}	i_{y0}	W_x	W_{x0}	W_{y0}	Z_0
							惯性矩/cm⁴				惯性半径/cm			截面系数/cm³			重心距离/cm
7	70	4	8	5.570	4.37	0.275	26.4	45.7	41.8	11.0	2.18	2.74	1.40	5.14	8.44	4.17	1.86
		5		6.876	5.40	0.275	32.2	57.2	51.1	13.3	2.16	2.73	1.39	6.32	10.3	4.95	1.91
		6		8.160	6.41	0.275	37.8	68.7	59.9	15.6	2.15	2.71	1.38	7.48	12.1	5.67	1.95
		7		9.424	7.40	0.275	43.1	80.3	68.74	17.8	2.14	2.69	1.38	8.59	13.8	6.34	1.99
		8		10.67	8.37	0.274	48.2	91.9	76.4	20.0	2.12	2.68	1.37	9.68	15.4	6.98	2.03
7.5	75	5	9	7.412	5.82	0.295	40.0	70.6	63.3	16.6	2.33	2.92	1.50	7.32	11.9	5.77	2.04
		6		8.797	6.91	0.294	47.0	84.6	74.4	19.5	2.31	2.90	1.49	8.64	14.0	6.67	2.07
		7		10.16	7.98	0.294	53.6	98.7	85.0	22.2	2.30	2.89	1.48	9.93	16.0	7.44	2.11
		8		11.50	9.03	0.294	60.0	113	95.1	24.9	2.28	2.88	1.47	11.2	17.9	8.19	2.15
		9		12.83	10.1	0.294	66.1	127	105	27.5	2.27	2.86	1.46	12.4	19.8	8.89	2.18
		10		14.13	11.1	0.293	72.0	142	114	30.1	2.26	2.84	1.46	13.6	21.5	9.56	2.22
8	80	5	9	7.912	6.21	0.315	48.8	85.4	77.3	20.3	2.48	3.13	1.60	8.34	13.7	6.66	2.15
		6		9.397	7.38	0.314	57.4	103	91.0	23.7	2.47	3.11	1.59	9.87	16.1	7.65	2.19
		7		10.86	8.53	0.314	65.6	120	104	27.1	2.46	3.10	1.58	11.4	18.4	8.58	2.23
		8		12.30	9.66	0.314	73.5	137	117	30.4	2.44	3.08	1.57	12.8	20.6	9.46	2.27
		9		13.73	10.8	0.314	81.1	154	129	33.6	2.43	3.06	1.56	14.3	22.7	10.3	2.31
		10		15.13	11.9	0.313	88.4	172	140	36.8	2.42	3.04	1.56	15.6	21.8	11.1	2.35
9	90	6	10	10.64	8.35	0.354	82.8	146	131	34.3	2.79	3.51	1.80	12.6	20.6	9.95	2.44
		7		12.30	9.66	0.354	94.8	170	150	39.2	2.78	3.50	1.78	14.5	23.6	11.2	2.48
		8		13.94	10.9	0.353	106	195	169	44.0	2.76	3.48	1.78	16.4	26.6	12.4	2.52
		9		15.57	12.2	0.353	118	219	187	48.7	2.75	3.46	1.77	18.3	29.4	13.5	2.56
		10		17.17	13.5	0.353	129	244	204	53.3	2.74	3.45	1.76	20.1	32.0	14.5	2.59
		12		20.31	15.9	0.352	149	294	236	62.32	2.71	3.41	1.75	23.6	37.1	16.5	2.67

续表

型号	截面尺寸/mm b	截面尺寸/mm d	截面尺寸/mm r	截面面积/cm²	理论重量/(kg/m)	外表面积/(m²/m)	惯性矩/cm⁴ I_x	I_{x1}	I_{x0}	I_{y0}	惯性半径/cm i_x	i_{x0}	i_{y0}	截面系数/cm³ W_x	W_{x0}	W_{y0}	重心距离/cm Z_0
10	100	6	12	11.93	9.37	0.393	115	200	182	47.9	3.10	3.90	2.00	15.7	25.7	12.7	2.67
		7		13.80	10.8	0.393	132	234	209	54.7	3.09	3.89	1.99	18.1	29.6	14.3	2.71
		8		15.64	12.3	0.393	148	267	235	61.4	3.08	3.88	1.98	20.5	33.2	15.8	2.76
		9		17.46	13.7	0.392	164	300	260	68.0	3.07	3.86	1.97	22.8	36.8	17.2	2.80
		10		19.26	15.1	0.392	180	334	285	74.4	3.05	3.84	1.96	25.1	40.3	18.5	2.84
		12		22.80	17.9	0.391	209	402	331	86.8	3.03	3.81	1.95	29.5	46.8	21.1	2.91
		14		26.26	20.6	0.391	237	471	374	99.0	3.00	3.77	1.94	33.75	52.9	23.4	2.99
		16		29.63	23.3	0.390	263	540	414	111	2.98	3.74	1.94	37.8	58.6	25.6	3.06
11	110	7	12	15.20	11.9	0.433	177	311	281	73.4	3.41	4.30	2.20	22.1	36.1	17.5	2.96
		8		17.24	13.5	0.433	199	355	316	82.4	3.40	4.28	2.19	25.0	40.7	19.4	3.01
		10		21.26	16.7	0.432	242	445	384	100	3.38	4.25	2.17	30.6	49.4	22.9	3.09
		12		25.20	19.8	0.431	283	535	448	117	3.35	4.22	2.15	36.1	57.6	26.2	3.16
		14		29.06	22.8	0.431	321	625	508	133	3.32	4.18	2.14	41.3	65.3	29.1	3.24
12.5	125	8	14	19.75	15.5	0.492	297	521	471	123	3.88	4.88	2.50	32.5	53.3	25.9	3.37
		10		24.37	19.1	0.491	362	652	574	149	3.85	4.85	2.48	40.0	64.9	30.6	3.45
		12		28.91	22.7	0.491	423	783	671	175	3.83	4.82	2.46	47.2	76.0	35.0	3.53
		14		33.37	26.2	0.490	482	916	764	200	3.80	4.78	2.45	54.2	86.4	39.1	3.61
		16		37.74	29.6	0.489	537	1050	851	224	3.77	4.75	2.43	60.9	96.9	43.0	3.68
14	140	10	14	27.37	21.5	0.551	515	915	817	212	4.34	5.46	2.78	50.6	82.6	39.2	3.82
		12		32.51	25.5	0.551	604	1100	959	249	4.31	5.43	2.76	59.8	96.9	45.0	3.90
		14		37.57	29.5	0.550	689	1280	1090	284	4.28	5.40	2.75	68.8	110	50.5	3.98
		16		42.54	33.4	0.549	770	1470	1220	319	4.26	5.36	2.74	77.5	123	55.6	4.06

续表

型号	截面尺寸/mm b	d	r	截面面积/cm²	理论重量/(kg/m)	外表面积/(m²/m)	惯性矩/cm⁴ I_x	I_{x1}	I_{x0}	I_{y0}	惯性半径/cm i_x	i_{x0}	i_{y0}	截面系数/cm³ W_x	W_{x0}	W_{y0}	重心距离/cm Z_0
15	150	8	14	23.75	18.6	0.592	521	900	827	215	4.69	5.90	3.01	47.4	78.0	38.1	3.99
		10		29.37	23.1	0.591	638	1130	1010	262	4.66	5.87	2.99	58.4	95.5	45.5	4.08
		12		34.91	27.4	0.591	749	1350	1190	308	4.63	5.84	2.97	69.0	112	52.1	4.15
		14		40.37	31.7	0.590	856	1580	1360	352	4.60	5.80	2.95	79.5	128	58.8	4.23
		15		43.06	33.8	0.590	907	1690	1440	374	4.59	5.78	2.95	84.6	136	61.9	4.27
		16		45.74	35.9	0.589	958	1810	1520	395	4.58	5.77	2.94	89.6	143	64.9	4.31
16	160	10	16	31.50	24.7	0.630	780	1370	1240	322	4.98	6.27	3.20	66.7	109	52.8	4.31
		12		37.44	29.4	0.630	917	1640	1460	377	4.95	6.24	3.18	79.0	129	60.7	4.39
		14		43.30	34.0	0.629	1050	1910	1670	432	4.92	6.20	3.16	91.0	147	68.2	4.47
		16		49.07	38.5	0.629	1180	2190	1870	485	4.89	6.17	3.14	103	165	75.3	4.55
18	180	12	16	42.24	33.2	0.710	1320	2330	2100	543	5.59	7.05	3.58	101	165	78.4	4.89
		14		48.90	38.4	0.709	1510	2720	2410	622	5.56	7.02	3.56	116	189	88.4	4.97
		16		55.47	43.5	0.709	1700	3120	2700	699	5.54	6.98	3.55	131	212	97.8	5.05
		18		61.96	48.6	0.708	1880	3500	2990	762	5.50	6.94	3.51	146	235	105	5.13
20	200	14	18	51.64	48.8	0.788	2100	3730	3340	864	6.20	7.82	3.98	145	236	112	5.46
		16		62.01	48.7	0.788	2370	4270	3760	971	6.18	7.79	3.96	164	266	124	5.54
		18		69.30	54.4	0.787	2620	4810	4160	1080	6.15	7.75	3.94	182	294	136	5.62
		20		76.51	60.1	0.787	2870	4350	4550	1180	6.12	7.72	3.93	200	322	147	5.69
		24		90.66	71.8	0.785	7340	6460	5290	1380	6.07	7.64	3.90	236	374	167	5.87
22	220	16	21	68.67	53.9	0.866	3190	5680	5060	1310	6.81	8.59	4.37	200	326	154	6.03
		18		76.76	60.3	0.866	3540	6400	5820	1450	6.79	8.55	4.35	223	361	168	6.11
		20		84.76	66.5	0.865	3870	7110	6150	1590	6.76	8.52	4.34	245	395	182	6.18

续表

型号	截面尺寸/mm			截面面积/cm²	理论重量/(kg/m)	外表面积/(m²/m)	惯性矩/cm⁴			惯性半径/cm			截面系数/cm³			重心距离/cm
	b	d	r				I_x	I_{x1}	I_{y0}	i_x	i_{x0}	i_{y0}	W_x	W_{x0}	W_{y0}	Z_0
22	220	22	21	92.68	72.8	0.865	4200	7830	1730	6.73	8.48	4.32	267	429	195	6.26
		24		100.5	78.9	0.864	4520	8550	1870	6.71	8.45	4.31	289	461	208	6.33
		26		108.3	85.0	0.864	4830	9280	2000	6.68	8.41	4.30	310	492	221	6.41
25	250	18	24	87.84	69.0	0.985	5270	9380	2170	7.75	9.76	4.97	290	473	224	6.84
		20		97.05	76.2	0.984	5780	10400	2380	7.72	9.73	4.95	320	519	243	6.92
		22		106.2	83.3	0.983	6280	11500	2580	7.69	9.69	4.93	349	564	261	7.00
		24		115.2	90.4	0.983	6770	12500	2790	7.67	9.66	4.92	378	608	278	7.07
		26		124.2	97.5	0.982	7240	13600	2980	7.64	9.62	4.90	406	650	295	7.15
		28		133.0	104	0.982	7700	14600	3180	7.61	9.58	4.89	433	691	311	7.22
		30		141.8	111	0.981	8160	15700	3380	7.58	9.55	4.88	461	731	327	7.30
		32		150.5	118	0.981	8600	16800	3570	7.56	9.51	4.87	488	770	342	7.37
		35		163.4	128	0.980	9240	18400	3850	7.52	9.46	4.86	527	827	364	7.48

注：截面图中的 $r_1=1/3d$ 及表中 r 的数据用于孔型设计，不做交货条件。

不等边角钢截面尺寸、截面面积、理论重量及截面特性（GB/T 706—2016）

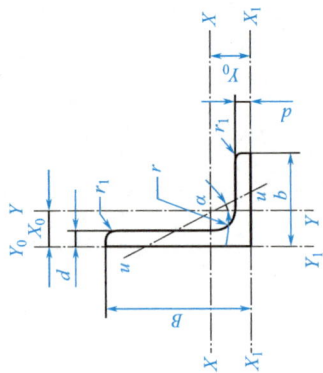

表 Ⅱ-4

符号意义：
B—长边边宽度；
b—短边边宽度；
d—边厚度；
r—内圆弧半径；
r_1—边端圆弧半径；

X_0—重心距离；
Y_0—重心距离；
I—惯性距；
W—截面系数；
i—惯性半径。

型号	截面尺寸/mm B	b	d	r	截面面积/cm²	理论重量/(kg/m)	外表面积/(m²/m)	惯性矩/cm⁴ I_x	I_{x1}	I_y	I_{y1}	I_u	惯性半径/cm i_x	i_y	i_u	截面系数/cm³ W_x	W_y	W_u	$\tan\alpha$	重心距离/cm X_0	Y_0
2.5/1.6	25	16	3	3.5	1.162	0.91	0.080	0.70	1.56	0.22	0.43	0.14	0.78	0.44	0.34	0.43	0.19	0.16	0.392	0.42	0.86
			4		1.499	1.18	0.079	0.88	2.09	0.27	0.59	0.17	0.77	0.43	0.34	0.55	0.24	0.20	0.381	0.46	0.90
3.2/2	32	20	3	3.5	1.492	1.17	0.102	1.53	3.27	0.46	0.82	0.28	1.01	0.55	0.43	0.72	0.30	0.25	0.382	0.49	1.08
			4		1.939	1.52	0.101	1.93	4.37	0.57	1.12	0.35	1.00	0.54	0.42	0.93	0.39	0.32	0.374	0.58	1.12
4/2.5	40	25	3	4	1.890	1.48	0.127	3.08	5.39	0.93	1.59	0.56	1.28	0.70	0.54	1.15	0.49	0.40	0.385	0.59	1.32
			4		2.467	1.94	0.127	3.93	8.53	1.18	2.14	0.71	1.36	0.69	0.54	1.49	0.63	0.52	0.381	0.63	1.37
4.5/2.8	45	28	3	5	2.149	1.69	0.143	4.45	9.10	1.34	2.23	0.80	1.44	0.79	0.61	1.47	0.62	0.51	0.383	0.64	1.47
			4		2.806	2.20	0.143	5.69	12.1	1.70	3.00	1.02	1.42	0.78	0.60	1.91	0.80	0.66	0.380	0.68	1.51
5/3.2	50	32	3	5.5	2.431	1.91	0.161	6.24	12.5	2.02	3.31	1.20	1.60	0.91	0.70	1.84	0.82	0.68	0.404	0.73	1.60
			4		3.177	2.49	0.160	8.02	16.7	2.58	4.45	1.53	1.59	0.90	0.69	2.39	1.06	0.87	0.402	0.77	1.65
5.6/3.6	56	36	3	6	2.743	2.15	0.181	8.88	17.5	2.92	4.7	1.73	1.80	1.03	0.79	2.32	1.05	0.87	0.408	0.80	1.78
			4		3.590	2.82	0.180	11.5	23.4	3.76	6.33	2.23	1.79	1.02	0.79	3.03	1.37	1.13	0.408	0.85	1.82
			5		4.415	3.47	0.180	13.9	29.3	4.49	7.94	2.67	1.77	1.01	0.78	3.71	1.65	1.36	0.404	0.88	1.87

续表

型号	截面尺寸/mm				截面面积/cm²	理论重量/(kg/m)	外表面积/(m²/m)	惯性矩/cm⁴					惯性半径/cm			截面系数/cm³			tanα	重心距离/cm	
	B	b	d	r				I_x	I_{x1}	I_y	I_{y1}	I_u	i_x	i_y	i_u	W_x	W_y	W_u		X_0	Y_0
6.3/4	63	40	4	7	4.058	3.19	0.202	16.5	33.3	5.23	8.63	3.12	2.02	1.14	0.88	3.87	1.70	1.40	0.398	0.92	2.04
			5		4.993	3.92	0.202	20.0	41.6	6.31	10.9	3.76	2.00	1.12	0.87	4.74	2.07	1.71	0.396	0.95	2.08
			6		5.908	4.64	0.201	23.4	50.0	7.29	13.1	4.34	1.96	1.11	0.86	5.59	2.43	1.99	0.393	0.99	2.12
			7		6.802	5.34	0.201	26.5	58.1	8.24	15.5	4.97	1.98	1.10	0.86	6.40	2.78	2.29	0.389	1.03	2.15
7/4.5	70	45	4	7.5	4.553	3.57	0.226	23.2	45.9	7.55	12.3	4.0	2.26	1.29	0.98	4.86	2.17	1.77	0.410	1.02	2.24
			5		5.609	4.40	0.225	28.0	57.1	9.13	15.4	5.40	2.23	1.28	0.98	5.92	2.65	2.19	0.407	1.06	2.28
			6		6.644	5.22	0.225	32.5	68.4	10.6	18.6	6.35	2.21	1.26	0.98	6.95	3.12	2.59	0.404	1.09	2.32
			7		7.658	6.01	0.225	37.2	80.0	12.0	21.8	7.16	2.20	1.25	0.97	8.03	3.57	2.94	0.402	1.13	2.36
7.5/5	75	50	5	8	6.126	4.81	0.245	34.9	70.0	12.6	21.0	7.41	2.39	1.44	1.10	6.83	3.3	2.74	0.435	1.17	2.40
			6		7.260	5.70	0.245	41.1	84.3	14.7	25.4	8.54	2.38	1.42	1.08	8.12	3.88	3.19	0.435	1.21	2.44
			8		9.467	7.43	0.244	52.4	113	18.5	34.2	10.9	2.35	1.40	1.07	10.5	4.99	4.10	0.429	1.29	2.52
			10		11.59	9.10	0.244	62.8	141	22.0	43.4	13.1	2.33	1.38	1.06	12.8	6.04	4.99	0.423	1.36	2.60
8/5	80	50	5	8	6.376	5.00	0.255	42.0	85.2	12.8	21.1	7.66	2.56	1.42	1.10	7.78	3.32	2.74	0.388	1.14	2.60
			6		7.560	5.93	0.255	49.5	103	15.0	25.4	8.85	2.56	1.41	1.08	9.25	3.91	3.20	0.387	1.18	2.65
			7		8.724	6.85	0.255	56.2	119	17.0	29.8	10.2	2.54	1.39	1.08	10.6	4.48	3.70	0.384	1.21	2.69
			8		9.867	7.75	0.254	62.8	136	18.9	34.3	11.4	2.52	1.38	1.07	11.9	5.03	4.16	0.381	1.25	2.73
9/5.6	90	56	5	9	7.212	5.66	0.237	60.5	121	18.3	29.5	11.0	2.90	1.59	1.23	9.92	4.21	3.49	0.385	1.25	2.91
			6		8.557	6.72	0.286	71.0	146	21.4	35.6	12.9	2.88	1.58	1.23	11.7	4.96	4.13	0.384	1.29	2.95
			7		9.881	7.76	0.286	81.0	170	24.4	41.7	14.7	2.86	1.57	1.22	13.5	5.70	4.72	0.382	1.33	3.00
			8		11.18	8.78	0.286	91.0	194	27.2	47.9	16.8	2.85	1.56	1.21	15.3	6.41	5.29	0.380	1.36	3.04

续表

型号	截面尺寸/mm				截面面积/cm²	理论重量/(kg/m)	外表面积/(m²/m)	惯性矩/cm⁴					惯性半径/cm			截面系数/cm³			$\tan\alpha$	重心距离/cm	
	B	b	d	r				I_x	I_{x1}	I_y	I_{y1}	I_u	i_x	i_y	i_u	W_x	W_y	W_u		X_0	Y_0
10/6.3	100	63	6	10	9.618	7.55	0.320	99.1	200	30.9	50.5	18.4	3.21	1.79	1.38	14.6	6.35	5.25	0.394	1.43	3.24
			7		11.11	8.72	0.320	113	233	35.3	39.1	21.0	3.20	1.78	1.38	16.9	7.29	6.02	0.394	1.47	3.28
			8		12.58	9.88	0.319	127	266	39.4	67.9	23.5	3.18	1.77	1.37	19.1	8.21	6.78	0.391	1.50	3.32
			10		15.47	12.1	0.319	154	333	47.1	85.7	28.3	3.15	1.74	1.35	23.3	9.98	8.24	0.387	1.58	3.40
10/8	100	80	6	10	10.64	8.35	0.354	107	200	61.2	103	31.7	3.17	2.40	1.72	15.2	10.2	8.37	0.627	1.97	2.95
			7		12.30	9.66	0.354	123	233	70.1	120	36.2	3.16	2.39	1.72	17.5	11.7	9.60	0.626	2.01	3.00
			8		13.94	10.9	0.353	138	267	78.6	137	40.6	3.14	2.37	1.71	19.8	13.2	10.8	0.625	2.05	3.04
			10		17.17	13.5	0.353	167	334	94.7	172	49.1	3.12	2.35	1.69	24.2	16.1	13.1	0.622	2.13	3.12
11/7	110	70	6	10	10.64	8.35	0.354	133	266	42.9	69.1	25.4	3.54	2.01	1.54	17.9	7.90	6.53	0.403	1.57	3.53
			7		12.30	9.66	0.354	153	310	49.0	80.8	29.0	3.53	2.00	1.53	20.6	9.09	7.50	0.402	1.61	3.57
			8		13.94	10.9	0.353	172	354	54.9	92.7	32.5	3.51	1.98	1.53	23.3	10.3	8.45	0.401	1.65	6.62
			10		17.17	13.5	0.353	208	443	65.9	117	39.2	3.48	1.96	1.51	28.5	12.5	10.3	0.397	1.72	3.70
12.5/8	125	80	7	11	14.10	11.1	0.403	228	455	74.4	120	43.8	4.02	2.30	1.76	26.9	12.0	9.92	0.408	1.80	4.01
			8		15.99	12.6	0.403	257	520	83.5	138	49.2	4.01	2.28	1.75	30.4	13.6	11.2	0.407	1.84	4.06
			10		19.71	15.5	0.402	312	650	101	173	59.5	3.98	2.26	1.74	37.3	16.6	13.6	0.404	1.92	4.14
			12		23.35	18.3	0.402	364	780	117	210	69.4	3.95	2.24	1.72	44.0	19.4	16.0	0.400	2.00	4.22
14/9	140	90	8	12	18.04	14.2	0.453	366	731	121	196	70.8	4.50	2.59	1.98	38.5	17.3	14.3	0.411	2.04	4.50
			10		22.26	17.5	0.452	446	913	140	246	85.8	4.47	2.56	1.96	47.3	21.2	17.5	0.409	2.12	4.58
			12		26.40	20.7	0.451	522	1100	170	297	100	4.44	2.54	1.95	55.9	25.0	20.5	0.406	2.19	4.66
			14		30.46	23.9	0.451	594	1280	192	349	114	4.42	2.51	1.94	64.2	28.5	23.5	0.403	2.27	4.74

续表

型号	截面尺寸/mm				截面面积/cm²	理论重量/(kg/m)	外表面积/(m²/m)	惯性矩/cm⁴					惯性半径/cm			截面系数/cm³			$\tan\alpha$	重心距离/cm	
	B	b	d	r				I_x	I_{x1}	I_y	I_{y1}	I_u	i_x	i_y	i_u	W_x	W_y	W_u		X_0	Y_0
15/9	150	90	8	12	18.84	14.8	0.473	442	898	123	196	74.1	4.84	2.55	1.98	48.9	17.5	14.5	0.364	1.97	4.92
			10		23.26	18.3	0.472	539	1120	149	246	89.9	4.81	2.53	1.97	54.0	21.4	17.7	0.362	2.05	5.01
			12		27.60	21.7	0.471	632	1350	173	297	105	4.79	2.50	1.95	63.8	25.1	20.8	0.359	2.12	5.09
			14		31.86	25.0	0.471	721	1570	196	350	120	4.76	2.48	1.94	73.3	28.8	23.8	0.356	2.20	5.17
			15		33.95	26.7	0.471	764	1680	207	376	127	4.74	2.47	1.93	78.0	30.5	25.3	0.354	2.24	5.21
			16		36.03	28.3	0.470	806	1800	217	403	134	4.73	2.45	1.96	82.6	32.3	26.8	0.352	2.27	5.25
16/10	160	100	10	13	25.32	19.9	0.512	669	1360	205	337	122	5.14	2.85	2.19	62.1	26.6	21.9	0.390	2.28	5.24
			12		30.05	28.6	0.511	785	1640	239	406	142	5.11	2.82	2.17	78.6	31.3	25.8	0.388	2.36	5.32
			14		34.71	27.2	0.510	896	1910	271	476	162	5.08	2.80	2.16	84.6	35.8	29.6	0.385	2.43	5.40
			16		39.28	30.8	0.510	1000	2180	302	548	183	5.05	2.77	2.16	95.3	40.2	33.4	0.382	2.51	5.48
18/11	180	110	10	14	28.37	22.3	0.571	956	1940	278	447	167	5.80	3.13	2.42	79.0	32.5	26.9	0.376	2.44	5.89
			12		33.71	26.5	0.571	1120	2330	325	539	195	5.78	3.10	2.40	93.5	38.3	31.7	0.374	2.52	5.98
			14		38.97	30.6	0.570	1290	2720	370	632	222	5.75	3.08	2.39	108	44.0	36.3	0.372	2.59	6.06
			16		44.14	34.6	0.569	1440	3110	412	726	249	5.72	3.06	2.38	122	49.4	40.9	0.369	2.67	6.14
20/12.5	200	125	12	14	37.91	29.8	0.641	1570	3190	483	788	286	6.44	3.57	2.74	117	50.0	41.2	0.392	2.83	6.54
			14		43.87	34.4	0.610	1800	3730	551	922	327	6.41	3.54	2.73	135	57.4	47.3	0.390	2.91	6.62
			16		49.74	39.0	0.639	2020	4260	615	1060	366	6.38	3.52	2.71	152	64.9	53.3	0.388	2.99	6.70
			18		55.53	43.6	0.639	2240	4790	677	1200	405	6.35	3.49	2.70	169	71.7	59.2	0.385	3.06	6.78

注：截面图中的 $r_1=1/3d$ 及表中 r 的数据用于孔型设计，不做交货条件。

附录Ⅲ 简单荷载作用下梁的挠度和转角

序号	梁的简图	挠曲线方程	端截面转角	最大挠度
1		$y = -\dfrac{Mx^2}{2EI_z}$	$\theta_B = -\dfrac{Ml}{EI_z}$	$y_B = -\dfrac{Ml^2}{2EI_z}$
2		$y = -\dfrac{Fx^2}{6EI_z}(3l-x)$	$\theta_B = -\dfrac{Fl^2}{2EI_z}$	$y_B = -\dfrac{Fl^3}{3EI_z}$
3		$y = -\dfrac{Fx^2}{6EI_z}(3a-x)$ $0 \leqslant x \leqslant a$ $y = -\dfrac{Fa^2}{6EI_z}(3x-a)$ $a \leqslant x \leqslant l$	$\theta_B = -\dfrac{Fa^2}{2EI_z}$	$y_B = -\dfrac{Fa^2}{6EI_z}(3l-a)$
4		$y = -\dfrac{qx^2}{24EI_z}(x^2-4lx+6l^2)$	$\theta_B = -\dfrac{ql^3}{6EI_z}$	$y_B = -\dfrac{ql^4}{8EI_z}$
5		$y = -\dfrac{Mx}{6EI_z l}(l-x)(2l-x)$	$\theta_A = -\dfrac{Ml}{3EI_z}$ $\theta_B = \dfrac{Ml}{6EI_z}$	$x = \left(1-\dfrac{1}{\sqrt{3}}\right)l$ $y_{\max} = -\dfrac{Ml^2}{9\sqrt{3}EI_z}$ $x = \dfrac{1}{2}$ $y_{\max} = -\dfrac{Ml^2}{16EI_z}$
6		$y = \dfrac{Mx}{6EI_x l}(l^2-3b^2-x^2)$ $0 \leqslant x \leqslant a$ $y = \dfrac{M}{6EI_x l}[-x^3+3l(x-a)^2$ $+(l^2-3b^2)x]$ $a \leqslant x \leqslant l$	$\theta_A = \dfrac{M}{6EI_x l}(l^2-3b^2)$ $\theta_B = \dfrac{M}{6EI_x l}(l^2-3a^2)$ $\theta_C = \dfrac{M}{6EI_x l}(3a^2+$ $3b^2-l^2)$	

序号	梁的简图	挠曲线方程	端截面转角	最大挠度
7		$y = -\dfrac{Fx}{48EI_z}(3l^2 - 4x^2)$ $0 \leqslant x \leqslant \dfrac{l}{2}$	$\theta_A = -\theta_B = -\dfrac{Fl^2}{16EI_z}$	$y_{\max} = -\dfrac{Fl^3}{48EI_z}$
8		$y = -\dfrac{Fbx}{6EI_z l}(l^2 - x^2 - b^2)$ $0 \leqslant x \leqslant a$ $y = -\dfrac{Fb}{6EI_z l}\left[\dfrac{l}{b} \times (x-a)^3 \right.$ $\left. + (l^2 - b^2)x - x^3 \right]$ $a \leqslant x \leqslant l$	$\theta_A = -\dfrac{Fab(l+b)}{6EI_z l}$ $\theta_B = \dfrac{Fab(l+a)}{6EI_z l}$	设 $a > b$ $x = \sqrt{\dfrac{l^2 - b^2}{3}}$ 处 $y_{\max} = -\dfrac{Fb\sqrt{(l^2-b^2)^3}}{9\sqrt{3}EI_z l}$ 在 $x = \dfrac{1}{2}$ 处 $y_{l/2} = -\dfrac{Fb(3l^2 - 4b^2)}{48EI_z}$
9		$y = -\dfrac{qx^2}{24EI_z}(l^3 - 2lx^2 + x^3)$	$\theta_A = -\theta_B = -\dfrac{ql^3}{24EI_z}$	$y_{\max} = -\dfrac{5ql^4}{384EI_z}$
10		$y = -\dfrac{Fax}{6EI_z l}(l^2 - x^2)$ $(0 \leqslant x \leqslant l)$ $y = -\dfrac{F(x-l)}{6EI_z}[a(3x - l)$ $- (x-l)^2]$ $l \leqslant x \leqslant (l+a)$	$\theta_A = -\dfrac{1}{2}\theta_B = \dfrac{Fal}{6EI_z}$ $\theta_C = -\dfrac{Fa}{6EI_z}(2l + 3a)$	$y_C = -\dfrac{Fa^2}{3EI_z}(l + a)$
11		$y = -\dfrac{Mx}{6EI_z l}(x^2 - l^2)$ $0 \leqslant x \leqslant l$ $y = -\dfrac{M}{6EI_z}(3x^2 - 4xl + l^2)$ $l \leqslant x \leqslant (l+a)$	$\theta_A = -\dfrac{1}{2}\theta_B = \dfrac{Ml}{6EI_z}$ $\theta_C = -\dfrac{M}{3EI_z}(l + 3a)$	$y_C = -\dfrac{Ma}{6EI_z}(2l + 3a)$

参考文献

[1] 哈尔滨工业大学理论力学教研室. 理论力学（第 8 版）[M]. 北京：高等教育出版社，2016.

[2] 张秉荣. 工程力学（第 4 版）[M]. 北京：机械工业出版社，2011.

[3] 刘鸿文. 材料力学（第 6 版）[M]. 北京：高等教育出版社，2017.

[4] 范钦珊. 工程力学（第 3 版）[M]. 北京：机械工业出版社，2018.

[5] 祝瑛. 工程力学（第 2 版）[M]. 北京：清华大学出版社，2022.

[6] 曲淑英. 材料力学（第 2 版）[M]. 北京：中国建筑工业出版社，2022.

[7] 王旭芳. 土木工程力学 [M]. 武汉：华中科技大学出版社，2013.

[8] 范继昭. 建筑力学（第 3 版）[M]. 北京：高等教育出版社，2022.

[9] 赵朝前. 建筑力学（第 2 版）[M]. 重庆：重庆大学出版社，2022.

[10] 张曦. 建筑力学（第 3 版）[M]. 北京：中国建筑工业出版社，2021.

工程力学
答案